Jörg Huffschmid
Politische Ökonomie der Finanzmärkte

Jörg Huffschmid ist Professor für Politische Ökonomie und Wirtschaftspolitik in Bremen und Mitherausgeber (in der Arbeitsgruppe Alternative Wirtschaftspolitik) des jährlichen »Memorandum«, das eine kritische Beurteilung der gesamtwirtschaftlichen und sozialen Entwicklung der Bundesrepublik Deutschland enthält sowie Vorschläge für eine andere Wirtschaftspolitik macht. Er war als Sachverständiger Mitglied der Enquête-Kommission des Deutschen Bundestages »Globalisierung der Weltwirtschaft – Herausforderungen und Antworten«.

Jörg Huffschmid

Politische Ökonomie der Finanzmärkte

Aktualisierte und erweiterte Neuauflage

VSA-Verlag Hamburg

Ich widme dieses Buch Bärbel Rompeltien, die vorgeschlagen hatte, ihm den Titel »Unter Geiern« zu geben. Das war nicht durchsetzbar.

© VSA-Verlag 2002, St. Georgs Kirchhof 6, 20099 Hamburg
Alle Rechte vorbehalten
Druck- und Buchbindearbeiten: Idee, Satz & Druck, Hamburg
ISBN 3-87975-863-8

Inhalt

Verzeichnis der Tabellen, Schaubilder & Kästen

Tabellen

Schaubilder

Kästen

Neue Krisen, härtere Disziplinierung, demokratischer Widerstand – Grenzen der Finanzmärkte

Einleitung zur zweiten Auflage

Die Asienkrise als Glücksfall für die USA

Als dieses Buch im Herbst 1999 in erster Auflage erschien, waren die unmittelbaren Folgen der Asienkrise vorbei. Nach den Einbrüchen in den Jahren 1997 und 1998 wuchsen Produktion und Beschäftigung in den vier Krisenländern wieder, die Börsenkurse gingen erneut steil nach oben. Unter Führung des Internationalen Währungsfonds (IWF) war ein Hilfspaket in Höhe von über 100 Milliarden Dollar organisiert worden. Sein Hauptzweck war es, sicherzustellen, dass die Krisenländer ihre Schulden zurückzahlen konnten. Die Abwertungen von bis zu 80% (in Indonesien) kurbelten die Exporte an, mit deren Erlösen die Schulden bedient wurden. Das Geschäft hatte sich für die Gläubiger gelohnt: Die Außenschulden der asiatischen Entwicklungsländer waren von 1996 bis 1999 um 100 Milliarden Dollar von 615 auf 715 Milliarden Dollar gewachsen, der Schuldendienst hatte von 80 auf 109 Milliarden Dollar zugenommen (vgl. IMF 2001: 249). Die Rate, mit der die Schulden bedient wurden, war also von 12,9% auf 15,3% gestiegen.

In anderen Teilen der Welt aber wirkte die Krise weiter. Die großen Investoren, die ihr Kapital aus Thailand und Korea abgezogen hatten, überprüften ihre Engagements auch in Russland, Südafrika, Lateinamerika. Es kam auch dort zu Kapitalabflüssen und Kurseinbrüchen an den Börsen. Südafrika musste den Rand abwerten, Russland zeitweise die Bedienung der Schulden einstellen. Brasilien gab 1999 die Bindung des Real an den Dollar auf und wertete ab. Argentinien, das die 1991 eingeführte Eins-zu-Eins-Bindung des Peso an den Dollar bis Ende 2001 beibehielt, geriet in eine tiefe Rezession. Nach den von Mexiko ausgehenden Erschütterungen Mitte der 1990er Jahre fiel Lateinamerika am Ende des Jahrzehnts erneut in eine Krise, deren Ende heute, drei Jahre später, nicht absehbar ist. Auch in Asien war die Erholung von kurzer Dauer, und die Lage hat sich mittlerweile erneut dramatisch verschlechtert.

Eins war aber nicht eingetreten: Die Asienkrise hatte nicht auf die großen Zentren des Kapitalismus übergegriffen. Die Exporteinbußen der Industrieländer blieben gering, die IWF-Hilfsaktionen bewahrten die westlichen Banken vor größeren Verlusten, und die Verluste, die dennoch anfielen, konnten durch entsprechende Rückstellungen auf die SteuerzahlerInnen abgewälzt werden.

11

Sobald sich dieser für den Norden glimpfliche Ausgang abzeichnete, nahm das Interesse in den großen Finanzzentren an einer »Reform der internationalen Finanzarchitektur« schlagartig ab.

Für die USA erwies sich die Asienkrise sogar als ein außergewöhnlicher Glücksfall. Denn das Kapital, das aus Thailand, Korea und den anderen Ländern Hals über Kopf abgezogen wurde, flüchtete überwiegend in den sicheren Hafen des amerikanischen Kapitalmarktes. Es half dadurch, das historische Rekorddefizit der amerikanischen Leistungsbilanz zu finanzieren. Dieses stieg zwischen 1996 und 1999 von 1,5% auf 3,5% des amerikanischen Sozialproduktes (2001 lag es bei 4,0%). Während der gleichen Zeit verwandelte sich der *Abfluss* privaten Kapitals aus den USA in Höhe von 0,6% in einen *Zufluss* in Höhe von 3,1% des Inlandsproduktes (2001: 4,4%; vgl. IMF 2001: 231, 257). Indem sie die Entwicklungsländer durch plötzlichen massenhaften Kapitalabzug in tiefe Krisen stürzten, haben die internationalen Finanzanleger gleichzeitig den Börsenboom in den USA genährt. Dieser hat seinerseits die Konjunktur angekurbelt: Der sich in den steigenden Aktienkursen widerspiegelnde größere Reichtum löste bei den BesitzerInnen von Wertpapieren eine Konsumwelle aus, die dann auch die Investitionen beflügelte.

Im Herbst 1999 befand sich die Wirtschaft in den USA und der EU in einem kräftigen Konjunkturaufschwung, der durch den Börsenboom verstärkt wurde. Wirtschaft fand in der zweiten Hälfte der 90er Jahre – nicht nur in den Medien – vor allem auf dem Kapitalmarkt statt. Auch die Beteiligten sahen dies so. Der Börsenbericht erhielt in der öffentlichen Präsentation und Wahrnehmung einen ähnlichen Stellenwert wie der Wetterbericht. Die in den 90er Jahren entwickelten Fortschritte in der Informations- und Kommunikationstechnologie, der Datenverarbeitung und der Biotechnologie mündeten in zahlreichen Unternehmensgründungen auf den überall etablierten »Neuen Märkten«. Sie wurden zum Kern einer New Economy erklärt, die ein ganz neues Zeitalter technologiegetriebenen und wissensbasierten Wachstums einläuten sollte. Dazu kamen Hunderte von »Start-ups«, die im Wesentlichen aus einem Marketing-Gag oder aus schierem Bluff bestanden, in der allgemeinen Goldgräberstimmung gleichwohl phantastische Marktbewertungen erreichten. Große Konzerne wurden vom Fusionsfieber erfasst, verbanden sich mit anderen großen Konzernen, kauften Konkurrenten auf, um Märkte zu besetzen. Es war die Zeit der Investmentbanker, als graue Eminenzen hinter den Börsen und »Masters of the Universe«. Sie bereiteten Übernahmen vor und organisierten Abwehrschlachten gegen Übernahmen. Die Zahl der Fusionen und der dabei umgeschlagenen Aktienwerte stieg in den USA und in Europa auf historische Rekordhöhen. Hinter vielen Zusammenschlüssen steckte weder eine technologische noch eine ökonomische Rationalität. Sie waren getrieben von Konkurrenzdruck, der Besessenheit, größer sein zu müssen als die anderen, nicht zuletzt von Gier und Größenwahn der Vorstände, die sich als Herrscher der Welt verstanden und oft auch so benahmen.

Die Party ist zu Ende...

Drei Jahre später sieht es auch in den Zentren anders aus. Der Börsenboom ist zu Ende, seit Mitte 2000 fallen die Aktienkurse. Auf den »neuen Märkten« ist es zu regelrechten Crashs gekommen. Hunderte von Hoffnungsträgern der New Economy haben sich in Nichts aufgelöst. Die Aktien von Wunderunternehmen, die vor zwei Jahren noch über Hundert Dollar kosteten, sind mittlerweile für wenige Cent zu haben. Viele Gründer und Geschäftsführer haben noch schnell Kasse gemacht und sind dann verschwunden. Die versprochenen und erhofften Effizienzgewinne von Fusionen, Beteiligungen und Übernahmen sind überwiegend nicht eingetreten oder durch unvorhergesehene Integrationsprobleme vernichtet worden. Die Fusionswelle ist zusammengebrochen: Die Transaktionswerte, die im Jahre 2000 mit 3,5 Billionen Dollar einen historischen Rekord erreicht hatten, sind ein Jahr später auf die Hälfte gefallen. Viele führende Unternehmen – allen voran die frisch an die Börse gebrachten Telekommunikationskonzerne – haben sich im Kaufrausch am Ende des 20. Jahrhunderts übernommen und wissen jetzt nicht, wie sie ihre enormen Schulden bezahlen sollen. Sie sind den Ansprüchen ihrer Aktionäre, der Investment- und Pensionsfonds ausgesetzt, die verlangen, dass »ihre« Unternehmen Quartal für Quartal steigende Gewinne ausweisen. Unter diesem Druck haben sich viele Manager darauf verlegt, die Renditen zu erfinden, die sie nicht erwirtschaften können. Es werden Umsätze, die nicht stattgefunden haben, mit Geschäftspartnern, die nicht existieren, in die Bilanzen geschrieben; Kosten erscheinen als Gewinne, Schulden als Vermögen.

Wirtschaftsprüfer erweisen sich als Komplizen des Betrugs. Analysten und Ratingagenturen hatten sich schon in der Asienkrise aufgrund ihrer völligen Ahnungslosigkeit blamiert. Jetzt ist auch ihr moralischer Ruf ramponiert, nachdem bekannt wurde, dass sie enthusiastische Kaufempfehlungen für Unternehmensaktien gaben, die sie intern als »Stück Scheiße« bezeichneten. Wenn Betrügereien bekannt werden und daraufhin die Kurse wie bei WorldCom ins Bodenlose fallen und ehemalige Führungskonzerne wie Enron zusammenbrechen, ist der Katzenjammer groß. Gierige Kleinaktionäre sehen sich um schnelle Schnäppchen betrogen, Fondsmanager stehen als Idioten da. Zum Katzenjammer kommt das Elend: Rentnerinnen und Rentner, die durch Einzahlungen in betriebliche Pensionsfonds Vorsorge für ihr Alter getroffen hatten, stehen vor dem Sturz in die Altersarmut. Die Desillusionierung nimmt zu, und die Erkenntnis greift um sich: Der finanzmarktgetriebene Kapitalismus ist nicht nur weniger effizient und instabiler, als seine Propagandisten behaupten. Er ist auch verlogen, korrupt und verrottet.

...aber das Projekt geht weiter

Die neoliberale Offensive ist damit aber nicht zu Ende. Die Spekulationsblase ist geplatzt, die Korrektur des »irrationalen Überschwangs« hat eingesetzt und wird vermutlich noch längere Zeit weitergehen. Die Zocker der neuen Märkte sind weitgehend verschwunden, viele »geniale Geschäftsideen« haben sich als Spinnereien erwiesen. Manche aber auch nicht. Manche sind tragfähig, werden ihren Weg machen, die Trennung zwischen alter und neue Ökonomie überwinden und zum weiteren Wirtschaftswachstum beitragen. Es fällt auf, dass trotz der Misere an den Aktienmärkten die konjunkturellen Abschwünge, die ab Mitte 2000 in den USA und der EU einsetzten, relativ verhalten blieben und sich nur zu milden Rezessionen entwickelten. Im Jahr 2002 hat die konjunkturelle Erholung bereits wieder eingesetzt. Das Wachstum bleibt zwar schwach, und dies verweist insbesondere in Europa alle Behauptungen über eine durch kräftiges Wachstum getragene Zunahme der Beschäftigung ins Reich der Wunschträume. Aber der Absturz der New Economy wird die Wirtschaft insgesamt nicht mit in den Strudel ziehen.

Es sieht sogar so aus, als werde das neoliberale Projekt von seinen Protagonisten, den großen transnational agierenden Finanz-, Industrie- und Dienstleistungskonzernen sowie den Regierungen der G7-Länder mit neuer Energie vorangetrieben und um neue, offen aggressive Elemente ergänzt, auf globaler, regionaler und nationaler Ebene. Die politischen Bedingungen hierfür scheinen in den vergangenen drei Jahren besser geworden zu sein. In den USA ist eine rechtskonservative bis reaktionäre Regierung ins Amt gekommen, deren Verbindungen zum Finanz- und Ölkapital bekannt sind. In der EU ist die 1999 vorhandene Mehrheit sozialdemokratischer Regierungen durch eine rechtsbürgerliche Mehrheit ersetzt worden.

Auf globaler Ebene verfolgt der IWF trotz gegenteiliger Erklärungen unverändert eine Politik, die in erster Linie darauf zielt, einen kontinuierlichen Zahlungsstrom vom Süden nach Norden zu sichern und eine diesem Ziel förderliche Disziplin in den Entwicklungsländern zu verankern. Für den internationalen Handel wird die Welthandelsorganisation WTO dazu genutzt, eine weitere radikale Öffnung der Märkte durchzusetzen – allerdings vor allem in den Entwicklungsländern. Eine Marktöffnung für die Agrarprodukte dieser Länder kommt für die Industrieländer demgegenüber nicht in Frage. Nachdem die Zölle bei Industriegütern bereits sehr niedrig sind, konzentriert sich die Marktöffnung jetzt auf die natürlichen Lebensgrundlagen wie Wasser und biologische Substanzen und auf Dienstleistungen wie Bildung und Gesundheit. Sie befanden sich bislang überwiegend in öffentlichem Eigentum und wurden als öffentliche Güter behandelt. Jetzt sollen sie zum Zwecke der Vermarktung privatisiert werden. Überdies strebt die WTO ein Abkommen über ein internationales Investitionsregime an, das den großen Konzernen in den Ländern der Dritten Welt weitestgehende Freiheiten verschaffen soll. Ein erster Anlauf für ein solches »Multilateral Agreement on Investments« (MAI) war Mitte der 1990er Jahre im Rahmen der OECD gestartet, dann aber unter dem Druck öffentlicher Proteste aufgegeben worden.

Auch in den Industrieländern hält der disziplinierende Druck liberalisierter Finanzmärkte an. Er äußert sich weniger in kurzfristigen spekulativen Attacken, sondern setzt an zwei Seiten an. Zum einen fordern die großen Akteure auf den Finanzmärkten eine radikale Senkung von Steuern auf Unternehmens- und Kapitalgewinne und von Sozialabgaben für die Unternehmen. Zum anderen verlangen sie die Auslieferung großer neuer Betätigungsfelder durch Privatisierungen. In beidem sind sie besonders in der EU erfolgreich, wo es bei der Privatisierung in neoliberaler Sicht einen Nachholbedarf gegenüber den USA gibt. Nachdem die traditionellen öffentlichen Strom-, Gas- und Wasserunternehmen, der Transport- und der Telekommunikationssektor bereits überwiegend in private Hände übergegangen sind, werden jetzt neue Bereiche zu Objekten der Begierde: Bildung, Gesundheit, Altersversorgung – alles soll zur Ware werden und seinen Preis bekommen. Wer den Preis nicht bezahlen kann, erhält keine brauchbare Ausbildung, stirbt früher oder wird im Alter arm. In dieser Sicht erscheinen öffentliche Güter als Wettbewerbsverzerrungen, gegen die das Kartellgesetz in Stellung gebracht wird. Privatisierung und Verfügbarkeit auf dem Kapitalmarkt wird zur ultimativen Form der Modernisierung und »Eigenverantwortlichkeit«. An die Stelle solidarischer, umlagefinanzierter Systeme der Alterssicherung treten individualisierte Investormodelle. Dabei zahlen die Menschen höhere Beiträge, erhalten einen geringeren Versicherungsschutz und sind den Risiken der Kapitalmärkte ausgeliefert. Profiteure sind die großen Investment- und Pensionsfonds sowie Versicherungen. Genau diese sind es, die als anonyme Finanzmärkte Druck zugunsten der »Modernisierung« ausüben.

Die Gewalt hinter der Macht hinter dem Markt

Auch der Neoliberalismus kann aber nicht allein auf den Markt vertrauen, sondern braucht einen übergreifenden »Ordnungsrahmen«. Je stärker der Markt sich entwickelt, umso deutlicher treten seine spaltenden und polarisierenden Wirkungen hervor. Märkte müssen nicht notwendigerweise spalten. Gegenüber einer isolierten Einzelproduktion stellen sie große Fortschritte der Vergesellschaftung dar. Wenn Märkte sich allerdings auf die Arbeitskraft erstrecken, wie das im Kapitalismus der Fall ist, wächst das Konfliktpotenzial. Ab einer bestimmten Stufe der Entfaltung und Verselbständigung der Märkte nimmt das Gewicht der polarisierenden gegenüber dem der verbindenden Elemente zu. Dann stellt sich die Frage des Ordnungsrahmens. Zähmung der Märkte durch die Gesellschaft – oder Unterwerfung der Gesellschaft unter die Märkte und die Interessen derer, die auf ihnen dominieren? Die Machtverhältnisse, die in ruhigen Zeiten hinter die Marktverhältnisse zurücktreten und von ihnen verdeckt werden, treten jetzt offener neben sie. Dabei spielen auch militärische Optionen in den Kernländern eine neue Rolle. Es mehren sich die Belege dafür, dass ein neuer autoritärer Umbau der bürgerlichen Gesellschaft begonnen hat und der disziplinierende Druck der Finanzmärkte als »stummer Zwang der ökonomischen Verhältnisse« (Karl Marx) mehr und mehr durch offene staatliche, polizeiliche und militärische Gewalt ergänzt wird. In allen größeren kapitalistischen Ländern verfügen die Regierungen, mit der Begründung, die »innere Sicherheit« müsse verbessert werden, neue Maßnahmen für die Überwachung und Einschränkung von Freiheiten der BürgerInnen. Polizei, paramilitärische und militärische Verbände erhalten zusätzliche Kompetenzen und trotz aller Haushaltsnöte zusätzliches Geld. Gleichzeitig verschließt der Norden die Türen zum Süden noch fester als bisher. Die Einwanderungs-, Asyl- und Abschiebepolitik wird restriktiver und autoritärer. Europa simuliert eine belagerte Festung. Es dürfen immer weniger Menschen hereinkommen. Drinnen herrscht nicht nur die Disziplin der Finanzmärkte, sondern auch die der Polizei. Gleichzeitig unterstützt sie neue Vorstöße ihrer Konzerne auf die Märkte der Welt.

Auch in den globalen Beziehungen ist in den letzten Jahren zur monetären Disziplinierung durch den IWF und zur Marktöffnungsstrategie durch die WTO die Option der offenen militärischen Aggression getreten. Für das Militär ist die Zeit der Unsicherheit nach dem Ende des Kalten Krieges definitiv zu Ende. Die amerikanische Rüstungsindustrie steht vor einem Auftragsboom, der den zur Zeit Ronald Reagans bei weitem übertrifft. Auch in Europa ist der Trend zur militärischen Abrüstung gestoppt, und die Militärausgaben steigen wieder. Es gibt seit der NATO-Tagung vom April 1999 eine neue militärische Mission. Sie richtet sich auf weltweite militärische Interventionen zur Sicherung und Durchsetzung des Friedens und der »vitalen Interessen« des Westens. Allerdings greifen die USA im Ernstfall weder auf die NATO noch die Vereinten Nationen zurück, um ihre Kriege zu führen. Die Reaktion auf die Terrorangriffe in Manhattan ist nicht eine gemeinsame Polizeiaktion der zivilisierten Staaten, sondern ein maßloser Bombenangriff gegen eine ganze Bevölkerung und die Kriegsankündigung gegen Länder, die zur »Achse des Bösen« gezählt werden. Hierdurch wird der gefährliche Terror einzelner Gruppen nicht verhindert, wohl aber können ganze Länder und Ländergruppen militärisch terrorisiert und politisch unterworfen werden. In Jugoslawien und Afghanistan ist das geschehen, in Irak und Iran soll es geschehen. Dabei kann es dann auch zu zivilgesellschaftlichen Fortschritten kommen. Diese sind allerdings äußerst brüchig und können unter veränderten Bedingungen wieder kassiert werden. Das Ziel ist einfach: es ist die Sicherung strategischer Positionen in einer der ölreichsten Gegenden der Welt.

Die großen Länder der Europäischen Union haben bis heute keine Alternative gegenüber der neuen, zunehmend militärisch gestützten Strategie der USA zur

Sicherung ökonomischer und politischer Einflussgebiete entwickelt. Sie haben sich ihr vielmehr im Wesentlichen angeschlossen und bedauern, dass die EU bislang nicht in der Lage ist, ein gemeinsames militärisches Potenzial auf die Beine zu stellen. Die EU versucht, bis heute ohne großen Erfolg, diesen Zustand zu überwinden. In dem Maße, wie sie in diesem Bemühen vorankommt, wird dies nicht nur ihrer Rolle als Bündnispartner im Block des Nordens gegenüber dem Süden zugute kommen, sondern auch ihre heute schon bestehende Position als wirtschaftlicher Konkurrent der USA politisch und militärisch untermauern.

Es hat den Anschein, dass der Kapitalismus in den letzten Jahren begonnen hat, seine Bewegungsformen erneut zu verändern und ein neues Entwicklungsmuster anzunehmen, das dritte seit 1945. Das erste Muster war der Reformkapitalismus, der nach dem Zweiten Weltkrieg unter dem Einfluss einer relativ starken Arbeiterbewegung zustande gekommen war. Dieses Muster wurde ab Mitte der 1970er Jahre zunächst überlagert und dann abgelöst durch eine neoliberale Gegenreform, bei deren Durchsetzung die Finanzmärkte eine entscheidende Rolle gespielt haben und spielen. Seit den 1990er Jahren erleben wir nun, dass und wie diese Gegenreform selbst Polarisierungen produziert, auf die sie mit zunehmend autoritären Mitteln reagiert und dabei ein Muster herausbildet, in der die offene, staatliche und nichtstaatliche Gewalt das Gesetz der Märkte überlagert.

Es handelt sich nicht um trennscharfe Periodisierungen. In allen drei Mustern gibt es alle drei Elemente: Reform, Gegenreform, Gewalt. Aber die Gewichtungen verschieben sich. Auch im gegenwärtigen Kapitalismus gibt es noch zahlreiche Elemente und Errungenschaften der Reformzeit. Sie stehen jedoch unter dem Druck starker Kräfte der Gegenreform und der Finanzmärkte, die das Geschehen überwiegend bestimmen. Dazu kommt jetzt mit steigendem Gewicht die offene Gewalt. Sie ist gegenwärtig noch nicht das dominierende Element, aber sie wird stärker und kann zum dominierenden Moment werden.

Die Welt ist keine Ware – Widerstand ist nötig – Eine andere Welt ist möglich

Hintergrund für die neuen gewaltsamen Elemente der Entwicklung ist auch, dass die neoliberale Gegenreform immer weniger glatt über die Bühne geht. Auch das ist in den drei Jahren seit Erscheinen der ersten Auflage dieses Buches unübersehbar geworden. Im November 1999 scheiterte die Ministerratskonferenz der WTO in Seattle, weil DemonstrantInnen aus den USA, Europa und zahlreichen Entwicklungsländern ihren Protest gegen die Politik rücksichtsloser Marktöffnung unüberhörbar vorbrachten und damit den glatten Ablauf der Verhandlungen blockierten. Die nächstfolgende Ministerratskonferenz fand 2001 in Doha (Qatar) in einem Land statt, das die Zahl der zugelassenen Demonstranten von vornherein radikal beschränkte und kanalisierte. Auch die Konferenzen von IWF und Weltbank werden seit Jahren hinter hohen Stacheldrahtzäunen und unter riesigem Polizeischutz abgehalten, wenn sie nicht, wie in 2001, ganz ausfallen. Die Treffen der Regierungschefs aus den sieben größten Industriestaaten wurden 2001 auf eine schwimmende Festung in Genua und 2002 in einen abgelegenen und durch Grizzlybären vor DemonstrantInnen geschützten Ort in Kanada verlegt – und diesem Ort entsprechend war das Hauptthema des Treffens, wie sich die reichen Länder wirksam gegen den Ansturm der armen abschotten können.

Der Protest ist natürlich nicht von einem Tag auf den anderen entstanden. Er hat viele Entstehungsorte und Gesichter. Dazu gehören so unterschiedliche Erscheinungen wie die Aufstände der Zapatistas in Mexiko 1994, die Abwahl der meisten konservativen Regierungen in der EU in der 2. Hälfte der 90er Jahre, die Entstehung und schnelle Ausbreitung der globalisierungskritischen Bewegung Attac ab dem Jahre 1998, und die drei Generalstreiks in Italien, Griechenland und Spanien im ersten Halbjahr 2002. Was diese Bewegungen verbindet, ist der Protest gegen eine Weltordnung, die sie als weder gerecht noch demokratisch erfahren. Einkommen, Vermögen und Lebenschancen in der Welt sind extrem ungleich verteilt, und die Ungleichheit nimmt weiter zu – zwischen Norden und Süden und im Norden wie im Süden. Demokratische Rechte und Mitwirkungsmöglichkeiten der Menschen bei der Gestaltung ihrer Lebenswelt bestehen entweder gar nicht oder werden schrittweise eingeschränkt. Entscheidungen fallen in kleinen Zirkeln, die niemandem Rechenschaft schuldig sind, aber unter dem Druck mächtiger ökonomischer Interessen stehen. Die Behauptung, dass diese Entscheidungen letztlich zum Wohle aller seien – und, wenn dies nicht der Fall sei, es doch keine Alternative gebe, gerät zunehmend in die Kritik. Die wirtschaftliche und soziale Entwicklung der letzten beiden Jahrzehnte ist nicht zum Wohle aller verlaufen, sondern hat einer Minderheit einen enormen Zuwachs an Reichtum und Einfluss, der Mehrheit aber bestenfalls Stagnation und Hunderten von Millionen Menschen mehr Armut und Elend gebracht. Dies ist weithin bekannt. Ob dies aber unausweichliches Schicksal der Globalisierung ist, zu der es keine Alternative gibt, darüber herrscht vielfach Unsicherheit und Unklarheit. Hier ist Aufklärung erforderlich: Wirtschaftliche Entwicklung folgt nicht einer unaufhebbaren Sachlogik, sondern ihre Hauptrichtungen werden politisch bestimmt, so oder so. Zur aktuellen neoliberalen und zunehmend gewaltförmigen Ausrichtung im Interesse einer Minderheit von Reichen und Finanzanlegern gibt es Alternativen. Zu ihnen gehört es, die Finanzmärkte nicht als Exekutoren einer über der Gesellschaft stehenden anonymen Gesetzmäßigkeit zu akzeptieren. Die Aufgabe besteht darin, sie als Instrumente einer vernünftigen wirtschaftlichen Ordnung zu regulieren und in eine demokratische Entwicklungsstrategie einzubetten.

Bremen, im Juli 2002

18

Herrschaft der Finanzmärkte oder der Finanzkonzerne?

Einleitung zur ersten Auflage

Am 2. Juli 1997 haben amerikanische und europäische Finanzkonzerne das asiatische Wirtschaftswunder zerstört. Unter dem Druck der Spekulation musste die thailändische Regierung die Bindung der nationalen Währung an den Dollar aufgeben. Innerhalb weniger Stunden fiel der Wert des Baht gegenüber der amerikanischen Währung um mehr als 20%, innerhalb weniger Wochen um mehr als 50%. Innerhalb der folgenden sechs Monate werteten die philippinische Währung um 42%, die malaysische um 46%, die südkoreanische um 55% und die indonesische sogar um 84% ab.(BIZ 1998:132) Das in international gültigem Geld ausgedrückte Volksvermögen Thailands schrumpfte in kürzester Frist auf weniger als die Hälfte, in Indonesien auf knapp ein Fünftel.

Die Folgen für die Menschen in den betroffenen Ländern waren katastrophal und halten an. In Südkorea sank das Bruttoinlandsprodukt nach Schätzungen des Internationalen Währungsfonds (IWF) 1998 um 7%, 1997 hatte es um real 5,5% zugenommen. Die Arbeitslosigkeit stieg von 2,7% auf 7,0% und die Inflationsrate verdoppelte sich von 4,4% auf 8,5%. Dabei gehört Südkorea zu den entwickelten Schwellenländern und war Ende 1996 als 29. Mitglied in die OECD aufgenommen worden. In weniger entwickelten Ländern wie Indonesien hat die Finanzkrise noch sehr viel schwerere Schäden angerichtet: 1998 brach die Produktion um mehr als ein Siebentel (-15%) ein (1997: +4,6%), die Rate der Arbeitslosigkeit verdreifachte sich auf 15% (1997: 5,4%), und der Anstieg der Verbraucherpreise betrug 60%, das Neunfache gegenüber den 6,6% im Jahr davor. In den von der Krise betroffenen Ländern ist die – gemessene – Armut sprunghaft auf ungefähr das Doppelte angestiegen. Sie hat in Korea und Thailand mittlerweile mehr als ein Viertel der Menschen erfasst.(IWF 1998: 47) Bis Ende 1998 sind nach Angaben der Internationalen Arbeitsorganisation 24 Millionen Arbeitsplätze durch die Krise in Asien vernichtet worden.(SZ vom 17.3.1999, S. 26)

Das internationale Finanzkapital aber ist weitergezogen: Nach einem kurzen Massaker in Russland hat es jetzt erneut den lateinamerikanischen Kontinent ins Visier genommen. Dort hatte es bereits Anfang der 1980er und Mitte der 1990er Jahre vor allem in Mexiko massive Zerstörungen angerichtet. Die brasilianische Regierung hat den Kampf für die Stabilisierung ihrer Währung Ende 1998 verloren und musste zusehen, wie der Real um über ein Drittel abwertete. Auch die kolumbianische Währung wurde inzwischen abgewertet. Die argentinische Regierung erwägt unter dem Druck der internationalen Spekulation, der monetären Verwüstung durch die Einführung des US-Dollars als Landeswährung zuvorkommen; Selbstmord aus Angst vor dem Tod.

Und der entwickelte Westen? Japan passt ins Bild: Hemmungslose Immobilienspekulationen haben Anfang der 1990er Jahre zu einer Welle von Bankzusammenbrüchen und zu einer dramatischen Finanzkrise geführt. Sie hält nach wie vor an und wird mittlerweile durch eine tiefe Produktionskrise verschärft. Erstmals seit einem Vierteljahrhundert ist das japanische Sozialprodukt im vergangenen Jahr gesunken. Es wird auch in diesem Jahr vermutlich nicht wesentlich steigen. Dazu kommt, dass für 1999 ein Rückgang der Verbraucherpreise prognostiziert wird. Damit gäbe es erstmals seit Jahrzehnten eine offene Deflation in einem großen Industrieland. Die Gefahr einer sich selbst verstärkenden Abwärtsspirale der Weltkonjunktur ist damit ein Stück näher gerückt.

Die Wirkungen der Finanzkrisen in Europa sind bei weitem nicht so dramatisch wie in Asien, Russland, Lateinamerika. Das liegt auch daran, dass mögliche Verluste bereits vorweggenommen, abgeschrieben und so auf die Masse der Steuerzahlerinnen abgewälzt worden sind. Die Hauptakteure der Asienkrise – europäische Banken, allen voran deutsche – vermelden jedenfalls wieder hohe und steigende Gewinne. 1997, im ersten Jahr der Asienkrise ist der Jahresüberschuss der Deutschen Bank zwar kurzfristig eingebrochen; 1998 lag er aber bereits wieder um 52% über dem Vorkrisenniveau von 1996. (Vgl. Geschäftsbericht 1998, S. 132) Die Rechnung der Finanzkonzerne ist aufgegangen: sie haben trotz Krise hohe Gewinne erzielt und nach Hause gebracht.

Es gab und gibt allerdings auch negative Wirkungen der Asienkrise auf Europa: Die Konkurrenz auf Drittmärkten ist schärfer geworden, Anteile europäischer Unternehmen an Exportmärkten sind verloren gegangen. Dies hat den konjunkturellen Aufschwung gebremst und mit dazu beigetragen, dass die Arbeitslosigkeit fast unverändert hoch geblieben ist. Die Hauptursache für Wachstumsschwäche und Massenarbeitslosigkeit in Europa ist allerdings nicht die mangelnde Wettbewerbsfähigkeit, sondern die neoliberale Wirtschaftspolitik. Auch sie hängt – auf andere Weise – mit den Finanzkonzernen zusammen: Denn wesentlich unter ihrem Druck betreiben die Regierungen eine fundamentalistische Stabilitätspolitik, die wachstums- und beschäftigungsfeindlich ist.

Einzig an den USA scheint die Krise spurlos vorbeigegengen zu sein. Die Produktion boomt, die Arbeitslosigkeit ist auf einem seit Jahrzehnten nicht erreichten Rekordtief, der Dow Jones-Aktienindex ist seit Ende Juni 1997 – unmittelbar vor dem Ausbruch der Asienkrise – bis Juni 1999 von 7673 auf 10.500 Punkte, also um mehr als ein Drittel, gestiegen. Die USA scheinen von den Finanzkrisen und der wirtschaftlichen Schwäche der restlichen Welt zu profitieren.

Finanzkrisen haben die Entstehung und Entwicklung des Kapitalismus regelmäßig begleitet. Die größte Finanzkrise des 20. Jahrhunderts fand Ende der 20er, Anfang der 30er Jahre in den USA und Europa statt, also in den Zentren der entwickelten Welt. Ihre Folgen trugen dazu bei, den deutschen Faschismus zu fördern. Nach dem Zweiten Weltkrieg gab es ein Vierteljahrhundert einigermaßen Ruhe. Mittlerweile haben sich die Finanzkrisen aber unübersehbar und mit großer Wucht in der Weltwirtschaft zurückgemeldet. Anfang der 80er Jahre brach die Schuldenkrise in Mexiko und anderen lateinamerikanischen Ländern aus. 1987 kam es zum bislang größten Kurseinbruch an der New Yorker Aktienbörse seit dem Zweiten Weltkrieg. Es folgte die Krise des Europäischen Währungssystems 1992/93. Dann ging es immer schneller: Mexiko 1994/95, Asienkrise 1997/98, Russland 1998, Brasilien 1998/99.

Die Krisen der 1990er Jahre erschienen unvermutet – noch Anfang 1997 überschlugen sich AnlageberaterInnen, WissenschaftlerInnen sowie internationale Organisationen im Lob für das »asiatische Wirtschaftswunder« und sagten ihm unverminderte Prosperität voraus. Die durch Finanzkrisen angerichteten Schäden können die Früchte jahrelanger Arbeit innerhalb weniger Tage oder Wochen zerstören. Sie erscheinen wie El Nino: unberechenbar, zerstörerisch und unkontrollierbar, Wirbelstürme, die alles wegfegen, was nicht niet- und nagelfest ist.

Ebensowenig wie Wirbelstürme entstehen Finanzkrisen jedoch aus dem Nichts. Sie sind Ergebnis bestimmter Konstellationen und Spannungen, die sich mit großer Wucht entladen. Bei Wirbelstürmen sind dies Klimakonstellationen und Temperaturspannungen. Wenn Banken oder andere Finanzunternehmen aus Gier und kurzfristigem Gewinninteresse unsachgemäß mit den Institutionen einer modernen Geldwirtschaft umgehen, kommt es zu Finanzkrisen. Diese produzieren Kettenreaktionen mit dramatischen Folgen. Sie bleiben so lange unkontrollierbar, wie die beteiligten Akteure und ihre Interessen nicht offengelegt und ihre Handlungen nicht politisch eingeschränkt werden. Da die Hauptverursacher einer Finanzkrise aber regelmäßig nicht auch die Hauptgeschädigten sind, haben sie kein Interesse an einer solchen Offenlegung, sondern versuchen, sie durch Anonymisierung und Mythenbildung zu verhindern. Dem dient die Behauptung von der »Herrschaft der Finanzmärkte«.

Nicht Banken, Versicherungen und Investmentfonds sind in diesen Erzählungen die Verursacher von Finanzkrisen, sondern die »Finanzmärkte« und deren Herrschaft über Wirtschaft und Politik. Finanzmärkte sind demnach keine Orte oder Institutionen, an denen Personen oder Unternehmen Geschäfte machen. Finanzmärkte treten vielmehr selbst als handelnde, mit unermesslicher Machtfülle ausgestattete Subjekte auf. Sie testen, wie solide die Wirtschaft eines Landes ist. Testkriterium ist die Gewinnperspektive für die Finanzanleger: für Banken, Investmentfonds, Versicherungen, Wertpapierhäuser etc. Ein Land, das den Test nicht besteht, wird zerstört. Um den Test zu bestehen, müssen Regierung und Unternehmen sich den Forderungen der Finanzmärkte anpassen. Finanzkrisen erscheinen als Strafe für Verstöße gegen diese als Gesetz auftretende Forderung. (Allerdings brechen sie gelegentlich auch ohne solche Verstöße aus, als bloße Lebensäußerung der Finanzmärkte.)

Was sind die Finanzmärkte, wie funktionieren sie, wer steht hinter ihnen? Welche Bedeutung und Folgen haben sie für die Entwicklung des gegenwärtigen Kapitalismus? Schließlich: wie können sie kontrolliert werden?

Kapitel 1:
Von der Investitionsfinanzierung zum Finanzinvestment: Panorama der Finanzmärkte

1. Die Anforderungen an die Finanzmärkte zur Bereitstellung von Finanzierungsmitteln sind in den letzten beiden Jahrzehnten nicht gewachsen. Bei den Unternehmen in den OECD-Ländern ist der Anteil der Eigenfinanzierung am gesamten Mittelaufkommen zumindest bis Mitte der 90er Jahre gestiegen. Dies lag vor allem daran, dass die Investitionsdynamik insgesamt nachgelassen und eine starke Umverteilung zugunsten der Gewinne stattgefunden hat. Überdies hat in jüngster Zeit auch der staatliche Finanzierungsbedarf im Zuge der Politik zur Senkung der öffentlichen Neuverschuldung abgenommen. Diese Abschwächung der öffentlichen Finanzierung über die Finanzmärkte wird durch die leichte Zunahme der Mittelaufnahme von Seiten der privaten Unternehmen nicht ausgeglichen. Die *Nachfrage nach Außenfinanzierung* hat sich in den großen Industrieländern nur schleppend entwickelt.

2. Das dennoch starke Wachstum der Finanzmärkte während der letzten beiden Jahrzehnte ist vor allem auf die Zunahme des *Angebots an liquiden Mitteln* zurückzuführen, für die aufgrund der langfristigen Verlangsamung des weltwirtschaftlichen Wachstums unzureichende reale Investitionsmöglichkeiten bestehen. Unter diesen Bedingungen wird für vermögende Personen und Unternehmen die Perspektive der Vermögenssicherung und -vermehrung durch Finanzinvestitionen interessant. Der stoffliche Charakter von Produktion und Investition tritt noch mehr in den Hintergrund, als das bei kapitalistischer Akkumulation ohnehin schon der Fall ist.

3. Die *Ablösung der Investitionsfinanzierung durch das Finanzinvestment* als treibende Kraft bei der Entwicklung der Finanzmärkte führt zu einer Entkoppelung der Zeithorizonte zwischen stofflichen Akku-

mulations- und Produktionsprozessen auf der einen und Kapitalverwertung auf der anderen Seite. Neben dem Wachstum ist diese Beschleunigung der Transaktionen ein wesentliches Kennzeichen bei der Entwicklung moderner Finanzmärkte. Sie kommt auf den Anleihe- und Aktienmärkten darin zum Ausdruck, dass der Handel mit Wertpapieren sehr viel schneller wächst als ihre Emission. Sie gipfelt in täglichen Billionenumsätzen auf den Devisen- und Derivatmärkten.

4. Die Lösung der Finanzinvestition von der stofflichen Basis bedeutet, dass sich die Gewinnerwartungen von Finanzinvestoren nicht – oder jedenfalls nicht in erster Linie – auf einen Teil des Profits – in Form von Dividenden oder Zinsen – richten, den das Anlageobjekt an sich zieht. Sie beziehen sich oft in erster Linie auf Preis- bzw. Kursänderungen der Aktien, Anleihen oder anderen Wertpapiere. Das *Spekulationsmotiv* wird zunehmend zum Motor der Finanzmärkte. Gegenstand von Finanzspekulationen werden dann nicht nur tatsächlich übertragbare Wertpapiere (wie Aktien), sondern auch künstliche Finanzprodukte, bei denen eine Übertragung prinzipiell nicht möglich ist (wie Aktienindices). In dem Maße, wie derartige Finanzwetten das Geschehen bestimmen, nehmen die Finanzmärkte den Charakter von Kasinos an.

5. Während Entstofflichung und Beschleunigung allgemeine Tendenzen auf allen großen Finanzplätzen der Welt und insofern internationale Prozesse sind, ist die internationale Durchdringung der einzelnen Märkte zu einem globalen Finanzmarkt für verschiedene Bereiche sehr unterschiedlich weit fortgeschritten. Kredit- und Aktienmärkte sind nach wie vor überwiegend nationale Märkte. Bei Anleihen gibt es eine größere, aber keineswegs vollständige Internationalisierung. Devisen- und Derivatmärkte sind in einem spezifischen Sinn globalisiert: Der weltweite Handel mit Derivaten und Devisen ist an wenigen Finanzplätzen, Börsen und Instituten konzentriert.

6. Die Haupttendenz der modernen Finanzmärkte ist nicht ihre grenzenlose Globalisierung, sondern die scheinbar vollständige Entstofflichung, Verflüssigung und Beschleunigung des Handels mit Finanztiteln, durch den die Finanzanleger sich bereichern.

Ein undurchsichtiger Komplex

Der Begriff »Finanzmarkt« wird gewöhnlich als Oberbegriff der beiden Begriffe Kapitalmarkt und Geldmarkt benutzt. Der erste bezieht sich traditionell auf die langfristige Finanzierung privater oder öffentlicher Investitionen, der zweite im Wesentlichen auf die kurzfristige Liquiditätssicherung vor allem zwischen den Banken. Der Gebrauch des Oberbegriffs ist bemerkenswert jung. Bei John Maynard Keynes (1936) kommt »Finanzmarkt« ebenso wenig vor wie bei Kindleberger (1978, 1984).[1] Der Vater der neoklassischen Effizienzmarktthese Eugene F. Fama (1970, 1976) verwendet den Begriff nicht (sondern den der Kapitalmärkte), und auch die Theorie der finanziellen oder »systemischen« Instabilität des Keynesianers Hyman Minsky (1975) kommt ohne ihn aus. Seit gut zehn Jahren sind die Finanzmärkte jedoch in aller Munde. Ihr plötzliches Auftauchen bedeutet mehr als die Erfindung eines klassifikatorischen Oberbegriffes für Geld- und Kapitalmärkte. Sie signalisiert zum einen, dass die Trennung zwischen den beiden Unterbegriffen unscharf wird: Kurzfristige Finanzierungen langfristiger Investitionen nehmen zu, der Geldmarkt steht mittlerweile auch Nichtbanken zur Verfügung. Zum anderen entwickeln Banken und andere Finanzunternehmen eine Vielzahl von neuen Finanz»instrumenten« und Finanz»innovationen«, die weder den klassischen Geldmärkten noch den Kapitalmärkten zugeordnet werden können: Commercial Papers, Notes, Futures, Optionen etc.

Heute stellen sich Finanzmärkte als sehr weit ausdifferenzierte, unübersichtliche, komplexe und anfällige Gebilde dar. Gelegentlich scheint hinter den verschlungenen Konstruktionen eine große Konzentration wirtschaftlicher und politischer Macht auf. Das aber sind Ausnahmen. Die Regel ist, dass Macht und Interessen der Finanzkonzerne hinter der Fassade allgemeiner Gesetze zum Verschwinden gebracht werden. Die anonymen Finanzmärkte erscheinen als Ausführungsorgane dieser Gesetze. Unvorstellbar große Zahlen – die berühmten 1,5 Billionen Dollar Tagesumsätze auf den Devisenmärkten – und unvorstellbare Geschwindigkeiten – die »Echtzeit«, in der Reaktionen auf weit entfernte Vorgänge erfolgen – suggerieren, dass die begrenzte Reichweite menschlicher Lebenswelten und das Schneckentempo ihrer demokratischen Gestaltung in dieser Welt der Finanzmärkte keine Chance haben.

Um die Strukturen und Funktionsprinzipien moderner Finanzmärkte zu verstehen, sollte man/frau zunächst auf die *beiden Grundfunktionen* des Finanzsektors zurückgreifen: Zum einen handelt es sich um Institutionen, bei denen Unternehmen, Regierungen und Privatpersonen Kredite aufnehmen können. Zum anderen können im Finanzsektor flüssige Mittel eingelagert (deponiert) und angelegt werden, die von ihren Eigentümern zeitweise oder dauerhaft nicht für

---

[1] Außer in dessen 1996 erschienener dritter Auflage des Buches »Manias, Panics, and Crashes. A History of Financial Crisis«.

Zahlungen verwendet werden. Die frühesten Unternehmen des Finanzsektors sind daher die Depotbanken und die Kreditbanken. Sie haben ihre beiden Haupttätigkeiten im Laufe der Geschichte in verschiedenen Formen entfaltet. Dabei ist es zu Differenzierungen, Ausweitungen und Wucherungen gekommen, die sich ziemlich weit von den ursprünglichen Funktionen entfernen. Neue Akteure sind aufgetaucht, und die Gewichte zwischen den Abteilungen der Finanzmärkte haben sich teilweise erheblich verschoben. Dieses Kapitel soll hier eine Übersicht schaffen. Es behandelt – nach einem Hinweis auf die paradoxerweise zumindest bis Mitte der 1990er Jahre abnehmende Rolle der externen Finanzierung für die Unternehmen – die fünf Ebenen (oder Segmente), in die der Finanzsektor gegliedert werden kann. Diese sind

1. Der *Kreditmarkt*, mit den Banken als Gläubigern auf der einen, Unternehmen, Regierungen und Privatpersonen als Schuldnern auf der anderen Seite.
2. Der *Primärmarkt für Wertpapierfinanzierung*, auf dem sich Unternehmen durch die Ausgabe von Aktien oder die Auflage von Anleihen und Regierungen durch Anleihen Finanzierungsmittel direkt beim Publikum beschaffen. Dies ist der klassische Kapitalmarkt, der überwiegend über die Börse abgewickelt wird. Finanzunternehmen sind hierbei nicht als Kreditgeber, sondern als Vermittler zwischen Kapitalgebern und Kapitalnehmern tätig.
3. Der *Sekundärmarkt für den Wertpapierhandel*. Auf ihm werden bereits existierende Wertpapiere, deren Finanzierungsfunktion also bereits erfüllt ist, gehandelt. Dabei tritt das Anlegerinteresse an hohen Renditen und steigenden Kursen gegenüber dem Finanzierungsinteresse in den Vordergrund.
4. Der *Markt für Währungen*. Er ist zur Abwicklung des internationalen Handels sowie grenzüberschreitender Investitionen erforderlich, hat sich aber weit über diese Funktion hinaus zu einem der bevorzugten Spekulationsmärkte entwickelt.
5. Der *Markt für abgeleitete Finanz»instrumente« (Derivate)*, die sich auf finanzielle Forderungen und Verpflichtungen in der Zukunft beziehen. Dabei steht zum einen ihre Sicherungsfunktion gegen Preisänderungen, zum anderen die Spekulation im Vordergrund.

Diese verschiedenen Märkte haben sich teils nacheinander, teils gleichzeitig entwickelt. Zusammen bilden sie heute das komplexe und unüberschaubare Gemenge moderner Finanzmärkte. Die Kombination einzelner Teile kann zu der atemberaubenden Akrobatik, den märchenhaften Gewinnen und systemgefährdenden Abstürzen führen, die im Vordergrund der öffentlichen Diskussion stehen. Wenn etwa das Management eines spekulativen Investmentfonds (Hedge-Fonds) mit geliehenem Geld auf den Märkten für Derivate Call-Optionen für einen Aktienindex kauft und damit auf den Anstieg der darin enthaltenen Aktienkurse spekuliert, ist das Finanzakrobatik. Wenn die Spekulation aufgeht, kann es leicht Profitraten von 100% und mehr geben. Wenn sie schief geht, droht der Zusammenbruch nicht nur des Fonds, sondern auch der Kreditgeber, mit unabsehbaren Folgen für das gesamte Finanzsystem. Dann müssen politische Notbremsen gezogen werden. Derartige Akrobatik ist zwar nicht das Basisgeschäft auf den Finanzmärkten. Aber die Spekulation nimmt zu, sie bestimmt mehr und mehr das Funktionieren und die Ausrichtung der Finanzmärkte. Das hat Folgen für das normale Geschäft der Finanzierung auf den Kredit- und Wertpapiermärkten.

1. Paradox: Explodierende Finanzmärkte – stagnierender Finanzierungsbedarf

Die wesentliche Bedeutung der Finanzmärkte für die Wirtschaft ergibt sich aus ihrer Rolle bei der Investitionsfinanzierung. Investitionen sind der Motor der ökonomischen Entwicklung, und in einer wachsenden Wirtschaft finanzieren die Unternehmen den Ausbau und die Modernisierung ihrer Anlagen nicht nur aus ihren laufenden Gewinnen und sonstigen Einnahmen, sondern mit zusätzlichen Mitteln: Sie nehmen Kredite auf, legen Anleihen auf oder geben Aktien oder andere Beteiligungsrechte aus. Die Märkte für derartige externe Finanzierungen sind die Finanzmärkte, die im Übrigen auch privaten Haushalten und Regierungen zur Verfügung stehen.

Der Umfang der Finanzmärkte ist in den letzten 20 Jahren stark gewachsen, sehr viel stärker als die Investitionen oder die Produktion. Dennoch werden Investitionen von Unternehmen nach wie vor zum größten Teil nicht extern, sondern aus selbst erwirtschafteten Mitteln finanziert. Es erscheint paradox: Der Anteil der Unternehmensinvestitionen, der über die Finanzmärkte finanziert wird, hat in den letzten beiden Jahrzehnten – als die Finanzmärkte explodierten – in den entwickelten Industrieländern im Trend nicht zu-, sondern sogar abgenommen (vgl. Schaubild 1). Die Eigenfinanzierung aus Gewinnen, Abschreibungen und sonstigen Elementen des Cash-flow ist in den letzten beiden Jahrzehnten im Trend gestiegen, die externe Finanzierung demgegenüber zurückgegangen. Eine Erklärung hierfür liegt darin, dass die Investitionsdynamik während dieser Zeit insgesamt nachgelassen hat. Gleichzeitig ist durch harte Umverteilung der Anteil der Gewinne am Sozialprodukt gestiegen. Beides zusammen erlaubt es, einen größeren Teil der relativ geringeren Investitionen aus Eigenmitteln zu finanzieren (vgl. Tabelle 1).

Allein der Anteil der einbehaltenen Gewinne (also ohne Abschreibungen) am gesamten Mittelaufkommen der Unternehmen stieg im Durchschnitt der G7-Länder von 50% in der zweiten Hälfte der 70er Jahre auf fast zwei Drittel (66,2%) in den ersten Jahren dieses Jahrzehntes.[2]

---

[2] Hierbei ist der Wert für Deutschland allerdings dadurch übertrieben, dass im Unterschied zu den anderen Ländern in der OECD-Statistik die Ausgabe von Aktien zur Eigenfinanzie-

26

Schaubild 1: Externe Finanzierung von Nichtbanken in den G7-Ländern, 1969-1995*

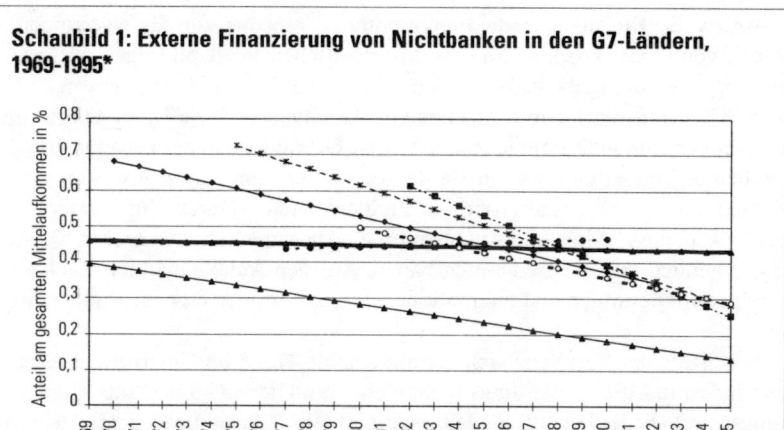

* Trendwerte
Quelle: OECD-Financial Statements of Non-Financial Enterprises, div. Jahrgänge

Tabelle 1: Herkunft der Unternehmensfinanzierung in fünf G7-Ländern (in %)

	Einbehaltene Gewinne		Ausgabe von Aktien		Aufnahme von Anleihen		Aufnahme von Krediten	
	1975-80	1991-95	1975-80	1991-95	1975-80	1991-95	1975-80	1991-95
USA	63,5	81,1	4,4	1,0	13,2	10,4	6,6	-1,3
Japan	35,2	54,5	4,9	4,6	2,3	4,3	33,6	39,8
Deutschland	58,8	64,7	2,2	2,0	-0,1	0,7	25,3	23,2
Frankreich	42,6	71,5*	4,0	18,3	-0,0	0,2	12,6	12,2
Kanada	50,2	59,7	7,8	12,1	6,8	-2,8	22,1	17,4
Durchschnitt**	50,1	66,2	4,7	7,6	4,2	2,6	20,0	18,3

*1991-1993 **ungewichtet; Quelle: 1975-1980 und 1991-1993: Malcolm Edey and Ketil Hviding. An Assessment of Financial Reform in OECD Countries, OECD, Economics Department Working Papers No. 154, 1995, S. 61; 1994-95: OECD, Financial statements of non-financial enterprises, div. Jahrgänge, eigene Berechnungen

rung gezählt wird. Nach der gesamtwirtschaftlichen Finanzierungsrechung der Deutschen Bundesbank lag der Eigenfinanzierungsanteil deutscher Produktionsunternehmen an den Bruttoanlageinvestitionen in den 60er Jahren bei 77,8%; er stieg in den 70er Jahren auf 79,1% und in den 80ern auf 87,3%. Nach der deutschen Vereinigung ging er wegen des enormen Finanzierungsbedarfs zunächst auf rund 70% zurück, lag in den Jahren ab 1993 jedoch wieder über 80%. Vgl. Deutsche Bundesbank 1994: 75; Deutsche Bundesbank 1998: 55.

An zweiter Stelle stehen die Bankkredite mit einem geringfügig verringerten Anteil von einem knappen Fünftel. Mit deutlichem Abstand folgen die Finanzierung durch Ausgabe neuer Aktien (wobei Frankreich hier mit einem Anteil von 18% herausragt). Die Aufnahme von Anleihen spielt für Unternehmen insgesamt nur eine sehr geringe Rolle, und ihr Gewicht ist in der ersten Hälfte der 1990er gegenüber der zweiten Hälfte der 1970er Jahre sogar gesunken. Diese Zahlen sind allerdings nur grobe – und ungewichtete – Durchschnittszahlen und verdecken, dass Aktien und Anleihen für eine geringe Zahl von großen Konzernen erheblich größere Bedeutung haben. Auf den Anleihemärkten spielen im Übrigen Regierungen und internationale Organisationen eine wesentliche Rolle.

Seit Mitte der 90er setzt sich der allgemeine Trend im Unternehmenssektor zumindest in Europa allerdings nicht mehr fort. Hier steigt der Außenfinanzierungsanteil wieder leicht an und übertrifft im Jahr 2000 erstmals die Größenordnung der internen Ersparnisse, die bei den Unternehmen in Form nicht entnommener Gewinne anfallen (vgl. Europäische Zentralbank [EZB] März 2002: 53*). Dass es sich hier um eine echte Trendumkehr handelt, muss jedoch bezweifelt werden. Vielmehr ist der Anstieg der Außenfinanzierung vermutlich darauf zurückzuführen, dass die Unternehmen während der jüngsten Fusions- und Privatisierungswellen vorübergehend zusätzliche Mittel brauchten, um Beteiligungskäufe, Übernahmen oder den Erwerb beispielsweise von UMTS-Lizenzen zu finanzieren. Dies würde dafür sprechen, dass es sich um eine Unterbrechung einer längerfristigen Entwicklung handelt, die durch einen steigenden Anteil der Außenfinanzierung gekennzeichnet ist.

2. Finanzierung durch Kreditschöpfung – Motor kapitalistischen Wachstums

Der *Kreditmarkt* ist die traditionelle Grundlage und Hauptabteilung der Finanzmärkte. Unternehmen, Regierungen und Privatpersonen nehmen bei Banken – und in geringem Umfang bei anderen Finanzinstituten – Kredite zur Finanzierung der Ausgaben auf, die sie nicht aus den laufenden eigenen Einnahmen finanzieren (können). Der Kredit wird in der Regel mit Vermögenswerten der Schuldner abgesichert. Für das Kreditsystem spielen die Verschuldung privater Haushalte und vor allem die Staatsverschuldung eine wichtige Rolle. Hier beschränken wir uns aber zunächst auf die Kreditvergabe zur Investitionsfinanzierung.

Aus Tabelle 1 ist ablesbar, dass in der ersten Hälfte der 1990er Jahre knapp ein Fünftel der Mittel, die den Unternehmen zur Verfügung standen, aus Krediten stammten. Dieser Anteil war gegenüber der zweiten Hälfte der 1970er Jahre relativ unverändert geblieben. Fast zwei Drittel aller externen Finanzierungsmittel entfielen auf Kredite. In der zweiten Hälfte der 90er Jahre ist der Anteil der Außenfinanzierung in der Europäischen Währungsunion deutlich angestiegen, das Übergewicht der Kredite bei den externen Finanzierungsquellen ist jedoch unverändert geblieben (vgl. EZB März 2002: 53*). Für die Masse der kleinen und mittleren Unternehmen – die überwältigende Menge aller Unternehmen – ist der Bankkredit nach wie vor praktisch die einzige Quelle der Außenfinanzierung. Dies wird sich auch in absehbarer Zukunft vermutlich nicht ändern – trotz der Einrichtung besonderer Aktienmärkte für kleinere Unternehmen. Die Ausgabe von Aktien oder Anleihen ist für sie nicht möglich oder zu teuer. Insofern haben die Kreditbanken hier ein nach wie vor sicheres Betätigungsfeld.

Woher nehmen die Banken die Mittel, die sie den Unternehmen als Kredite zur Verfügung stellen? Grundlage für die Kreditvergabe ist zum einen die Weitergabe gesellschaftlicher Ersparnis, zum anderen die Kreditschöpfung der Banken.

Ersparnisse werden teilweise bei Banken, Sparkassen oder ähnlichen Instituten deponiert und von diesen dann als Kredite weitergereicht. Die Banken gehen dabei zwei voneinander unabhängige Geschäftsbeziehungen ein: einerseits zu den Gläubigern (Sparern) als Einlegern und andererseits zu den Schuldnern (Unternehmen). Ihren Gewinn als (Finanz-) Dienstleistungsunternehmen erzielen sie dabei aus der Zinsspanne, d.h. der Differenz zwischen dem Zins, den sie ihren Gläubigern zahlen, und dem, den sie von ihren Schuldnern erhalten.

Die *Kreditschöpfung* durch das Bankensystem ist ein prinzipiell anderer Vorgang. Er macht die Dynamik des gesamten Systems aus: Bargeld, das bei einer Bank deponiert ist, wird zum größten Teil als Kredit an Unternehmen gegeben und landet durch Überweisung dieser Unternehmen auf den Konten von Lieferanten, sonstigen Kunden oder Arbeitnehmern bei anderen Banken. Diese verwenden wiederum den größten Teil der neuen Einlagen zur Gewährung von Krediten. Die Rationalität dieses Vorgangs liegt darin, dass nur ein geringer Teil der auf Bankkonten eingehenden Gelder als Bargeld abgezogen wird, deren größter Teil den Banken jedoch weiterhin zur Verfügung steht und von diesen daher zur Vergabe von Krediten genutzt werden kann. In welchem Maße dies geschieht, hängt von der Entwicklung des Bank- und Finanzsystems, insbesondere des bargeldlosen Zahlungsverkehrs ab. Die Grenzen der Kreditschöpfung werden durch zwei Faktoren gezogen: Erstens durch den Umfang, in dem Bankkunden ihre Guthaben als Bargeld von ihren Konten abheben und damit die Basis für weitere Kreditvergabe schmälern; zweitens durch das Ausmaß, in dem die Banken verpflichtet sind, einen Teil der auf den Konten ihrer Kunden eingehenden Zahlungen als »Mindestreserve« bei der jeweiligen Zentralbank stillzulegen, d.h. als Reserve für plötzliche Forderungswellen zu halten. In entwickelten kapitalistischen Gesellschaften mit »tiefen« Finanzsystemen besteht der weitaus größte Teil der in der Wirtschaft umlaufenden Zahlungsmittel aus Kredit- oder Giralgeld und nur ein sehr geringer Teil aus Bargeld. Ende 2001 stand der Summe aus Bargeld (286 Mrd. €) und Zentralbankguthaben (391 Mrd. €) der Finanzunternehmen in der Europäischen Währungsunion in Höhe von 677 Mrd. € eine Gesamtmenge umlaufender Kredite in Höhe von 11.136 Mrd. € gegenüber, also mehr als das Sechzehnfache (vgl. EZB Februar 2002: 12*f.). Das macht die hohe Flexibilität des monetären Systems aus, schafft aber auch seine besondere Verwundbarkeit und erfordert eine besondere Regulierung.

Die Kreditschöpfung ist also nicht begrenzt durch die gesellschaftliche Ersparnis. Gesamtwirtschaftlich können die Banken mehr Geld für Investitionen zur Verfügung stellen, als zuvor von der Gesellschaft durch Verzicht auf Konsum angespart wurde. Dies ist eine der Zentralaussagen der keynesianischen Revolution der Wirtschaftstheorie: Nicht das Sparen ist die Voraussetzung für das Investieren, sondern umgekehrt: Investitionen führen zu einer Steigerung des Volkseinkommens und, da von dessen Höhe das Sparen abhängt, damit auch zu einer Zunahme der gesamtwirtschaftlichen Sparsumme. Ob Unternehmen investieren, hängt daher nicht von einem imaginären, durch vorheriges Sparen geschaffenen Fonds verfügbarer Mittel, sondern in erster Linie von den Absatzaussichten der Unternehmen ab.

Demgegenüber spielen die Finanzierungskosten eine untergeordnete Rolle. Sie können durch die Zinspolitik der jeweiligen Zentralbank beeinflusst werden. Wenn sie hohe Gewinne erwarten, werden Unternehmen den durch die Zentralbank vorgegebenen Kreditspielraum ausschöpfen oder diesen durch Kreditaufnahme im Ausland überschreiten. Wenn die Gewinnerwartungen dagegen schlecht sind, werden sie auch dann keine Kredite zu Investitionszwecken aufnehmen, wenn die Zinsen niedrig sind. In diesem Fall ist es Aufgabe des Staates, die gesamtwirtschaftliche Nachfragelücke durch staatliche Nachfrage zu schließen und sich zu diesem Zwecke zu verschulden.

3. Finanzierung an den Banken vorbei: Der Primärmarkt für Wertpapiere

Statt Bankkredite aufzunehmen, können sich besonders starke Unternehmen auch an den Wertpapiermärkten verschulden. Sie beschaffen sich dabei externe Mittel direkt bei den SparerInnen, indem sie diesen Aktien oder Schuldscheine verkaufen. Dadurch werden SparerInnen zu MiteigentümerInnen oder zu unmittelbaren Gläubigern von Unternehmen. Für Regierungen und andere öffentliche Institutionen sind Anleihen die wichtigste Form der Neuverschuldung. Banken spielen bei der Emission von Wertpapieren, soweit sie nicht selbst als Käufer auf eigene Rechnung auftreten,[3] nur die Rolle der Vermittler. Sie organisieren den Verkauf der Wertpapiere an den Börsen. Diese sind der eigentliche Ort des

---

[3] Was sie allerdings in zunehmendem Maße tun, vgl. unten Kapitel 2.

Geschehens, als Markt, auf dem Aktien, Anleihen oder andere Wertpapiere verkauft und gekauft werden.[4]

Aus Tabelle 1 war zu entnehmen, dass die Unternehmensfinanzierung über Anleihen (corporate bonds) im Durchschnitt der G7-Länder insgesamt eine sehr geringe Rolle spielt und in der ersten Hälfte der 90er Jahre auf unter 3% des gesamten Mittelaufkommens zurückgegangen war. Selbst in den USA bestand nur ein Zehntel der Finanzierungsmittel im Unternehmenssektor aus Anleihen – was allerdings in erster Linie an den drastisch gestiegenen Gewinnen lag. Auch die Aktienfinanzierung hatte bei den G7-Ländern ein vergleichsweise geringes, wenn auch steigendes Gewicht, wobei hier besonders der hohe Anteil Frankreichs ins Auge fällt. Für die Europäische Währungsunion lag der Anteil der Anleihefinanzierung im Jahr 2000 bei 6,1% und der der Aktienfinanzierung – trotz des Börsenbooms – bei 18,9% der Außenfinanzierung insgesamt (vgl. EZB März 2002: 53*). Diese Struktur gilt aber nur für den Unternehmenssektor insgesamt. Für eine kleine Gruppe von großen Unternehmen ist die Lage anders. Sie finanzieren sich in erheblichem Maße über die Ausgabe von Aktien oder – in Europa noch relativ selten – die Emission von Anleihen, Notes oder anderer Schuldverschreibungen. Dies sowie die zeitweise massive Anleihetätigkeit von Regierungen hat dazu geführt, dass der Umfang der Aktien- und Anleihefinanzierung in den letzten 20 Jahren deutlich schneller gewachsen ist als das Kreditvolumen.

Schaubild 2 gibt Auskunft über die Entwicklung der weltweiten Finanzierung auf den Wertpapiermärkten in den 90er Jahren. Dabei handelt es sich überwiegend um Finanzierungen im Bereich der hochentwickelten OECD-Länder. Hieran ist zumindest zweierlei bemerkenswert: Zum einen lag die Kapitalaufnahme durch die Ausgabe neuer Aktien – durch bereits bestehende und neu an die Börse kommende Unternehmen – zwar in den meisten Jahren sehr viel niedriger als die Aufnahme von Anleihen. Sie verlief auf der anderen Seite aber sehr viel stetiger. Die Aufnahme von Anleihen – bei denen auch Regierungen und andere öffentliche Stellen eine große Rolle spielen – erfolgte demgegenüber sehr viel ungleichmäßiger: Sie stieg von unter 1 Billion Dollar in 1992 auf fast 3 Billionen Dollar in 1994, fiel dann – wohl vor allem infolge drastischer Maßnahmen zur Verminderung der öffentlichen Neuverschuldung – auf 137 Milliarden Dollar, um schon im folgenden Jahr wieder auf eine neue Rekordhöhe von gut 3 Billionen Dollar zu steigen. Im Jahr 2000 gab es dann einen erneuten drastischen Einbruch, der sich auch 2001 fortsetzte und vermutlich auf die Rezession an den Finanzmärkten zurückzuführen sein dürfte.

---

[4] Der Prozess, in dem die Banken als wesentliches Zwischenglied zwischen Sparen und Fremdfinanzierung zurückgedrängt werden, heißt Disintermediation – eine etwas irreführende Bezeichnung, da die Banken ja gerade auf die Rolle der Vermittlung zurückgedrängt werden. Die Wertpapierfinanzierung wird vielfach auch als Securitisation bezeichnet.

Schaubild 2: Finanzierung auf den weltweiten Wertpapiermärkten in den 1990er Jahren

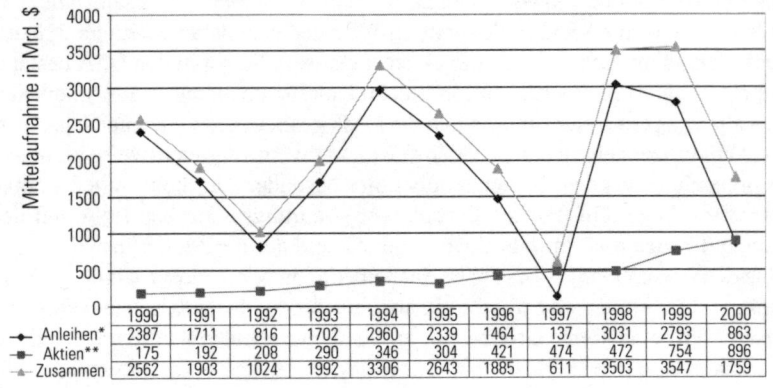

	1990	1991	1992	1993	1994	1995	1996	1997	1998	1999	2000
◆ Anleihen*	2387	1711	816	1702	2960	2339	1464	137	3031	2793	863
■ Aktien**	175	192	208	290	346	304	421	474	472	754	896
▲ Zusammen	2562	1903	1024	1992	3306	2643	1885	611	3503	3547	1759

* Bestandsveränderung nationaler und internationaler Anleihen am Jahresende gegenüber dem Vorjahr, Quelle: BIZ, Quarterly Review, statistischer Anhang, Tabellen 12 und 16;
** Kapitalaufnahme an den Börsen, Quelle: World Federation of Exchanges, Jahresberichte Tabelle I.8

Schaubild 3: Öffentliche und private Finanzierung auf den weltweiten Wertpapiermärkten in den 1990er Jahren

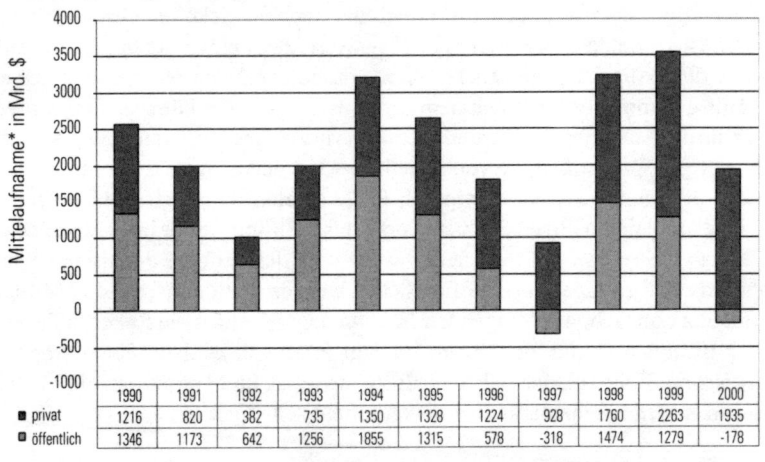

	1990	1991	1992	1993	1994	1995	1996	1997	1998	1999	2000
■ privat	1216	820	382	735	1350	1328	1224	928	1760	2263	1935
▣ öffentlich	1346	1173	642	1256	1855	1315	578	-318	1474	1279	-178

* öffentlich: Bestandsveränderung öffentlicher Anleihen am Jahresende, privat: Bestandsveränderung von Unternehmensanleihen am Jahresende plus Aufnahme von Aktienkapital.
Quellen: BIZ, Quarterly Review, Statistischer Anhang, Tabellen 12 und 16; World Federation of Exchanges, Jahresberichte 1981, 1991 und 2000

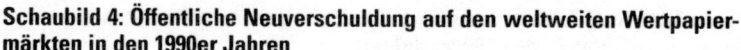

Schaubild 4: Öffentliche Neuverschuldung auf den weltweiten Wertpapier-märkten in den 1990er Jahren

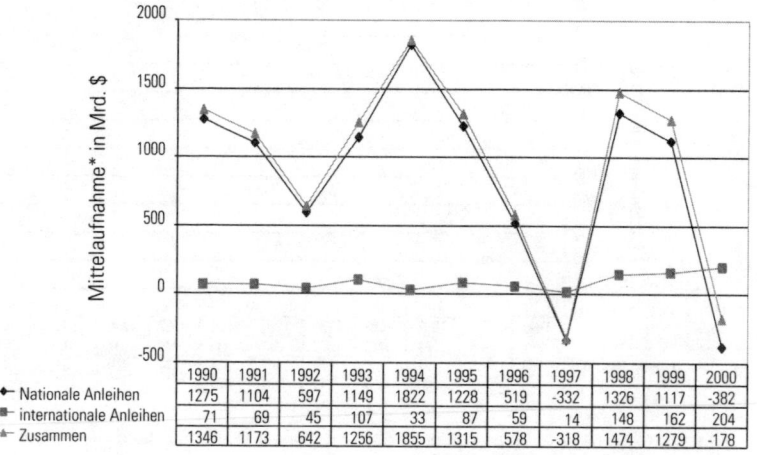

	1990	1991	1992	1993	1994	1995	1996	1997	1998	1999	2000
Nationale Anleihen	1275	1104	597	1149	1822	1228	519	-332	1326	1117	-382
internationale Anleihen	71	69	45	107	33	87	59	14	148	162	204
Zusammen	1346	1173	642	1256	1855	1315	578	-318	1474	1279	-178

* Bestandsveränderung am Jahresende; Quelle: BIZ, Quarterly Review, jeweils neueste Ausgabe, Statistischer Anhang, Tabellen 12 und 16

Wer sind die Hauptschuldner an den Wertpapiermärkten? Schaubild 3 zeigt, dass in der ersten Hälfte der 90er Jahre auf Regierungen und andere öffentliche Stellen über die Hälfte der weltweiten Neuverschuldung entfiel. 1995 hielten sich die öffentliche und private Schuldenaufnahme ungefähr die Waage. In der zweiten Hälfte der 90er Jahre sind die öffentlichen Defizite massiv abgebaut worden. In den Jahren 1997 und 2000 war die Mittelaufnahme der öffentlichen Hand sogar negativ, d.h. es wurden mehr Schulden zurückgezahlt als neue aufgenommen. Zwischen diesen beiden Jahren stiegen die Defizite aber wieder steil an. Von einem kontinuierlichen Abbau der Staatsschulden kann also keine Rede sein, ihre Entwicklung ist in den 90er Jahren vielmehr ausgesprochen zyklisch verlaufen. Dabei unterlagen Auslandsanleihen nicht den gleichen krassen Schwankungen wie die Schuldenaufnahme im Inland (vgl. Schaubild 4).

Bei der privaten Wertpapierfinanzierung (vgl. Schaubild 5) fällt auf, dass sowohl die Ausgabe neuer Aktien als auch die Auflage internationaler Unternehmensanleihen während der gesamten 90er Jahre mit nur leichten Schwankungen zunahmen, während die nationale Wertpapierfinanzierung im privaten Sektor ähnlich stark schwankt wie im öffentlichen. Dies legt die Interpretation nahe, dass die nationalen Anleihemärkte der öffentlichen Hand wie auch den großen Unternehmen vor allem als kurzfristiger konjunktureller Puffer dienen, die Unternehmen und Regierungen ihre Anleihen langfristig aber eher international

33

Schaubild 5: Finanzierung des privaten Sektors auf den weltweiten Wertpapiermärkten in den 1990er Jahren

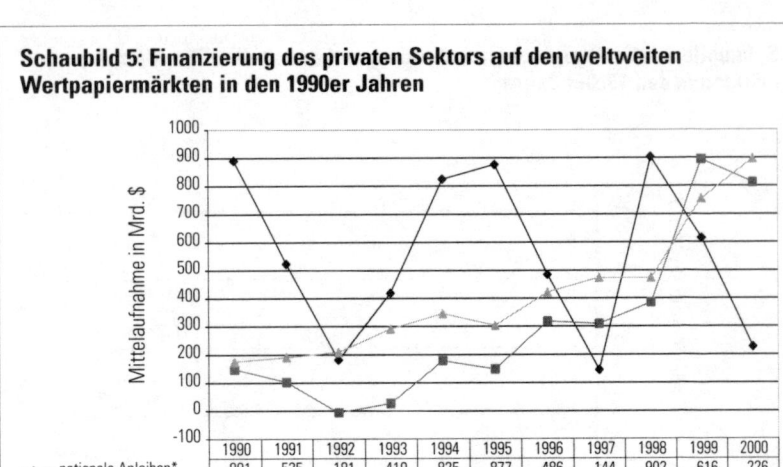

	1990	1991	1992	1993	1994	1995	1996	1997	1998	1999	2000
◆ nationale Anleihen*	891	525	181	419	825	877	486	144	902	616	226
■ internationale Anleihen*	150	103	-7	26	179	147	317	310	386	893	813
▲ Aktien**	175	192	208	290	346	304	421	474	472	754	896

* Bestandsveränderung am Jahresende gegenüber dem Vorjahr, Quelle: BIZ, Quarterly Review, Statistischer Anhang, Tabellen 12 und 16
** Kapitalaufnahme an den Börsen, Quelle: World Federation of Exchanges, Jahresberichte Tabelle I.8

Tabelle 2: Weltweite Bestände an Schuldtiteln* Ende 2001, Mrd. US-$

	Insgesamt	National	Inter-national	Anteil national in %	Öffent-lich	Anteil öffentlich in %
Alle Länder	37.504	30.489	7.015	81,2	19.974	53,3
G7-Länder	31.201	26.604	4.597	85,3	17.069	54,7
– USA	17.764	15.377	2.387	86,6	9.299	52,3
– Japan	5.942	5.847	95	98,4	4.456	75,0
– Deutschland	2.155	1.581	574	73,4	724	34,4
– Frankreich	1.436	1.037	399	72,2	658	45,8
– Italien	1.459	1.277	182	87,5	1.023	70,1
– Großbritannien	1.670	921	749	55,1	415	24,9
– Kanada	775	564	211	72,8	494	63,7

* einschließlich aller kurzfristigen Notes, Wechsel etc.
Quelle: Bank für internationalen Zahlungsausgleich (BIZ), Quarterly Review, June 2002, Table 12A und 16A, eigene Berechnungen

platzieren. Eine detailliertere Aufschlüsselung der Globalzahlen bestätigt den Befund für die meisten Länder, zeigt aber auch einige Unterschiede (vgl. Tabelle 2). Die USA sind mit 46,4% der weltweit ausstehenden Anleihen der mit Abstand größte Schuldner der Welt, jedenfalls was die Verschuldung in *Anleihen* angeht. Amerikanische Anleihen bestanden 1998 überwiegend – zu 88,7% – aus Inlandsanleihen und mehr als die Hälfte bestand aus staatlichen Schulden. Im Durchschnitt aller Länder waren gut vier Fünftel und im Durchschnitt der G7-Länder sogar fast neun Zehntel aller Anleihen im Inland aufgelegt; nur Großbritannien bildet mit einem Anteil von 56% eine prägnante Ausnahme.

Die Schuldnerstruktur ist recht unterschiedlich. Bei vier der sieben Länder entfällt über die Hälfte der Anleihen auf öffentliche Stellen, also im Wesentlichen Regierungen. Bei Kanada, Japan und Italien liegt der öffentliche Anteil mit 63,7%, 75,0% und 70,1% besonders hoch, für Deutschland und insbesondere Großbritannien mit knapp 35% bzw. 25% besonders niedrig. In der Sicht der Finanzanleger oder Gläubiger ist der Kauf von Staatspapieren also nach wie vor eine wichtige oder die wichtigste Methode der Anlage flüssiger Mittel.

Für die *Aktienmärkte* gibt es keine systematische Information über die Verteilung der Mittelaufnahme (durch Gang an die Börse oder Kapitalerhöhung) auf In- und Auslandsmärkte. Einen sehr groben Anhaltspunkt kann der Anteil des Handels mit ausländischen Aktien am gesamten Aktienhandel an den wichtigsten Börsen geben.[5] Hier sind die Verhältnisse völlig unterschiedlich: Bei der gemessen am Aktienhandel größten Börse der Welt, der amerikanischen elektronischen Börse NASDAQ, lag der Anteil des Handels mit Aktien ausländischer Unternehmen im Jahr 2000 bei gut 10%, bei der New York Stock Exchange dagegen nur bei 4,3%. In London, der größten europäischen Aktienbörse, entfielen rund 60% des gesamten Handels auf ausländische Aktien. In Paris wurden im Jahr 2000 praktisch ausschließlich Inlandsaktien gehandelt, in Deutschland lag der Auslandsanteil bei immerhin 15%.

Der Primärmarkt für Wertpapiere erfüllt drei Grundfunktionen der kapitalistischen Reproduktion. Er verschafft Unternehmen Investitionsmittel und ermöglicht Regierungen, zeitweise mehr auszugeben als sie einnehmen. Das erste ist die Basis der kapitalistischen Dynamik, das zweite eine wesentliche Voraussetzung für wirtschaftspolitische Stabilisierung im Interesse eines gleichmäßigen Wachstums und hoher Beschäftigung. Drittens lässt sich auf den Wertpapiermärkten Geldvermögen gewinnbringend anlegen. Dieser dritte Gesichtspunkt ist entscheidend für die Entwicklung der Wertpapiermärkte während der letzten beiden Jahrzehnte.

---

[5] Die folgenden Zahlen stammen aus dem Jahresbericht 2000 der World Federation of Exchanges (FIBV) (www.world-exchanges.org).

Wertpapierbörsen[*]

97% des weltweiten Wertpapierhandels entfallen auf 56 Börsen, die Mitglieder der 1961 gegründeten World Federation of Exchanges (FIBV) (www.world-exchanges.org) sind und in denen die Aktien von 35.000 Unternehmen gehandelt werden. In Europa gibt es 21 Börsen, wobei die acht deutschen Börsen zu einer zusammengefasst werden. Die Hauptgruppen von Börsen sind Aktienbörsen, Börsen für Anleihen und ähnliche Wertpapiere und Termin- oder Derivatbörsen.

Börsen wurden in der Regel in der Vergangenheit als Vereine oder Genossenschaften der Nutzer gegründet. Mittlerweile sind die meisten jedoch in rechtlich selbständige Gesellschaften umgewandelt worden, die allerdings nach wie vor überwiegend ihren Mitgliedern und Nutzern (Makler, Händler, Wertpapierhäuser und Banken) gehören. Nur 17% der Börsen haben noch Vereins- oder halböffentlichen Status. Die Tendenz geht zur weiteren rechtlichen Verselbständigung, Privatisierung und zur Aufnahme von Fremdeigentümern.

Große Börsen wie die Deutsche Börse, die London Stock Exchange und Euronext sind Kapitalgesellschaften, deren Aktien selbst an »ihren« Börsen gehandelt werden. Alle Börsen unterliegen öffentlicher Regulierung und Aufsicht, die allerdings von Land zu Land verschieden sind. In der EU gibt es mehrere Richtlinien, die Mindestanforderungen für den Wertpapierhandel festlegen. Eine weitere Tendenz geht dahin, den Präsenzhandel in einem bestimmten Raum (dem »Parkett«) durch den elektronischen Handel abzulösen.

Ein wesentliches Kennzeichen des weltweiten Börsenhandels ist seine starke regionale Konzentration bei unterschiedlichen Marktsegmenten:

Die größte *Aktienbörse* der Welt, gemessen an der Marktkapitalisierung 2001, ist die New York Stock Exchange. An ihr wurden die Aktien von 2.400 Unternehmen (darunter 461 ausländischen) gehandelt, deren Kurswert sich Ende 2000 auf 11,0 Billionen Dollar belief. Das Handelsvolumen mit Aktien betrug 10,5 Billionen Dollar. Auch die nächstgrößere Aktienbörse hat ihren Sitz in New York: Es ist die NASDAQ (National Association of Securities Dealers Automated Quotation), eine vollelektronische Börse mit 4.063 Unternehmen, darunter 445 ausländischen, und einem Jahresumsatz von 10,9 Billionen Dollar. Es folgen die Londoner Börse (2.332 Unternehmen, davon 409 ausländische, und 4,6 Billionen Dollar Umsatz, davon 2,7 Billionen Dollar mit ausländischen Aktien), die französisch/niederländisch/belgische Börse Euronext Paris (mit 1.132 Unternehmen, 1,8 Billionen Dollar Marktkapitalisierung und einem Handelsvolumen von 3,2 Billionen Dollar), und Deutschland (983 Unternehmen, davon 235 ausländische, und 1,4 Billionen Dollar Umsatz, davon 0,1 Billionen Dollar mit ausländischen Aktien). *Fast drei Viertel (74%) des welt-weiten Aktienhandels (30,6 von 41,2 Billionen Dollar) entfielen im Jahr 2001 auf die fünf größten Börsen.*

Die weltgrößte Börse für private und öffentliche Anleihen und sonstige (auch kurzfristige) Schuldpapiere war 2001 die Londoner Börse mit einem Umsatz von umgerechnet 1,5 Billionen Dollar, gefolgt von Johannesburg mit 1,3 Billionen Dollar, Kopenhagen (0,7 Billionen Dollar), Euronext (0,3 Billionen Dollar) und Italien (0,1 Millionen Dollar). *Auf die fünf führenden Börsen entfielen im Jahr 2001 fast drei Viertel (72%) des gesamten Börsenumsatzes mit Anleihen (5,4 Mrd. Dollar).*

Die bis Ende der 90er Jahre drei weltgrößten Terminbörsen haben ihren Sitz in Chicago und sind auf jeweils eine Produktgruppe spezialisiert: Der Chicago Board of Trade (CBOT) handelt mit Futures und Optionen auf amerikanische Staatsanleihen. Auf den Chicago Board of Option Exchange (CBOE) entfiel 1997 mehr als die Hälfte des weltweiten Bestands an Aktienindexoptionen. Die Chicago Mercantile Exchange (CME) schließlich hat die Führungsrolle bei den Aktienindexfutures. Mittlerweile sind allerdings die deutsch-schweizerische EUREX und die Koreanische Stock Exchange an die Weltspitze der Terminbörsen für Aktienindexfutures und -optionen vorgedrungen.

Der Börsenhandel ist nicht nur stark regional konzentriert, sondern er konzentriert sich auch auf eine relativ kleine Zahl von Unternehmen. Auf die 5% aller Unternehmen mit dem höchsten Marktwert entfielen 2001 an der NYSE (97 Unternehmen) fast die Hälfte (47,4%) und an der NASDAQ (183 Unternehmen) sogar fast drei Viertel (73,8%) des gesamten Handels. In Deutschland (37 Unternehmen) betrug der Konzentrationsgrad 61,6%, bei Euronext lag er (mit 57 Unternehmen) bei 40,0%, und in London entfielen auf 96 Unternehmen mehr als vier Fünftel, nämlich 81,6% des Gesamthandels.

* Alle Angaben aus: World Federation of Exchanges, Annual Report 2000 und 2001

4. Von der Finanzierung zum Handel – der Sekundärmarkt für Wertpapiere

Börsen sind nicht nur Einrichtungen, auf denen Unternehmen und Regierungen sich Finanzmittel beschaffen können. Sie sind gleichzeitig Märkte, auf denen mit Wertpapieren gehandelt wird. Beide Funktionen hängen zwar zusammen, sie sind aber keineswegs miteinander identisch, und ihr Zusammenhang hat sich in den letzten beiden Jahrzehnten erheblich gelockert. Solange die Finanzierungsfunktion im Vordergrund steht, bestimmt die Nachfrage nach Liquidität den Markt. Sobald der Handel die führende Rolle übernimmt, wird der Markt angebotsgetrieben. An die Stelle des Finanzierungsmittel suchenden Unternehmens tritt der renditesuchende Finanzanleger als dominierende Figur der Wertpapiermärkte.

Die Hauptthese dieses Kapitels ist, dass die treibende Kraft der Finanzmärkte der Übergang von der Investitionsfinanzierung zum Finanzinvestment ist. Dieser Wechsel, der in den letzten beiden Jahrzehnten stattfand, hat wesentliche Veränderungen der Struktur und Funktionsweise von Wertpapiermärkten mit sich gebracht. Er hat zu dem geführt, was in der politischen Diskussion oft als »Herrschaft der Finanzmärkte« bezeichnet wird.

Investitionen und ihre Finanzierung: Entkoppelung der Zeitperspektive

Investitionen in Produktionsanlagen binden Kapital für eine längere Zeit: Maschinen müssen in Auftrag gegeben, produziert und aufgestellt, Fabrikhallen gebaut, die Mitarbeiter ausgebildet werden. In der Ausreifungszeit zwischen dem Beginn der Investition und ihrem Einsatz in der Produktion bringt das angelegte Geldkapital keine Gewinne. Der investierende Unternehmer erwartet, dass die künftigen Gewinne das jetzt eingesetzte Kapital sozusagen nachträglich verwerten. Das ist der Grund, weshalb er die ertraglose Zeit in Kauf nimmt.

Investitionen sind andererseits mit dem Risiko verbunden, dass die erwarteten Erträge nicht anfallen, z.B. weil falsch kalkuliert wurde oder weil die Umstände sich in nicht vorhergesehener Weise geändert haben. Je größer der Zeithorizont für die Ausreifung einer Investition ist, desto unsicherer werden die Kenntnisse über die Zukunft und desto höher wird das Risiko. Wegen der prinzipiellen Unsicherheit der Zukunft können die Investoren dieses Risiko durch einen Risikoaufschlag in ihrer Kalkulation nur unvollkommen berücksichtigen. Sie tragen es weniger aufgrund ihres angeborenen Unternehmergeistes (das, was Keynes ihre »animal spirits« nannte), sondern eher, weil die Konkurrenz ihnen keine andere Wahl lässt.

Anders ist die Situation für diejenigen, die Geld in fremde Unternehmen stecken, als Kredit oder durch den Kauf von Aktien oder Anleihen. Ihnen stehen zusätzliche Wege offen, sich gegen das Unternehmensrisiko zu schützen. Banken verlangen die Übereignung von Sicherheiten, die sie notfalls verkaufen können. Aktionäre und Besitzer von Anleihen erwarten, ihre Aktien jederzeit an der Börse verkaufen zu können. In dem Maße, wie diese Erwartung realistisch ist, spielt die Ausreifungszeit einer Investition für sie keine Rolle. Ihr Finanzengagement wird auch beim Kauf einer 30-Jahres-Anleihe zu einer liquiden Anlage. Diese Entkoppelung der Zeitperspektiven zwischen realer Investition und ihrer Finanzierung ist eine wichtige wirtschaftliche Funktion und ein wesentliches Merkmal moderner Finanzmärkte. Dies hatte schon John Maynard Keynes in den 1930er Jahren herausgestellt: »Investitionen, die für die Allgemeinheit ›fixiert‹ sind, werden so für das Individuum ›liquide‹ gemacht.« (Keynes 1964: 153). Die Entscheidung, sein Geld in bestimmte Unternehmen zu stecken oder dem Staat durch den Kauf einer langfristigen Anleihe zur Verfügung zu stellen, wird hierdurch jederzeit widerruflich. Das Risiko des Aktionärs ist auf ein Sinken der Verkaufspreise für seine Aktien begrenzt. Diese Beschränkung fördert die individuelle Entscheidung zum Finanzengagement und trägt somit zur leichteren Mobilisierung von Investitionskapital bei. Das ist die gesellschaftlich vorteilhafte Funktion der Wertpapiermärkte.

Die tatsächliche Liquidität oder besser Liquidierbarkeit von Finanzanlagen hängt allerdings wesentlich vom Umfang und von der Situation der Wertpapiermärkte ab. Je größer der Markt, desto größer die Wahrscheinlichkeit, dass angebotene Papiere auch auf Nachfrage stoßen. In einer Situation allgemeiner Krise werden die Märkte nicht funktionieren, weil Unternehmen und Haushalte ihre Wertpapiere abstoßen und statt dessen Geld haben wollen. Wenn dieses nicht in ausreichendem Umfang zu haben ist, bricht nicht nur der Wertpapiermarkt, sondern das gesamte Geldsystem zusammen. Hiervon später.

Die Verflüssigung der Finanzmärkte: Empirische Hinweise
In den letzten 20 Jahren und insbesondere in den 90er Jahren ist diese Handelsfunktion der Wertpapiermärkte in den Vordergrund getreten. Dies geht in beeindruckender Weise aus Schaubild 6 hervor.

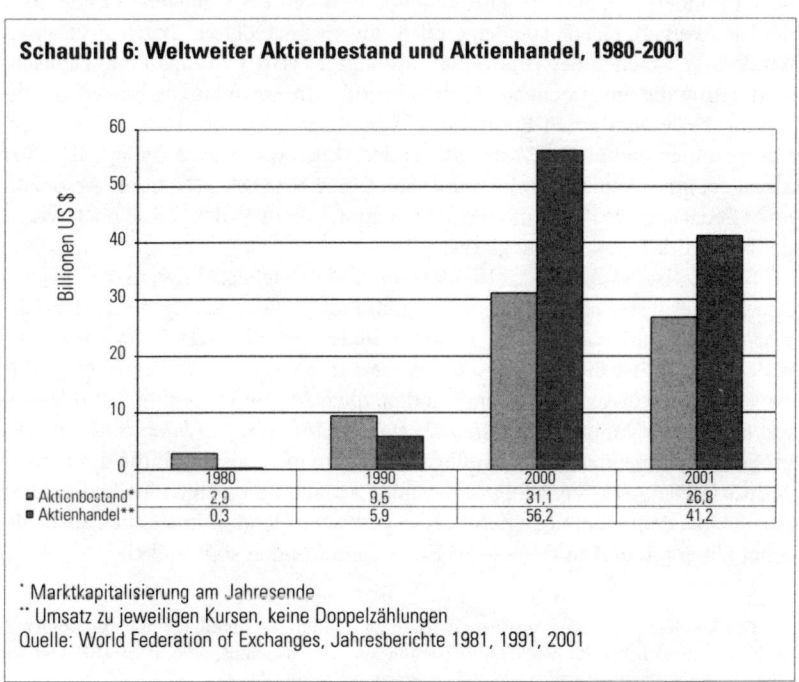

Schaubild 6: Weltweiter Aktienbestand und Aktienhandel, 1980-2001

	1980	1990	2000	2001
▫ Aktienbestand*	2,0	9,5	31,1	26,8
■ Aktienhandel**	0,3	5,9	56,2	41,2

(Billionen US $)

* Marktkapitalisierung am Jahresende
** Umsatz zu jeweiligen Kursen, keine Doppelzählungen
Quelle: World Federation of Exchanges, Jahresberichte 1981, 1991, 2001

39

Der weltweite Börsenhandel mit Aktien entsprach im Jahr 1980 gerade einem Zehntel des Kurswertes aller an den Börsen der Welt registrierten Aktiengesellschaften. Bei diesem Tempo des Handels würde der gesamte Aktienbestand einmal in zehn Jahren verkauft werden. 1990 hatte sich der Kurswert aller börsengehandelten Aktien etwas mehr als verdreifacht, der Aktienhandel aber war gegenüber 1980 auf das Zwanzigfache gestiegen. Im Durchschnitt wechselten fast zwei Drittel (62,5%) des gesamten Aktienbestandes in einem Jahr die Hände, die »Verweildauer« war auf 19 Monate gesunken. Diese Beschleunigung hat sich auch in den 90er Jahren fortgesetzt: Ende 2000 war der Kurswert der Aktien 3,2mal so hoch wie Ende 1990, der Umfang des Aktienhandels im Jahr 2000 aber hatte auf fast das Zehnfache des Wertes von 1990 zugenommen. Die Umlaufgeschwindigkeit der Aktien war auf 1,9 gestiegen, d.h. die Verweildauer auf ein gutes halbes Jahr gesunken. Gegenüber 1980 war die Umlaufgeschwindigkeit von Aktien an den Weltbörsen damit auf fast das Zwanzigfache gestiegen. An diesem Trend zur Entkoppelung von Bestand und Handel hat auch der Einbruch der Aktienmärkte im Jahr 2001 nichts geändert.

Tabelle 3 gibt eine Momentaufnahme der nach Marktkapitalisierung größten Aktienmärkte im Jahr 2000. Sie ist in mehrfacher Hinsicht aufschlussreich:

Erstens ist offensichtlich die Bedeutung des Aktienhandels für die verschiedenen Ländergruppen sehr unterschiedlich: In den USA entsprach Ende 2000 der Kurswert aller an den beiden großen Börsen gehandelten Aktiengesellschaften dem 1,5-fachen des Bruttoinlandsproduktes (BIP), in Japan und Deutschland betrug die entsprechende Kennziffer 0,7.[6] In Japan lag die Marktkapitalisierung bei einem guten Fünftel des Wertes der USA, der Handel bei einem knappen Vierzehntel. Die Verweildauer der Aktien war in Japan zehnmal größer als an der amerikanischen elektronischen Börse NASDAQ (National Association of Securities Dealers Automated Quotation), und fast doppelt so hoch wie an der New York Stock Exchange (NYSE).

Zweitens ist der Anteil des Handels mit ausländischen Aktien in den meisten Ländern ausgesprochen gering. Er liegt nur an fünf der zehn größten Handelsplätze (London, Tokio, Brüssel, Frankfurt und an der New York Stock Exchange) über 10%. Selbst die größte Aktienbörse der Welt, die NYSE, macht gerade 10% ihres Umsatzes mit Auslandswerten, die NASDAQ als weltgrößte elektronische Börse sogar nur 4%. *Aktienmärkte sind überwiegend Inlandsmärkte.* Die große Ausnahme hiervon ist Großbritannien, wo mehr als die Hälfte des Umsatzes mit Auslandsaktien erfolgt. Es handelt sich allerdings um eine bedeutsame Ausnahme, denn über neun Zehntel des gesamten Handels mit Aktien ausländischer Unternehmen an Börsen der EU wird in London abgewickelt.

---

[6] Der Vergleich zwischen Marktkapitalisierung und BIP ist allerdings nicht unproblematisch, weil es sich bei der Marktkapitalisierung um eine Bestandsgröße, beim BIP aber um eine Flussgröße handelt und beide nicht miteinander verbunden sind.

Tabelle 3: Die größten* Aktienmärkte der Welt im Jahr 2000

	Marktkapitalisierung inländischer Aktien		Anzahl der gehandelten Unternehmen			Handel Mrd. $			Umschlagshäufigkeit**
	Mrd. $	in % des BIP	Insgesamt	Ausländische	5 in % von 4	Insgesamt	Ausländische	8 in % von 7	(7-8) : 2
1	2	3	4	5	6	7	8	9	10
USA	15.214	153							
NYSE	11.534		2.468	433	17,5	11.060	1.142	10,3	0,9
NASDAQ	3.597		4.734	488	10,3	19.798	844	4,2	5,3
Japan (Tokio)	3.193	67	2.096	41	2,0	2.315	627	27,1	0,5
Großbritannien (London)	2.612	184	2.374	448	18,9	4.559	2.669	58,5	1,7
Frankreich/	1.447	112	969	158	16,3	5.054	–	0	3,5
Niederlande/	641	174	387	158	40,8	679	2	0,3	1,1
Belgien***	183	81	278	104	37,4	242	35	14,5	1,1
Deutschland (Frankfurt)	1.270	68	983	241	24,5	2.120	321	15,1	1,4
Schweiz	792	328	416	164	39,4	639	28	4,3	0,8
Kanada (Toronto)	770	108	1.394	41	2,9	637	1	0,2	0,8
Italien	768	72	297	6	2,0	1987	38	1,9	2,5

* gemessen an der Marktkapitalisierung – Kurswert am Jahresende mal Nominalkapital – in US-Dollar am Jahresende
** Anzahl der Umschläge pro Jahr
*** Die Börsen Frankreichs, der Niederlande und Belgiens waren schon 2000 durch eine enge Kooperation verbunden und wurden in 2001 zu Euronext fusioniert.
Quelle: World Federation of Exchanges, Annual Report 2000 und 2001

Drittens unterscheiden sich die Umschlagsgeschwindigkeiten von Land zu Land sehr stark. Sie ist an der New Yorker elektronischen Börse mit Abstand am größten. Die dort gehandelten Aktien inländischer Unternehmen haben 2000 im Durchschnitt mehr als fünf mal die Hand gewechselt oder, anders ausgedrückt, sind sie alle zweieinviertel Monate erneut verkauft worden. Nur an vier der elf größten Handelsplätze bleiben Aktien durchschnittlich länger als ein Jahr bei dem jeweiligen Käufer.

In Europa sind die Verhältnisse sehr unterschiedlich. Während das Verhältnis von Marktkapitalisierung zu Bruttoinlandsprodukt für die Länder der Währungsunion zwischen 1990 und 2000 von 21% auf 89% auf mehr als das Vierfache zugenommen hat, lag es bei den anderen Mitgliedsländern der EU schon Anfang der 90er Jahre sehr viel höher und stieg bis zum Jahre 2000 auf 161% (vgl.

Währungsregime

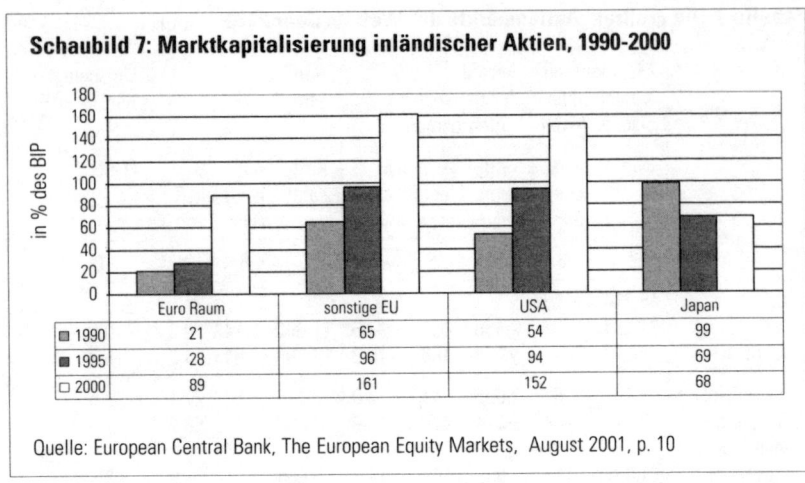

Schaubild 7: Marktkapitalisierung inländischer Aktien, 1990-2000

in % des BIP	Euro Raum	sonstige EU	USA	Japan
■ 1990	21	65	54	99
■ 1995	28	96	94	69
□ 2000	89	161	152	68

Quelle: European Central Bank, The European Equity Markets, August 2001, p. 10

Schaubild 7). Die höchste Marktkapitalisierung hatte im Jahre 2000 die Schweiz (328%), gefolgt von Finnland (242%), Großbritannien (184%) und Luxemburg (179%). Das Schlusslicht war Österreich (16%), dessen Marktkapitalisierung noch unter der in den drei Beitrittsländern Slowenien (17%), Polen (20%) und Ungarn (22%) lag (World Federation of Exchanges 2001: 141).

5. Von der Finanzierung des Welthandels zur Spekulation – Der Markt für Währungen

Der Währungsmarkt ist die Geldbrücke zwischen Ländern, die durch internationalen Handel, ausländische Direktinvestitionen und Produktion oder durch internationale Finanzanlagen miteinander in Verbindung stehen. Das nationale Geld als Zahlungsmittel und Vermögensgegenstand eines Landes wird auf dem Währungsmarkt zu anderem nationalen Geld in Beziehung gesetzt. Der Wechselkurs[7] definiert die jeweilige Qualität des nationalen Geldes als Zahlungsmittel und Vermögensgegenstand im Ausland, damit auch die wirtschaftlichen Stärkeverhältnisse und Konkurrenzpositionen zwischen verschiedenen Ländern. Wechselkurse werden durch politische Vereinbarung und durch wirtschaftliche Konkurrenz bestimmt. Die Kombination von beidem kennzeichnet das Währungsregime. Die politische Vereinbarung bestimmter Wechselkurse durch Bindung an

---

[7] Als Wechselkurs w wird der Betrag inländischer Währung bezeichnet, der zum Kauf einer Einheit ausländischer Währung erforderlich ist. Der Devisenkurs d bezeichnet den Betrag ausländischer Währung, der für eine Einheit Inlandswährung erhältlich ist. Es gilt also $w = 1/d$.

42

Gold oder durch direkte Fixierung (Festkursregime) muss revidiert werden, wenn sie dauerhaft gegen die realen Konkurrenzpositionen verstößt. Auf der anderen Seite sind auch frei schwankende Wechselkurse abhängig von politischen Weichenstellungen, nämlich vor allem der Übereinkunft, nicht auf den Märkten zu intervenieren; zugleich werden sie durch nationale Geldpolitik mit beeinflusst. Die Entwicklung auf den Währungsmärkten ist im letzten Vierteljahrhundert stark durch den Wechsel des Währungsregimes Mitte der 70er Jahre beeinflusst worden.

Die Beendigung des 1944 auf der Konferenz von Bretton Woods geschaffenen Systems politisch festgesetzter und gestützter Wechselkurse Mitte der 70er Jahre durch ein System frei schwankender Kurse hat eine erhebliche Zunahme der Weltwährungsreserven (also der Vermögensgegenstände, die in den internationalen Wirtschaftsbeziehungen allgemein als Geld akzeptiert werden und insofern den Charakter von »Weltgeld« haben) und des Devisenhandels mit sich gebracht. Der Umfang an Weltwährungsreserven[8] in den Beständen der Zentralbanken der Welt betrug Ende 1970 rund 92 Mrd. Dollar. Er stieg bis Ende 1980 auf gut das Vierfache (413 Mrd. Dollar) und bis 1990 auf 916 Mrd. Dollar. Ende 2000 betrugen die Weltwährungsreserven 1908 Mrd. Dollar (vgl. Schaubild 8). Sie hatten sich also in 30 Jahren auf gut das Zwanzigfache erhöht. Der internationale Handel mit Gütern und Dienstleistungen war in der gleichen Zeit nur von rund 600 Mrd. Dollar auf 7.799 Mrd. Dollar, also auf das Dreizehnfache gestiegen (vgl. GATT 1992: 83, 90; WTO 2001: A5 undA7).

Wichtiger als die absolute Höhe der Weltwährungsreserven ist der Handel mit ihnen. Hierüber gibt es erst ab 1989 einigermaßen zuverlässige Zahlen, die alle drei Jahre durch Erhebungen der Bank für internationalen Zahlungsausgleich (BIZ) aktualisiert werden.

Schätzungen der BIZ für 1979 belaufen sich auf 120 Mrd. Dollar pro Arbeitstag. Diese Zahl ist bis April 1998 auf 1,5 Billionen Dollar pro Arbeitstag auf mehr als das Zwölffache gestiegen und dann bis April 2001 auf 1,2 Billionen Dollar zurückgegangen (vgl. Schaubild 9). Im Jahr des Höchststandes war der Devisenhandel *pro Arbeitstag* fast genau so hoch wie der gesamte Devisenbestand am Jahresende. Das bedeutet – in zugegebenermaßen schematischer Betrachtung dass die in der Welt vorhandenen Devisen im Laufe des Jahres 1998 jeden Tag einmal verkauft worden sind.

Der Welthandel mit Gütern und Dienstleistungen lag im Jahr 2000 bei knapp 8 Billionen Dollar. Knapp sieben Tage Devisenhandel hätten also genügt, um den gesamten internationalen Handel abzuwickeln. Selbst wenn man/frau berücksichtigt, dass erstens jedes Umtauschgeschäft oft mit mehreren Absicherungsgeschäften verbunden ist und dass zweitens für das reibungslose Funktio-

---

[8] Gold, Sonderziehungsrechte, IWF-Reservepositionen, Devisen.

43

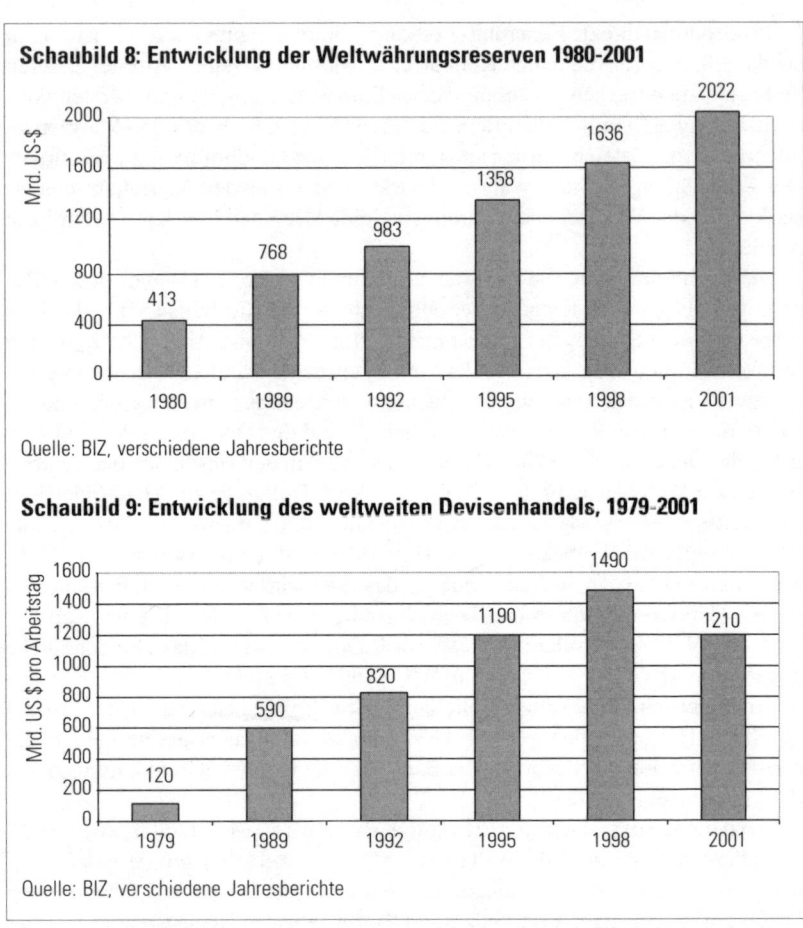

Schaubild 8: Entwicklung der Weltwährungsreserven 1980-2001

Mrd. US-$

2022

1636

1358

983

768

413

1980 1989 1992 1995 1998 2001

Quelle: BIZ, verschiedene Jahresberichte

Schaubild 9: Entwicklung des weltweiten Devisenhandels, 1979-2001

Mrd. US $ pro Arbeitstag

1490

1190

1210

820

590

120

1979 1989 1992 1995 1998 2001

Quelle: BIZ, verschiedene Jahresberichte

nieren der Währungsmärkte ein gewisses Überangebot – sozusagen als Liquiditätsreserve – erforderlich ist, steht der Umfang des Devisenhandels in einem krassen Missverhältnis zum realen Güter- und Dienstleistungsverkehr. Auch hier ist das Spekulationsmotiv offensichtlich maßgeblich.

Der Rückgang der Devisenumsätze seit 1998 ist auf das Zusammenwirken verschiedener Faktoren zurückzuführen (vgl. Galati 2001: 39-47). Dazu gehören neben der Ausbreitung des elektronischen Handels und der fortschreitenden Konzentration bei den Devisenhändlern und den Banken vor allem die Einführung des Euro im Jahr 1999. Indem die gemeinsame Währung den Handel zwischen wesentlichen europäischen Währungen beseitigte, verminderte sie den gesamten Devisenhandel um rund 6%, das ist ein gutes Drittel des gesamten Rückgangs zwischen 1998 und 2001.

44

Eine Besonderheit des Handels mit Währungen ist seine sehr ausgeprägte Konzentration, hinsichtlich der gehandelten Währungen, der Handelsplätze und der Devisenhändler: *Green Back*

Währungen: Ende 2000 bestanden die *Weltwährungsreserven* zu 76% aus Dollar. Beim *Handel* lag der Dollar mit 45,2% Marktanteil (genaugenommen 90,4 von 200, weil alle Umsätze zweimal gezählt werden) vorne, gefolgt vom Euro (18,8%) und dem Yen (11,4%). Das britische Pfund kam mit 6,6% nur auf Platz vier. Die Position der amerikanischen Währung am internationalen Devisenhandel ist in den 90er Jahren (41% im Jahr 1992) kontinuierlich gestiegen.

Handelsplätze: Hier liegt London unangefochten mit einem Drittel (31%) Marktanteil an der Spitze, es folgen die USA (16%), Japan (9%) und Singapur (6%). Auf Deutschland entfielen 5% und auf Frankreich 3% des weltweiten Devisenhandels im April 2001.

Händler: Ein Viertel des weltweiten Devisenhandels entfiel 2001 auf die drei Banken Citigroup (9,7%), Deutsche Bank (9,1%) und Goldman Sachs (7,1%) (Spahn 2002: 33). Nach Angaben der BIZ gibt es nur zwanzig Global Players im Devisenhandel, die in allen wichtigen Währungen handeln, und die Zahl der Banken, auf die 75% aller Währungsgeschäfte in einem Land entfallen, ist zwischen 1995 und 2001 in Großbritannien von 20 auf 17, in den USA von 20 auf 13 und in Deutschland von 10 auf 5 gesunken (Galati 2001: 42, 44).

Die Ursachen für die starke Zunahme des Devisenhandels bis 1998 liegen in vier Entwicklungen:

Erstens hat die Beendigung des Festkurssystems von Bretton Woods Mitte der 1970er Jahre dazu geführt, dass die nunmehr freigegebenen Wechselkurse starken Schwankungen ausgesetzt waren. Das Wechselkursrisiko, das von 1944 bis 1973 durch politische Vereinbarung weitgehend ausgeschaltet war bzw. bei den Zentralbanken gelegen hatte, erhält damit neues Gewicht und muss von international tätigen Unternehmen auf privatwirtschaftlicher Grundlage abgesichert werden. Dies treibt die Devisenumsätze auf mehrfache Weise in die Höhe:

Importierende Unternehmen sichern sich gegen die Verteuerung der ausländischen Währung, in der sie die Waren bei Lieferung bezahlen müssen, dadurch ab, dass sie zum Zeitpunkt der Kauforder die fremde Währung zu einem bestimmten Kurs, der in die eigene Kalkulation eingeht, im Voraus (= auf Termin) bei einer Bank (gegen eine Gebühr bzw. einen Aufschlag) kaufen. Das Risiko der Wechselkursänderung geht damit auf die Bank über. Diese versichert sich ihrerseits gegen eine Aufwertung bei einer anderen Bank, die mit ausländischen Banken das Währungsgeschäft betreibt. Bei den ausländischen Importeuren herrscht das Interesse vor, dass die eigene Währung nicht abwertet, weil ihre Importe sonst teurer werden.

Die Banken auf beiden Seiten können nun gegenläufige Termingeschäfte abschließen und so die Risiken der Wechselkursänderung für die Beteiligten ausschließen (vgl. Kasten).

Wechselkurssicherungsgeschäfte

Ein deutscher Importeur von Getreide aus den USA ist daran interessiert, dass der €/$-Kurs für ihn nicht steigt, und schließt ein entsprechendes Termingeschäft mit seiner Hausbank ab.

Ein amerikanischer Importeur von Maschinen aus Deutschland ist daran interessiert, dass der $-Kurs nicht sinkt (oder der €-Kurs nicht steigt), weil das seine Importe verteuern würde. Er schließt seinerseits einen entsprechenden Terminvertrag mit seiner Hausbank ab.

Die beiden Hausbanken wenden sich ihrerseits an eine der großen Devisenhändlerbanken (z.B. die Citibank) und sichern sich dort durch Terminverträge gegen eine Aufwertung (deutsche Bank) bzw. Abwertung (amerikanische Bank) ab.

Angenommen, beide Importeure gehen in ihren Kalkulationen von einem €/$-Kurs von 1,10 €/$ bzw. rund 0,9091 $/€ aus und haben sich entsprechend durch Terminverträge abgesichert. Angenommen ferner, die beiden Geschäfte seien zu diesem Kurs wertgleich, d.h. der deutsche Importeur importiert für 10.000 $ (die ihn 11.000 € kosten) und der amerikanische Importeur importiert für 11.000 € aus Deutschland, die ihn 10.000 $ kosten. Der amerikanische Importeur muss bei Lieferung 11.000 € zahlen, die er in seiner Kalkulation mit 10.000 $ ansetzt. Der deutsche Importeur muss 10.000 $ zahlen, und er rechnet damit, dafür 11.000 € aufwenden zu müssen. Wenn der Marktkurs zum Zeitpunkt der Lieferung gleich dem Terminkurs ist, gibt es offensichtlich kein Problem. Es gibt aber auch kein Problem, wenn der Kurs 1,20 €/$ oder 0,8333 $/€ beträgt. Die Citibank muss der Bank des deutschen Importeurs 10.000 $ liefern, die sie sich auf dem Markt für 12.000 € besorgen muss. Sie erhält von dieser aber aufgrund des Terminvertrages nur 11.000 €, macht also bei diesem Geschäft einen Verlust in Höhe von 1.000 €. Auf der anderen Seite aber liefert die Citibank der Bank des amerikanischen Importeurs am Termin 11.000 €, die sie auf dem Markt 9.166,3 $ kosten. Sie erhält aber laut Terminvertrag mehr, nämlich 10.000 $, macht also einen Gewinn von 833,3 $. Dieser Gewinn entspricht – Rundungsdifferenzen beiseite gelassen – genau dem Verlust aus der Lieferung an die deutsche Bank.

Diese Absicherung führt zu einer erheblichen Zunahme der Devisenumsätze. Wo bei fixen Wechselkursen vier Umsätze stattfinden (beide Importeure besorgen sich bei Fälligkeit Geld von ihren Banken, die es ihrerseits von der Citibank erhalten), sind es jetzt mindestens acht: Der Devisen-Terminkontrakt gilt als Umsatz, die spätere tatsächliche Kassa-Lieferung auch. Vielfach liegen zwischen der Hausbank des jeweiligen Importeurs und der Bank, die den tatsächlichen

Umtausch durchführt, noch eine Reihe weiterer Stufen, auf denen Banken die Wechselkurssicherung nach oben weiterreichen. Dies erklärt die Tatsache, dass 75% der weltweiten Devisengeschäfte Transaktionen zwischen Banken (sog. Interbankgeschäfte) sind.

Mittlerweile sind Währungsabsicherungen sehr viel umfangreicher, vielfältiger und raffinierter geworden als in den ersten zehn Jahren nach dem Übergang zum System frei schwankender Wechselkurse. Dies hängt weniger mit dem steigenden Bedarf der Im- und Exporteure als mit dem steigenden Angebotsdruck der Devisenhändler zusammen. Banken, die sich auf den Devisenhandel spezialisiert haben, untermauern dieses Geschäft durch eine wachsende Menge neuer Finanzprodukte, wie z.B. Swaps, Risikomanagement und die verschiedensten Arten von Währungsoptionen (Valdez 1997:159ff.).[9] Deren offizieller Zweck ist es, Währungsabsicherung auf die Bedürfnisse des einzelnen Kunden bezogen sozusagen maßgeschneidert zur Verfügung zu stellen. Optionen aber bieten mehr: Sie verschaffen die Aussicht auf zusätzliche Profite, die durch Änderung der Wechselkurse zustande kommen. Durch diesen Zusatz wird die Absicherung gegen Verluste gleichzeitig zur Spekulation auf Extraprofite. Diese Perspektive mag sich für die Unternehmen verwirklichen oder nicht, für die Banken ist sie auf jeden Fall die Quelle zusätzlicher Einkommen (Financial Times 1997: IV). Denn der Kauf einer einfachen Option ist teurer als ein Kauf oder Verkauf einer Währung auf Termin, der zum Schutz vor Wechselkursrisiken in jedem Fall vollständig ausreichen würde; und der Kauf einer komplizierten Option ist teurer als der einer einfachen Option. Der internationale Devisenmarkt ist gegenwärtig in hohem Maße ein Markt für begleitende Finanzprodukte – und dieser Markt ist angebotsgetrieben.

Zweitens hat die Liberalisierung des internationalen Kapitalverkehrs dazu geführt, dass anlagesuchendes Kapital sich jetzt ohne Schwierigkeiten – und aufgrund der stürmischen Entwicklung der Informations- und Telekommunikationstechnologie auch fast ohne Kosten und ohne Zeitverlust – auf allen Märkten der Welt nach profitablen Verwendungen umsehen kann. Die Möglichkeiten hierfür und damit auch der Devisenhandel wachsen um so mehr, je mehr einerseits die Anlagen kurzfristigen Charakter annehmen, und je mehr andererseits der Sekundärmarkt an Umfang gewinnt und damit auch längerfristige Anleihen und Konsortialkredite gehandelt werden. Investmentfonds oder sonstige Anleger, die auf der Suche nach kurzfristigen Gewinnmöglichkeiten sind und ihre Portfolios jeweils entsprechend weltweit anpassen, sind eine neue wesentliche Triebkraft für die stürmische Entwicklung des weltweiten Devisenhandels.

Drittens hat die Liberalisierung der Kapitalmärkte nationale Währungen in ihren Eigenschaften als Wertaufbewahrungsmittel oder Vermögenswerte miteinander in Konkurrenz gesetzt. Es wird darum konkurriert, welche Währung (nicht

---

[9] zu Optionen allgemein vgl. den nächsten Abschnitt

welche Aktie oder Anleihe) den höchsten Vermögenswert hat. Diese Währung wird gekauft, in ihr werden die Weltwährungsreserven gehalten, weil die Vermutung besteht, dass sie den größten Zugriff auf alle anderen Arten von Vermögen verkörpert. Die Stabilität der Währung als Anlagewährung wird zu einem der wirtschaftspolitischen Hauptziele, und die vermeintlichen oder tatsächlichen Verschiebungen der Konkurrenzpositionen in dieser Hinsicht lösen Umschichtungen bei Investoren aus, die in währungsbezogene Vermögenstitel wie Geldmarktfonds oder direkt in Währungen anlegen.

Viertens ist die Erwartung von Preisänderungen (= Wechselkursveränderung) einzelner Devisen selbst die Ursache massiver spekulativer Devisenumsätze, nämlich der Käufe von aufwertungsverdächtigen bzw. der Verkäufe von abwertungsverdächtigen Währungen. Wenn diese Umsätze massiv genug sind, können sie dazu führen, dass die ihnen zugrundeliegende Vermutung auch dann zutrifft, wenn sie von der materiellen ökonomischen Basis (den sog. fundamentals) nicht gerechtfertigt gewesen wäre. Auch hier ist die Rolle der großen Finanz-Investoren entscheidend. Die schematische Darstellung im nebenstehenden Kasten verdeutlicht die einfachsten Formen von Währungsspekulation, die z.B. bei der asiatischen Krise 1997/98 angewandt wurden. Auf die Risiken und Folgen der Spekulation wird im 4. Kapitel ausführlicher eingegangen.

Die 90er Jahre waren ein Jahrzehnt massiver Währungsspekulation

Den Auftakt machten die institutionellen Spekulanten – allen voran der Quantum-Fund des George Soros – mit einem Angriff auf das Europäische Währungssystem (EWS): Innerhalb eines Jahres katapultierten sie zunächst – im September 1992 – Großbritannien und Italien aus dem Zusammenhang europäischer Währungszusammenarbeit hinaus.[10] Im August 1993 erreichten sie die faktische Liquidierung des Systems, dessen Bandbreiten zulässiger Wechselkursschwankungen auf ±15% erweitert und damit für alle praktischen Zwecke aufgehoben wurden. Nach den Attacken auf das EWS hat es eine größere Zahl spekulativer Wellen gegen die Währungen von Schwellen- und Entwicklungsländern gegeben, die regelmäßig mit Abwertungen endeten: 1994/95 Mexiko, 1997/98 Asien, 1998 Russland, 1998/99 Lateinamerika, insbesondere Brasilien, Kolumbien, 2000/01 Türkei, Indonesien, 2001/02 Argentinien.

Den Hintergrund für diese Attacken fasst eine Forschungsgruppe im Internationalen Währungsfonds (IWF) so treffend zusammen, dass sie hier mit einem etwas längeren Zitat zu Wort kommen soll: »Die gleichen Strukturveränderungen, die den Zugang der Emerging Markets zu den internationalen Finanzmärkten verbessert und die nationalen Finanzmärkte gegenüber ausländischen Investoren geöffnet haben, haben auch die Intensität und die Dauer von möglichen

---

[10] Erleichtert wurde diese Attacke allerdings durch die unübersehbare Abneigung der Deutschen Bundesbank, die Währungen durch entsprechende DM-Verkäufe zu stützen.

Zwei einfache Hauptformen der Währungsspekulation

Annahme: Spekulant S erwartet, dass die thailändische Währung Baht im Verlaufe von drei Monaten um 20% abwertet, d.h. der aktuelle Kurs 1 $ = 25 Baht auf 1 $ = 30 Baht steigt, oder umgekehrt, dass 1.000 Baht, die zum aktuellen Kurs 40 $ kosten, nach drei Monaten nur noch 33,33 $ kosten. Er hat dann zwei einfache Möglichkeiten der Spekulation.

Terminverkauf von Landeswährung
1. S verkauft einer thailändischen Bank 25.000 Baht auf Termin (3 Monate) zu einem Kurs von 25 Baht = 1 $. S besitzt die Baht allerdings noch nicht (Leerverkauf); der Terminkontrakt soll 5% des Baht-Betrages, also 1.250 Baht oder 50 $ kosten. Die muss S zunächst zahlen.
2. Der Baht/$-Kurs entwickelt sich wie erwartet, der Baht wertet also um 20% ab.
3. Bei Fälligkeit des Kontraktes muss S 25.000 Baht gegen 1.000 $ liefern. Er kann die 25.000 Baht auf dem Kassamarkt für 833,25 $ plus 1% Gebühr, also für 841,58 $ kaufen. Da er 1.000 $ erhält, beträgt sein Reingewinn 158,42 $.
4. Die Rendite beläuft sich – bezogen auf seinen Einsatz von 50$ – auf 316,84%.
(5. Alternativ kann S auch eine Put-Option kaufen, die zwar teurer ist, aber auch gegen das Risiko weitgehend absichert, dass der Baht entgegen der Erwartung aufwertet und S die zu liefernden Baht teurer einkaufen muss, als er sie verkauft hat.)

Kreditaufnahme in Landeswährung
1. S nimmt einen 3 Monatskredit über 25.000 Baht zum (Jahres-)Zins von 10% auf.
2. Die Kreditsumme wird sofort in $ getauscht. S erhält 1.000 $ minus Umtauschgebühr von 1% = 990 $.
3. Der Kurs entwickelt sich entsprechend den Erwartungen, d.h. 1.000 Baht kosten nach drei Monaten nur noch 33,33 $.
4. Nach drei Monaten hat S an den Gläubiger 25.625 Baht zu zahlen (25.000 + 2,5%).
5. Er besorgt sich diese Summe durch Umtausch von $ in Baht und muss dafür 25,625 x 33,33 $ = 854,08 $ plus 1% (= 8,54 $) Umtauschgebühr zahlen, insgesamt also 862,62 $.
6. Der Reingewinn ist 990 $ 862,62 $ – 127,38 $, der Eigenkapitalvorschuss Null.

Allerdings: Wenn der Baht nicht ab-, sondern aufwertet, ist nicht nur der Einsatz weg, sondern S muss entweder neue Kredite aufnehmen oder andere Vermögensteile verkaufen, um den Kredit zurückzahlen zu können. Wenn beides immer schwieriger wird, droht der Ruin.

spekulativen Angriffen erhöht. So haben z.B. die wachsende Institutionalisierung der Ersparnis und das Auftreten der institutionellen Investoren auf den internationalen Märkten, die die Nachfrage nach Wertpapieren der Emerging Markets angeheizt haben, auch zu einer Zunahme von in größtem Umfang fremdfinanzierten, stark spekulierenden Investmentfonds geführt, die bei ihrer Suche nach Schwächen in der Währungs- und Wirtschaftspolitik bereit sind, bedeutende Risiken auf sich zu nehmen. Institutionelle Investoren sind heute in der Lage, auch anhaltende Baissepositionen einer schwachen Währung über Spot-, Termin- und Devisenoptionsmärkte sowie über die rasch wachsenden Märkte bei strukturierten Produkten (fremdfinanzierte schuldrechtliche Wertpapiere mit Kapitalrückflüssen, die an einen bestimmten Wechselkurs gebunden sind) einzunehmen und durchzuhalten. Schätzungen über die Gesamtwerte, die heute in Hedgefonds, Immobilienfonds und spekulativen offenen Investmentfonds gehalten werden, belaufen sich auf mehr als 100 Mrd. Dollar.« (IWF 1997: 8f.). Der Mechanismus, der hier beschrieben wird, ist nach wie vor wirksam. Der Umfang der Vermögen in Hedgefonds dürfte allerdings schon damals größer gewesen sein und beträgt heute vermutlich mehr als 300 Mrd. Dollar (vgl. Deutscher Bundestag 2001: 14).

Die Folgen der besonders starken Steigerung des Devisenhandels nach dem Zusammenbruch des Systems fester Wechselkurse zeigen sich zumindest auf zwei Ebenen:

Zum einen steigen die Kosten des internationalen Handels und der langfristigen produktiven Kapitaltransfers, denn die Sicherungsgeschäfte und spekulativen Zusatzprodukte müssen von den Unternehmen bezahlt werden. Gesamtwirtschaftlich heißt das: Der Anteil der volkswirtschaftlichen Wertschöpfung, der in den – vom Gesichtspunkt der materiellen Produktion unproduktiven und vom Gesichtspunkt der gesellschaftlichen Reproduktion zunehmend nicht-reproduktiven – Finanzsektor gelenkt wird, nimmt zu. Dies wirkt als Bremse für das wirtschaftliche Wachstum, die Entwicklung der produktiven Basis und der Investitionen und damit letztlich – trotz steigender Beschäftigung im Finanzsektor – gesamtwirtschaftlich auch der Beschäftigung.

Zum anderen geraten der internationale Handel und damit Wachstum, Beschäftigung und internationale Arbeitsteilung in eine Situation zunehmender Unsicherheit und Labilität. Denn einerseits bestimmt der Umfang des internationalen Handels immer weniger den Wechselkurs zwischen den Währungen der Handel treibenden Länder; dieser wird in sehr viel stärkerem Maße von – vor allem kurzfristigen – internationalen Kapital- und Devisenbewegungen bestimmt, die zum Teil rein spekulativen Charakter haben. Auf der anderen Seite aber bestimmen Wechselkursbewegungen unmittelbar und massiv die Perspektiven für Handel und Beschäftigung. Eine Aufwertung verteuert die Exporte und wird sie, soweit sie preisabhängig sind, unmittelbar einschränken. Eine Abwertung dagegen macht Exporte billiger und stellt damit einen preismäßigen Wettbewerbsvorteil gegenüber anderen Ländern dar. Für Importe gelten natürlich die gegenteiligen Konsequenzen, und der Gesamteffekt hängt von dem Verhältnis zwischen Exporten und Importen ab. Abwertungen einer Währung als Folge einer Währungsspekulation haben daher unmittelbare Folgen für das betroffene Land – und mittelbare für die Konkurrenten und Handelspartner, deren Währungen zunächst gar nicht von der Währungsattacke betroffen waren: Ihre verschlechterte Konkurrenzposition treibt ihre Handelsbilanz ins Defizit und kann ebenfalls zu spekulativen Attacken führen. Wenn dies dann ebenfalls eine Abwertung bewirkt, beginnt eine Abwärtsspirale, deren Konsequenzen verheerend sein können.

In Europa ist 1999 die Europäische Währungsunion (EWU) gegründet worden. Sie schließt Währungsspekulation zwischen ihren mittlerweile zwölf Mitgliedsländern aus und hat daher auch erheblich zum Rückgang des Devisenhandels in den letzten drei Jahren beigetragen. In dieser Zeit hat der Euro gegenüber dem Dollar um über ein Viertel seines Wertes eingebüßt. Dies ist sicher nicht in erster Linie auf die Währungsspekulation, sondern vor allem auf das Fehlen einer gemeinsamen europäischen Wirtschaftspolitik zurück zu führen, die der mittlerweile vollständig bei der Europäischen Zentralbank zentralisierten Geldpolitik entspricht und sich auf eine stabile Entwicklung in der gesamten EU richtet. Allerdings war diese Abwertung von einer erheblichen Verstärkung der Wechselkursschwankungen begleitet. Die Volatilität als Messzahl für derartige Schwankungen erhöhte sich auf dem Dollar/Euro-Markt von 8,2 im Jahr 1998 auf 13,4 bis zum ersten Quartal 2001 (vgl. BIZ 2001: Tabelle V.6). Die Währungsunion hat nicht verhindert, dass die Spekulation zwischen der Gemeinschaftswährung und der Weltwährung Nummer eins zugenommen hat.

Der Währungsmarkt ist also heute nicht in erster Linie ein Hilfsmittel zur reibungslosen Abwicklung des Handels und der internationalen Produktionsverflechtung. Hierzu brauchte man – auch wenn man Raum für Absicherungsgeschäfte und Bedarf an Überschussliquidität als Schmiermittel des Devisenhandels berücksichtigt – nur einen Bruchteil der tatsächlichen Geschäfte. Die unregulierten und liberalisierten Devisenmärkte sind vielmehr ein in sich besonders instabiler und nach außen besonders aggressiver Bestandteil der internationalen Finanzmärkte. Sie wieder unter internationale Kontrolle zu bringen, spekulative Devisenflüsse zu verhindern und Währungsgeschäfte wieder stärker an die Basisvorgänge des internationalen Austauschs von Gütern und Dienstleistungen, internationaler Produktion und Investition zu binden – dies dürfte zu den wichtigsten Aufgaben einer vernünftigen Reregulierung der internationalen wirtschaftlichen Beziehungen gehören.

6. Schneller Reichtum, hohes Risiko, schneller Ruin – Der Markt für Derivate

Der am schnellsten wachsende und hektischste Teil der internationalen Finanzmärkte ist der Markt für Derivate. Vor 25 Jahren praktisch kaum vorhanden, betrug die Summe der Ende 2001 bestehenden Finanzderivate über 120 Billionen Dollar. Im April 2001 wurden *arbeitstäglich* Derivate mit einem Anspruchswert von 2.209 Mrd. Dollar an Börsen und weitere 575 Mrd. Dollar ohne Dazwischenschalten einer Börse (over the counter, OTC) gehandelt (vgl. BIS Oct. 2001: 9). Dieses Handelsvolumen von 2.784 Mrd. Dollar ist mehr als das Doppelte des täglichen Devisenhandels. Bei 250 Arbeitstagen entspricht es einem kaum vorstellbaren Jahresumsatz von 696 Billionen Dollar. Allein der Umsatz an den Derivatbörsen hatte sich gegenüber 1990 mehr als vervierfacht (vgl. Tabelle 5, S. 58).

Was sind Derivate? Die Deutsche Bundesbank erklärt es genau: »Als Derivate werden im allgemeinen solche Instrumente bezeichnet, deren eigener Wert aus dem Marktpreis beziehungsweise einem Index eines (oder mehrerer) originärer Basisinstrumente abgeleitet ist.« (Deutsche Bundesbank 1994: 42).

Zweiter Versuch: Derivate gründen sich erstens auf Termingeschäfte, beziehen sich also auf Einkommen und/oder Finanzvermögen in der Zukunft. Sie sind von ihnen abgeleitet (lateinisch: derivatum). Die Termingeschäfte werden – zweitens – zu Derivaten, wenn die Ansprüche und Verpflichtungen aus diesen Geschäften selbst in Wertpapierform gebracht und wie Anleihen oder Aktien an Börsen (oder auch freihändig) gehandelt werden. Der Käufer eines Derivats schließt keinen Vertrag über ein Geschäft in der Zukunft, sondern er kauft einen Anspruch für die Zukunft – und kann diesen Anspruch vor Fälligkeit auch weiterveräußern. Der Zweck derartiger Geschäfte liegt drittens darin, entweder bestimmte Erwartungen an Einkommen abzusichern (Hedging), oder von der Unsicherheit über die Zukunft zu profitieren (Spekulation).

Sicherung und Spekulation: Die Hintergründe

Derivate haben sich aus dem Bemühen zur Absicherung von Einkommen aus dem Handel mit Gütern entwickelt, deren Preise stark schwanken und deren Herstellung oder Beschaffung zeitaufwendig ist – vor allem Rohstoffe, Getreide, Vieh. Die Produzenten und Verkäufer wollen sich gegen das Risiko absichern, dass die Preise zwischen Beginn und Ende der Produktion sinken, Einkäufer möchten sich vor unerwarteten Preissteigerungen schützen. Diese gegenläufigen Risiken lassen sich dadurch ausschließen, dass Verkäufer und Käufer einen Kaufvertrag im Voraus schließen: Sie verpflichten sich darin, bestimmte Mengen von Produkten zu bestimmten, bei Vertragsschluss festgelegten Preisen (Basispreisen) zu einem bestimmten *Termin* zu verkaufen bzw. zu kaufen. Durch dieses *Termingeschäft* können beide Seiten – unabhängig von der tatsächlichen

52

Preisentwicklung zwischen Vertragsabschluß und Lieferungszeitpunkt – mit diesem Preis kalkulieren. Fällt der Marktpreis vor Ablauf des Termins, macht der Verkäufer keinen Verlust, dem Käufer ist allerdings ein Gewinn (in Form niedrigerer Einkaufskosten) entgangen. Bei einem Preisanstieg kann der Käufer dennoch mit niedrigeren, nämlich den im Voraus festgelegten, Einkaufspreisen rechnen, der Verkäufer kann allerdings keinen zusätzlichen Gewinn erzielen. Es handelt sich um ein im doppelten Sinne symmetrisches Geschäft, das beiden Seiten sichere Grundlagen für ihre Kalkulationen verschafft. Das gleiche gilt für die Absicherung gegenüber Wechselkursschwankungen, die im vorigen Abschnitt schon behandelt wurde. Eine Vereinfachung und Weiterentwicklung dieser Absicherung besteht darin, dass Verkäufer und Käufer nicht unmittelbar in Kontakt treten, sondern zwischen sie eine Warenterminbörse tritt, auf der Händler Zukunftskontrakte auf eigene Rechnung kaufen und verkaufen.

Die Entwicklung der Geschäfte, die zur Sicherung von Produzenten und Händlern gegenüber Preis- und Wechselkursschwankungen abgeschlossen werden, zog schon sehr schnell einen Geschäftszweig nach sich, der darauf abzielt, von eben jenen Preisschwankungen zu profitieren. Dies ist die Spekulation. Spekulanten schließen Termingeschäfte über Vieh, Getreide, Edelmetalle und Währungen ab, obgleich sie Getreide weder anbauen noch zur Herstellung von Brot brauchen, Vieh weder züchten noch zu Fleisch verarbeiten, und Edelmetalle weder abbauen noch verwenden, weder im Inland noch im Ausland. Als Terminkäufer setzen sie darauf, dass die Preise zwischen dem Zeitpunkt des Vertragsabschlusses und der Fälligkeit des Vertrages über den vereinbarten Preis steigen, weil sie dann die zum vereinbarten Preis gelieferte Ware sofort mit Gewinn wieder verkaufen können. Als Terminverkäufer setzen sie auf fallende Preise, weil sie dann am Fälligkeitstermin die Ware billig kaufen können, die sie zum vereinbarten höheren Preis liefern müssen. Die Differenz zwischen Termin- und Marktpreis ist ihr Spekulationsgewinn. Wenn die Preise sich allerdings gegenläufig zu den Erwartungen entwickeln, machen die Spekulanten Verluste.

Diese Grundformen der Derivate – Risikoabsicherung und Spekulation – sind nicht neu. »Hedging« war schon im 19. Jahrhundert in bestimmten Bereichen in der Landwirtschaft verbreitet, weil sich die jeweiligen Ernten wegen der hohen Wetterabhängigkeit kaum prognostizieren lassen. Die Spekulation reicht noch weiter zurück: Wenn holländische Tulpenhändler die voraussichtlich im Juni 1637 blühenden Tulpen bereits im November und Dezember 1636 zu horrenden Preisen (und enormen sofort zu leistenden Anzahlungen beispielsweise in Form von Ochsen, Schweinen und Schafen) auf Termin kauften, erwarteten sie, dass die Preise im Laufe des ersten Halbjahrs 1637 weiter steigen würden (Kindleberger 1996: 100f.). Die erste Terminbörse war der im Jahr 1848 gegründete Chicago Board of Trade (CBOT). Dort sowie an der 1872 entstandenen Chicagoer Warenterminbörse (Chicago Mercantile Exchange, CME) wurden systematisch weitgehend standardisierte Termingeschäfte für Getreide und Vieh abgeschlossen. Der riesige Markt für Derivate mit Umsätzen von mehreren hundert Billionen Dollar, der heute wesentlicher Bestandteil der internationalen Finanzmärkte ist, entwickelte sich jedoch erst in den 70er und 80er Jahren des 20. Jahrhunderts – dann jedoch mit großer Geschwindigkeit (Valdez 1997: 244ff.). Dabei hat er sich in vielfacher Hinsicht gegenüber den Anfängen der Absicherung gegen oder der Ausnutzung von Warenpreisschwankungen entfernt. Die Veränderungen betreffen vor allem die *Gegenstände*, die *Art des Handels*, die *Struktur* und die *quantitative Entwicklung* der Derivate.

Neue Gegenstände: Finanzderivate statt Warenderivate

Heute bezieht sich nur noch ein sehr geringer Teil – nach Angaben der BIZ waren es Ende 2000 gerade mal 0,7% (vgl. Jeanneau 2001: 36) – des Derivatmarktes auf stoffliche Gegenstände wie Getreide, Baumwolle oder Rohöl. Die überwiegende Masse des Geschäfts betrifft Finanzprodukte. Diese können übertragbar oder künstlich sein:

Übertragbare Finanzvermögen sind Währungen, Anleihen, Aktien, alle Arten kurzfristiger Wertpapiere, Ansprüche auf Zinszahlungen sowie alle sonstigen finanziellen Gegenstände, an denen Eigentum bestehen kann und die somit auch verkauft werden können. Beispiel ist etwa ein Kontrakt zum Kauf von tausend Aktien der DaimlerChrysler AG am 1. Dezember 2002 zum Kurs von 50 € pro Aktie. Am 1. Dezember muss der Käufer 50.000 € bezahlen und erhält 1.000 Aktien, unabhängig davon, wo der aktuelle Kurs an diesem Tag steht.

Künstliche (oder synthetische) Finanzprodukte sind beispielsweise Aktienkurse, Indices und Zinssätze, Differenzen zwischen in- und ausländischen, kurz- und langfristigen Renditen oder Kursen. Den Deutschen Aktienindex (DAX) kann man/frau nicht besitzen, also auch nicht verkaufen oder kaufen. Dennoch kann man einen Terminkontrakt auf den DAX schließen, etwa zum Kurs von 5.300 am 1.12.2002. Die Abwicklung des Geschäfts findet dann folgendermaßen statt. Der Wert eines DAX-Kontraktes entspricht immer dem 25-fachen des DAX-Kurses, ein Kurs von 5.300 würde also einem Wert von 132.500 € entsprechen. Wenn der Kurs am 1.12. bei 5.600 liegt, könnte der Käufer theoretisch vom Verkäufer 140.000 € (DAX-Wert) zum Preis von 132.500 € (Terminpreis) erhalten. Stattdessen erhält er 7.500 € in bar. Umgekehrt, umgekehrt: Bei einem Dax-Wert von 5.200 hat er 2.500 € zu zahlen.

In dem Maße, wie der Derivathandel nicht zu Sicherungs-, sondern zu Spekulationszwecken betrieben wird, verschwindet in der Praxis der Unterschied zwischen beiden Arten von Finanzvermögen. Auch bei Aktien- oder Währungsspekulation unterbleibt die Übertragung in der Regel, obgleich sie prinzipiell möglich wäre. Statt dessen wird auch hier die Differenz zwischen Termin- und Marktpreis übertragen. Damit werden derartige Termingeschäfte aber im Wesentlichen auf den Charakter von Wetten reduziert, deren Vermögensgrundlage – das sogenannte underlying – keine Rolle mehr spielt. Folgerichtig werden auch die traditionellen Gegenstände von Wetten – der Ausgang von Pferderennen oder Tennisturnieren, die Platzierung von Fußballvereinen in der Rangliste, das Ergebnis von Wahlen – Gegenstand von Finanzspekulation.

Die Verlagerung der Termingeschäfte von der Warenwelt zu den Finanzprodukten war vor allem die Folge des Übergangs von festen zu schwankenden Wechselkursen und der schrittweisen Aufhebung der Kapitalverkehrsbeschränkungen zwischen den maßgeblichen kapitalistischen Ländern. Mit dem Ende des Festkurssystems von Bretton Woods setzten starke Schwankungen der Wechselkurse zwischen den wichtigsten Währungen der Welt ein. Die Liberalisierung des Kapitalverkehrs ermöglichte und bewirkte schnelle und kurzfristige Wanderungen großer Mengen renditesuchenden Kapitals und als Folge stärkere Preisschwankungen für finanzielle Vermögenswerte. Beide Faktoren verstärkten sich gegenseitig und führten zu einer starken Zunahme des Bedürfnisses nach Absicherung gegen die mit steigender Volatilität verbundenen Risiken – und in der weiteren Folge zur noch stärkeren Zunahme des Angebots an derivativen Instrumenten. Im Mai 1972, also zur Zeit des Zusammenbruchs des Festkurssystems, wurde der erste *Währungsterminkontrakt* in Chicago geschlossen, 1973 die erste Währungsoption verkauft, ebenfalls in Chicago.

Börsenhandel mit Derivaten

Bis Ende der 1970er Jahre blieb die USA der einzige Platz für Finanztermingeschäfte. Die 80er Jahre sahen die Gründung zahlreicher Finanzterminbörsen in Europa. 1978 begannen die European Options Exchange (EOE) in Amsterdam und der London Traded Options Market (LTOM) ihre Arbeit. 1982 folgte die London International Financial Futures Exchange (LIFFE), die sich zur bedeutendsten Derivatbörse Europas entwickelte, 1990 mit der LTOM verschmolz, mittlerweile in London International Financial Futures and Options Exchange umbenannt und im Jahr 2001 von der französisch-belgisch-niederländischen Börse Euronext übernommen wurde. 1986 und 1987 folgten die beiden französischen Terminbörsen Matif (Marché de Terme International de France) und Monep (Marché des Options négotiables de Paris), 1988 die Swiss Options and Financial Futures Exchange (SOFFEX) und 1990 die Deutsche Terminbörse (DTB). Während die Chicagoer Börsen noch reale Handelsräume haben, handelt es sich bei den europäischen Einrichtungen meistens um Computerbörsen, bei denen es zumeist kein »Parkett« mehr gibt.

Im Vorfeld und verstärkt seit Beginn der Europäischen Währungsunion sind die alten Strukturen in Europa in Fluss gekommen. Die Konkurrenz ums Geschäft ist härter geworden, Allianzen wurden geschlossen und wieder aufgelöst, es gab Zusammenschlüsse, neue Konstellationen haben sich herausgebildet. Matif und der spanische Meff (Mercado de Futuros Financieros) haben sich verbunden und eine strategische Allianz mit der Chicagoer CME und der SIMEX (Singapore International Monetary Exchange) geschlossen. Die DTB hat mit Soffex zur größten vollelektronischen Terminbörse der Welt EUREX fusioniert, die ihrerseits eine Kapitalverflechtung mit der Chicagoer CBOT eingegangen und zum Weltmarktführer im Handel mit Aktienfutures geworden ist. Nach der Übernahme von LIFFE durch Euronext stehen sich in Europa zwei große Terminbörsen gegenüber, die mit unterschiedlichen Partnern global kooperieren. Die bis Ende der 90er Jahre unangefochtene Spitzenstellung der drei Chicagoer Terminbörsen ist mittlerweile erheblich erschüttert worden. Im Jahr 2000 hatte sich die AMEX auf Platz zwei und die EUREX auf Platz drei der Weltrangliste vorgeschoben. Ein Jahr später kam die Chicago Mercantile Exchange (CME) mit 412 Millionen verkauften Kontrakten hinter der Korean Stock Exchange (855 Millionen) und der EUREX (542 Millionen) sogar nur auf Platz drei (vgl. FIBV Jahresbericht 2000: 153; Handelsblatt 14.4.2002: 29).

Der *Handel an den Terminbörsen* ist standardisiert, d.h. die Verträge (Kontrakte) haben bestimmte Größen, Laufzeiten, Gebühren. Das erleichtert den Handel, weil er sich auf eine bestimmte Stückzahl von Finanztiteln bezieht, deren Ausstattung feststeht. Ein »Bund-Future« bezieht sich beispielsweise auf eine fiktive 6%-ige Bundesanleihe in Höhe von 100.000 € mit einer Restlaufzeit von 8,5-10,5 Jahren, die jeweils zum 10. März, 10. Juni, 10. September oder 10. Dezember (oder am nächsten Börsentag) zu kaufen bzw. zu liefern ist. Derartige Geschäfte unterliegen einer öffentlichen Aufsicht. Zwischen die beiden Marktseiten tritt eine Clearingstelle. Sie garantiert die Erfüllung der Termingeschäfte und tritt bei Ausfall eines Teilnehmers für dessen Verpflichtungen ein. Sie übernimmt die Prüfung der Bonität und die Zulassung der Teilnehmer zum Markt und verwaltet die Einlagen (margins), die als Sicherheiten bei jedem Geschäft von den Teilnehmern vorab gezahlt und täglich je nach Preisentwicklung angepasst werden müssen. Besonders wichtig ist auch die Funktion der Terminbörsen als Sekundärmarkt: Sie organisieren den Handel mit bereits bestehenden Derivaten, sorgen also für Marktliquidität.

Vorwiegend ohne Aufsicht: OTC-Derivate

Die börsengehandelten Derivate sind jedoch eher die Ausnahme als die Regel. Nur ein geringer Teil des Bestandes – im Jahr 2000 waren es knapp 13%[11] – werden über die genannten und gut drei Dutzend andere Terminbörsen[12] (in Singapur, Tokio, Johannesburg oder Sydney) abgewickelt, mehr als vier Fünftel

---

[11] Vgl. BIS Quarterly Review December 2001, Tab. 19 und 23A. In einer Spezialuntersuchung, deren Ergebnisse nicht mit den Angaben in den Jahresberichten vergleichbar sind, hatte die BIZ herausgefunden, dass Ende Juni 1998 der Gesamtbestand der Derivate sich auf einen Betrag von 84,1 Billionen Dollar und nicht auf 52 Billionen Dollar belief, von denen nur 14,3 Billionen Dollar oder 17% aus börsengehandelten Papieren bestand. Vgl. BIS 1998: 4. (Mittlerweile sind diese Zahlen erneut leicht korrigiert worden. Vgl. Tabelle 4).

[12] Die World Federation of Exchanges (FIBV, www.world-exchanges.org) führt in ihrem Jahresbericht für 2000 noch 40 Terminbörsen auf (S. 15).

sind »over the Counter« (OTC)-Kontrakte, die kaum einer Aufsicht unterliegen. Dabei handeln die Partner – von denen einer in der Regel eine Bank ist – alle Konditionen frei aus. Die Verträge können also hinsichtlich Höhe und Laufzeit auf die Bedürfnisse der Kunden, die Gebühren stärker auf die Interessen und Durchsetzungskraft der Banken ausgerichtet werden. Bei OTC-Geschäften gibt es keine Ausfallgarantie, das Risiko ist also größer. Wegen der besonderen Individualität der OTC-Geschäfte gibt es für sie auch kaum einen Sekundärmarkt, sondern sie werden bis zum Auslaufen gehalten und dann erfüllt oder verlängert.

Entwicklung des Gesamtmarktes

Es ist zwar bekannt, dass der Bestand der Derivate schneller zugenommen hat als der aller anderen Marktsegmente. Zuverlässige Informationen über ihre genaue Höhe und Entwicklung aber gab es bis in die jüngste Vergangenheit nicht. So war den Jahresberichten der Bank für internationalen Zahlungsausgleich (BIZ) seit Beginn der 90er Jahre zu entnehmen, dass der Gesamtumfang der ausstehenden Nominalbeträge, also der Beträge, auf die sich die Derivate beziehen, von 1987 bis 1998 von 1,6 auf 65,9 Billionen Dollar, also auf das Vierzigfache gestiegen sei. Bei den OTC-Derivaten habe sich der Umfang der ausstehenden Beträge seit 1992 alle zwei Jahre verdoppelt und 1998 bei 52 Billionen Dollar gelegen (vgl. Tabelle 4).[13] Fast 80% aller Derivate wurden nach dieser Statistik frei ausgehandelt, nur 20% über die Terminbörsen abgewickelt.

Mittlerweile hat sich allerdings herausgestellt, dass diese Zahlen, insbesondere was den unregulierten Teil der Derivate angeht, erheblich untertrieben sind. Dies ist wegen der mangelnden Berichtspflicht über diese Geschäfte auch nicht weiter verwunderlich. Eine eingehende Untersuchung der BIZ für die Zeit ab 1995 kam zu dem Ergebnis, dass die ausstehenden OTC-Beträge sich 1995 nicht auf 18 Billionen Dollar beliefen, wie im Jahresbericht 1995/96 (S.170) angegeben, sondern mit 48 Billionen Dollar mehr als zweieinhalb mal so hoch waren. Für 1998 stiegen sie auf gut 80 Billionen Dollar und bis Mitte 2001 auf 99,8 Billionen Dollar, hatten sich also gegenüber 1995 gut verdoppelt (vgl. BIS, Quarterly Review March 2002, statistischer Anhang, Tabelle 19).

Die häufigsten Derivate sind Zinsinstrumente. Der Grund dafür ist, dass in Zeiten, in denen Kredite zunehmend mit variablen Zinssätzen ausgestattet sind, Kreditnehmer sich gegen steigende und Kreditgeber sich gegen fallende Zinsen absichern, insbesondere in Zeiten der Unsicherheit und der Krisen. Vom Weltumsatz mit börsengehandelten Derivaten in Höhe von 594 Billionen Dollar im Jahr 2001 entfielen 71% auf Zinsfutures und 21% auf Zinsoptionen, also gut

---

[13] Die ausstehenden Nominalbeträge sind allerdings in dem Maße übertrieben, wie sie auch Optionen enthalten, denen möglicherweise – wenn die Option nicht in Anspruch genommen wird – kein späterer Umsatz entspricht.

Tabelle 4: Weltweite Bestände an Derivaten, 1987-2001

	Ausstehender Nominalbetrag, Billionen US-$								
	1987	1990	1992	1994	1996	1998	2000	2001	2001/ 1987*
Börsengehandelte Instrumente darunter:	**0,7**	**2,3**	**4,6**	**8,9**	**10,0**	**13,9**	**14,2**	**23,5**	**33,6**
– Zinsfutures	0,5	1,4	2,9	5,7	5,9	8,0	7,9	9,1	**18,2**
– Zinsoptionen	0,1	0,6	1,4	2,6	3,3	4,6	4,7	12,5	**125,0**
– Währungsfutures	0,01	0,02	0,03	0,04	0,05	0,04	0,07	0,07	**7,0**
– Währungsoptionen	0,01	0,06	0,07	0,06	0,05	0,04	0,02	0,02	**2,0**
– Aktienindexfutures	0,02	0,07	0,08	0,1	0,2	0,3	0,4	0,3	**1,5**
– Aktienindexoptionen	0,03	0,1	0,2	0,2	0,4	0,9	1,1	1,5	**50,0**
– Außerbörsliche Instrumente									
Alte Rechnung	**0,9**	**3,5**	**5,3**	**11,3**	**25,5**	**52,0**			
Nach Revision						(80,3)	95,2	99,8+	
Insgesamt	**1,6**	**5,8**	**9,9**	**20,2**	**35,5**	**65,9**	**109,4**	**123,3**	**77,1**

* bezogen auf Milliardenbeträge
+ Juni 2001
Quellen: Deutsche Bundesbank, Monatsberichte, November 1994, S. 43; BIZ, 68. Jahresbericht 1997/ 1998, Basel 1998, S. 173, Tabelle VIII.5, 69. Jahresbericht 1998/99, Basel 1999, S. 148, Tabelle VII.5; Quarterly Review, March 2002, Statistischer Anhang, Tabellen 19 und 23A

Tabelle 5: Weltweite Umsätze börsengehandelter Derivate, 1990-2001, Billionen US-$

	1990	1992	1994	1996	1998	2000	2001	2001/ 1990	Nominal- betrag Ende 2001
Zinsfutures	92,8	141,0	271,7	243,5	294,8	292,4	420,4	4,5	9,1
Zinsoptionen	15,1	25,5	46,7	41,0	55,5	47,4	122,7	8,1	12,5
Währungsfutures	2,7	2,3	3,3	3,0	3,1	2,4	2,5	0,9	0,07
Währungsoptionen	1,2	1,4	1,4	0,9	0,4	0,2	0,3	0,25	0,02
Aktienindexfutures	5,6	6,0	9,4	12,9	20,8	23,6	22,5	4,0	0,3
Aktienindexoptionen	5,8	5,7	8,0	10,1	13,2	18,6	25,1	4,3	1,5
Insgesamt	**123,4**	**181,9**	**343,9**	**321,5**	**387,7**	**384,6**	**593,7**	**4,8**	**23,5**

Quelle: BIS, Quarterly Review, verschiedene Jahrgänge, Statistischer Anhang, Teil 3; Tabelle 23A

neun Zehntel auf Instrumente der Zinssicherung und -spekulation (vgl. Tabelle 5).

Wie bei Aktien und Anleihen hat sich auch bei den Derivaten der Sekundärmarkt deutlich heftiger entwickelt als der Primärmarkt (vgl. Tabelle 5). Er beschränkt sich allerdings auf die offiziellen Terminbörsen, auf denen standardisierte Produkte zu standardisierten Konditionen umgeschlagen werden. OTC-Derivate wurden demgegenüber zunächst naturgemäß wegen ihres maßgeschneiderten Charakters nicht gehandelt, sondern bis zum Ende der Laufzeit von den jeweiligen Unternehmen gehalten, für die sie maßgeschneidert waren. An den Terminbörsen dagegen werden Derivate nicht nur aufgelegt, sondern während ihrer Laufzeit vielfach umgeschlagen. Bei den Zinsfutures bezieht sich der Gesamtumsatz von 420 Billionen Dollar im Jahr 2001 zum Beispiel auf einen Endbestand von 9,1 Billionen Dollar am Jahresende. Da es sich überwiegend um kurzfristige Anlagen mit in der Regel drei Monaten Laufzeit handelt, muss der Jahresumsatz durch vier geteilt werden, um den Umsatz in einem Vierteljahr zu ermitteln. Das ergibt 105 Billionen Dollar. Bezogen auf die Bestandsgröße von 9,1 Billionen bedeutet dies, dass jeder kurzfristige Zinsfuture während seiner Laufzeit von drei Monaten 11,5 mal umgeschlagen worden ist, also alle acht Tage den Besitzer gewechselt hat.[14]

Mittlerweile werden allerdings auch OTC-Derivate von großen Finanzinstituten in standardisierter Form angeboten, und der OTC-Markt entwickelt sich besonders stürmisch. Während der Umsatz an den Terminbörsen zwischen 1995 und 2001 »nur« um 80% wuchs, nahm er im außerbörslichen Handel auf fast das Dreifache zu (+ 188%); der Anteil des OTC-Handels am gesamten Terminhandel stieg von 14,1% in 1995 auf 20,7%. Die Umschlagshäufigkeit der OTC-Derivate ist allerdings gering. Denn dem Bestand von 99,8 Billionen Dollar im Juni 2001 stand im April 2001 ein durchschnittlicher Tagesumsatz von 575 Mrd. Dollar gegenüber (vgl. BIZ 2001a: 9). Auf Jahresbasis hochgerechnet ergibt das einen Gesamtumsatz von 144 Billionen Dollar, also knapp anderthalb mal soviel wie der Bestand. Da auch diese Derivate oft auf weniger als ein Jahr laufen, kann davon ausgegangen werden, dass die Käufer sie bis zum Ende der Laufzeit halten. Daher ist der OTC-Markt nach wie vor ein – allerdings äußerst spekulativer – Primärmarkt.

Die große Vielfalt, der enorme Umfang und die rasante Zunahme der Derivatgeschäfte belegen, dass das Muster, das auf anderen Ebenen der Finanzmärkte zu beobachten war, auch hier gilt: Während zunächst ein Bedürfnis aus der realen Reproduktion, hier die Nachfrage nach Absicherung bestimmter Finanzrisiken der Produktion oder des Handels, als Triebkraft im Vordergrund stand, ist es

---

[14] Diese Zahlen sind allerdings mit Vorsicht zu gebrauchen: Es ist üblich, dass ein Terminkontrakt durch mehrere Interbankgeschäfte abgesichert wird und also mehrere weitere Umsätze nach sich zieht.

mittlerweile das Angebot der Finanzindustrie, die immer neue Derivatprodukte entwickelt und der Kundschaft verkaufen will. Monat für Monat werden neue Arten von Futures, Forwards und Optionen auf den Markt gebracht, die Konkurrenz unter den Anbietern ist groß, die Preise stehen unter Druck, und in dem Maße, wie sie sinken, werden die Produkte von den Kunden angenommen. Das Motiv der Absicherung ist weitgehend in der Hintergrund getreten, die Spekulation bestimmt die Preise und die Geld- und Kapitalströme.

Der spekulative Kick aus Optionen: Enorme Gewinne bei geringem Risiko

Die traditionellen Derivate enthalten symmetrische Geschäfte, bei denen beide Seiten jeweils verbindliche Verpflichtungen übernehmen. Sofern sie über Börsen abgewickelt werden, werden sie Futures genannt, symmetrische OTC-Geschäfte heißen Forwards.

Die jüngere Entwicklung des Derivatmarktes ist jedoch durch die besonders schnelle Zunahme der *Optionen* gekennzeichnet. Dabei handelt es sich um Termingeschäfte mit *asymmetrischer Struktur:* Der Käufer einer Option – oder Optionshalter – erwirbt einen Anspruch gegenüber dem Verkäufer – oder Stillhalter –, muss aber von dem Anspruch keinen Gebrauch machen. Er wird dies nur tun, wenn es ihm Gewinn bringt. Der Stillhalter dagegen hat kein Wahlrecht; er muss seine Verpflichtung erfüllen, wenn der Optionshalter es verlangt. Eine Option, die in dem Recht besteht, zu einem bestimmten Zeitpunkt (oder, bei amerikanischen Optionen, innerhalb einer bestimmten Periode) ein Wertpapier oder sonstiges Finanzprodukt zu einem bestimmten Preis (dem Basis- oder Strike-Preis) zu kaufen, ist eine Call-Option. Das Recht, für einen bestimmten Preis zu verkaufen, ist eine Put-Option.

Wer Call-Optionen kauft, spekuliert auf steigende Preise. Beispiel: Eine Anlegerin A erwirbt am 8.3.2002 die Option, am 2.12.2002 100 Aktien der DaimlerChrysler AG – deren Kurs am 8. März mit 49,70 € notiert – zum Preis von 60 € pro Aktie zu kaufen. Dies ist eine *Call-Option*, für die A an der EUREX eine Gebühr, z.B. 1,89 € pro Aktie, insgesamt also 189 € bezahlt. Wenn der Aktienkurs am 2. Dezember auf 50 € gesunken ist, wird A von der Option keinen Gebrauch machen. Wenn sie 100 DaimlerChrysler-Aktien kaufen will, kann sie das für 5.000 € tun statt für den durch die Option fixierten von 6.000 €. Wenn sie nur spekuliert hat, beträgt ihr Verlust 189 €.

Wenn der Kurs der DaimlerChrysler-Aktien dagegen am 2. Dezember bei 70 € liegt, macht A von ihrer Option Gebrauch und kauft 1.000 Aktien für 6.000 €, die sie sogleich wieder für 7.000 € verkauft. Der Verkaufsgewinn von 1.000 € stellt, bezogen auf den Einsatz von 189 €, einen stattlichen Gewinn, nämlich mehr als das Fünffache des Einsatzes dar.

Die Attraktivität der Optionen für Spekulanten liegt offensichtlich in der enormen und fast risikolosen Hebelwirkung: Mit geringem Kapitaleinsatz können sehr hohe Gewinne erzielt werden, und das Risiko ist auf den Kapitaleinsatz

Die vier Grundarten der Finanzspekulation

1. Die einfache oder naive Spekulation: Der Spekulant kauft mit eigenem Kapital ein Wertpapier in der Erwartung, dass dessen Preis steigt. Wenn diese Erwartung zutrifft, kann er das Papier mit Gewinn verkaufen. Seine Gewinnrate entspricht der Kurssteigerung minus Transaktionskosten.

2. Erste Variante der hebelverstärkten Spekulation: Der Spekulant nimmt einen Kredit auf und setzt ihn zum Kauf der Papiere ein, deren Preissteigerung er erwartet. Wenn die tatsächliche Kurssteigerung größer ist als der für den Kredit zu zahlende Zinssatz, steigt der Gewinn, bezogen auf das Eigenkapital, stärker als der jeweilige Kurs.

3. Zweite Variante der hebelverstärkten Spekulation: Der Spekulant kauft mit seinem Eigenkapital nicht das Papier, sondern – eine sehr viel größere Zahl von – Call-Optionen. Wenn der Kurs tatsächlich wie erwartet steigt, macht er für jedes der Papiere, die er zum Basispreis kaufen und sofort wieder verkaufen kann, einen Gewinn in Höhe der Differenz zwischen Basispreis und Marktkurs. Sein Gesamtgewinn hängt von der Anzahl der Papiere und von dem Kaufpreis für die Call-Optionen ab. Im Falle der Fehlspekulation ist der Verlust auf den Kaufpreis der Optionen begrenzt.

4. Doppelt hebelverstärkte Spekulation: Zusätzlich zum Eigenkapital wird ein Kredit für den Kauf der Call-Optionen eingesetzt. Liegt die Kurssteigerung über dem Zinssatz für den Kredit, multipliziert sich der Gewinn: Für jedes einzelne der größeren Zahl von Papieren liegt er höher als die Kurssteigerung.

begrenzt. Letzteres wird deutlich, wenn die Optionsspekulation mit einem einfachen Termingeschäft verglichen wird: A kauft am 8.3.2002 auf Termin zum 2.12.2002 100 DaimlerChrysler-Aktien zum Terminkurs von 60 €, muss also an diesem Tag dem Verkäufer auf jeden Fall 6.000 € zahlen. Wenn der tatsächliche Kurs am 2. Dezember bei 50 € liegt, könnte sie die Aktien auf dem Markt für 5.000 € kaufen und macht also einen Verlust von 1.000 €. Aber auch wenn der Kurs auf 70 steigt, und sie bei einem sofortigen Wiederverkauf der Aktien einen Gewinn von 1.000 € macht, ist dies, bezogen auf den Einsatz von 6.000 €, nur ein Gewinn von 16,6%. Im Vergleich zur Option ist der Verlust also größer und der Gewinn kleiner.

Wer Put-Optionen kauft, spekuliert auf fallende Preise. A erwirbt am 8.3.2002 die Option, 100 DaimlerChrysler-Aktien – die sie noch nicht hat und die am 8.3.2002 mit 49,70 € notieren – am 2.12.2002 zum Kurs von 60 € zu verkaufen. Für dieses Recht zahlt A 12,08 € pro Aktie, insgesamt also 1.208 €. Wenn der Kurs am 2. Dezember bei 70 liegt, wird sie von der Option keinen Gebrauch machen, denn sie müsste die Aktien ja sehr viel teurer kaufen, als sie sie verkaufen könnte. Die 1.208 € sind weg. Wenn der Kurs dagegen auf 50 € gefallen ist, wird sie von der Option Gebrauch machen, die Aktien für 5.000 € kaufen und sofort wieder für 60 € verkaufen. Der dabei erzielte Gewinn ist aber immer noch geringer als der Kaufpreis der Optionen. In diesem Falle wäre – im Nachhinein betrachtet – ein Termingeschäft günstiger gewesen. Erst wenn der Kurs weiter fällt, etwa auf 40 €, bleibt ein Gewinn von 792 € (= 2.000 Kursdifferenz minus 1.208 Ausgaben für die Optionen). Das ist, bezogen auf den Kaufpreis der Optionen, immerhin ein Gewinn von 39,6% in neun Monaten oder, aufs Jahr bezogen, eine Rendite von 52,8%.

Anders stellt sich die Verteilung von Gewinn- und Verlustchancen dar, wenn Optionen mit geliehenem Geld gekauft werden. Dies ist ein zusätzlicher Kick der Spekulation, denn im Falle einer gelungenen Spekulation vervielfacht sich der Gewinn noch einmal. Im Falle des Fehlschlags allerdings ist nicht nur der Einsatz verloren, sondern es muss auch der Kredit zurückgezahlt werden. Das ist vielfach der Anfang vom Ende. Entweder nimmt der Schuldner neue Kredite auf, um weiterzuspekulieren und aus den erhofften Gewinnen auch die Schulden aus der ersten fehlgeschlagenen Spekulation zurückzuzahlen. Seine Fähigkeit, neue Kredite zu erhalten, hängt dabei wesentlich davon ab, ob er in der Lage ist, den ersten Fehlschlag zu verheimlichen. Die Verhinderung von Transparenz gehört daher zu den Grundlagen zunehmend riskanter Spekulation. Oder aber der Schuldner muss Wertpapiere oder anderes Vermögen verkaufen, um seine Schulden zurückzuzahlen. Das kann jedoch zu weiteren Verlusten führen, wenn dadurch seine Möglichkeiten, Sicherheiten zu stellen, eingeschränkt werden.

Lesetipps

In diesem Kapitel ging es um die Ausbreitung des Materials zu den Finanzmärkten. Wer sich über die Einzelheiten informieren will, sei verwiesen auf:

Rolf Beike und Johannes Schlütz: Finanznachrichten lesen – verstehen – nutzen: ein Wegweiser durch Kursnotierungen und Marktberichte, das 2001 in dritter Auflage im Schäffer-Poeschel-Verlag in Stuttgart erschienen ist und eine verständliche Einführung nicht nur in die Finanznachrichten, sondern in die Finanzmärkte allgemein bietet.

Aktuelle Materialien zu den Entwicklungen auf den Finanzmärkten werden vor allem von der *Bank für internationalen Zahlungsausgleich* (BIZ) in ihren Jahresberichten und in ihrer Quarterly Review geboten. Beide stehen im vollen Wortlaut unter der Internet-Adresse der BIZ (www.bis.org) in englischer Sprache zur Verfügung. Die BIZ führt alle drei Jahre eine Erhebung über den Devisenhandel und die OTC-Derivate durch, deren Ergebnisse die Referenzwerte aller Diskussionen zu diesem Thema sind. Die Jahresberichte der BIZ erscheinen als Druckfassung auch auf deutsch und können gratis von der Bank bezogen werden.

Auch der *Internationale Währungsfonds* (IWF) veröffentlicht regelmäßig Finanzmarktinformationen. Bis 2001 wurden sie in den jährlich erscheinenden Berichten: International Capital Markets. Developments, Prospects and Key Policy Issues zusammengefasst. Seit 2002 ist an die Stelle dieses Jahresberichtes der vierteljährlich erscheinende Global Financial Stability Report getreten. Beide Veröffentlichungen stehen auch im vollen Wortlaut auf der Internetseite des IWF (www.imf.org).

Schließlich kümmert sich die *Organisation für wirtschaftliche Zusammenarbeit und Entwicklung (OECD)* in Paris (www.oecd.org) intensiv um die Finanzmärkte. Ihre dreimal jährlich erscheinende Zeitschrift Financial Market Trends enthält wichtige statistische Informationen, ist allerdings nicht über Internet, sondern nur gegen Cash erhältlich.

Eine sehr gute systematische Einführung in die Finanzmärkte gibt *Stephen Valdez, An Introduction to Global Financial Markets* (2. Auflage 1997 bei MacMillan in London).

Abschließend sei auf zwei umfangreiche Nachschlagewerke mit ausführlichen Artikeln zu allen Bereichen der Finanzmärkte hingewiesen:
– das von Jörg E. Kramer herausgegebene *Enzyklopädische Lexikon des Geld-, Bank- und Börsenwesens* (1999 im Knapp Verlag in Frankfurt/ M. erschienen)
– das von Peter Newman, Murray Milgate und John Eatwell herausgegebene Buch *New Palgrave Dictionary of Money and Finance*, 1992 in London und New York (bei MacMillan)

Kapitel 2:
Die Macher hinter den Märkten –
Strategien der Finanzkonzerne

1. Die Finanzunternehmen sind in den 1980er und 1990er Jahren unter wachsenden Druck geraten. Die Dynamik des Wirtschaftswachstums hatte nachgelassen, der Bedarf der Unternehmen an externen Finanzierungsmitteln der Unternehmen war gesunken, und in der zweiten Hälfte der 1990er Jahre hielten sich die Regierungen bei der Neuverschuldung zunehmend zurück. Auf der anderen Seite nahmen die liquiden Mittel aber weiter zu, die nicht ohne weiteres auf dem traditionellen Weg über produktive Investitionen verwertet werden konnten. In den letzten beiden Jahren ist der Druck durch den Einbruch der Kurse und Gewinne an den Finanzmärkten noch erheblich stärker geworden.

2. Auf diesen Druck haben Banken und Versicherungen zum einen mit traditionellen Mitteln reagiert: mit Rationalisierung, Produktdifferenzierung, internationaler Marktausweitung und vor allem mit intensiver Konzentration und Zentralisation. Dabei waren die Konzentrationsmuster beider Gruppen unterschiedlich: Die Geschäftsbanken setzten mehr auf die nationale Konzentration und den Ausbau nationaler Führungspositionen, von wo aus sie auch das internationale Geschäft betreiben können. Ihre internationale Zentralisationsstrategie beschränkt sich bislang – trotz einiger spektakulärer Ausnahmen – auf die Übernahme kleiner Anteile an ausländischen Instituten und Märkten. Bei den Versicherungen ist der Prozess der internationalen Verschmelzung großer Konzerne schon erheblich weiter fortgeschritten.

3. Daneben haben die großen Finanzkonzerne aber auch aktiv die Umprofilierung ihres Geschäftes in Richtung auf das Investmentbanking und das Anlagegeschäft vorangetrieben. Die zunächst starke staatliche Verschuldung, die neoliberale Privatisierungswut und die

beiden Fusionswellen der 80er und 90er Jahre haben diesen Profil-
wandel unterstützt und die »institutionellen Anleger« zu Hauptak-
teuren auf den Finanzmärkten gemacht. Hinter diesen stehen allerdings überwiegend die gleichen Großbanken und Versicherungen,
die auch bislang das Geschäft dominiert haben. Die Hierarchien
und Machtverhältnisse haben sich hierdurch nicht wesentlich geändert.

4. Investmentbanken und institutionelle Anleger können einen starken
Druck auf die Geschäftstätigkeit von Unternehmen und die Wirtschaftspolitik von Regierungen ausüben. Strukturentwicklungen werden durch die Anlageentscheidungen von Fondsmanagern und Fu-
sionsinitiativen von Investmentbanken statt durch politische Struk-
tur- und Regionalpolitik gelenkt. Wirtschaftspolitische Weichenstellungen erfolgen unter dem maßgeblichen Einfluss der institutionellen
Anleger statt auf Grund öffentlicher Diskussionen und politischer
Richtungsentscheidungen. Die Kommandohöhen der Wirtschaft
haben ihr Aussehen verändert. Sie sind aber immer noch von den
alten Kommandeuren besetzt. Diese hießen früher Finanzkapital,
heute treten sie als Finanzmärkte auf.

5. Hinsichtlich der Internationalisierung gilt nicht nur für die Großbanken, sondern erstaunlicherweise auch für die institutionellen Anleger, dass ihre Eigentümerstruktur weitgehend national basiert ist,
sondern dass sie auch ihre Anlagestrategie – bei einigen nationalen Unterschieden – überwiegend national oder regional ausrichten. Das ist nur zum Teil auf gesetzliche Beschränkungen zurückzuführen. Die Marktanteile ausländischer Institute sind mit wenigen
Ausnahmen überall relativ gering.

Die wichtigsten Akteure auf den Finanzmärkten sind die Geschäfts- und Investmentbanken, die Versicherungen, Investment- und Pensionsfonds. Sie haben das enorme Wachstum der Finanzmärkte getragen, die Veränderungen ihrer Arbeitsweise und Arbeitsgeschwindigkeit vorangetrieben und ihre technologischen Grundlagen in kurzer Zeit umgewälzt. Dabei waren sie jedoch nicht nur Antreiber, sondern auch Getriebene. Denn politische Deregulierungen des Finanzsektors und die Liberalisierung des internationalen Kapitalverkehrs (die im Kapitel 3 ausführlich beschrieben werden) haben die nationale und internationale Konkurrenz verschärft. Dies hat auch die Strukturen der Finanzkonzerne und die Kräfteverhältnisse zwischen ihnen verändert.

1. Geschäftsbanken: Ausbau nationaler Führungspositionen

Zusammen mit der jeweiligen Zentralbank bilden die Geschäftsbanken das monetäre und finanzielle Rückgrat oder die Infrastruktur einer nationalen Volkswirtschaft. Mit der Gründung der Europäischen Währungsunion am 1.1.1999 ist die Kompetenz für die Geldpolitik von den nationalen Zentralbanken der damals elf (seit dem Beitritt Griechenlands am 1.1.2001 zwölf) Mitgliedstaaten der Währungsunion auf das Europäische System der Zentralbanken (ESZB) übergegangen, deren Kern die Europäische Zentralbank (EZB) ist. An der Rolle der Geschäftsbanken ändert sich dadurch zunächst nichts. Die gut 7.000 Kreditinstitute in der europäischen Währungsunion (ihre Zahl ging von 8.925 in 1994 auf 7.064 in 1999 zurück, vgl. Eurostat 2001: 34) versorgen – im Rahmen der Geldpolitik der EZB – die Wirtschaft mit Kredit, und sie sind für die Organisation eines reibungslosen baren und bargeldlosen Zahlungsverkehrs – per Überweisung, Scheck oder Kreditkarte – im Inland und gegenüber dem Ausland zuständig. Für die Masse der kleinen und mittleren Unternehmen – die überwältigende Menge aller Unternehmen – ist der Bankkredit praktisch die einzige Quelle der Fremdfinanzierung. Dies wird sich auch in absehbarer Zukunft vermutlich nicht ändern, denn die Ausgabe von Aktien oder Anleihen ist für sie nicht möglich oder zu teuer. Insofern haben die Kreditbanken hier ein nach wie vor sicheres Betätigungsfeld. Sie sind überdies die Träger des finanziellen Masse- oder Privatkundengeschäftes, ohne das der Finanzsektor nicht funktionieren kann.

Diese Basisfunktionen der Geschäftsbanken haben sich in einzelnen Ländern in unterschiedlicher Weise entwickelt und zu einem differenzierten Muster der finanziellen Durchdringung durch unterschiedlich spezialisierte und regulierte Institutsgruppen (Universalbanken, einfache Kreditbanken, Sparkassen, Genossenschaftsbanken, Privatbanken etc.) geführt (vgl. Organisation for Economic Co-Operation and Development (OECD) 1995).

Der Druck, der die Geschäftsbanken zu Veränderungen zwingt, kommt von drei Seiten:

Erstens nimmt der Anteil der externen Finanzierung an der gesamten Vermögensbildung der Unternehmen ab. Dieser Trend wird nur in Phasen besonders hohen Kapitalbedarfs, wie etwa für den Erwerb von UMTS-Lizenzen oder von privatisierten Unternehmen unterbrochen. Wo große und stark internationalisierte Unternehmen zusätzliches Kapital brauchen, organisieren sie seine Beschaffung überdies stärker über den Kapitalmarkt, indem sie Aktien ausgeben oder Anleihen aufnehmen. Dem traditionellen Kreditgeschäft der Banken geht damit ein – wegen des großen Volumens und relativ geringen Verwaltungsaufwandes – besonders lukratives Marktsegment verloren, wenn sie nicht ihrerseits ins Wertpapiergeschäft einsteigen.

Zum *zweiten* legen Einzelpersonen, Haushalte und erst recht Unternehmen ihre Gelder immer weniger auf Girokonten oder auf einfachen Sparbüchern an. Sie verlangen vielmehr auch für kurzfristige Festlegungen höher verzinste Anlageformen. Dies erschwert und verteuert die Refinanzierung des traditionellen Bankgeschäftes.

Drittens bieten sich mit der Liberalisierung des Kapitalverkehrs und der Deregulierung nationaler Kapitalmärkte den Kreditnehmern ebenso wie den Anlegern neue Möglichkeiten der Finanzierung und Kapitalanlage. Auch wenn diese Möglichkeiten bislang nur in geringem Umfang genutzt werden, Kreditnehmer und Anleger im Wesentlichen also im nationalen Rahmen bleiben, stellt die bloße Möglichkeit eines anderen Verhaltens einen erheblichen Konkurrenzdruck für die Banken dar.

Auf diesen Druck haben Geschäftsbanken in den letzten zwei Jahrzehnten vor allem mit Rationalisierung, Diversifizierung und in besonderem Maße mit Konzentration und Zentralisation reagiert.

Rationalisierung

Ein erheblicher Teil des Massegeschäftes (z.B. des Zahlungsverkehrs) der Banken ist mittlerweile durch die Aufstellung von Geldautomaten, die Einrichtung von Telebanking, Zahlung per Scheck- oder Kreditkarte weitgehend automatisiert worden. Auch die Gründung oder Ausgründung von Direktbanken mit minimalem Beratungsservice hat dazu beigetragen, Personal zu sparen und Kosten zu senken. Das Wachstum des Finanzsektors insgesamt hat die rationalisierungsbedingte Arbeitsplatzvernichtung zunächst mehr als ausgeglichen. Die Gesamtzahl der bei den Banken Beschäftigten lag 1990 in den Ländern mit entwickeltem Finanzbereich mit knapp vier Millionen Personen fast genau so hoch wie 1980. Bis 1995 war sie trotz weiteren Wachstums des Sektors insgesamt nur unwesentlich gesunken, in Deutschland allerdings hatte sie kräftig um 9% zugenommen. In der zweiten Hälfte der 90er Jahre nahm die Beschäftigung bei den Banken nur noch in den USA und Großbritannien zu, in den anderen Ländern ging sie zurück oder stagnierte trotz des Booms des Finanzsektors, der auch dort stattfand. Der Trend zur Senkung der Personalkosten hat schon in den 80er Jah-

Tabelle 6:
Beschäftigte und Personalkosten bei den Banken in ausgewählten Ländern, 1980-1999

	Beschäftigte in 1000				Personalkosten in % des Bruttoeinkommens			
	1980	1990	1995	1999	1980-82	1986-88	1992-95	1996-99
Belgien	68	79	77	76	42	33	40	37
Frankreich	399	440	408	394	50	46	36	37
Deutschland	533	664	724	723	48	44	39	36
Italien	277	331	338	311	38	41	42	40
Niederlande	113	123	111	129[1]	42	40	38	38
Spanien	252	252	245	242	47	43	37	38
Großbritannien	324	412	382	410	44	38	36	31
USA[2]	1.900	1.484	1.479	1.643	36	31	27	26
Schweiz	84	121	116	115	40	37	34	32
Summe/ Durchschnitt	3.950	3.906	3.880	4.043	43,0[3]	39,2[3]	36,6[3]	35,0[3]

[1] 1998; [2] nur Geschäftsbanken; [3] ungewichteter Durchschnitt
Quelle: White 1996: 30; OECD 2000

ren begonnen und setzte sich in den 90er Jahren verstärkt fort. Daher lag der Anteil der Löhne und Gehälter am Roheinkommen der Banken in der zweiten Hälfte der 90er Jahre um gut ein Zehntel niedriger als zehn Jahre zuvor und um fast ein Fünftel niedriger als Anfang der 80er Jahre (vgl. Tabelle 6).

Produktdiversifizierung und Finanzinnovationen
Die Kreditinstitute haben – unterstützt durch die Beseitigung oder Verminderung von Beschränkungen durch die Bankenaufsicht – oder auch, um noch bestehende Beschränkungen zu unterlaufen – vielfältige neue Formen der Geldanlage entwickelt und als *Finanzinnovationen* unter das Publikum gebracht: Besondere Supersparbücher, verzinste und handelbare Kontobescheinigungen (CD = Certificate of deposits) statt gar nicht oder niedrig verzinster und nicht handelbarer Girokonten, kurzfristige Schuldverschreibungen (CP = Commercial Papers) statt teurerer kurzfristiger Kredite, alle Arten von Geldmarktpapieren und Festgeldkonten. Die größten Banken haben sich zusätzliche spezielle und teilweise neue Märkte erschlossen wie z.B. den Handel mit ausländischen Währungen und/oder Derivaten. Sie haben in großer Zahl eigene Wertpapierfonds aufgelegt, in denen sie das Kapital der investierenden Sparer sammeln und den anderen »institutionellen Anlegern« Paroli bieten.

Mit der stärkeren Diversifizierung in die Investmentfonds haben die Geschäftsbanken die Grenzen des traditionellen Einlagen- und Kreditgeschäfts überschritten und das Territorium traditioneller Investmentbanken und Wertpapierhäuser betreten. Ökonomisch war das in jedem Fall eine weitreichende Veränderung. Rechtlich und institutionell war der Übergang unterschiedlich akzentuiert. Denn die Grenze zwischen Kredit- und Investmentgeschäft war in verschiedenen Ländern unterschiedlich hart gezogen.

Das deutsche Universalbankensystem hatte es deutschen Banken immer schon erlaubt, gleichzeitig im Einlagen-, Kredit- und Wertpapiergeschäft tätig zu sein, letzteres auf fremde Rechnung oder auch im eigenen Namen. Dieses System war die Grundlage für die frühe enge Verflechtung zwischen Banken und Industrie schon im Deutschen Reich, für die Rudolf Hilferding bereits 1910 den Begriff »Finanzkapital« verwendet hatte. Es führte zu einer großen Konzentration von Macht bei den Banken, die als »Kommandohöhen der Wirtschaft« wesentlichen Einfluss auf die Entwicklung der Industrie und des Handels nehmen konnten. Andererseits begründete die enge auch eigentumsmäßige Verflechtung zwischen Bank-, Industrie- (oder Handels-)kapital ein handfestes Interesse der Banken an einer langfristig hohen Rendite »ihrer« Unternehmen, und sie nutzten ihren Einfluss in diesem Sinne.

In anderen Ländern wie den USA (vgl. Guttmann 1994: 84-86) und Großbritannien (vgl. Goodhart 1993: 430-439, 333-413) war – vor allem unter dem Eindruck der großen Bankenkrise Anfang der 1930er Jahre – das Trennbankensystem eingeführt worden: Banken durften nur entweder im Einlagen- und Kreditgeschäft oder im Wertpapiergeschäft und in damit zusammenhängenden Bereichen tätig sein. Diese Trennung wurde in Großbritannien durch die große Finanzreform im Jahr 1986 (Big Bang) und in den USA Ende 1999 durch den Gramm-Leach-Bliley Act (vgl. Noller 2002: 62ff.) aufgehoben. Schon im Vorfeld dieser jüngsten Deregulierung hatte auf Grund verschiedener Ausnahmeerlaubnisse und legaler sowie halblegaler Umgehungen der Trennbankenbestimmungen eine Welle von Fusionen zwischen Kredit- und Investmentbanken, Versicherungen und Wertpapierhändlern zu Allfinanzkonzernen begonnen, die bis zum Jahre 2000 anhielt.

Konzentration und Zentralisation

Eine wesentliche Strategie zur Behauptung auf dem härter umkämpften Markt für Finanzdienstleistungen ist die Konzentration und Zentralisation, also die Vergrößerung des Marktanteils eines Unternehmens durch die Vereinigung mit einem oder mehreren anderen. Sie kann als freiwillige Verschmelzung (Fusion) oder als – einvernehmliche oder feindliche – Übernahme einer Bank durch eine andere geschehen.

Schon an der weltweiten Fusions- und Übernahmewelle der 1980er Jahre waren Finanzinstitute in erheblichem Maße beteiligt gewesen. Sie ebbte Anfang der 90er ab, setzte aber Mitte der 90er Jahre erneut ein. Dabei standen stärker als bisher Großfusionen im Vordergrund (vgl. Tabelle 7). Noch im Jahr 2000 entfiel

Tabelle 7:
Bankfusionen in den USA, Japan und Europa, 1989-1998

	Anzahl der Bankfusionen					Wert in Mrd. $					Anteil der Bankfusionen am Wert aller Fusionen in %			
	89-90	91-92	93-94	95-96	97-98[1]	89-90	91-92	93-94	95-96	97-98[1]	91-92	93-94	95-96	97-98[1]
USA	1.501	1.354	1.477	1.803	1.052	37,8	56,8	55,3	114,9	362,4	18,7	9,0	10,6	18,2
Japan	–	22	8	14	28	–	0,0	2,2	34,0	1,1	0,3	18,8	21,6	4,1
9 EU-Länder	–	588	416	288	221[3]	–	26,9	17,8	42,0	109,1[3]	7,6[2]	9,4	17,3	23,3[2]
Österreich	–	35	19	21	–	–	1,7	0,4	1,4	–	–	16,8	65,3	–
Belgien	11	22	18	20	21	0,0	1,0	0,6	0,5	32,5	14,1	7,0	4,9	34,8
Frankreich	52	133	71	50	36	2,7	2,4	0,5	6,5	4,0	4,3	1,0	9,8	4,1
Deutschl.	19	71	83	36	45	2,1	3,5	1,9	1,0	23,2	6,5	7,6	3,7	45,5
Italien	41	122	105	93	55	8,2	5,3	6,1	5,3	30,1	15,6	17,7	24,9	63,3
Niederl.	12	20	13	8	9	10,9	0,1	0,1	2,2	0,4	0,2	0,5	17,5	0,8
Spanien	30	76	44	27	30	4,0	4,3	4,5	2,3	5,9	13,5	21,5	14,1	26,6
Großbrit.	86	71	40	25	17	6,4	7,5	3,3	22,6	11,0	6,5	3,4	10,4	4,0
Schweden	–	38	23	8	8	–	1,1	0,4	0,1	2,1	3,8	2,0	0,3	7,1
Schweiz	31	47	59	28	22	0,5	0,4	3,9	1,0	24,3	9,5	43,4	2,4	78,3

[1] bis Oktober 1998; [2] ungewichteter Durchschnitt aus 8 EU-Ländern; [3] 8 Länder; – keine Angaben
Quelle: White 1996: 31; OECD Financial Market Trends 2000: 124

auf die 45 Großfusionen (mit einem Transaktionswert von jeweils mehr als 10 Mrd. Dollar) ein gutes Drittel der insgesamt 40539 Zusammenschlüsse weltweit; die zehn größten Deals kamen auf 18% (vgl. Mergers and Acquisitions (M&A) 2/2001: 60). Der Finanzsektor spielte hierbei eine besondere Rolle. In den USA ist die Zahl der Bankfusionen zwischen 1989/90 und 1997/98 zwar um ein knappes Drittel gesunken, ihr Wert aber nahm auf fast das Zehnfache zu.

Allerdings waren auch andere Bereiche in gleichem Maße vom Fusionsfieber betroffen; daher blieb der Anteil der Finanz- an allen Fusionen mit einem knappen Fünftel fast unverändert. Im Unterschied dazu stieg der Anteil der Zusammenschlüsse im Finanzbereich in den erfassten acht Ländern der EU von 7,6% aller Fusionen Anfang der 90er Jahre auf das Dreifache in den Jahren 1997/98 (23,3%). Im dritten Quartal 2000 erreichten sie mit 24,3% einen neuen Höhepunkt (vgl. M&A 11/2000: 419). Dabei stand auch hier einem Rückgang der Zahl um 62% eine Zunahme des Wertes auf mehr als das Vierfache gegenüber. Gegen Ende der 90er Jahre waren die Banken in vielen Ländern der fusionsintensivste Wirtschaftssektor. Sie wurden in dieser Position erst 1999 von der Telekommunikation abgelöst (vgl. M&A 7/2000: 74).

In den Jahren des massiven Börsenbooms wurden Übernahmen und Fusionen durch die Möglichkeit gefördert, sie durch Bezahlung mit Aktien oder durch Aktientausch statt durch die Aufnahme von Krediten oder Anleihen zu finanzieren. Der anschließende Zusammenbruch des Aktienmarktes seit Mitte 2000 hat diese Art der Abwicklung zwar weitgehend verdrängt. Dennoch gab es auch in dieser Zeit eine große Zahl von Fusionen und Übernahmen. Sie kamen unter dem Druck der Krise zustande: Schwache Unternehmen wurden übernommen, starke nutzten die Gelegenheit, die eigene Marktposition durch Übernahmen zu stärken. (Tabelle 8)

In Europa lassen sich zwei große Fusionswellen ab Mitte der 1980er und ab Mitte der 1990er Jahre feststellen. Sie hängen offensichtlich eng mit den beiden Hauptprojekten der europäischen Integration in diesen beiden Jahrzehnten zusammen. Im Vorfeld der Vollendung des europäischen Binnenmarktes wie der Europäischen Währungsunion hat es – wohl als präventive Abwehr härterer Konkurrenz und zur Stärkung der jeweiligen Marktpositionen – eine rapide Zunahme der Übernahmen und Zusammenschlüsse insbesondere bei den Banken der einzelnen Mitgliedsländer gegeben. Schon Anfang der 90er Jahre ist es dabei vor allem in den kleineren Ländern wie Dänemark, Schweden, den Niederlanden, Belgien und Spanien zur Herausbildung einer sehr kleinen – aus zwei bis fünf Instituten bestehenden – Gruppe von Banken gekommen, die den nationalen Markt beherrscht (vgl. Huffschmid 1994, Band 2: 156ff.). Dieser Trend hat sich auch in den letzten Jahren fortgesetzt und akzentuiert. Dabei ist folgendes bemerkenswert:

1. Die großen Zusammenschlüsse haben nach wie vor überwiegend nationalen Charakter und führen zum Aufbau oder zur Stärkung weniger nationaler Führungskonzerne, die ihren Aktionsradius international erweitern. Zwischen 1998 und 2000 erfolgten 84% aller Bankfusionen in einem Land, 5% zwischen Banken in verschiedenen Mitgliedsländern der EU und 11% zwischen Banken aus der EU und Banken aus Drittländern (vgl. EZB 2000: Tabelle 1). Die Beseitigung der nationalen Grenzen und die Öffnung der Märkte hat offensichtlich nicht zu einer Welle grenzüberschreitender Raubzüge, sondern zu Versuchen der inländischen Banken geführt, die Position im eigenen Markt zu stärken. Dies schreibt auch die EZB in seltener Offenheit: »Es scheint, dass die Tendenz zu stärkerer Deregulierung in der EU Unternehmensverbindungen gefördert hat, die in der Absicht unternommen wurden, die Preissetzungsmacht aufrechtzuerhalten.« (vgl. ECB 2001: 19, Übers. J.H.).

In Spanien hat die Konzentration unter den bislang fünf Bankgruppen nunmehr zu zwei Großgruppen geführt (Banco Bilbao Viscaya Argentaria BBVA und Santander/Banco Central Hispano SBCH). In Deutschland haben sich die Bayerische Vereinsbank und die Bayerische Hypotheken- und Wechselbank zur Hypovereinsbank zusammengeschlossen, die damit zur drittgrößten deutschen Bank geworden ist. In der Schweiz entstand durch die innerschweizerische Fusion von Schweizer Bankgesellschaft/UBS und Schweizer Bankverein für kurze Zeit die größte europäische Bank. In den USA bildet sich im Zuge der schrittweisen Deregulierung in diesen Jahren gerade erst ein landesweiter Bankenmarkt heraus. Auch in Schweden, Norwegen, Belgien, Öster-

Tabelle 8: Große Bankfusionen, 1999-2001

Käufer, Land	Zielunternehmen	Art der Übernahme*	Bemerkungen
Nationale Übernahmen, Beteiligungen und Fusionen			
USA			
Chase Manhattan	J.P. Morgan	a	
Citibank	Associated First Capital	a	
Citibank	Travelers Group	af	
Citigroup/Salomon-Smith-Barney	Schroders (Investment Banking Division)	a	
Washington Mutual Inc.	Dime Bancorp	a	
First Union	Wachovia	a	Führt zur viertgrößten Bank
Großbritannien			
Lloyds TSB	Scottish Widows	a, af	
Barclays	Woolwich (Immobilien)	a	
Royal Bank of Scotland	National Westminster Bank (NatWest)	m	Führt zur zweitgrößten Bank Großbritanniens
Halifax Group	Bank of Scotland	m	
Deutschland			
Allianz	Dresdner Bank	a, af	
Münchener Rück	HypoVereinsbank	a, af	Beteiligung von 25%
DG Bank	GZ Bank	m	Fusion der beiden größten Genossenschaftszentralen
Deutsche Hyp, Rheinhyp	Eurohypo	m	Führt zur größten Hypothekenbank: Eurohypo
Italien			
Banca Intesa	Banca Commerciale Italiana (Comit)	m	Führt zur größten Bank Intesa-BCI (15% bei Credit Agricole)
Assicurazioni Generali	Istituto Nazionale delle Assicurazioni (INA)	m	Fusion der beiden größten Versicherungen
San Paolo-IMI	Banca di Napoli	a	
San Paolo-IMI	Banca Cardine	a	Führt zur zweitgrößten Bank Italiens
Banca di Roma	Mediocredito Centrale	m	
Banca di Roma	Banco di Sicilia	a	
Frankreich			
Banque Nationale de Paris (BNP)	Compagnie Financière Paribas	m	Führt zur größten Bank Frankreichs: BNP Paribas
Credit Agricole	Banque Indosuez	a	
Groupe Caisse d'Epargne	Caisse des Dépôts et Consignations	m	

Käufer, Land	Zielunternehmen	Art der Übernahme*	Bemerkungen
Spanien			
Banco Santander	Banco Central Hispano (BCH)	m	BSCH, größte Bank
Banco Bilbao Vizcaya, BBV	Argentaria	m	BBVA, zweitgrößte Bank
andere			
Alpha Credit Bank, Gr	Ionian Bank	a	
Consolidated Eurofinance Holdings, Gr	Ergobank	a	Führt zur drittgrößten Bank
Unibank, Dk	Trygg-Baltica	m, af	
Den Norske Bank, No	Postbanken	m	

Grenzüberschreitende Übernahmen, Beteiligungen und Fusionen

Käufer, Land	Zielunternehmen	Art der Übernahme*	Bemerkungen
Deutsche Bank, D	Bankers Trust, USA	a	
Deutsche Bank, D	Banque Worms, F	a	Teilübernahme von AXA
Dresdner Bank, D	Wasserstein Perella, USA	a	Übernahme einer Investmentbank
Allianz, D	Pimco Advisors Holdings, USA	a	
HypoVereinsbank, D	Bank Austria, Österr.	a	
HypoVereinsbank, D	Bank Przemyslowo Handlowy, PL	a	
BNP Paribas, F	Bank West Inc., USA	a	
BNP Paribas, F	United California Bank UCB, USA	a	
Société Générale, F	TCW Group, USA		
Fortis, B/L	American Insurance Group (ABI), USA	a	
ING Groep, NL	BHF Bank, D	a, af	
ING Groep, NL	Reliastar Financial Co., USA, Aetna, USA	m	Versicherungsfusion
ABN Amro Holding, NL	Michigan National Corp., USA	a	
Banco Santander Central Hispano (BSCH), Sp.	Banco Trotta & Acores, Crédito Predial Portugues, Po	a a	
Banco Santander Central Hispano (BSCH), Sp	Banco de Estado de Sao Paulo, Brasil	a	
Chase Manhattan, USA	Robert Flemings Holdings, UK	a	Übernahme einer Investmentbank
Citigroup, USA	Schroders, UK	a	Übernahme des Investmentgeschäftes

Käufer, Land	Zielunternehmen	Art der Über- nahme*	Bemerkungen
Citigroup, USA	Grupa Financiero Banamex.Accivall (Banacci) Mexiko	a	Kauf der größten Bank Mexikos
Merita Nordbanken, Finnland/Schweden	Kreditkassen, No	m	Führt zur größten Bank in Nordeuropa
MeritaNordbanken, Finnland/Schweden	Unidanmark, Dk	m	Führt zur größten Allfinanz- gruppe in Nordeuropa
S-E-Banken, Schweden	BfG Bank, D	a	
HSBC Holdings, UK	Crédit Commercial de France (CCL), F	a	
HSCB, UK	Bank Republic New York, USA	a	
Royal Bank of Scotland, UK	Mellon Financial Bank, USA		
Unicredito, It	Bank Pekao, Pl	af	51% Privatisierung
Allied Irish Bank PLc, Ire	Bank Zachodny, PL	p	
UBS, CH	PaineWebber Group, USA	a	Übernahme einer Investment- bank
Euronext (F, B, NL)	LIFFE (UK)	m	Börsenfusion
CS First Boston, CH/USA	Donaldson, Lufkin & Jenrette, USA	a	Übernahme einer Investment- bank

* m = Fusion (merger); a = Übernahme (acquisition); af = Allfinanzverbindung; p = Privatisierung
Quelle: Mergers and Acquisitions Review 1999, 2000, 2001; Zeitungsberichte

reich und Frankreich setzt sich die innerstaatliche Bankenkonzentration fort. Die spektakulärste der wenigen Ausnahmen von diesem Muster war die Übernahme der amerikanischen Bankers Trust durch die Deutsche Bank, mit der das deutsche Institut zugleich die Position der größten europäischen Bank von der schweizerischen Konkurrenz zurückeroberte.

2. Bei den – zahlenmäßig nicht unerheblichen – grenzüberschreitenden Zentra- lisationsprozessen handelt es sich überwiegend um die Übernahme kleinerer Institute durch eine ausländische Großbank, wie etwa den Erwerb der spani- schen Bankoa durch die französische Crédit Agricole, der deutschen BfG durch den schwedischen Branchenführer SEB und der deutschen BHF durch den niederländischen Allfinanzkonzern ING, sowie die Übernahme des Derivat- geschäftes der britischen National Westminster durch die Deutsche Bank. Ein anderes Muster zwischenstaatlicher Verflechtung besteht in einer geringen – meist unter 5% liegenden – Beteiligung einer großen inländischen an einer ebenfalls großen ausländischen Bank. So beteiligte sich die Deutsche Bank mit 2,3% am Credito Italiano, und die Commerzbank erhielt im Juni 1999 bei der ersten Phase der Privatisierung des französischen Crédit Lyonnais einen

Anteil von 4,4%. Große grenzüberschreitende freundliche Verschmelzungen oder erbitterte Übernahmeschlachten zwischen den führenden Banken in Europa stehen noch aus.

3. Es handelt sich zum größten Teil um Zusammenschlüsse von Unternehmen mit weitgehend gleichen oder eng verbundenen Geschäftsfeldern. Sie haben die Funktion, durch organisatorische Straffungen und Rationalisierungen die Kosten zu senken und den Marktanteil zu vergrößern. Bei nur vier der großen Finanzfusionen, die in Tabelle 8 aufgeführt sind, handelt es sich um Zusammenschlüsse zwischen Banken und Versicherungen. Eine derartige Formierung von Allfinanzunternehmen hatte zu Beginn der 1990er Jahre eingesetzt: ING in den Niederlanden, Credit Suisse/Winterthur in der Schweiz, Fortis in den Niederlanden und Belgien. Danach wurde dieses Muster der Diversifizierung jedoch für einige Jahre nicht weiter verfolgt, vor allem deshalb, weil die Banken hauptsächlich in den Investmentbereich diversifizierten. Erst in jüngster Zeit scheint es einen neuen Anlauf für die Kombination von Bank- und Versicherungsgeschäft zu geben. 1999 erwarb die dänische Unibank den Versicherer Trygg Baltica, und in Großbritannien kaufte eine der Großbanken, Lloyds TSB, eine führende Versicherung, die Scottish Widows. Der bislang größte Allfinanz-Deal in Europa war die Übernahme der zweitgrößten deutschen Bank, der Dresdner Bank, durch die größte europäische Versicherung, die Allianz, und damit im Zusammenhang die Verbindung von Münchener Rück und HypoVereinsbank. Ob die beiden Geschäftsfelder aber wirklich auf Dauer zusammenzuführen sind, ist nach wie vor eine offene Frage. Im Übrigen spielt bei den Zusammenschlüssen mit diversifizierendem Charakter die Zusammenführung von Funktionen des Einlagen- und Kreditgeschäftes auf der einen und des Investmentbanking auf der anderen Seite nach wie vor eine erheblich größere Rolle (vgl. dazu den folgenden Abschnitt).

Die Strategie, eigene Positionen durch Fusionen und/oder Übernahmen vor allem im Inland zu stärken, hat zum einen dazu geführt, dass der ohnehin schon zu Beginn der 90er Jahre hohe Konzentrationsgrad der Banken in Europa weiter gestiegen ist. Zum zweiten ist wegen der beherrschenden Marktposition der nationalen Führungskonzerne der Anteil ausländischer Banken am Kapital aller Banken in den meisten Mitgliedsländern – mit Ausnahme Luxemburgs, Irlands und Belgiens – gering geblieben – weit geringer als der Anteil des Auslandsgeschäftes der Banken in den Mitgliedsländern (vgl. Tabelle 9).

Eine besonders intensive Fusionstätigkeit haben US-Banken in den letzten Jahren entwickelt. Dabei handelt es sich in der Regel um den Zusammenschluss großer regionaler Geschäftsbanken, denen bislang eine überregionale Ausbreitung gesetzlich untersagt war.

Durch die Fusion von Nations Bank und Bank America ist die erste Geschäftsbank mit einem landesweiten Privatkundengeschäft entstanden. Die Citibank, eine reguläre, international aktive und im Devisenhandel weltweit führende

Tabelle 9:
Konzentration, Auslandskapital und Auslandsaktivitäten europäischer Banken

Land	Konzentration[1]						Auslands-kapital[2]	Auslands-geschäft[3]
	Bilanzsumme		Kredite		Einlagen			
	1990	1999	1990	1999	1990	1999	Ende 1997	1998
Österreich	34,7	50,4	33,9	43,3	33,1	39,6	3,3	41,7
Belgien	48,0	77,4	58,0	80,4	67,0	74,7	36,3	143,6
Deutschland	13,9	19,0	13,5	15,8	11,6	15,0	4,3	31,0
Dänemark	76,0	77,0	82,0	79,0	82,0	79,0		
Spanien	34,9	51,9	31,5	47,9	36,3	45,3	11,7	23,8
Finnland	41,0	74,3	49,7	68,0	46,1	63,4	7,1	31,0
Frankreich	42,5	42,7	44,7	46,4	58,7	69,2	9,8	65,0
Griechenland	83,7	76,6	87,2	74,5	86,8	81,7		
Irland	44,2	40,8	42,9	48,2	43,7	51,0	53,6	176,9
Italien	29,2	48,3	28,9	47,6	26,9	46,1	6,8	26,2
Luxemburg	21,2*	26,1	15,1*	34,3	22,5*	28,1	94,6	2828,4
Niederlande	73,4	82,3	76,7	81,5	79,5	83,4	7,7	67,4
Portugal	58,0	72,6	57,0	72,9	62,0	79,6	10,5	47,7
Schweden	82,7	88,2	81,3	85,3	90,6	83,5		
Großbritannien	28,3*	29,1	39,3*	30,3	40,6*	32,4		
EU-Durchschnitt	50,9	57,1	52,7	57,0	55,7	58,1		

* Zahlen für 1995
[1] Anteil der fünf größten Banken an allen Banken des jeweiligen Landes
[2] Marktanteil ausländischer Kreditinstitute als Anteil an der Bilanzsumme der inländischen Kreditinstitute; Eurozone ohne Griechenland;
[3] Ausländische Forderungen als Anteil der Forderungen gegenüber dem inländischen privaten Sektor (Kredite und Wertpapiere) in der Eurozone (ohne Griechenland)
Quelle: EZB 2000: Tabellen 2.1, 2.3 und 2.5; Belaisch u.a. 2001: Tabellen 10 und 15

Geschäftsbank übernahm mit der Travelers Group ein in der Versicherung, der Vermögensverwaltung und – insbesondere nach der Übernahme von Salomon Brothers – im Investmentgeschäft tätiges Unternehmen und wurde dadurch zu einem der weltweit führenden Allfinanzkonzerne.

Die Restrukturierung der Geschäftsbanken durch Zentralisation ist keineswegs abgeschlossen. Für Ende 2001 ergab sich dabei das in Tabelle 10 festgehaltene Zwischenergebnis der Bankenhierarchie in Europa und den USA.

Tabelle 10: Die größten Banken Europas und der USA, 2001

A. Die 20 größten Banken Europas

Nr.	Name	Land	Umsatz Mrd. €	Marktwert Mrd. €*	Rendite in % des Eigen- kapitals	Beschäf- tigte 1000
1	Deutsche Bank	D	75,0	48,6	1,3	84,8
2	UBS	CH	57,7	72,0	11,2	70,0
3	HSBC	GB	54,7	129,6	12,6	171,0
4	Crédit Suisse	CH	53,4	47,4	4,2	79,2
5	BNP Paribas	F	46,3	54,3	18,6	85,2
6	ABN Amro Holding	NL	45,8	32,5	27,0	111,7
7	Fortis	B	45,3	32,9	16,3	69,0
8	HypoVereinsbank	D	44,1	20,6	4,8	69,5
9	Royal Bank of Scotland	GB	36,2	93,4	9,5	105,7
10	Société Génerale	F	35,0	33,8	15,5	85,6
11	BSCH	GB	35,0	48,0	13,0	114,9
12	Halifax Bank of Scotland	GB	31,6	48,9	15,7	55,4
13	Barclays	GB	31,3	65,8	18,7	77,1
14	Crédit Agricole	F	29,4	22,8	13,0	19,3
15	BBV Argentaria	SP	27,5	43,6	18,8	98,6
16	Commerzbank	D	27,0	10,6	0,8	39,5
17	Dresdner Bank	D	26,2	28,5	1,3	50,0
18	Lloyds TSB	GB	25,9	65,4	25,9	88,4
19	Dexia	B	22,0	22,0	18,6	25,8
20	Crédit Lyonnais	F	20,7	16,6	10,3	41,3

*Stand 15.5.2002; Quelle : Handelsblatt 13.6.2002 :Beilage Europa 500

B. Die 10 größten Banken der USA

Nr.	Name	Einnahmen Mrd. $	Marktwert Mrd. $*	Rendite in % des Eigenkapitals	Beschäftigte 1000
1	Citigroup	112,0	242	17	268,0
2	Bank of America Corp.	52,6	98	14	142,7
3	J-P.Morgan Chase	50,4	74	4	95,8
4	Wells Fargo	26,9	71	13	119,7
5	Bank One Corp.	24,5	39	13	73,5
6	Wachovia Corp	22,4	42	6	84,0
7	FleetBoston	19,2	38	5	55,9
8	US Bancorp	16,4	37	10	50,0
9	MBNA	10,1		22	25,2
10	National City Corp.	9,1		19	32,4
	Suntrust Banks	8,4		16	27,5

*Stand 25. Oktober 2001; Quelle: Fortune vom 15. April 2002: 30, 31, 32

2. Auf einer Welle von Staatsverschuldung, Privatisierungen und Fusionen: Die Stunde der Investmentbanken

Während Geschäftsbanken vorwiegend das Einlagen- und Kreditgeschäft betreiben, bewegen sich Investmentbanken überwiegend auf dem Wertpapiermarkt. Geschäftsbanken haben in der Regel eine große Zahl von Kunden aller Größenordnungen, Investmentbanken dagegen eine kleine Zahl großer Kunden: Großunternehmen, Regierungen und besonders reiche Personen. Sie vergeben keine Kredite, sondern ihre Tätigkeit besteht in der Beratung und Unterstützung dieser Kunden bei der Emission von Anleihen, der Ausgabe von Aktien, der Anlage von Vermögen etc. Darüber hinaus betreiben Investmentbanken Handel mit Wertpapieren auf fremde oder auf eigene Rechnung. Das Einkommen aus dem Investmentgeschäft besteht nicht, wie überwiegend bei den Kreditbanken, aus Zinseinnahmen – genauer dem Überschuss der Zinseinnahmen über die Zinsausgaben –, sondern aus Gebühren und Provisionen, die in der Regel als ein bestimmter Prozent- oder Promillesatz des Geschäftes berechnet werden, sowie aus den Kursgewinnen im Wertpapierhandel.

Die traditionellen Dienstleistungen von Investmentbanken beziehen sich auf die Beschaffung wie auch auf die Anlage von Finanzmitteln:

Zum einen unterstützen sie Unternehmen und Regierungen bei der Finanzierung über den Kapitalmarkt: Unternehmen bei der Neuemission von Aktien, Anleihen und kurzfristigen Wertpapieren, Regierungen bei der Emission von öffentlichen Anleihen. Sie beraten bei der Festsetzung des Ausgabekurses für neue Aktien, stellen Konsortien für die Börseneinführung zusammen, besorgen die Platzierung der Finanztitel an den Wertpapiermärkten und nehmen dem Unternehmen oder der Regierung – gegen eine entsprechende Gebühr – das Risiko der Platzierung dadurch ab, dass sie sich verpflichten, nicht abgesetzte Papiere für eigene Rechnung zu kaufen (underwriting).

Zum anderen unterstützen sie Unternehmen und Personen mit großen Vermögen (gelegentlich, aber selten, auch öffentliche Stellen wie Gemeinden oder Landesregierungen) bei der möglichst rentablen Anlage und Verwertung ihrer Finanzen. Hier überschneiden sich die Tätigkeitsbereiche von Investmentbanking und Vermögensverwaltung (Asset- oder Portfoliomanagement). Daher gehört auch eine kleine Zahl sehr reicher Individuen zum Kundenkreis der Investmentbanken, und daher haben in den letzten Jahren führende Investmentbanken mehrere Unternehmen im Bereich der Vermögensverwaltung übernommen.

Sowohl auf der Finanzierungs- wie auch auf der Anlageseite gibt es eine ganze Palette zusätzlicher Dienstleistungen, die Investmentbanken für ihre Kunden erbringen, z.B. Marktforschung, Beratung, Risikomanagement. In dem Maße, wie Finanzierung und Finanzanlage internationalisiert werden, übernehmen sie auch Währungsgeschäfte, einschließlich der Absicherung über Derivate etc., obgleich dies zunächst die Domäne von Geschäftsbanken war.

Das stürmische Wachstum von Investmentbanken – und der rapide Aufbau von Investmentabteilungen in traditionellen Geschäftsbanken – seit den 1980er Jahren ist durch drei Entwicklungen in besonderem Maße gefördert worden:

Erstens hat seit Mitte der 80er Jahre bis Mitte der 90er Jahre die *öffentliche Verschuldung* massiv zugenommen. Hierdurch sind in großem Umfang anlagesuchende liquide Mittel absorbiert und verwertet worden. Bei der Ausgestaltung und Vermarktung öffentlicher Anleihen spielen die Investmentbanken eine wesentliche Rolle: In der Regel übernehmen sie die Platzierung über die Börsen. Darüber hinaus handeln sie mit diesen Anleihen und sorgen so für die Liquidität – und damit Attraktivität für Anleger – der Anleihemärkte. Auch große Bankkredite an Regierungen werden üblicherweise nicht von einer einzelnen Bank, sondern von einem Konsortium mehrerer Banken vergeben, dessen Organisation eine Investmentbank oder die Investmentabteilung einer Geschäftsbank übernimmt. Diese sorgt in steigendem Umfang auch dafür, dass die einzelnen Kreditengagements selbst übertragbar werden und damit den Charakter von Wertpapieren annehmen (syndicated loans).

Zweitens spielen Investmentbanken eine entscheidende Rolle bei der Durchführung der *Privatisierungen*, die seit den 80er Jahren zu einem der wichtigsten Projekte neoliberaler Wirtschaftspolitik geworden sind. Überwiegend privatisiert wurden in den 90er Jahren die bis dahin öffentlichen Unternehmen für die Telekommunikation, die Energieversorgung (Strom, Wasser, Gas), den Verkehr (Eisenbahnen, Fluglinien) sowie Banken und Versicherungen. Die Erlöse aus den Verkäufen staatlichen Eigentums haben sich zwischen 1990 und 1997 von 33 Mrd. Dollar auf 153 Mrd. Dollar fast verfünffacht (vgl. Tabelle 11). Die Mehrheit der Privatisierungen fand in den OECD-Ländern statt. 1991 wurden allein in Großbritannien 45% aller Verkaufserlöse erzielt. Mittlerweile ist aber auch in den »emerging markets« die Privatisierungswelle in Fahrt gekommen. Bei Übertragungen an bestimmte private Aktionäre oder Aktionärsgruppen beraten Investmentbanken die Regierungen hinsichtlich der Modalitäten und Preise, bei der Privatisierung über die Börse organisieren sie zusätzlich die Börseneinführung, wenn gewünscht einschließlich der Übernahmegarantie.

Es ist allerdings auch bemerkenswert, dass 1997 der Höhepunkt der Privatisierungswelle überschritten war und es danach einen erheblichen Einbruch gegeben hat. Insgesamt lagen die Privatisierungserlöse im Jahr 2000 um ein Drittel unter denen von 1997. Dies kann damit zusammenhängen, dass die Regierungen nach den Turbulenzen auf den Finanzmärkten im Zusammenhang mit der Asienkrise zunächst ein freundlicheres Kursklima an den Aktienmärkten abwarten wollten, um aus der Veräußerung von Staatseigentum mehr Geld erzielen zu können. Im Aktienboom sind sie dann jedoch gegenüber den massenhaften Fusionen und Übernahmen im Privatsektor unzureichend zum Zug gekommen. Mittlerweile sind die Aktienmärkte in eine tiefe Krise geraten, und Börsengänge öffentlicher und privater Unternehmen werden abgesagt oder zu-

Tabelle 11:
Erlöse aus Privatisierungen 1990-2000, Mrd. \$

	1990	1993	1995	1997	1998	1999	2000
Insgesamt	**33,2**	**58,2**	**70,2**	**153,3**	**139,2**	**141,9**	**100,1**
OECD-Länder	24,7	40,3	56,7	96,2	94,0	104,8	65,1
– EU	15,6	30,6	35,5	67,5	60,2	61,6	46,8
– Italien	–	3,0	10,1	24,5	14,5	25,6	9,7
– Schweden	–	0,3	0,9	2,4	0,2	2,1	8,1
– Frankreich	–	12,2	4,1	10,1	13,6	9,5	7,4
– Portugal	1,1	0,4	2,4	4,9	4,3	1,6	3,3
– Spanien	0,2	3,2	2,9	12,6	11,6	1,1	1,1
– Großbritannien	12,9	8,5	6,7	4,5	–	–	–
– Deutschland	–	0,4	–	1,1	0,4	6,7	–
– Australien	–	2,1	8,1	16,8	7,1	15,2	6,2
– Japan	–	13,9*	2,0**	–	6,6	15,1	–
– USA	–	–	–	3,7	3,1	–	–
Nicht-OECD Länder	8,5	17,9	13,5	57,1	45,2	37,1	35,0

* 1993; ** 1996; Quelle: OECD, Financial Market Trends, June 2001: 44

mindest verschoben. Überdies liegt die Vermutung nahe, dass nach zehn Jahren Privatisierungswelle der traditionelle Vorrat an Staatseigentum kleiner wird, der noch privatisiert werden könnte. Dies dürfte mit ein Grund dafür sein, dass die Akteure an den Finanzmärkten zu neuen Ufern aufbrechen und auch die »Entstaatlichung« des Bildungs- und Gesundheitswesens sowie der sozialen Sicherungssysteme fordern.

Drittens sind Investmentbanken in hohem Maße bei der Vorbereitung und Durchführung von *Fusionen und – freiwilligen oder feindlichen – Übernahmen* beteiligt. In den letzten 20 Jahren hat es zwei Wellen der Konzentration und Zentralisation von Kapital gegeben. Die erste fand von Mitte bis zum Ende der 80er Jahre statt, die zweite setzte ab Mitte der 90er Jahre wieder ein und dauerte bis zum Jahre 2000. In den USA war das Fusionsfieber der 80er Jahre stark durch spekulative Momente bestimmt und durch riskante Anleihen (junk bonds) finanziert worden, bei denen teilweise auch Investmentbanken beteiligt waren. Komplexe Unternehmen wurden auf Kredit gekauft und in Einzelteile zerlegt, die wieder verkauft wurden. Aus der Summe der Einzelverkäufe, die bei weitem den Kaufpreis für das alte Unternehmen überstieg, konnten dann Kredite und Anleihen zurückbezahlt werden. In der EG bildete die Vorbereitung auf den einheitlichen europäischen Binnenmarkt den Hintergrund für den massiven Anstieg der Fusionszahlen bis 1990.

Die neue Zusammenschlusswelle ab Mitte der 90er Jahre ist Ausdruck der – angesichts des schwachen gesamtwirtschaftlichen Wachstums insgesamt – här-

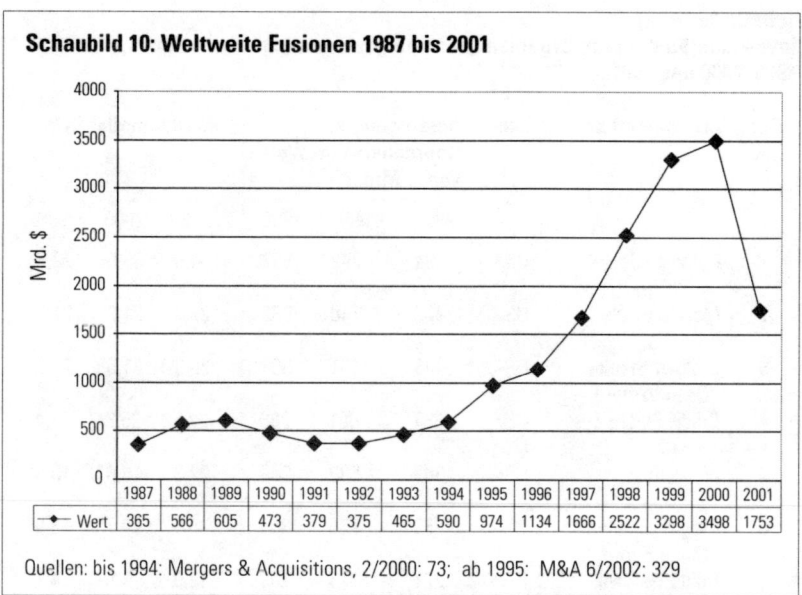

Schaubild 10: Weltweite Fusionen 1987 bis 2001

	1987	1988	1989	1990	1991	1992	1993	1994	1995	1996	1997	1998	1999	2000	2001
Wert	365	566	605	473	379	375	465	590	974	1134	1666	2522	3298	3498	1753

Quellen: bis 1994: Mergers & Acquisitions, 2/2000: 73; ab 1995: M&A 6/2002: 329

teren Konkurrenz und der Umstrukturierung im Zuge weitgehender internationaler Liberalisierung und nationaler Deregulierung. In den acht Jahren von 1992
bis 2000 stieg der Wert der angekündigten Fusionen und Übernahmen weltweit
auf mehr als das Neunfache – ehe er zeitgleich mit dem Ausbruch der Krise auf
den Finanzmärkten abrupt stoppte und im Jahr 2001 auf die Hälfte des Vorjahres
abstürzte.

Die durchschnittliche Größe pro Fusion, gemessen an dem Wert der angekün-
digten Transaktion, stieg von knapp 50 Millionen Dollar im Jahr 1992 auf 85
Millionen Dollar in 2000. Besonders in den Jahren 1999 und 2001 hat es eine
größere Zahl an Mammutfusionen gegeben, bei denen auf beiden Seiten Konzerne mit Milliardenumsätzen beteiligt waren (Elf Acquitaine – Total Fina,
Smithkline Beecham – Glaxo Wellcome, VEBA – VIAG, Vodafone Airtouch –
Mannesmann, American Online (AOL) – Time Warner, Deutsche Telekom –
Voicestream Wireless, Allianz – Dresdner Bank, Halifax Group – Bank of Scot-
land, EON – Powergen etc.).

Nirgendwo ist die Konzentration der Investmentbanken so hoch wie bei der
Vorbereitung und Betreuung von Unternehmensübernahmen. Die drei weltweit
führenden Investmenthäuser waren 1998 an gut zwei Dritteln und im Boomjahr
2000 ebenso wie im Krisenjahr 2001 an fast neun Zehnteln des Werts aller Fusionen beteiligt (vgl. Tabelle 12). Alle drei sind US-Unternehmen. Denn nirgendwo ist die US-Dominanz so überwältigend wie beim Investmentbanking.
Von den zehn weltgrößten Investmentbanken hatten 2001 sechs ihren Hauptsitz

Tabelle 12:
Investmentbanken als Organisatoren von Fusionen und Übernahmen,
1998, 2000 und 2001

Rang 2001	Investmentbank	Land	Beteiligung an Übernahmen im Wert von ... Mrd. $[*]			»Marktanteil«[**] in %		
			2001	2000	1998	2001	2000	1998
1	Goldman Sachs	USA	594	1.242	597	34,6	35,5	23,6
2	Merrill, Lynch	USA	475	740	536	27,7	21,2	21,3
3	Morgan Stanley Dean Witter	USA	446	1.101	537	26,0	31,5	21,3
4	Credit Suisse First Boston	CH/ USA	387	881	288	22,5	25,2	11,4
5	JP Morgan	USA	383	580	266	22,3	16,6	10,5
6	Citigroup/Salomon Smith Barney	USA	263	725	351	15,3	20,7	13,9
7	Deutsche Bank	D	221	126	103	12,9	3,6	4,1
8	UBS Warburg Dillon Read	CH/ USA	212	368	215	12,3	10,5	8,5
9	Lehman Brothers	USA	125	273	279	7,3	7,8	11,1
10	Dresdner Kleinwort Wasserstein	D	120	410	–	7,0	11,7	–
11	Lazard Houses	F/UK/ USA	104	263	255	6,0	7,5	10,1
12	Rothschild Group	UK	88	235	80	5,1	6,7	3,2
13	Bear Stearns	USA	78	105	67	4,6	3,0	4,2
14	Quadrangle Group	USA	73	–	–	4,2	–	–
15	Greenhill & Co	USA	37	61	–	2,2	1,7	–
	Alle Transaktionen		1.753	3.498	2.522	100	100	100

[*] veröffentlichtes oder angekündigtes Transaktionsvolumen
[**] Die Marktanteile addieren sich zu über 100 Prozent, weil an großen Fusionsvorhaben auf beiden Seiten Beratungsfirmen beteiligt sind.
– keine Angaben
Quellen: Financial Times vom 29. Januar 1999; Financial Times vom 22. Februar 2002, Beilage Global Investment Banking: II; Acquisitions Monthly January 2002: 20

in den USA und zwei in den USA und der Schweiz. Das ursprünglich französische Unternehmen Lazard Frères ist heute ein Bankkonzern mit selbständigen Verwaltungszentralen in New York, Paris und London. Die Deutsche Bank, die 1998 noch an zwölfter Stelle rangierte, hat mit der Übernahme der amerikanischen Bankers Trust Corporation nicht nur die Position als Nummer 1 im europäischen Bankgeschäft insgesamt zurückgewonnen, sondern ist auch in der Rangliste der weltweit führenden Investmentbanken auf Platz sieben vorgerückt.

Diese amerikanische Dominanz ist Resultat einer Beschränkung, nämlich der politisch auferlegten strikten Trennung zwischen Kredit- und Wertpapiergeschäft, die in den USA nach der Weltwirtschaftskrise 1933 eingeführt wurde (vgl. Wheelock 1992: 243f.). Sie führte dazu, dass sich die Wertpapierhäuser auf eigene Füße stellen und ihr Geschäft eigenständig entwickeln mussten. So entstanden die großen weltweit führenden Investmentbanken Goldman Sachs, Merrill Lynch und Morgan Stanley in den USA. In Japan und Großbritannien, die ein ähnliches Finanzsystem hatten, gab es ähnliche Entwicklungen: Nomura, Daiwa, Nikko und das kürzlich zusammengebrochene Yamaichi. Morgan Grenfell in London und Mediobanca in Mailand gehörten in den 80er Jahren ebenfalls zu den führenden Investmentbanken.

Deutsche und französische Banken sind demgegenüber in den 70er und 80er Jahren zwar auch im Investmentgeschäft tätig gewesen, haben dieses aber nicht besonders stark als eigenständigen Geschäftszweig ausgebaut. In beiden Ländern gibt es vielmehr seit langem eine enge und spezifische Verbindung zwischen Bank- und Industriekapital: In Deutschland sind die Großbanken nicht nur die Hausbanken großer Industrieunternehmen. Sie entsenden auch Vertreter in deren Kontrollorgane, verwalten die Depots der Kleinaktionäre (und beziehen daraus faktisch eine große Stimmrechtsmacht; vgl. Pfeiffer 1993). Sie vermitteln Aktienpakete dieser Unternehmen und betreiben nicht nur Kurspflege durch kurzfristige Käufe und Verkäufe an den Börsen, sondern halten Anteile dauerhaft in Eigenbesitz und beziehen daraus Dividendeneinkommen. In Frankreich hatten die (überwiegend staatlichen) Banken darüber hinaus eine wesentliche Rolle bei der Steuerung der – teilweise ebenfalls staatlichen – Industriekonzerne gespielt, allen voran der inzwischen fast zusammengebrochene Crédit Lyonnais. Auf den grundlegenden Strukturwandel der Finanzsysteme einerseits – das Vordringen der Anleihe- und Aktienfinanzierung sowie das Wachstum der Sekundärmärkte – und den wachsenden Bedarf der Kundschaft nicht nach Finanzierungsmitteln, sondern nach rentablen Anlagemöglichkeiten für liquide Mittel andererseits, waren sie relativ schlecht vorbereitet. Der Ausweg bestand für sie zunächst darin, bestehende Investmentbanken aufzukaufen: Die Deutsche Bank übernahm das britische Unternehmen Morgan Grenfell und jüngst die amerikanische Bankers Trust Corporation, die Dresdner Bank kaufte ebenfalls in Großbritannien die alte Investmentbank Kleinwort Benson und in den USA das Unternehmen Wasserstein Perella.

Alterssicherung als Perspektive des Investmentbanking?

Hohe Staatsverschuldung, die Privatisierung öffentlicher Unternehmen und eine neue Welle von Fusionen und Übernahmen sind nicht in erster Linie auf die Politik von Investmentbanken zurückzuführen, sondern haben eigenständige Ursachen. Sie liegen jedoch in ihrem vitalen Interesse und sind die Grundlage ihres stürmischen Wachstums während der letzten beiden Jahrzehnte gewesen. Öffentliche Verschuldung über Staatsanleihen absorbiert liquide Mittel von Haushalten und Unternehmen und verschafft ihnen eine sichere Rendite. Sie verschafft aber auch den Banken erhebliche Einkommen aus Vermittlungs-, Beratungs- und Emissionsgebühren.

Das Gleiche gilt für die Privatisierung öffentlicher Unternehmen: Sie sind eine Anlagegelegenheit für private Investoren und ein Geldsegen für die Banken, die bei der Platzierung und der Anlage mit ihren Vermittlungs- und Beratungsdienstleistungen zur Stelle sind und daran verdienen. (Für VerbraucherInnen und ArbeitnehmerInnen dagegen sieht die Bilanz in der Regel negativ aus: Die Produkte oder Dienstleistungen privatisierter Unternehmen werden weder besser noch billiger, und die Zahl der Arbeitsplätze wird in der Regel drastisch zusammengestrichen.) Das größte Geschäft der Investmentbanken aber sind Zusammenschlüsse, Übernahmen und Beteiligungen.

Das ist paradox, weil zumindest die jüngsten Fusionswellen selbst der Ausdruck einer Krise sind: Weiteres gesamtwirtschaftliches Wachstum wird immer schwieriger, und Wachstum der Unternehmen findet weniger durch interne Akkumulation und Ausdehnung der Produktion, sondern eher durch Zusammenschluss und Aufkauf statt.

Den Banken ist das eine wie das andere recht. In Phasen stürmischen Wachstums profitieren sie von der Investitionsfinanzierung, in Phasen der Stagnation machen sie ihren Gewinn, indem sie die Restrukturierung der Wirtschaft organisieren.

Was aber, wenn die Einkommensquellen der Investmentbanken versiegen? Anzeichen dafür gibt es:

■ Die öffentliche Neuverschuldung ist überall – vielfach gegen jede gesamtwirtschaftliche Vernunft – drastisch gesenkt worden: Die USA erzielten in den letzten beiden Jahren Haushaltsüberschüsse – die allerdings im Zuge einer neuen Aufrüstungswelle bereits wieder verschwinden. Die Vorbereitung auf die Europäische Währungsunion hatte ab Mitte der 1990er Jahre zu rigorosen Verminderungen der Staatsverschuldung in den Mitgliedsländern geführt, und der Stabilitäts- und Wachstumspakt, den die EU 1997 in Amsterdam beschlossen hat, verpflichtet sie, diesen Kurs beizubehalten und noch zu verschärfen.

■ Die finanziellen Erträge aus der Privatisierung öffentlicher Unternehmen nehmen in dem Maße ab, wie die Zahl der noch zu privatisierenden Unternehmen sinkt – oder die Bereitschaft zu weiteren Privatisierungen angesichts der ausbleibenden Erfolge zurückgeht. Der Rückgang der weltweiten Privatisierungserlöse um über ein Drittel seit 1997 (vgl. oben Tabelle 11, S. 80) könnte durchaus eine Trendwende eingeleitet haben.

■ Am deutlichsten werden die Grenzen des Investmentbanking am aktuellen Zusammenbruch der jüngsten Fusionswelle sichtbar. Dies trifft auch die Großen in voller Härte. Ihr Geschäft mit Fusionen ist überwiegend – bei acht der im Jahr 2001 zwölf größten Institute – um mehr als die Hälfte eingebrochen, also noch stärker als der Wert aller Fusionen (vgl. Tabelle 12). Vermutlich wird es nicht bei dem gegenwärtigen Tief bleiben, sondern die Zahl und der Wert von Beteiligungen, Übernahmen und Zusammenschlüssen werden allmählich wieder steigen. Es gibt aber keinen Grund für die Annahme, dass eine neue hektische Fusionswelle in den Dimensionen der vergangenen Jahre in absehbarer Zeit bevorsteht.

Auf diese Größenordnung hatten sich die Investmentbanken auf der ganzen Welt mit ihrer Expansions- und Personalpolitik aber eingestellt. Zwischen 1997 und 2000 hatten sie ihr Personal von 285.000 um gut ein Fünftel auf 345.000 Personen aufgestockt (vgl. Handelsblatt vom 18.6. 2002:38) Nach dem Einbruch des Geschäftes im Jahr 2000 befinden sie sich jetzt in einer besonders schwierigen Lage. Auf die unerwartete Krise reagieren die Investmenthäuser auf doppelte Weise. Zum einen bauen sie massiv Personal ab. Schon 2001 sind rund 40 000 Stellen gestrichen worden (vgl. SZ vom 15. 3. 2002: 32), und alle Banken planen, das Personal auch im Jahr 2002 weiter zum Teil drastisch zu kürzen, allein in Europa um 10.000 Stellen (vgl. HB vom 2. 4. 2002: 23).

Zum anderen versuchen sie aber auch, dem steigenden Druck durch die Entwicklung neuer Geschäftsfelder entgegenzuwirken. Dabei handelt es sich vor allem um drei Bereiche:

■ Erstens geht es um immer *neue Dienstleistungen*, immer neue Finanzinnovationen in Form von Risikosicherung, Kreditderivativen etc.

■ Zweitens sind die Investmentbanken daran interessiert, neue verschuldungsbereite *»emerging markets«* zu finden, in denen renditesuchendes Kapital angelegt werden kann. Dazu müssen diese Länder freilich nicht nur verschuldungsbereit, sondern auch attraktiv sein, d.h. hohe Renditen und hohe Sicherheit bieten. Es ist in diesem Zusammenhang wesentlich die Aufgabe internationaler Institutionen wie des IWF, diese Bedingungen durch geeignete wirtschaftspolitische Auflagen herzustellen. Das dient zwar in der Regel weder der nachhaltigen Entwicklung dieser Länder noch verbessert es die Situation der dortigen Menschen, aber es beschert kurzfristige Gewinne. Die insgesamt schädlichen Folgen brauchen die Anleger nicht zu tragen, da sie sich aus den jeweiligen Ländern schnell zurückziehen können. Die Asienkrise 1996 bis 1998, die Erschütterungen in Russland (1998), Brasilien und Kolumbien (1998/99) sowie die jüngste dramatische Krise in Argentinien (2001/02) sind deutliche Beispiele hierfür. Sie haben den Investmentbanken allerdings auch deutliche Rückschläge in den Ländern der Dritten Welt beschert.

■ Drittens und vor allem bemühen sich die Investmentbanken – neben den Versicherungen und den Investmentfonds – um die Erschließung der großen neuen Vermögenspools, die durch eine »Modernisierung« der sozialen Sicherungssysteme entstehen sollen. Diese Modernisierung steht ganz oben auf der Tagesordnung der Europäischen Union. Sie zielt in erster Linie auf die Systeme der Alterssicherung. Ihr Kern ist die *Umstellung der Alterssicherung von dem in Europa vorherrschenden umlagefinanzierten Solidarsystem auf das Kapitaldeckungsverfahren* (vgl. OECD 1998: 51-134). Dabei legen die Versicherten ihre eigenen Versicherungsbeiträge in einem Fonds an, der natürlich der professionellen Betreuung und des Managements bedarf. Als potentielle zukünftige Fondsverwalter gehören die Banken daher zu den entschiedenen Befürwortern einer solchen Rentenumstellung.

Der Druck von Seiten der Investmentbanken war zwar nicht die Ursache der hohen Staatsverschuldung bis in die zweite Hälfte der 90er Jahre, aber diese kam jenen sehr gelegen. Bei der Zerstörung der in Europa vorherrschenden sozialen Sicherungssysteme liegen die Verhältnisse anders. Hier sind die Banken die wesentliche Triebkraft. Sofern es überhaupt Probleme bei der Rentenfinanzierung gibt – was mit guten Gründen bezweifelt werden kann (vgl. Steffens 2000) –, liegen sie in der hohen Arbeitslosigkeit und ungleichen Einkommensverteilung. Die Umstellung der Rentenversicherung vom Umlage- auf das Kapitaldeckungsverfahren löst kein einziges Finanzierungsproblem. Es liefert aber einen wesentlichen Bereich sozialer Sicherheit den unkalkulierbaren Risiken der Finanzmärkte aus. Für die RentnerInnen führt sie zu höheren Beiträgen und zu geringeren Leistungen. Dennoch wird die Rentenreform im Interesse der großen Finanzinstitute zielstrebig betrieben und kommt voran. Worum es geht, machte das deutsche »Handelsblatt« unmissverständlich deutlich. Am Tag vor der entscheidenden Abstimmung im deutschen Bundesrat über den Einstieg in die Privatisierung der Alterssicherung in Deutschland verkündete der Aufmacher der Zeitung: »Finanzbranche erwartet Milliardengeschäft mit der Rente« (Handelsblatt vom 10.5.2001: 1).

Wenn auch die Investmentbanken zunehmend in das Geschäft der finanzmarktgetriebenen Altersicherung einsteigen, nähern sie sich damit der dritten großen Gruppe von Finanzmarktakteuren, die das Geschehen auf den nationalen und internationalen Finanzmärkten bestimmen. Sie werden zu »institutionellen Anlegern«.

3. Finanzinvestment als Prinzip: die »institutionellen Anleger«

»Kapital weltweit auf der Suche nach den besten Renditen. Erheblich an Gewicht haben insbesondere die internationalen Kapitalströme gewonnen – durchschnittlich 1230 Mrd. US-Dollar laufen jeden Tag um die Welt. Lediglich drei

86

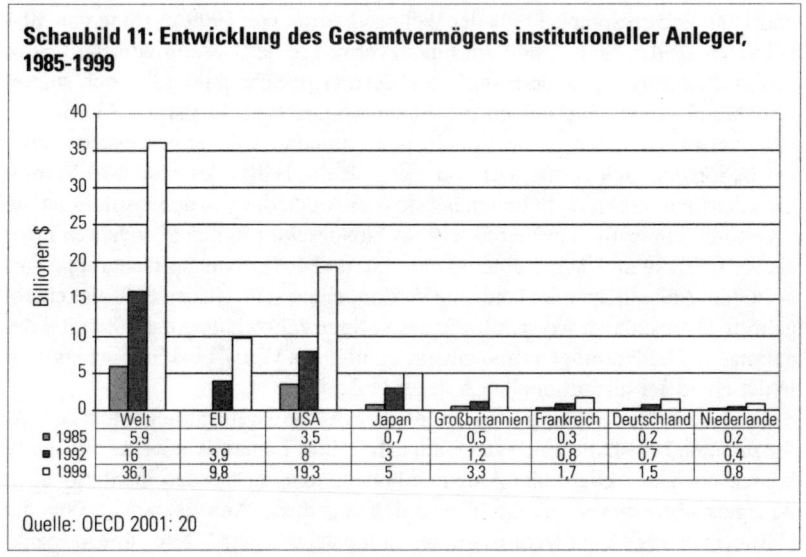

Schaubild 11: Entwicklung des Gesamtvermögens institutioneller Anleger, 1985-1999

	Welt	EU	USA	Japan	Großbritannien	Frankreich	Deutschland	Niederlande
1985	5,9		3,5	0,7	0,5	0,3	0,2	0,2
1992	16	3,9	8	3	1,2	0,8	0,7	0,4
1999	36,1	9,8	19,3	5	3,3	1,7	1,5	0,8

Quelle: OECD 2001: 20

Prozent davon dienen der Abwicklung des Warenverkehrs. Die übrigen 97% sind reine Finanztransfers, Kapital, das vor allem auf der Suche nach kurz- und langfristigen Anlagemöglichkeiten ist.« (Bundesverband Deutscher Investment-banken [BVI] Jahresbericht 1998: 41)

Neue Schwergewichte auf den Finanzmärkten

Die »institutionellen Anleger« sind der markanteste Ausdruck dafür, dass die Finanzmärkte sich zunehmend von Einrichtungen zur Finanzierung produktiver Investitionen in Orte der hektischen Suche nach schnellen und hohen Finanz-renditen verwandeln. Es handelt sich um Finanzunternehmen, die wie Banken als Kapitalsammelstellen arbeiten, also Sparbeträge von Individuen oder – in zunehmendem Maße – Unternehmen (oder gelegentlich auch öffentlichen Haus-halten) sammeln. Anders als Geschäftsbanken reichen sie das Kapital aber nicht als Kredite an Unternehmen und Regierungen weiter, sondern kaufen damit Aktien, Anleihen und andere handelbare Schuldpapiere. Dafür erhalten sie eine Vergütung. Ihre Anlagetätigkeit besteht darin, eine Mischung (ein Portfolio) aus Vermögenswerten (Aktien, Anleihen, kurzfristigen Papieren, Derivaten und Währungen) zusammenzustellen, dessen Gesamtrendite (Dividenden, Zinsen und Kursbewegungen) möglichst hoch ist. Der Gewinn wird überwiegend an die Kapitalgeber ausgeschüttet.

Das von den institutionellen Anlegern verwaltete Vermögen betrug 1999 (das ist das letzte Jahr, für das Mitte 2002 offizielle Informationen vorlagen) 36 Bil-lionen Dollar (vgl. Schaubild 11). Das war mehr als das Sechsfache des Wertes von 1985 und entsprach 119% der Weltproduktion von 1999 in Höhe von 30,4 Billionen Dollar. Sein Anteil am Finanzvermögen der Gesamtwirtschaft ist in den großen Industrieländern stark gestiegen (vgl. Schaubild 12), noch stärker sein Anteil am Geldvermögen des Finanzsektors (vgl. Schaubild 13). In den USA verwalteten 1999 professionelle institutionelle Anleger bereits ein Viertel des nationalen Geldvermögens und mehr als die Hälfte des gesamten Vermögens des Finanzsektors. In Italien hat sich der Anteil des von den institutionellen Investoren kontrollierten Vermögens im Finanzsektor in den 90er Jahren mehr als verdreifacht und ist mit einem Wert von rund 40% in die Spitzengruppe vorgestoßen. Auch in Spanien fand eine Verdoppelung statt. Zu den Schlusslichtern gehörte Deutschland, wo sich Ende des vorigen Jahrzehnts gut ein Zehntel des nationalen Geldvermögens und gut ein Fünftel des Vermögens im Finanzsektor in der Hand der institutionellen Anleger befand.

Die rasante Entwicklung ist in erheblichem Maße darauf zurückzuführen, dass die privaten Haushalte einen steigenden Teil ihrer Ersparnisse weder auf Bankkonten noch in Aktien oder Anleihen halten, sondern bei den institutionellen Anlegern »investieren«. In Großbritannien liegt dieser Anteil schon bei über der Hälfte, in den USA nur wenig darunter, in Japan bei einem Viertel, und in Frankreich, Deutschland und Spanien bei einem knappen Drittel (vgl. OECD 2001: 35).

Die institutionellen Anleger lösen die »Disintermediation« auf dem Finanzsektor durch eine neue »Re-Intermediation« ab. An die Stelle der Banken als zentrale Vermittlungs- und Schaltzentrale zwischen sparenden Privatpersonen und investierenden Unternehmen tritt die Vermittlung über die institutionellen Anleger oder professionellen Portfoliomanager. Hiermit sind weitgehende Veränderungen in der Struktur und der Funktionsweise der Finanzmärkte verbunden. »Das Wachstum des professionellen Portfoliomanagements ist ein Schlüsselelement der strukturellen Änderungen an den Finanzmärkten. Diese Entwicklung hat Auswirkungen auf viele Bereiche der Finanzlandschaft: auf den Umsatz, den Wertpapierabsatz, die internationalen Kapitalströme, die Stabilität der Märkte, die Organisationsmerkmale der Branche sowie die Führungsstrukturen und die Abläufe in den Unternehmen« (Bank für internationalen Zahlungsausgleich (BIZ) 1998: 93f.). Dieses Wachstum wird auch in Zukunft weitergehen, denn die »Faktoren, die ihrer Entwicklung zugrunde liegen, sind keineswegs nur vorübergehender Natur und beginnen vielfach gerade erst zu wirken.« (BIZ 1998: 107).

Bei der regionalen Verteilung der institutionellen Anleger gibt es eine große Konzentration: US-amerikanische Fondsmanager verwalteten über die Hälfte (54%) der Gesamtmittel, es folgten mit großem Abstand Japan (14%), Großbritannien (9%), Frankreich mit 5%, Deutschland mit 4%, Italien mit 3% und die Niederlande mit 2% (vgl. Schaubild 14). Neun Zehntel des gesamten institutionell angelegten Vermögens wird also von Unternehmen aus sechs Ländern gesteuert.

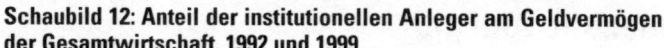

Schaubild 12: Anteil der institutionellen Anleger am Geldvermögen der Gesamtwirtschaft, 1992 und 1999

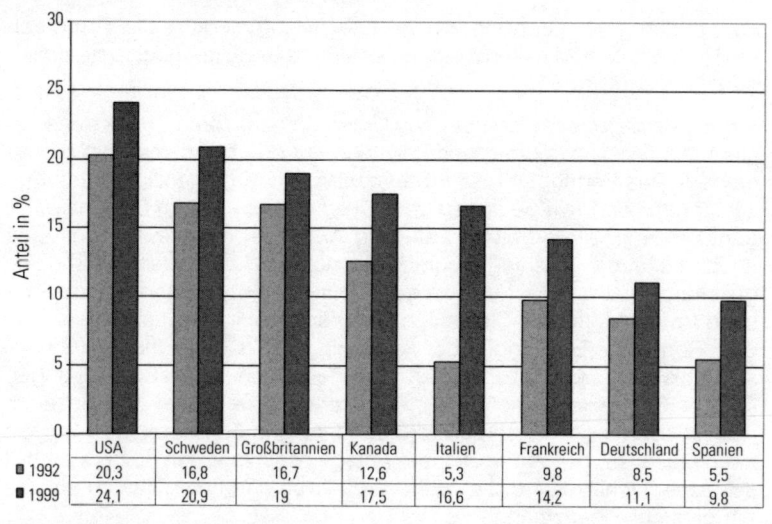

	USA	Schweden	Großbritannien	Kanada	Italien	Frankreich	Deutschland	Spanien
1992	20,3	16,8	16,7	12,6	5,3	9,8	8,5	5,5
1999	24,1	20,9	19	17,5	16,6	14,2	11,1	9,8

Quelle: OECD 2001

Schaubild 13: Anteil der institutionellen Anleger am Geldvermögen des finanziellen Sektors, 1985, 1992 und 1999

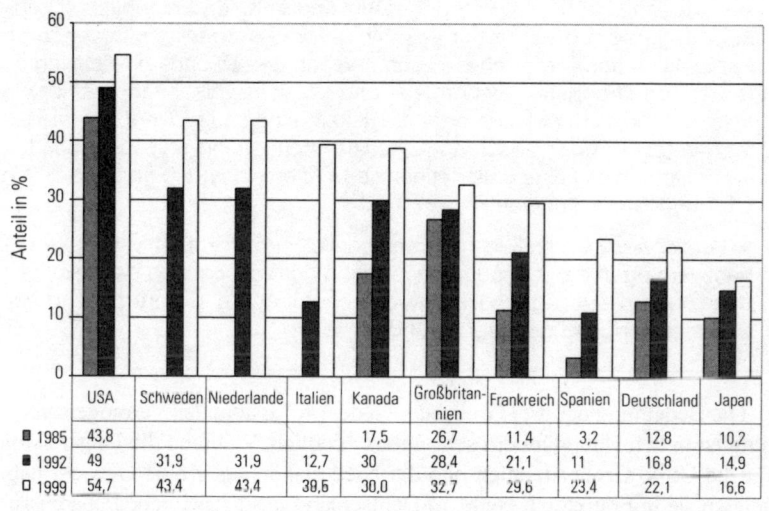

	USA	Schweden	Niederlande	Italien	Kanada	Großbritannien	Frankreich	Spanien	Deutschland	Japan
1985	43,8				17,5	26,7	11,4	3,2	12,8	10,2
1992	49	31,9	31,9	12,7	30	28,4	21,1	11	16,8	14,9
1999	54,7	43,4	43,4	38,5	30,0	32,7	29,6	23,4	22,1	16,6

Quellen: IMF International Capital Markets, Developments, Prospects and Key Policy Issues, Washington, November 1997; OECD 2001

Institutionelle Anleger

Es gibt drei große Gruppen von institutionellen Anlegern, die sich durch die Herkunft ihrer Mittel und durch bestimmte Regulierungen unterscheiden:

■ *Kapitalanlagegesellschaften* sind Unternehmen, deren Zweck darin besteht, ein Fondsvermögen durch Anlage auf den Finanzmärkten zu vermehren. Das Vermögen (der *Investmentfonds*) wird finanziert durch Einzahlungen von Privatpersonen oder Unternehmen, die im Gegenzug Eigentumszertifikate erhalten. Zahl und Arten der Investmentfonds sind unüberschaubar. Das liegt auch daran, dass die aufsichtsrechtliche Regulierung relativ locker ist. Allein in Deutschland gibt es mehrere Tausend Investmentfonds. Sie lassen sich nach vielen Kriterien unterscheiden: Regionen (Eurofonds oder »emerging markets), Branchen (Grundstoffe bis High Tech), Wertpapierarten (Renten oder Aktien), Währungen ($ oder €), Risiko (risikofreudig, risikoscheu) usw. Dabei sind Bezeichnungen allerdings manchmal irreführend: Hedge-Fonds, die dem Namen nach eigentlich besonders sichere Anlagen sein müssten (to hedge heißt schützen, sichern) sind die hochspekulativen und unregulierten enfants terribles der Finanzmärkte.

■ *Pensionsfonds* sind eine spezifische Art von Investmentfonds. Sie beziehen ihre Mittel aus den Beiträgen zur Alterssicherung von Arbeitnehmern, die entweder von den Arbeitgebern direkt und zwangsweise oder von Arbeitnehmern freiwillig abgeführt und in einen betrieblichen oder überbetrieblichen Fonds eingezahlt werden. Wegen der besonderen Perspektive der Alterssicherung unterliegen diese Fonds hinsichtlich ihrer Anlage strengeren Sicherheits- und Vorsichtsvorschriften; so ist die Investition in ausländische oder als riskant eingestufte Wertpapiere vielfach verboten oder beschränkt. Pensionsfonds sind überwiegend dort verbreitet, wo es keine umlagefinanzierte Alterssicherung gibt, wie in den USA und Großbritannien.

■ *Versicherungen* stellen die traditionelle Form der Bildung großer Finanzvermögen dar, die aus den Prämien der Versicherten gespeist werden. Auch die Anlagepolitik der Versicherungen unterliegt besonderen Beschränkungen und Regulierungen.

Die Bedeutung der drei Großgruppen der professionellen Vermögensverwaltung ist in den Hauptländern sehr unterschiedlich. Während die Pensionsfonds für die USA, Großbritannien und die Niederlande das größte Gewicht haben, spielen sie in Frankreich keine, in Deutschland (als betriebliche Pensionsrückstellungen) nur eine sehr geringe und in Japan eine nachgeordnete Rolle. In diesen drei Ländern gibt es ein dominantes Gewicht der Versicherungsgesell-

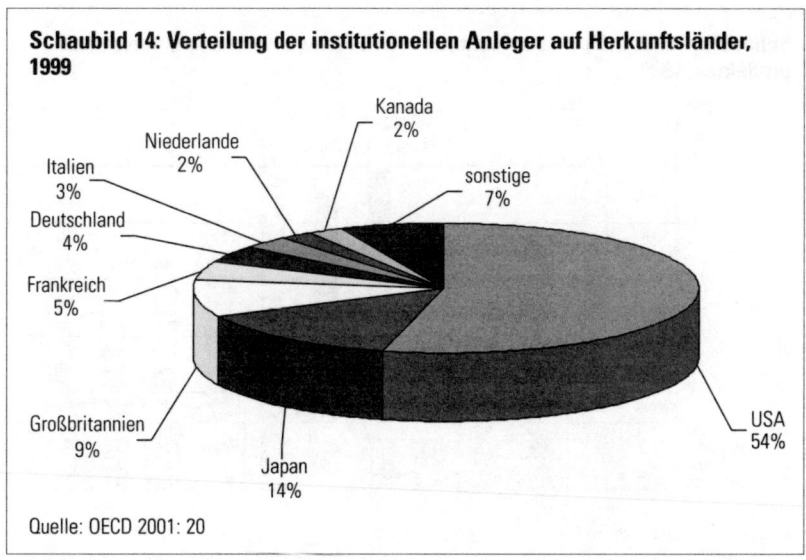

Schaubild 14: Verteilung der institutionellen Anleger auf Herkunftsländer, 1999

Kanada 2%
Niederlande 2%
Italien 3%
Deutschland 4%
Frankreich 5%
sonstige 7%
Großbritannien 9%
Japan 14%
USA 54%

Quelle: OECD 2001: 20

schaften als Akteure auf den Finanzmärkten. Die Bedeutung der institutionellen Anleger für einzelne Volkswirtschaften lässt sich annähernd aus dem Verhältnis des von ihnen verwalteten Vermögens zum jeweiligen Sozialprodukt entnehmen (vgl. Schaubild 15).

Die Extremwerte liegen innerhalb der EU: In Großbritannien entsprechen die institutionell angelegten Vermögenswerte deutlich mehr als dem Doppelten des Bruttoinlandsproduktes, allein der Umfang des von Versicherungen gemanagten Vermögens ist höher als das BIP. Dagegen ist der Wert für alle drei Anlageformen zusammen in Deutschland mit 73% und in Spanien mit 61% des BIP noch vergleichsweise gering, Pensionsfonds spielten 1999 mit einem Wert in Höhe von 3% des Sozialproduktes in Deutschland praktisch keine Rolle. Das wird sich in den nächsten Jahren wegen der »Rentenreform« von 2001 ändern. Wenn die heute Beschäftigten später eine Rente erreichen wollen, die ihren Lebensstandard sichert, müssen sie ab sofort zusätzlich zu den Beiträgen zur gesetzlichen Rentenversicherung weitere Einkommensteile sparen und in private Kapitalfonds anlegen. Dann wird auch das Gewicht der Pensionsfonds in Deutschland zunehmen – und die soziale Sicherheit für die späteren RentnerInnen wird abnehmen.

Bis Mitte der 90er Jahre haben institutionelle Anleger ihre Vermögen vorwiegend in inländische Papiere investiert (vgl. Tabelle 13). Die Fondsmanager aus den USA, dem Land mit den mit Abstand umfangreichsten institutionell verwalteten Vermögen, legten nur einen geringen Teil hiervon – 7% bei Versicherungen und Investmentfonds, 11% bei Pensionsfonds – im Ausland an.

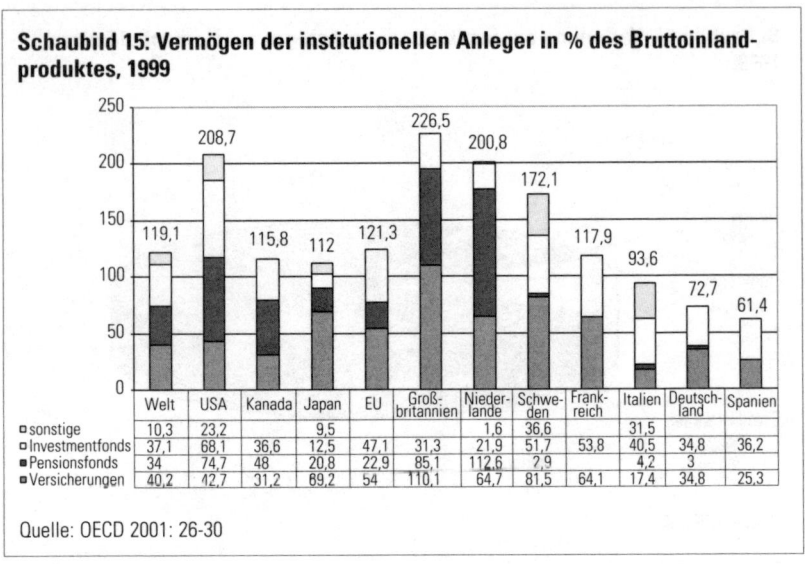

Schaubild 15: Vermögen der institutionellen Anleger in % des Bruttoinlandproduktes, 1999

	Welt	USA	Kanada	Japan	EU	Großbritannien	Niederlande	Schweden	Frankreich	Italien	Deutschland	Spanien
□ sonstige	10,3	23,2		9,5			1,6	36,6		31,5		
□ Investmentfonds	37,1	68,1	36,6	12,5	47,1	31,3	21,9	51,7	53,8	40,5	34,8	36,2
■ Pensionsfonds	34	74,7	48	20,8	22,9	85,1	112,6	2,9		4,2	3	
□ Versicherungen	40,2	42,7	31,2	69,2	54	110,1	64,7	81,5	64,1	17,4	34,8	25,3

Quelle: OECD 2001: 26-30

Aus diesen Zahlen sowie den Angaben über den Anteil der USA an den weltweiten Vermögen der Pensionsfonds lässt sich schließen, dass 6,8% des weltweiten Pensionsfondsvermögen von US-Managern international angelegt ist. Die Addition der sechs Länder, auf die 1996 87% der weltweiten Pensionsfondsvermögen entfielen, ergibt, dass 13% dieses Vermögens außerhalb des jeweiligen Landes angelegt waren.

Die entsprechende Zahl für Kapitalanlagegesellschaften (bei 85% des weltweiten Vermögens) lag bei 7,2% und die für Versicherungen (87% des Vermögens bei den sechs Ländern) war 8,0%. Ausnahmen stellen allerdings Großbritannien und die Niederlande dar, wo jeweils zwischen einem Viertel und einem Drittel des Vermögens von Pensionsfonds in ausländischen Wertpapieren angelegt waren (vgl. auch OECD 1998: 56). Dennoch: *Zusammengenommen wurde Mitte der 90er Jahre ein knappes Zehntel (9,4%) der weltweiten Vermögen, deren Verwaltung bei institutionellen Portfoliomanagern aus den sechs Hauptländern lag, im Ausland angelegt.*

Es wäre aber ein Irrtum, aus diesem relativ geringen Anteil der Auslandsanlage auf eine geringe Bedeutung der institutionellen Anleger für die internationalen Finanzmärkte zu schließen. Denn absolut handelt es sich um sehr große Summen: 10% von 36 Billionen Dollar sind 3,6 Billionen Dollar. Wenn hiervon nur 5% in kurzer Zeit im Rahmen einer Portfolioumschichtung aus einer bestimmten Anlageform oder aus bestimmten Anlagegebieten abgezogen und in andere Formen und/oder Gebiete gelenkt werden, handelt es sich immer noch um 180 Mrd. Dollar. Ein kurzfristiger Zufluss oder Abfluss von Kapital in dieser

Tabelle 13: Internationalisierungsgrad der Portfolioanlagen,[*] 1996

	Kapitalanlage-gesellschaften insgesamt	Aktien	Pensionsfonds insgesamt	Aktien	Versicherungen insgesamt	Aktien
USA	7	10	11	16	7	4
Japan	–	–	23	35	13	10
Großbritannien	15	16	28	28	18	19
Frankreich	–	–	–	–	1	1
Deutschland	–	–	4	21	–	–
Niederlande	7	9	30	58	18	21

[*] im Ausland angelegtes Finanzvermögen in % des jeweiligen Gesamtvermögens
Quelle BIZ 68. Jahresbericht, S. 100

Größenordnung kann von den Finanzmärkten der meisten Länder der Welt nicht verkraftet werden. Daher ist die hohe Konzentration von Finanzvermögen bei wenigen Fondsmanagern eine Quelle gefährlicher Instabilität für die Finanzmärkte und die Volkswirtschaften dieser Länder. Dies konstatiert auch die BIZ: »Der hohen Konzentration institutionellen Vermögens in einigen der finanziell am weitesten entwickelten Länder steht die geringe Größe vieler Empfängermärkte gegenüber. Diese Asymmetrie in Verbindung mit dem Auf und Ab, das die Portfolioinvestition in den aufstrebenden Volkswirtschaften seit langem kennzeichnet (...), zeigt das vorhandene Potential für Instabilität auf, denn geringfügige Portfolioanpassungen durch die Anleger können sehr leicht schwerwiegende Folgen für die Schuldner haben.

So würde beispielsweise eine angenommene Umschichtung in Höhe von 1% der Aktienbestände institutioneller Anleger der G7-Länder aus heimischen Aktien heraus im Jahr 1995 nur wenig mehr als 1% der gesamten Marktkapitalisierung ausmachen, in den aufstrebenden asiatischen Volkswirtschaften aber 27% und in Lateinamerika über 57%.« (BIZ 1998: 101)

Im Übrigen scheint mit zunehmender Öffnung der Märkte die überwiegende Inlandsorientierung institutioneller Investoren in Europa abzunehmen. Obgleich es noch keine vollständige Übersicht gibt, bestätigen Daten für einzelne größere Länder diese Vermutung. Das gilt zum Beispiel auch für Deutschland: Während der Anteil ausländischer Aktien am gesamten Aktienbesitz deutscher Investmentgesellschaften bis 1996 immer unter 30% lag, ist er bis 2001 auf 70% gestiegen. Für Versicherungen beträgt er allerdings noch immer nur rund 5% (vgl. Deutsche Bundesbank 2001: 20).

Auf der anderen Seite zeigt eine Aufstellung über die Anlagestrategien der 1.000 größten US-Pensionsfonds, dass sie im Jahr 2000 nur 13,7% des von ihnen verwalteten Vermögens in internationale Aktien und nur 1,5% in ausländische Anleihen investiert haben, also weniger internationalisiert waren als 1996 (vgl. Handelsblatt vom 14./15. Juni 2002: 35).

Versicherungen: Internationale Konzentration

Die größte Gruppe der institutionellen Anleger ist die Versicherungswirtschaft. 12,2 Billionen Dollar, das sind 33,8% der weltweit insgesamt von institutionellen Anlegern verwalteten Vermögen, wurden 1999 durch Versicherungsunternehmen angelegt. Dieser Anteil unterscheidet sich allerdings stark von Land zu Land: Er liegt in Deutschland (48%) und Japan (61%) am höchsten, weil hier die Pensionsfonds so gut wie keine (Deutschland: 4%) oder sehr geringe (Japan 19%) Bedeutung haben. Allerdings hat insbesondere in Deutschland in den 90er Jahren auch die Rolle der Investmentfonds schnell zugenommen. Sie spielen heute eine genau so große Rolle beim institutionellen Investment wie die Versicherungen. In Ländern, in denen die Alterssicherung immer oder schon seit längerem auf privater Kapitalanlage beruhte (USA, Großbritannien, Niederlande), dominieren die Pensionsfonds den Markt (USA: 36%, Großbritannien: 38%, Niederlande: 56%, vgl. OECD 2001: 20-24). Der Trend zur Umstellung der Alterssicherungssysteme vom beitragsfinanzierten Umlage- zum individuellen Kapitaldeckungsverfahren öffnet also einerseits attraktive Perspektiven für die Gruppe der institutionellen Anleger insgesamt. Andererseits gerät hierdurch die Versicherungswirtschaft unter neuen Konkurrenzdruck.

Die frühere Welle härteren Wettbewerbs war bei den Versicherungsunternehmen bereits mit der Öffnung des europäischen Binnenmarktes in Gang gekommen. Sie bestand darin, dass die in den einzelnen Ländern bislang zum Schutz der Verbraucher eingeführten, den jeweiligen Besonderheiten angepassten und daher oft nicht miteinander zu vereinbarenden Regeln für das Versicherungswesen zum größten Teil abgeschafft und durch wenige sehr allgemeine Regeln ersetzt worden waren. Ende der 80er Jahre setzte daher eine Konzentrationswelle bei den Versicherungen ein, bei der sich insbesondere die deutsche Allianz durch eine Vielzahl nationaler und internationaler Übernahmen in Italien, Großbritannien, Spanien, Frankreich und den USA hervortat (Huffschmid 1994, Band 2: 167ff.). Der deutsche Führungskonzern konnte 1990 die staatliche Versicherungsgesellschaft der DDR komplett übernehmen und hat in Osteuropa erhebliche Vorsprünge vor den anderen europäischen Konkurrenten aufgebaut.

In der zweiten Hälfte der 90er Jahre hat nun eine neue Welle der Konzentration eingesetzt, die durch den Ausbau nationaler Führungspositionen sowie durch grenzüberschreitende Fusionen, Übernahmen und Beteiligungen gekennzeichnet ist. Dabei haben, im Unterschied zu den Banken, die großen Versicherungskonzerne in den 90er Jahren eine massive internationale Übernahmestrategie betrieben, die sich nicht auf den Kauf kleiner Unternehmen im Ausland beschränkte, sondern führende Gruppen in anderen Ländern einschloss. Zu den wichtigsten *nationalen* Konzentrationsprozessen gehört die Bildung des größten französischen Versicherungsunternehmens: Die bislang einzige große private Versicherungsgruppe AXA übernahm die Union des Assurances de Paris (UAP) nach deren Privatisierung. AXA stieg damit für kurze Zeit zum größten europäischen Versicherungskonzern auf – bis die deutsche Allianz ihrerseits die Mehrheit an der drittgrößten französischen Gruppe Assurances Générales de France (AGF) vom französischen Staat übernahm.

Im Februar 1999 unternahm AXA jedoch einen weiteren Angriff auf die Führungsposition in Europa: Das Unternehmen kaufte über ihre bereits bestehende Mehrheitsbeteiligung (71%) an der Sun Life and Provincial Holding die Guardian Royal Exchange (GRE), eine der größten Versicherungen in Großbritannien, womit auch die deutsche GRE-Tochter Albingia an AXA fällt und in die bereits bestehende deutsche Tochtergesellschaft AXA Colonia eingegliedert wird. Durch die Fusion der Hamburg-Mannheimer und der Victoria Versicherung zur Ergo Versicherungsgruppe entstand in Deutschland ein neuer Großkonzern, der an Platz zwei der deutschen Unternehmen rückt. An Platz drei steht nach wie vor die Aachener und Münchener Beteiligungsgesellschaft, die mittlerweile mehrheitlich allerdings von dem führenden italienischen Versicherer Assicurazioni Generali übernommen worden ist. Die größten Fusionen im Bereich der Versicherung fanden jedoch in den USA statt: Die Berkshire Hathaway Inc., hinter der der amerikanische Multimilliardär Warren Buffet steht, kaufte für 22 Mrd. Dollar den amerikanischen Rückversicherer General Re und stieg damit zum drittgrößten Rückversicherer der Welt auf. Und im Jahre 2001 übernahm die American International Group, der führende Sachversicherungskonzern der USA, die American General Corporation und stieg damit in das Geschäft mit der Lebensversicherung ein.

Mit der härteren Konkurrenz und der stärkeren Durchdringung der amerikanischen und europäischen Märkte für institutionelle Anleger wird sich vermutlich am meisten für die europäischen Versicherungen ändern. Sie waren einerseits bis in die 80er Jahre in Frankreich, Italien und Spanien wie die großen Banken in der Mehrzahl in staatlichem Besitz, und ihr Kapital war auch strategisch zur wirtschaftlichen und industriellen Entwicklung eingesetzt worden. Auch in Deutschland hatte es eine enge und dauerhafte Verbindung zwischen Finanzkonzernen und Industrie- und Handelsunternehmen gegeben, die es erlaubte, bestimmten Unternehmen wie Siemens oder Krupp bestimmten Finanzgruppen wie Deutsche Bank, Dresdner Bank oder Allianz zuzuordnen. Ausdruck dieser strategischen Orientierung europäischer Finanzkonzerne war der umfangreiche langfristig gehaltene Industriebesitz französischer, italienischer und deutscher Versicherungskonzerne. Er hatte zu einer enormen Konzentration wirtschaftlicher Macht etwa bei der Allianz geführt, die überdies mit den anderen großen Finanzinstituten durch ein dichtes Netz von Beteiligungen verbunden ist.

Jetzt könnte das Pendel in eine andere Richtung ausschlagen. Die Macht wird nicht geringer, aber sie verfolgt keine langfristigen industrie- und entwicklungspolitischen Ziele und Strategien mehr. Die Orientierung auf schnelle Profite und Shareholder Value, die durch andere institutionelle Anleger ausgegeben wird, kümmert sich nicht um solide Langfristperspektiven, sondern setzt auf schnelle

Angriffe, Hochtreiben der Preise und schnellen Rückzug, ehe das Gebäude zusammenkracht.

Investmentfonds in Deutschland

Investmentfonds haben sich in Deutschland im Vergleich zu den angelsächsischen Ländern erst relativ spät, d.h. nach dem Zweiten Weltkrieg entwickelt. 1950 gab es erst zwei, 1960 dann 20 und 1970 immerhin schon 172 Investmentfonds, die 10 Mrd. DM (5 Mrd. €) Vermögen verwalteten. 1980 hatte sich die Zahl der Fonds auf 605 und ihr Vermögen auf 47 Mrd. DM (24 Mrd. €) vervielfacht. Aber der eigentliche Boom kam erst in den 80er und 90er Jahren (vgl. Schaubild 16). Ende 1990 hatte sich das Vermögen der 1.970 Fonds gegenüber 1980 auf 129 Mrd. € verfünffacht, und bis Ende 2000 stieg die Zahl der Fonds noch einmal auf 6.947, d.h. das Dreieinhalbfache, ihr Vermögen nahm auf mehr als das Siebenfache, nämlich auf 932 Mrd. € zu, ehe es erstmals seit 20 Jahren im Jahr 2001 geringfügig zurückging (vgl. BVI 2002: 64).

Trotz dieses explosionsartigen Wachstums des in Fonds angelegten Vermögens liegt Deutschland mit einem pro Einwohner in Investmentfonds angelegten Vermögen von rund 5100 € (die alle Anlagen in ausländische – vor allem Luxemburger – Fonds deutscher Herkunft einschließen) international auf den unteren Rängen vor Spanien, Finnland, Portugal und Griechenland, aber hinter allen anderen Mitgliedsländern der EU. In Großbritannien belief sich der ent-

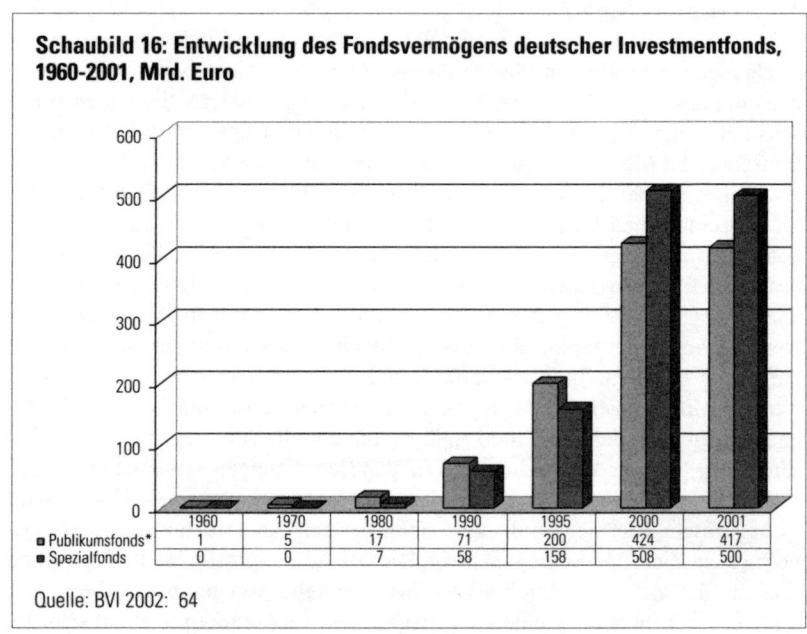

Schaubild 16: Entwicklung des Fondsvermögens deutscher Investmentfonds, 1960-2001, Mrd. Euro

	1960	1970	1980	1990	1995	2000	2001
▫ Publikumsfonds*	1	5	17	71	200	424	417
▪ Spezialfonds	0	0	7	58	158	508	500

Quelle: BVI 2002: 64

96

sprechende Betrag auf 6.900 €, in Schweden auf 8.200 € und in Frankreich auf 13.700 € – immer noch weniger als die Hälfte des Betrages, den US-amerikanische BürgerInnen in Investmentfonds angelegt haben (vgl. BVI 2002: 19).

Die Idee der Investmentfonds bestand zunächst darin, kleine Sparbeträge zu sammeln, zu bündeln und anzulegen und somit den kleinen SparerInnen die gleichen Chancen auf dem Wertpapiermarkt zu verschaffen wie den großen Finanzanlegern. Mittlerweile ist hiervon aus zwei Gründen nicht mehr viel übrig geblieben:

Erstens haben sich in Deutschland seit den 70er Jahren neben den sog. Publikumsfonds (in denen das allgemeine Publikum, also die SparerInnen, ihr Geld anlegen sollen) mit besonderer Dynamik die Spezialfonds entwickelt. Dabei handelt es sich um Fonds für nur wenige, maximal zehn, in der Regel einen einzigen Anleger, der seine liquiden Mittel über diesen Fonds platziert. Ende 2001 waren drei Viertel (5.500) der 7.439 in Deutschland aufgelegten Investmentfonds derartige Spezialfonds. Erstmals 1997 überstieg ihr Vermögen das der Publikumsfonds, und mittlerweile liegt es um gut 80 Mrd. € darüber. Mehr als die Hälfte des in Investmentfonds angelegten Vermögens besteht also nicht aus den Spargroschen der kleinen Leute, sondern aus den Riesenvermögen, das die Finanzinstitute in Kapitalanlagegesellschaften (KAG) einbringen und von diesen verwerten lassen. Mit dem Wachstum der Vermögen sinkt im Übrigen die Auskunftsbereitschaft ihrer Verwalter. Im Jahresbericht für 1998 des damaligen Bundesverbandes Deutscher Investment-Gesellschaften (der mittlerweile seine Tätigkeit erweitert und sich in Bundesverband Deutscher Investment- und Vermögensverwaltungs-Gesellschaften umbenannt hat) konnte man noch lesen: 51% des in Spezialfonds angelegten Vermögens stammen von großen Versicherungen, 23% von Kreditinstituten und 19% von sonstigen Unternehmen (BVI 1999: 53).

Die KAG wiederum gehören zum überwiegenden Teil den großen Geldhäusern: 37% des Spezialfondsvermögens wird von Gesellschaften verwaltet, die den Groß- und Regionalbanken gehören, 18% von Sparkassen-Gesellschaften, 15% von KAG der Privatbanken und 12% von Tochtergesellschaften von Versicherungen. Die Spezialfonds – der nach Anzahl und Vermögen deutlich gewichtigere Teil der Investmentfonds in Deutschland – sind im Wesentlichen eine Einrichtung von großen Finanzkonzernen für große Finanzkonzerne (BVI 1999: 52). In den Berichten über die beiden letzten Jahre tauchen derartige interessante Angaben nicht mehr auf.

Zweitens sind auch die Publikumsfonds eine Veranstaltung der großen Finanzkonzerne – mit dem Unterschied, dass das in ihnen angelegte Geld direkt von den SparerInnen kommt. Alle großen Banken besitzen Tochtergesellschaften für das Management von Investmentfonds, und sie beherrschen den Markt. Das geht aus Tabelle 14 hervor. Ende 2001 betrug das Gesamtvermögen deutscher Publikumsfonds und Luxemburger Fonds deutscher Herkunft, das in Akti-

Schaubild 17: Struktur der Investmentfonds in Deutschland 2001

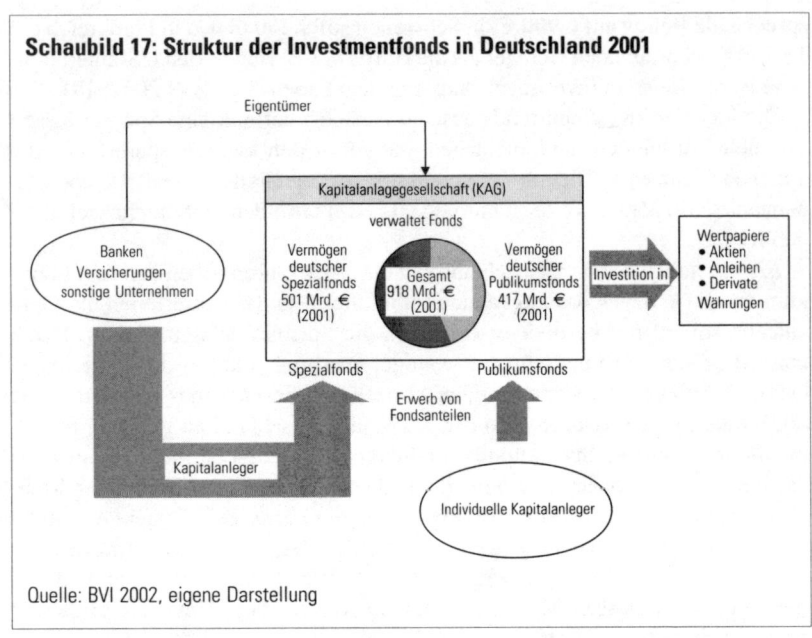

Quelle: BVI 2002, eigene Darstellung

Tabelle 14:
Zugehörigkeit der Fondsgruppen zu Bankengruppen in Deutschland, 2001

Name der Fonds-Gruppe	Beherrschende Bank	Fondsvermögen Mrd. € Ende 2001	Anteil am Gesamt- vermögen in %
DWS-Gruppe	Deutsche Bank	84	23,2
Deka-Gruppe	Sparkassen	72	19,9
DIT, dbi, dam, DIMS	Dresdner Bank	45	12,3
Union-Gruppe	DGZ	60	16,6
Adig-Gruppe	Commerzbank	24	6,8
Fünf größte Gruppen		285	78,9
Insgesamt		362	100,0

Quelle: BVI 2002: 72-75

en-, Renten-, Geldmarkt- und gemischten Fonds (also nicht in Immobilienfonds) angelegt war, 362 Mrd. Euro. Fast vier Fünftel davon wurden durch die drei Großbanken sowie die Sparkassenzentralen verwaltet.

Sonderfall Hedge-Fonds: Mobile Einsatztruppe der Spekulation

Eine besondere Spielart von Kapitalanlagegesellschaften sind Hedge-Fonds (vgl. Eichengreen/Mathieson 1998; Deutsche Bundesbank 1999: 31-44; Basle Committee 28.1.1999; IMF 1998b: 132-135; Financial Stability Forum 2000; Financial Stability Forum 2002). Ihre wichtigste Besonderheit liegt darin, dass die allgemein üblichen Bestimmungen über Investmentfonds für sie nicht gelten und sie faktisch keiner Aufsicht unterliegen. Sie »bewegen sich ... weitgehend im regulatorischen und aufsichtsrechtlichen ›Niemandsland‹.« (Deutsche Bundesbank 1999: 38). Sie sind frei in der Wahl ihrer Anlagestrategien und Vermögensstruktur, sie können beliebig hohe Risiken eingehen, ohne sich abzusichern. Daher machen sie auch oft weit überdurchschnittliche Gewinne, gelegentlich erleiden sie allerdings auch dramatische Verluste. Der Ende September 1998 beinahe zusammengebrochene Hedge-Fonds Long Term Capital Management (LTCM) ist das jüngste Beispiel für beides (vgl. Kasten).

Hedge-Fonds stehen normalen Sterblichen nicht offen. Nicht nur, dass sie in Deutschland und in den meisten anderen europäischen Ländern nicht zugelassen sind. Normale Sterbliche würden auch sonst kaum Zutritt bekommen. Es sind – in den USA – einfache Handelsgesellschaften, Partnerschaften oder stille Gesellschaften mit höchstens 100 Partnern, von denen jeder mindestens 1 Million Dollar Kapital mitbringen muss. Dabei handelt es sich nicht nur – und mittlerweile nicht einmal mehr in erster Linie – um reiche Personen, sondern um andere institutionelle Anleger wie Investment- oder Pensionsfonds, Versicherungen, Geschäfts- oder Investmentbanken, aber auch Landesregierungen, Stiftungen, Universitäten – und Hedge-Fonds selber. In Hedge-Fonds investieren anscheinend typischerweise Personen, Unternehmen und Organisationen, die viel Geld haben und einen Teil davon benutzen, um schnelle und hohe Extraprofite zu machen. Dazu kommt, dass in den letzten Jahren die Versuchung groß gewesen ist, die Kurs- und Dividendenverluste aus Aktien durch Investitionen in »alternative« Anlagen auszugleichen, die eine höhere Rendite versprechen – auch wenn damit höhere Risiken verbunden sind.

Schon in den 40er Jahren hat es den ein oder anderen dieser Fonds gegeben; richtig in Mode gekommen sind sie jedoch erst in den 90er Jahren, als die Reichen immer reicher und Liquidität überreichlich wurde. Nach Eichengreen u.a. verwalteten 1990 erst 127 Fonds zusammen die lächerliche Summe von 8,5 Mrd. Dollar. Bis Ende 1997 hatte sich ihre Zahl jedoch auf 1.115 fast verzehnfacht, das Fondsvermögen war auf das Dreizehnfache (110 Mrd. Dollar) gestiegen. Die Deutsche Bundesbank geht in ihrem Bericht über Hedge-Fonds davon aus, dass ihre Zahl von 1.400 im Jahr 1988 auf gut 5.500 in 1997 gewachsen ist und das Fondsvermögen von 42 Mrd. Dollar auf ca. 300 Mrd. Dollar zugenommen hat. Mittlerweile ist es erneut erheblich größer geworden: Ein im März 2002 veröffentlichter Bericht des Financial Stability Forum geht von 400-500 Mrd. Dollar aus, und die Financial Times spricht einen Monat später von 600 Mrd.

Reichtum, Gier und Dummheit:
Aufstieg und Fall des Long Term Capital
Management Fonds (LTCM)

Der Fonds des Long Term Capital Management (LTCM) galt von 1994 bis September 1998 als einer der attraktivsten Spekulationsfonds der USA. Sein Gründer, der New Yorker Finanzguru John Meriwether, hatte zwar 1991 im Zusammenhang mit Finanzmanipulationen die Investmentbank Salomon Brothers verlassen müssen. Drei Jahre später hatte er jedoch schon wieder 16 Partner um sich geschart, die zusammen ein Eigenkapital von knapp 5 Mrd. Dollar aufbrachten. Zum Management-Team von LTCM gehörten promovierte Mathematiker und Physiker sowie die beiden Ökonomie-Professoren Robert Merton und Myron Scholes, die für ihre raffinierten Kapitalmarkt- und Spekulationsmodelle gerade den Nobelpreis gewonnen hatten. Auch ein ehemaliger Vizepräsident der amerikanischen Zentralbank war mit von der Partie.

Der Fonds machte prächtige Gewinne von zeitweise 40%. Seine Manager spekulierten auf Kursveränderungen im Vorfeld von Fusionen. Und sie nutzten Unterschiede zwischen den Erträgen unterschiedlicher Wertpapiere aus, in der Erwartung, dass diese Unterschiede bei offenen Kapitalmärkten mit der Zeit verschwinden müssten.

Im Herbst 1998 aber war das Gegenteil der Fall und der LTCM am Ende. Die Asien- und Russlandkrise bewirkten eine Flucht der Anleger in sichere amerikanische Staatspapiere. Deren Kurse stiegen und damit vergrößerten sich die Renditeabstände zu anderen Papieren statt geringer zu werden. Der LTCM machte große Verluste. Ende September war das Eigenkapital auf 600 Millionen Dollar zusammengeschmolzen. Der Fonds war mit Nachschussforderungen für seine Derivatgeschäfte konfrontiert, und es drohte das Aus. Am 24. September 1998 rief die Federal Reserve Bank von New York die Vertreter von 14 Banken zusammen und legte ihnen energisch nahe, den bankrotten Fonds zu stützen, um eine allgemeine Finanzkrise zu vermeiden. Die Banken stimmten zu und stellten insgesamt 3,7 Mrd. Dollar bereit, mit denen die Geschäfte weitergeführt werden konnten. Im Gegenzug gingen 90% von LTCM in ihren Besitz über.

Im Laufe der Krisensitzung und in den nächsten Tagen stellte sich heraus, dass weder die Banken noch die Aufsichtsbehörden eine Ahnung über die Gesamtverschuldung und die Risikopositionen des Fonds gehabt hatten. Aber alle hatten ihm große Mengen Geld geliehen. Mit dem Eigenkapital von unter *5 Mrd. Dollar* hatten die Fondsmanager insgesamt *125 Mrd. Dollar* Kredite erhalten. Die hatten sie dann für spekulative

Geschäfte im Umfang von *1.250 Mrd. Dollar* verwendet. Das ist eine Hebelverstärkung um den Faktor 250. Er stieg bis August 1998 auf über 500, als das Eigenkapital auf 2,2 Mrd. Dollar gesunken, Kreditvolumen und offene Positionen aber unverändert geblieben waren. Die Federal Reserve Bank war zu Recht alarmiert gewesen: Ein Zusammenbruch des LTCM hätte das gesamte Finanzsystem mit sich in den Ruin ziehen können.

Zu den Banken, die dem Fonds dreistellige Millionenbeträge zum Teil ohne Sicherheiten geliehen hatten, gehörten amerikanische, japanische und europäische Top-Institute, Bankers Trust, Chase, Merrill Lynch, Sumitomo, Deutsche Bank, Credit Suisse, Paribas etc. Die Dresdner Bank hatte 240 Millionen DM ohne Sicherheit kreditiert, die abzuschreiben sind. Sogar die *italienische Zentralbank* hatte 250 Millionen Dollar ihrer Währungsreserven bei LTCM angelegt. Bei der größten europäischen Bank, der schweizerischen UBS, fiel im Zusammenhang mit LTCM ein Verlust in Höhe von 1,15 Mrd. DM an. Der Kurs der Bank fiel am 24. September 1998 um 15%, am Tag danach um weitere 20%, erholte sich später allerdings wieder. Der Präsident von UBS Mathis Cabiallavetta musste als Folge dieser Fehlspekulation zurücktreten.

Quelle: Presseberichte

Dollar (vgl. Financial Times 2002: 1). Ende 2002 sollen es nach einer Untersuchung von Goldman Sachs 760 Mrd. Dollar sein (vgl. Handelsblatt vom 7.5.2002: 39). Welche Zahl auch stimmen mag, nach allen Quellen ist es unstrittig, dass das Gesamtvermögen von Hedge-Fonds ein kleiner Bruchteil zwischen etwas unter und etwas über einem Prozent des Vermögens ausmacht, das von institutionellen Investoren insgesamt verwaltet wird. Von der Masse her gesehen sind Hedge-Fonds also Peanuts. Dennoch sind sie aus zwei Gründen alles andere als harmlos.

Zum einen kann die vergleichsweise begrenzte Masse konzentriert eingesetzt werden. Nach Aussagen vor dem US-Kongress (vgl. Eichengreen/Mathieson: 15) konnte George Soros zur Zeit der großen Krise des Europäischen Währungssystems im Jahr 1992 rund 15% aller Hedge-Fonds-Mittel mit seinem Quantum Fund bewegen. Dies sind immerhin zweistellige Milliardenbeträge. Durch ihren gezielten Einsatz gegen das britische Pfund wurde damals die Währungskrise maßgeblich verursacht – an der Soros am Ende mehr als eine Milliarde Dollar verdiente. Dass Entwicklungsländer mit Bruchteilen dieser Beträge in den Ruin getrieben werden können, ist daher nicht verwunderlich.

Zweitens erklärt sich der Einfluss von Hedge-Fonds auf die internationalen Finanzmärkte weniger aus dem gelegentlichen geballten Einsatz eigener zweistelliger Milliardenbeträge, wie das 1992 der Fall war. Wichtiger ist ihre Rolle als Vorhut oder mobile Einsatztruppe der internationalen Spekulation, der die Fußtruppen folgen. Manager von Hedge-Fonds gelten in besonderem Maße als kompetente Trendsetter, deren Entscheidungen oder Einschätzungen zu beachten und zu befolgen sind. Sie können daher mit kleinen eigenen Einsätzen – oder Ankündigungen von Einsätzen bzw. sonstigen Fingerzeigen – große Massen von Kapital in Bewegung setzen.

Die Anlage des Vermögens, das die Investoren den Hedge-Fonds anvertrauen, erfolgte 1997 überwiegend von den USA (29%) und sogenannten Offshore-Zentren aus (vgl. Fritz/Hahn/Hersel 2000). Dabei handelt es sich um Inseln, die zwar überwiegend staats- und völkerrechtlich zu einem der OECD-Staaten gehören, aber – sozusagen als Sonderwirtschaftsgebiete der Finanzanleger – weitgehende Autonomie, insbesondere in steuerlicher und aufsichtsrechtlicher Hinsicht genießen: die niederländischen Antillen (24% des Gesamtvermögens der Hedge-Fonds, vgl. Chadha/Jansen 1998: 32), die britischen Kronkolonien Cayman-Inseln (16%) und Bermuda-Inseln (6%), das britische Schutzgebiet Virgin-Inseln (14%), die britischen Kanalinseln (4%), Bahamas (2%), Curaçao (2%) und zu guter Letzt Luxemburg (1%). Sie gelten als unantastbar und – leider, heißt es – politisch nicht erreichbar, als natürliche Paradiese und Zuflucht des geplagten Finanzanlegers. Dieser Paradiescharakter erklärt sich jedoch nicht aus den autonomen Entscheidungen der in den autonomen Gebieten lebenden Bevölkerung: Die BewohnerInnen der Cayman-Inseln sind ebenso wenig geborene Finanzhaie wie die 19.000 Menschen, die auf den britischen Jungferninseln leben. Die Autonomie, die diese Inseln für Finanzaufsicht und Finanzämter unerreichbar macht, ist auferlegte Autonomie. Sie wurde von Parlamenten und Regierungen der Metropolen gewährt, um den Finanzanlegern – jedenfalls den Größten unter ihnen – Steuerflucht und hemmungslose Bereicherung zu ermöglichen. Beispiel Cayman-Inseln in der Karibik mit 31.000 Einwohnern (vgl. Die Zeit vom 19.11.1998): Dort sind 575 Banken registriert, die 500 Mrd. Dollar auf ihren Konten haben. 20.000 Firmen sind dort gemeldet. Ihre Geschäfte werden weder kontrolliert, noch müssen sie offengelegt werden.

Wer auf den Cayman-Inseln registriert ist, zahlt keine Einkommensteuer, keine Körperschaftsteuer, keine Mehrwert-, Verkaufs- oder sonst irgendeine Steuer. Es gibt einfach keine Steuergesetze. Die Cayman-Inseln sind eine Kronkolonie Großbritanniens. Der Gouverneur und der Staatsanwalt werden von der britischen Regierung ernannt. Sie könnte mit einem Federstrich das ganze Offshore-Theater beenden. Sie will es aber nicht. Nach dem Bericht einer britischen Untersuchungskommission sollen Steuerflüchtlinge so 200 bis 400 Milliarden Pfund allein in britische Steueroasen gelenkt haben (vgl. Süddeutsche Zeitung vom 28.9.1998: 24).

Es gibt viele unterschiedliche Strategieprofile der Hedge-Fonds. Neun Zehntel des Gesamtvermögens fällt der Studie von Eichengreen/Mathieson (1998: 7) zufolge unter vier Kategorien:

■ *Globale Fonds* investieren nicht in spezifischen Ländern und Sektoren, sondern suchen – in einem sog. bottom-up-, d.h. »von unten nach oben«-Ansatz – weltweit besonders rentable Aktien und andere Anlagepapiere aus (34%).

■ *Makro Fonds* spekulieren auf makroökonomische Entwicklungen spezifischer Länder, ihr Auswahlkriterium ist also die Erwartung, dass sich die gesamtwirtschaftlichen Konstellationen (in der Regel der Wechselkurs) verändern werden (33%); dies ist die »top-down«- (von oben nach unten) Strategie.

■ *Marktneutrale Fonds* hängen noch am stärksten an der ursprünglichen Idee der Absicherung gegen alle Risiken, die sich im Namen Hedge-Fonds niedergeschlagen hat. Ihre Haupttätigkeit besteht darin, bestehende Zins- oder sonstige Einkommensunterschiede auszunutzen, beispielsweise Kredite in Ländern mit niedrigen Zinsen aufzunehmen und das Geld in Ländern mit hohen Zinsen auszuleihen (carry trade).

■ *Ereignisgetriebene (event-driven) Fonds* setzen darauf, von Marktbewegungen aufgrund besonderer Ereignisse wie Fusionen oder Firmenzusammenbrüche profitieren zu können.

Ein besonderes Kennzeichen von Hedge-Fonds ist die Bezahlung ihrer Manager: Sie liegt in der Regel bei einem kleinen Prozentsatz (1-2%) des Fondsvermögens sowie einem erfolgsabhängigen Teil (10-20% des Gewinns). Von Managern wird verlangt, dass sie eigenes Kapital in den Fonds stecken. Die Gehaltsregelung soll die unbedingte Profitorientierung fördern, das Engagement mit eigenem Vermögen von allzu forschen Risikostrategien abhalten.

Die Renditen von Hedge-Fonds sind deutlich höher als die von Aktien und festverzinslichen Wertpapieren. Makrofonds erzielten von 1990 bis 1997 im Durchschnitt 28,1% Profit pro Jahr auf das Vermögen, bei Ereignisfonds waren es 18,9% und bei globalen Fonds 17,7%.

Demgegenüber beliefen sich die Gewinne aus den Unternehmen des Standard and Poor Index der 500 größten Aktiengesellschaften (S&P500) in der gleichen Zeit auf 15,7% pro Jahr, die von festverzinslichen Staatspapieren nur auf 8,2% (vgl. Eichengreen/Mathieson: 9). In Krisenzeiten sind die Erträge auch für Hedge-Fonds geringer. Der Abstand zu anderen Formen der Kapitalanlage aber bleibt oder wird sogar größer. 2001 sind die Gewinne der S&P500-Unternehmen um 12% gesunken, die der Hedge-Fonds demgegenüber um 4% gestiegen (vgl. Financial Times 2002: 1)

In noch stärkerem Maße als andere institutionelle Anleger versuchen die Manager von Hedge-Fonds ihre Renditen durch Kreditaufnahme und durch Termingeschäfte (insbesondere Optionsgeschäfte) zu steigern. Beide Strategien wollen den sog. Hebeleffekt (leverage oder gearing) nutzen. Deshalb werden Hedge-Fonds auch »Highly Leveraged Institutions« genannt. Zur Nutzung des Hebeleffektes ist es erforderlich, dass man mit einer bestimmten Menge an Eigenkapital eine sehr viel größere Menge an Gesamtkapital einsetzen kann. Sobald die Rendite auf das Gesamtkapital höher ist als die Kosten der Beschaffung des zusätzlichen Kapitals, steigen die Gewinne auf das Eigenkapital sehr schnell sehr hoch (vgl. Kasten über die Spekulation im ersten Kapitel).

Das Problem der Hedge-Fonds liegt nicht darin, dass die riskanten Anlagestrategien möglicherweise zu Verlusten für die Anleger führen. Da es sich um sehr vermögende Personen bzw. Unternehmen oder Organisationen handelt, bedürfen sie weder besonderen Schutzes noch besonderen Mitleids, wenn sie sich verspekuliert haben. Das Problem besteht darin, dass sie im Verlustfall die kreditgebenden Institutionen mit sich reißen und so die Stabilität des gesamten Finanzsystems gefährden können. Diese Besorgnis formuliert auch der Bericht »Highly Leveraged Institutions«, den das Financial Stability Forum (eine auf Initiative der G7-Länder 1999 ins Leben gerufene Expertengruppe) im Frühjahr vorlegte (vgl. Financial Stability Forum 2000). Zwei Jahre später stellte das gleiche Forum fest, dass der Umfang der Hedge-Fonds gewachsen, die Strategien ihrer Manager riskanter geworden waren, aber erfolgversprechende Maßnahmen gegen die größer gewordenen Risiken ausgeblieben waren (vgl. Financial Stability Forum 2002).

Hedge-Fonds können deshalb ihre Spekulationsgeschäfte machen, weil Banken ihnen Geld leihen und weil andere Banken oder Terminbörsen mit ihnen Termingeschäfte machen. Wenn die Hedge-Fonds-Geschäfte aber so riskant sind, weshalb lassen Banken sich mit ihnen ein? Die Antwort ist einfach: »Banken leihen den Hedge-Fonds nicht nur Geld. Sie legen auch Geld bei ihnen an, und sie verdienen dadurch, dass die in ihrem Auftrag Handelsgeschäfte abschließen.« (Financial Times vom 1.10.1998: 22). Wenn die Spekulation erfolgreich ist, fallen exorbitante Gewinne an. Diese Aussicht macht Banken blind vor Gier. Nur dies kann erklären, dass bei dem aufgeflogenen LTCM Kredite in dreistelliger Millionenhöhe vollständig ohne Sicherheiten gegeben wurden, dass die Fondsmanager Termingeschäfte abschließen konnten, ohne die üblichen Margen zu hinterlegen (zero-margin). Das Abheben von übergeschnappten Fondsmanagern, die sich als Herren des Universums fühlen, ist nur die eine Seite der Hedge-Fonds-Geschichte. Die andere Seite besteht in der engen – meist auch persönlichen – Verflechtung und Kooperation mit der übrigen Finanzwelt.

Lesetipps

Hier geht es wie im ersten Kapitel um eine empirische Bestandsaufnahme, die sich aber nicht auf die Märkte, sondern auf die Akteure bezieht.

Ein wichtiges Standardwerk hierzu stammt von der Organisation for Economic Co-Operation and Development (OECD): *OECD, The New Financial Landscape.* Forces Shaping the Revolution in Banking, Risk Management and Capital Markets, Paris 1995 (OECD Documents)

Einen guten Überblick über die Situation in der EU gibt *Dietmar K.R. Klein, Die Bankensysteme der EU-Länder*, Frankfurt/M. 1998 (Fritz Knapp Verlag). Dass es sich bei den Akteuren nicht nur um Wirtschaftsunternehmen, sondern oft um Gruppierungen mit großer politischer und gesellschaftlicher Macht handelt, arbeitet für den deutschen Fall Hermannus Pfeiffer in verschiedenen Büchern heraus: *Hermannus Pfeiffer, Die Macht der Banken.* Die personellen Verflechtungen der Commerzbank, der Deutschen Bank und der Dresdner Bank mit Unternehmen, Frankfurt/M. 1993 (Campus Verlag); und noch einmal *Hermannus Pfeiffer, Sieger der Krise:* der Deutsche-Bank-Report, Köln 1995 (Bund-Verlag).

Kapitel 3:
Von der Reform zur Gegenreform –
die »Befreiung« der Finanzmärkte

1. Die Entwicklung der Finanzmärkte in ihrer heutigen Form ist ein Bestandteil der umfassenderen Veränderungen der wirtschaftlichen Entwicklungsbedingungen, gesellschaftlichen Kräfteverhältnisse und politischen Steuerungsformen, die in den 1970er Jahren eingesetzt haben und bis heute als Neoliberalismus den Weltkapitalismus weitgehend prägen.

2. Bei diesen Veränderungen handelt es sich um die Demontage der historisch einzigartigen Reformkonstellation, die nach dem Zweiten Weltkrieg unter dem Druck der Systemkonkurrenz und der stärker gewordenen Arbeiterbewegung sowie unter dem Eindruck von Weltwirtschaftskrise und Weltkrieg zustande gekommen war. Wirtschaftspolitisch zielte sie auf binnenwirtschaftliches Wachstum, (Voll-)Beschäftigung und soziale Sicherheit. Um diese Ausrichtung nach außen abzusichern, einigten sich die Regierungen der großen Industrieländer auf ein umfassendes – wenngleich nicht widerspruchsfreies – internationales Kooperationssystem, das die schnelle Liberalisierung des Welthandels und ein Regime fester Wechselkurse umfasste und die bestehenden Beschränkungen der internationalen Kapitalbewegungen als Bedingung für erfolgreiche nationale Wirtschaftspolitik beibehielt oder ausbaute.

3. Obgleich diese Gesamtkonstellation ein Vierteljahrhundert lang hielt und mit hohem ökonomischem Wachstum verbunden war, war sie weder harmonisch noch widerspruchsfrei. International handelte es sich um eine Kooperation unter der Hegemonie der USA, deren nationales Geld zugleich als Weltgeld fungierte. Dies führte zu Konflikten, in deren Verlauf die Führungsposition der USA unterhöhlt wurde und die Konkurrenz zwischen den beteiligten Staaten zunahm. Nach innen hatte die Reformkonstellation den Unternehmen erheb-

liche wirtschaftliche und politische Zugeständnisse abverlangt, die ihre gesellschaftliche Dominanz in einigen Bereichen empfindlich schwächte.

4. Als die wirtschaftliche Dynamik der Nachkriegszeit erschöpft war, brachen die inneren und äußeren Gegensätze wieder auf, setzte die Gegenreform ein. Die historische Alternative: Fortführung und Vertiefung oder Lockerung und Rücknahme der Reformfortschritte der Nachkriegszeit, wurde überwiegend zugunsten der zweiten Variante entschieden. Das internationale Kooperationssystem wurde aufgekündigt und durch schärfere internationale Konkurrenz auch auf dem Gebiet der Währungen ersetzt. Nach innen wurde die internationale Wettbewerbsfähigkeit zur obersten Orientierung für alle Bereiche der Wirtschafts- und viele Bereiche der sonstigen Politik. Den Gewerkschaften und Parteien der Arbeiterbewegung fehlte es an überzeugenden Alternativkonzeptionen für die wirtschaftliche und soziale Entwicklung – und an der politischen Energie, gegen den Paradigmenwechsel der Politik Widerstand zu leisten.

5. Die Deregulierung der nationalen Finanzmärkte und die Liberalisierung des internationalen Kapitalverkehrs sind zunächst unmittelbare Folgen des verschärften nationalen und internationalen Konkurrenzdrucks, unter den Finanzinstitute und Unternehmen infolge des Übergangs zum Regime flexibler Wechselkurse gerieten. Beschränkungen der Tätigkeit und der internationalen Beweglichkeit hinderten das Kapital daran, geeignete Konkurrenzstrategien nach innen und außen zu entwickeln. Sie wurden daher im Laufe der 1980er Jahre schrittweise gelockert bzw. aufgehoben. Dabei ging die internationale Liberalisierung der nationalen Deregulierung voraus: Liberalisierung setzt den Finanzsektor in jedem Land unter zusätzlichen Konkurrenzdruck und dieser untermauert die Forderung nach Abschaffung nationaler Beschränkungen. Im Unterschied zur internationalen Liberalisierung, die im Bereich der OECD-Länder weitgehend abgeschlossen ist, kann davon bei der Deregulierung nationaler Finanzmärkte noch nicht die Rede sein.

In diesem Kapitel geht es darum, die Herausbildung der Finanzmärkte in ihrer heutigen Struktur und Bedeutung in einen größeren historischen Zusammenhang zu stellen und ihren Stellenwert im Prozess wirtschaftlicher und politischer Veränderungen während der letzten 50 Jahre zu skizzieren.

1. Vollbeschäftigung, internationale Zusammenarbeit, gebändigte Finanzmärkte – Reformpolitik in der Nachkriegszeit

Wirtschaftspolitik für Wachstum und Vollbeschäftigung

Nach dem Zweiten Weltkrieg bestimmten im Wesentlichen vier Gruppen von Einflussfaktoren und Kräfteverhältnissen die Gestaltung der wirtschaftlichen und sozialen Strukturen in den kapitalistischen Ländern und die internationalen Wirtschaftsbeziehungen.

Erstens gab es in *ökonomischer* Hinsicht auf der Angebotsseite ein auf Grund der Demobilisierung reichliches Angebot an Arbeitskräften, auf der Nachfrageseite einen Nachholbedarf an Konsum und zivilen Investitionen sowie auf Seiten des Staates die Bereitschaft zu aktiver Ankurbelung und Finanzierung ziviler Investitionen. Die amerikanische Marshallplan-Hilfe stellte den europäischen Ländern Finanzierungsmittel zur Verfügung und schuf Absatzmärkte für amerikanische Unternehmen. Der Koreakrieg lenkte einen Teil des amerikanischen Produktionspotentials in die Rüstung und machte dadurch europäischen Unternehmen Absatzmärkte für den Aufschwung in Europa frei. Schließlich schuf die Einführung der in den 1920er Jahren in den USA entwickelten Massenproduktion günstige ökonomische Bedingungen für einen schnellen binnenwirtschaftlichen Aufschwung auch in Europa.

Zweitens war die politische Position des Kapitals in der Zeit unmittelbar nach 1945 in vielen Ländern erheblich geschwächt. Dazu hatten vor allem die Erfahrungen der vergangenen zwei Jahrzehnte beigetragen: die Förderung des Faschismus durch Unternehmen und Unternehmensverbände, ihre aktive Beteiligung an der Vorbereitung des Krieges ebenso wie die Kollaboration von Unternehmen in besetzten Ländern. Auf der anderen Seite waren das Ansehen und die Stärke der Arbeiterbewegung durch ihre Rolle im Widerstand gegen Faschismus und Krieg gestärkt worden. Die Forderungen nach Enteignungen und Sozialisierungen von Unternehmen und Demokratisierung der Wirtschaft konnten sich daher auf breite Zustimmung in der Bevölkerung stützen. In Frankreich, Italien und England gab es in den ersten Jahren nach dem Krieg mehrere Wellen von Nationalisierungen, in den Westzonen Deutschlands wurde die Umsetzung entsprechender Volksbegehren und Ländergesetze nur durch Verbote von Seiten der Besatzungsmächte verhindert. Nicht verhindert aber wurde die Verabschiedung eines relativ weit gehenden Mitbestimmungsgesetzes für die Montanindustrie als Schritt zur Demokratisierung der Wirtschaft.

Daneben wirkte drittens der schon bald nach dem Krieg aufbrechende *Systemkonflikt* zwischen kapitalistischen und sozialistischen Ländern – die einen unter Führung der USA, die anderen unter der der Sowjetunion – sehr bald auch als System*konkurrenz*. Sie zwang die Regierungen und Unternehmen der kapitalistischen Länder zu sozialen Zugeständnissen, um die Attraktivität des Kapitalismus als das überlegene und sozialere Wirtschafts- und Gesellschaftssystem bei der Bevölkerung zu fördern.

Viertens war am Ende des Zweiten Weltkrieges die große *Weltwirtschaftskrise* von 1929 bis 1933 nicht vergessen, die mit zum Sieg des Faschismus in Deutschland beigetragen hatte (vgl. Kindleberger 1979). Nicht vergessen war, dass sie das Ergebnis hemmungsloser Konkurrenz zwischen den kapitalistischen Ländern und einer marktradikalen und krisenverschärfenden Wirtschaftspolitik in den einzelnen Ländern gewesen war. Die Lehren hieraus waren mittlerweile theoretisch gezogen und praktisch erprobt worden: Die Keynes'sche »Allgemeine Theorie der Beschäftigung, des Zinses und des Geldes« (1936) hatte gezeigt, dass eine Wirtschaft, die allein den Kräften des Marktes überlassen bleibt, wegen systematischer Nachfrageschwäche Stagnation und Krise produziert und nur durch staatliche Wirtschaftspolitik zur Vollbeschäftigung geführt werden kann. Die Rooseveltsche New Deal-Politik hatte bereits vor dem Erscheinen von Keynes' Lehre umfangreiche öffentliche Beschäftigungsprogramme aufgelegt und dadurch eine erhebliche Verbesserung der materiellen Infrastruktur der USA bewirkt (vgl. Ginsburg 1983: 9-12). Andererseits hatte die deutsche Aufrüstung, die Ende der 1930er Jahre zu Vollbeschäftigung führte, aber auch nachdrücklich demonstriert, dass es nicht allein auf den Umfang staatlicher Steuerung und Intervention, sondern auch auf seine Ausrichtung und seinen sozialen Inhalt ankommt. Im August 1944 legte der englische Lord William H. Beveridge eine wegweisende programmatische Schrift mit dem Titel »Vollbeschäftigung in einer freien Gesellschaft« vor (vgl. Beveridge 1944). Darin bezeichnete er die Vollbeschäftigung als – neben Frieden und sozialer Sicherheit – unerlässliche Voraussetzung einer menschenwürdigen Existenz. »Diese drei – dauerhafter Friede, Arbeit für den, der arbeiten kann, und ein Einkommen für den, der nicht arbeiten kann – sind die unerlässlichen Vorbedingungen eines würdigen Lebens. Freisein von Krieg und der Furcht vor Krieg, Freisein von Müßiggang und der Furcht vor unfreiwilliger Arbeitslosigkeit, Freisein von Not und der Furcht vor Not: Dies sind die grundlegenden Freiheiten. Dies sind die Aufgaben, die wir unter allen Umständen mit unerschütterlicher Entschlossenheit verfolgen müssen.« (Beveridge 1944:3) Vollbeschäftigung werde jedoch wegen des Mangels an Nachfrage systematisch verfehlt, wenn man die Wirtschaft den Marktkräften überlasse. Zu ihrer Herstellung bedürfe es vielmehr intensiver staatlicher Planung und Anhebung der Staatsausgaben für öffentliche Investitions- und Sozialprogramme. Diese Konzeption diente den sozialdemokratischen Parteien in Europa als Leitlinie für ihre wirtschaftspolitische Programmatik und – wo sie an die Regierung kamen: in Frankreich, Italien, England – für ihre praktische Wirtschaftspolitik.

Selbst in der Bundesrepublik Deutschland, wo der Beveridgeplan zwar die sozialdemokratische wirtschaftspolitische Konzeption prägte, allerdings nicht zum Tragen kam, betonte die konservative Regierung die staatliche Verantwortung für die Beschäftigung (vgl. Abelshauser 1987: 17-31). In den USA verwandte das 1945 vom US-Kongress verabschiedete Beschäftigungsgesetz (Employment Act) den Begriff Vollbeschäftigung – entgegen dem Willen der Initiatoren des Gesetzes – zwar nicht, verpflichtete den Staat aber darauf,»ein Maximum an Beschäftigung, Produktion und Kaufkraft zu fördern.« (Ginsburg 1983: 16). Insgesamt gab es in allen Ländern einen sehr breiten internationalen Konsens darüber, dass Wachstum und (Voll)-Beschäftigung Vorrang in der Wirtschaftspolitik haben sollten.

Beschränkungen und Kontrolle des Finanzsektors

Auch im Finanzsektor wirkten die Lehren der Weltwirtschaftskrise nach. Die besondere Instabilität einerseits und die besondere Eignung der Finanzmärkte zur Weiterverbreitung begrenzter Krisen hatten die PolitikerInnen zu einschneidenden Beschränkungen der sektoralen und regionalen Betätigungsfreiheit von Banken veranlasst. In den 1930er Jahren waren in den USA (vgl. Guttmann 1995, Stepan 1997, Kareken 1992), in Japan (vgl. Royama 1992), England (vgl. Artis 1992) und Frankreich (vgl. de Boissieu 1992) weitgehende Maßnahmen durchgeführt worden, deren Zweck es war, das Finanz- und insbesondere das Kreditsystem einer stärkeren politischen Kontrolle zu unterwerfen und so eine Wiederholung der kettenreaktionsartigen Zusammenbrüche zu Beginn des Jahrzehnts zu verhindern. Diese staatlichen Eingriffe erfolgten vor allem in vier Bereichen (vgl. Litan 1992: 54f.):

■ In den meisten Ländern wurden obligatorische Einlagensicherungssysteme eingeführt, die überwiegend von den Kreditinstituten zu finanzieren waren und insbesondere kleinere Bankkunden ohne besondere Erfahrungen schützen sollten. Bei einem Bankzusammenbruch werden die Einlagen bis zu einer bestimmten Höhe durch diesen Sicherungsfonds erstattet (in den USA wurden 1933 zunächst 2500 $ festgesetzt, heute sind es 100 000 $, in der EU 20 000 E).

■ Geschäftsfeldbeschränkungen: strikte Trennung von Einlagen- und Kreditgeschäft auf der einen und Wertpapieremission oder -handel auf eigene oder fremde Rechnung auf der anderen Seite.

■ Preisbeschränkungen: In fast allen Ländern (mit Ausnahme Deutschlands) waren die Zinssätze reguliert: Höchstsätze, Korridore, differenzierte Sätze für unterschiedliche Arten von Krediten. In den USA verbot der Glass Steagall Act von 1933 beispielsweise die Verzinsung von Sichteinlagen überhaupt (Regulation Q, vgl. Wheelock 1992: 326f.), und die Zentralbank wurde ermächtigt, Höchstzinsen für einzelne Kreditarten festzusetzen.

- Mengenbeschränkungen: In den meisten Ländern gab es ferner eine über administrative Rationierung oder über (u.U. differenzierte) Diskontsätze gesteuerte Lenkung des Kreditvolumens allgemein oder der Kreditstruktur.

Nach dem Krieg behielten die Regierungen diese weitgehenden politischen Regulierungen des Banken- und Finanzsektors bei und bauten sie weiter aus. Überdies verstaatlichten sie in einigen Ländern – Frankreich, England und Italien – die führenden Banken. Dabei stand nicht nur ihre Kompromittierung während des Faschismus, sondern auch der Wille im Vordergrund, die Finanzinstitute als entscheidende Schaltstellen zur Steuerung der Wirtschaft zu benutzen.

Wirtschaftslenkung

Auf dieser – teilweise schon vor dem Kriegsende herausgebildeten – konzeptionellen und materiellen Grundlage entwickelte sich in allen kapitalistischen Industrieländern eine Spielart des Kapitalismus, die durch umfangreichen staatlichen Interventionismus zur Stimulierung und Steuerung des Wiederaufbaus, eine starke soziale Komponente und – dies eher beschränkt auf Europa – deutliche Ansätze zur Demokratisierung der Wirtschaft und wirtschaftspolitischen Steuerung – bis hin zu umfangreichen Nationalisierungen wesentlicher Unternehmen und Sektoren – gekennzeichnet war (vgl. Shonfield 1968). In der Wirtschaftspolitik gab es eine kaum bestrittene Priorität für die Herstellung von *Vollbeschäftigung* durch Wachstum und staatliche Steuerung der Wirtschaft, wodurch zugleich Armut und Ausgrenzung aus der Gesellschaft verbannt werden sollten. Insofern stand die binnenwirtschaftliche Entwicklung ganz im Vordergrund der Wirtschaftspolitik. Diese Konstellationen sind in Frankreich und Deutschland vielfach als Fordismus bezeichnet worden (vgl. Aglietta 1976, Boyer 1986, Hirsch 1990), in den USA wurde sie unter dem Stichwort »Social Structure of Accumulation« (SSA) thematisiert (vgl. Bowles, Gordon, Weisskopf 1984, 1990).

Die einzige relevante Ausnahme von dieser interventionistischen Orientierung schien die deutsche Bundesregierung zu machen. Sie vertrat statt staatlicher Wirtschaftslenkung das Konzept der sozialen Marktwirtschaft. Darin hat der Staat nur die Aufgabe, sozial unerwünschte Konsequenzen der Marktwirtschaft zu korrigieren. Die deutsche Praxis sah allerdings erheblich anders aus. Die Regierung betrieb aktive Arbeitsmarkt- und Wachstumspolitik, staatliche Wohnungsbaupolitik und Investitionslenkung. Mit dem Investitionsförderungsgesetz von 1952 erhob sie sogar eine Sonderabgabe beim Verarbeitenden Gewerbe, deren Aufkommen der Grundstoffindustrie zukommen sollte.

Stabilität durch Dominanz:
Die Neuordnung der internationalen Wirtschaftsbeziehungen

Die Neugestaltung der internationalen Wirtschaftsbeziehungen wurde nach dem Krieg in erster Linie unter dem Aspekt angegangen, die vorrangig binnenwirtschaftliche Stoßrichtung der Wirtschaftspolitik abzusichern, zu fördern und zu

111

ergänzen. Es bestand ein breiter Konsens darüber, dass zu diesem Zwecke vor allem die internationalen Handelsbeziehungen und das Währungssystem auf eine neue Grundlage gestellt werden müssten.

Diese weitgehende internationale Übereinstimmung entsprach in erster Linie den Interessen der USA als der westlichen Führungsnation und in geringerem Maße Englands als stark exportabhängigem Land. Die amerikanische Regierung machte 1945 »Vorschläge für eine Ausweitung von Wachstum und Beschäftigung« und regte dabei die Gründung einer internationalen Handelsorganisation (ITO) zur Förderung des weltweiten Freihandels an. Im Oktober 1947 unterzeichneten die Regierungen von 23 Staaten das General Agreement on Tariffs and Trade (GATT), das am 1.1.1948 in Kraft trat. Im März desselben Jahres wurde die »Havanna Charta for an International Trade Organization« von 54 Staaten unterzeichnet. Zur Gründung der ITO kam es dann aber doch nicht, weil die amerikanische Regierung sich im Kongress nicht gegen traditionell protektionistische Interessen durchsetzen konnte (vgl. Senti 1986:10-12). Multilaterale Handelspolitik wurde daher in der Folge in mehreren »Runden« auf der Grundlage des GATT betrieben. Erst fast 50 Jahre später kam es 1995 mit dem Abschluss der sog. Uruguay-Runde zur Gründung der Welthandelsorganisation (WTO).

Die Weichenstellung für die Neuordnung auf dem Gebiet der internationalen Währungsbeziehungen erfolgte bereits im Juli 1944 auf der Konferenz von Bretton Woods in New Hampshire, an der die Vertreter von 44 Staaten teilnahmen (vgl. Eichengreen/Kenen 1994: 3ff.). Das dort beschlossene Währungsregime beruht auf der Auffassung, dass die allseits angestrebte Ausweitung des internationalen Handels ohne eine stabile internationale Währungsordnung nicht zu haben sei. Die Stabilität sollte durch fixe Wechselkurse gewährleistet werden, die notfalls von den beteiligten Zentralbanken durch Interventionen an den Devisenmärkten gestützt werden sollten. Das letztlich ausgehandelte Übereinkommen sah ein solches System fester Wechselkurse vor (ihre höchstzulässige Schwankungsbreite lag bei ± 1,0%). Zu seiner Umsetzung wurde ein *Internationaler Währungsfonds* (IWF) eingerichtet, der 1947 mit zunächst 39 Mitgliedsländern seine Arbeit aufnahm *(vgl. Kasten)*. In der Frage der Leit- oder Ankerwährung waren sich die Teilnehmer der Bretton Woods Konferenz einig darin, dass eine Rückkehr zum Goldstandard nicht sinnvoll sei, weil dadurch die Expansion der für den Welthandel maßgeblichen Geldmenge von den Zufällen der Goldfunde abhängig gemacht und möglicherweise gebremst werde. Der Vorschlag, den John Maynard Keynes in die Konferenz eingebracht hatte, konnte sich allerdings nicht durchsetzen: ein gemeinsames Kunstgeld (den Bancor) zu schaffen, das als letzte Ankerwährung dienen sollte. Statt dessen setzte der amerikanische Finanzminister Harry Dexter White seinen Plan durch, das System auf einem Gold-Devisen-Standard aufzubauen: Die Währungen der Mitgliedsländer stehen dabei in einem festen Verhältnis zum US-Dollar, der seinerseits in ein festes Verhältnis

Der Internationale Währungsfonds

Der *Internationale Währungsfonds* (IWF, engl. International Monetary Fund, IMF, www.imf.org/) ist eine von drei Organisationen, deren Aufbau auf der Konferenz von Bretton Woods beschlossen wurde, an der 44 Regierungen teilnahmen. Sie sollten das Gerüst einer internationalen Nachkriegs-Wirtschaftsordnung bilden, die sich stärker auf Kooperation als auf Konkurrenz gründen sollte. Die beiden anderen Organisationen waren

■ die *internationale Handelsorganisation* (ITO), die allerdings vom amerikanischen Kongress abgelehnt wurde und 1948 durch die Havanna Charta und das Allgemeine Zoll- und Handelsabkommen (General Agreement on Tariffs and Trade, GATT) ersetzt wurde. Zur Einrichtung der internationalen Handelsorganisation (World Trade Organisation, WTO, www.wto.org/) kam es erst 1995.

■ die *Weltbank*, die zur Finanzierung des Nachkriegswiederaufbaus der Industrieländer dienen sollte und zusammen mit dem IWF die Arbeit aufnahm (www.worldbank.org/).

Der IWF nahm am 1.3.1947 in Washington seine Arbeit auf und wurde im November 1947 eine Unterorganisation der Vereinten Nationen. Bei seiner Gründung hatte er 39 Mitglieder; im September 1998 waren es 182. Das Personal des IWF liegt 1999 bei 2700 Personen.

Gründungszweck des IWF war es, »die Ausweitung und das in sich ausgeglichene Wachstum des Welthandels zu erleichtern und dadurch zu Förderung und Aufrechterhaltung eines hohen Beschäftigungsgrades und Realeinkommens sowie zur Entwicklung der Produktionskraft aller Mitglieder als oberste Ziele aller Wirtschaftspolitik beizutragen« sowie »die Stabilität der Währungen zu fördern, geordnete Währungsbeziehungen zwischen den Mitgliedern aufrechtzuerhalten und Währungsabwertungen aus Wettbewerbsgründen zu verhindern« (Artikel 1 der Gründungsstatuten). Zur Erfüllung dieses Zweckes wurde ein *Regime fester Wechselkurse* errichtet, die von den Mitgliedsländern eingehalten werden sollten. Sie wurden als feste Parität zum US-Dollar festgesetzt, der seinerseits in ein festes Verhältnis zum Gold (1 Feinunze Gold = 0 35 $) gesetzt wurde. Der IWF konnte Mitgliedsländern, die von kurzfristigen Leistungsbilanzproblemen betroffen waren, Kredite zur Abwehr des Drucks auf die Wechselkurse aus einem gemeinsamen Fonds gewähren, in den alle Mitglieder einen festen Betrag, ihre Quote, eingezahlt hatten.

Die *Quoten* sind die in Sonderziehungsrechten ausgedrückten Mittel, die die Mitgliedsländer dem IMF zur Verfügung stellen. Sie werden aufgrund ökonomischer Schlüsselgrößen (Bruttoinlandsprodukt, Außenhandel, Währungsreserven) für jedes Land berechnet und sind

- die Basis für Einzahlungsverpflichtungen,
- die Basis für die Zugriffsmöglichkeiten eines Mitgliedes zu den Krediten des IWF, und vor allem
- die Basis für das Stimmrecht im Gouverneursrat als höchstem Entscheidungsgremium des IWF. Jedes Mitgliedsland hat 250 Grundstimmrechte und für jeweils 1000 SZR eine weitere Stimme.

Die Gesamtsumme aller Einzelquoten lag im Jahre 1947 bei 7,6 Mrd. $, davon entfielen 2,75 Mrd. $ oder 36,2% auf die USA, die also über mehr als ein Drittel der Stimmrechte verfügte. Nach mittlerweile acht Anhebungen liegt die Gesamtquote seit 1999 bei 212 Mrd. SZR, das entsprach Mitte 2002 einem Betrag von 265 Mrd. $. Der Stimmrechtsanteil der USA ist bis Mitte 2002 auf 17,2% gesunken, aber immer noch fast dreimal so hoch wie der der folgenden Länder Japan (6,2%) und Deutschland (6,0%). Die EU-Länder zusammen kommen auf einen Anteil von 29,9%, die G7-Länder auf 45,5%.

Seit den 1970er Jahren hat sich die Funktion des IWF radikal verändert. Nachdem die USA im August 1971 die Einlösepflicht von Dollar gegen Gold aufgekündigt hatten, wurde 1973 das System fester Wechselkurse aufgegeben und durch das frei schwankender Wechselkurse ersetzt. Die 1978 in Kraft getretenen neuen Statuten sehen vor, dass jedes Land ein Wechselkursregime seiner Wahl haben kann. Der IWF, dessen ursprüngliche Aufgabe, die Stützung des Regimes fester Wechselkurse, entfallen war, entwickelte sich mehr und mehr zum internationalen Kreditgeber und zur wirtschaftspolitischen Führungsinstanz für die Länder der Dritten Welt. Insbesondere dem letzten Zweck dienen die Länderkonsultationen, die der IWF regelmäßig mit den Mitgliedsländern abhält und von deren Ergebnis der Zugang zu besonderen Krediten abhängt. In den jüngsten Finanzkrisen hat der IWF für die betroffenen Länder jeweils umfangreiche Kredithilfen organisiert, die allerdings mit massiven Auflagen für die Wirtschaftspolitik der betroffenen Länder verbunden waren und diese zu einer harten Austeritätspolitik zwangen. Hierdurch sind die Krisen vielfach nicht gelöst, sondern verschärft und verlängert worden.

Quellen: www.imf.org

zum Gold (1 Feinunze Gold = 35 US-$) gesetzt wird. Die USA übernahmen die Garantie, jederzeit jede Mitgliedswährung in den entsprechenden Goldbetrag umzutauschen. Die hinter dieser Konstruktion stehende Konzeption stellt auf die größere Flexibilität der Weltgeldmenge ab, die sich über die Ausgabe von US-Dollars ohne inflationäre oder deflationäre Verzerrungen an die Entwicklung des Welthandels anpassen könne.

Diese Konstruktion des Weltwährungssystems von Bretton Woods war von Anfang an aus mehreren Gründen problematisch:

■ Zum einen spielten die USA darin eine absolut dominierende Rolle. Da sich die Verteilung der Stimmrechte im Wesentlichen nach der relativen Quote der einzelnen Länder richtet (s. Kasten) und die USA mit Abstand die höchste Quote halten, bestimmten sie – und bestimmen sie bis heute – wesentlich die Politik des IWF. Diese krasse Dominanz musste in dem Maße inakzeptabel werden, in dem die anderen Industrieländer ihre Kriegsschäden überwanden und ökonomische Stärke zurückgewannen.

■ Die Identität von nationaler Währung und internationaler Ankerwährung kann zu Interessenkonflikten führen. Das ist beispielsweise dann der Fall, wenn die amerikanische Zentralbank eine Inflation mit kontraktiver Geldpolitik bekämpft, aber gleichzeitig eine rezessive Weltkonjunktur eine expansive Weltgeldpolitik erfordert. Dies war Anfang der 80er Jahre der Fall. Die USA sind in der Lage, ihre eigenen geldpolitischen Interessen ohne Rücksicht auf die und gelegentlich sogar auf Kosten der anderen Mitglieder des Währungsblocks durchzusetzen. Diese Möglichkeit haben sie beispielsweise bei der Finanzierung des Vietnamkrieges ausgenutzt.

■ Aber auch wenn die USA sich musterhaft verhalten hätten, musste es langfristig zu Konflikten kommen, die Robert Triffin schon früh thematisierte (vgl. Triffin 1960: 87ff.). Wenn das Tempo der Entwicklung des Welthandels dauerhaft das Tempo der Goldfunde überschreitet – und auf dieser realistischen Annahme beruht die Ablehnung des Goldstandards – muss der Umlauf von Dollar langfristig immer stärker zunehmen. Dann muss sich aber irgendwann die Frage stellen, ob das Versprechen der US-Regierung, jederzeit alle Fremdwährungen in Gold umzutauschen, noch realistisch und glaubwürdig ist. Wenn hieran Zweifel entstehen und diese zu ersten Einlösungsforderungen führen, kann sehr schnell eine Währungskrise ausbrechen, die kaum noch zu kontrollieren ist.

Trotz dieser Problematik hat das System zunächst vor allem aus zwei Gründen funktioniert: Zum einen stellte es einen – wenn auch hierarchischen – Kooperationsrahmen für die binnenwirtschaftlich ausgerichtete Wachstumspolitik dar, die für alle Länder Vorrang hatte. Zum anderen war das System durch Kapitalverkehrskontrollen abgesichert.

Brücke zwischen Vollbeschäftigung und Währungsstabilität: Kapitalverkehrskontrollen

Es gehörte ausdrücklich zum Verständnis des Vertragswerks von Bretton Woods, dass freier internationaler Handel bei festen Wechselkursen nur funktionieren kann, wenn die internationalen Kapitalbewegungen kontrolliert werden. Internationale Übertragungen von Geld sollten in erster Linie dazu dienen, die im internationalen Handel entstehenden Zahlungsverpflichtungen zu erfüllen. In diesem Sinne waren auch die Statuten des Internationalen Währungsfonds formuliert. In deren Artikel VI steht bis heute, dass die Mitgliedsländer berechtigt sind, »Kontrollen zur Regulierung internationaler Kapitalbewegungen auszuüben«. Allerdings dürfe kein Mitgliedsland diese Kontrollen so ausüben, dass sie »Zahlungen für laufende Übertragungen beschränken«. Die Währungsordnung war im Hinblick auf die Freihandelsordnung und nicht im Interesse des international vagabundierenden Kapitals konzipiert.

In den ersten zehn Jahren der Arbeit des IWF war in allen entwickelten Ländern außer den USA sogar auch der internationale Zahlungsverkehr politischen Beschränkungen unterworfen. Für Westeuropa, wo es einen starken Aufbaubedarf und besonders viele Nationalstaaten gab, die in den 1920er Jahren stark über Handel miteinander verflochten waren, erwies sich dies als besonders problematisch. Denn wenn jedes Land die Defizit- bzw. Überschusspositionen mit jedem anderen Land durch Gold- oder Devisenbewegungen ausgleichen muss, andererseits der Gold- und Devisenbestand aber begrenzt ist, führt dies zwangsläufig zu einer starken Einschränkung des Handels. Daher gründeten die 17 westeuropäischen Länder der Organization for European Economic Cooperation (OEEC, später OECD) im September 1950 die *Europäische Zahlungsunion* (EZU, vgl. Capie 1992: 806f.). Dabei handelte es sich – im Rahmen des Festkurssystems von Bretton Woods – um ein multilaterales Clearingsystem, in dem alle Guthaben und Verpflichtungen jedes Landes gegen die aller anderen Länder verrechnet wurden. Im Ergebnis hatte jedes Land nicht mehr 16 Positionen gegenüber den anderen Ländern, sondern einen einzigen Nettoüberschuss oder ein Nettodefizit gegenüber der EZU. Die monatlich berechneten Überschüsse oder Fehlbeträge konnten teils durch Transfers von Gold oder Dollar, teils durch den beschränkten Aufbau von Schuldner- bzw. Gläubigerpositionen ausgeglichen werden. Von besonderem Interesse dabei ist, dass der OEEC-Rat, bei dem die Kontrolle und Verwaltung der EZU lag, dauerhafte Überschüsse als ebenso schädlich ansah wie dauerhafte Defizite. Entsprechend empfahl er Defizitländern eine Politik der Deflation (was bei festen nominalen Wechselkursen einer realen Abwertung gleichkommt) sowie eine Pause oder Unterbrechung bei der Handelsliberalisierung. Umgekehrt sollten Überschussländer eine Politik des Reflation bei gleichzeitiger größerer Liberalisierung betreiben. Dieses System trug stark zur Entwicklung des internationalen, insbesondere des innereuropäischen Handels bei. 1958 hoben die meisten Länder der EZU die Devisenbeschränkungen auf. Damit war die EZU überflüssig geworden und wurde Ende 1958 aufgelöst. 1964 hob auch Japan die Devisenbeschränkungen für den internationalen Handel auf.

Die Beschränkungen für den Kapitalverkehr wurden jedoch auch in den 60er und 70er Jahren beibehalten. Deutschland, das sie 1958 als einziges Land – zusammen mit den Beschränkungen des Zahlungsverkehrs – abgeschafft hatte, führte sie 1960 wieder ein. Selbst die USA, die als dominierendes Land mit der Ankerwährung auf Kapitalverkehrskontrollen nach dem Krieg verzichtet hatten, griffen ab Mitte der 60er Jahre in zunehmendem Maße zu diesem Instrument und »...verhängten eine ganze Reihe von Kontrollen von kurz- und langfristigen

Kapitalbewegungen gegenüber Banken, Portfolioinvestoren und multinationalen Unternehmen.« (Shafer: 123)

Auch die 1958 gegründete Europäische Wirtschaftsgemeinschaft (EWG) hat die Kontrolle der Kapitalbewegungen zunächst übernommen. Im Artikel 67 des EWG-Vertrages von 1957 war die Liberalisierung des Kapitalverkehrs nur insoweit vorgesehen, »soweit sie für das Funktionieren des Gemeinsamen Marktes erforderlich ist.« Der Ministerrat verabschiedete zwar im Mai 1960 eine Richtlinie zur Liberalisierung des Kapitalverkehrs, die aber – ähnlich wie der ein Jahr später beschlossene Kodex der OECD – keine verbindlichen Verpflichtungen enthielt. Die Zeit Ende der 60er, Anfang der 70er Jahre stand ganz im Zeichen verstärkter Kapitalverkehrskontrollen durch die einzelnen Mitgliedsländer. »Für einige Zeit wurde die Steuerung von Kapitalbewegungen sogar zu einem erklärten Ziel der Geldpolitik.« (Bakker 1996: 250). Im Jahre 1972 erließ der Ministerrat der EWG sogar eine Richtlinie, in der die Mitgliedsländer verpflichtet wurden, geeignete Instrumente für den Einsatz von Kapitalverkehrskontrollen bereitzustellen (RL 72/156/EEC v. 21.3.1972). Kurz: Die »Liberalisierung des Kapitalverkehrs innerhalb der Gemeinschaft war für fast 20 Jahre blockiert.« (Bakker 1996: 250)

Die ersten drei Jahrzehnte nach dem Zweiten Weltkrieg waren die Jahrzehnte der dichtesten Kapitalverkehrsbeschränkungen in der bisherigen Geschichte des internationalen Kapitalismus. Sie waren zugleich die Zeiten besonders starken Wachstums, hoher Beschäftigung, erheblicher Steigerung der Realeinkommen und des gesellschaftlichen Fortschritts. Diese positive Bilanz lässt sich natürlich nicht einfach auf die Existenz von Kapitalverkehrskontrollen zurückführen, sondern ist Ergebnis einer insgesamt günstigen Konstellation ökonomischer und institutioneller Faktoren. Dazu gehörte aber neben der aktiven wirtschaftspolitischen Steuerung und dem Regime fester Wechselkurse auch die Existenz und Akzeptanz weitgehender Kapitalverkehrsbeschränkungen. Daher können die gegenwärtig die Diskussion beherrschenden Behauptungen nicht überzeugen, derartige Kontrollen seien schädlich für das Wirtschaftswachstum. Umgekehrt: Kapitalverkehrskontrollen haben dazu beigetragen, den Nachkriegsaufbau in den einzelnen Ländern vor störenden Kapitalbewegungen zu schützen.

Kapitalverkehrskontrollen als Absicherung demokratischer Wirtschaftspolitik

Auch im letzten Drittel des 19. Jahrhunderts gab es ein funktionierendes Regime fester Wechselkurse. Aber es gab keinerlei Beschränkungen des Kapitalverkehrs. Wie kommt es, dass stabile Wechselkurse in der Nachkriegsordnung mit der Beschränkung von Kapitalmobilität verbunden wurden? Diese Frage stellte Barry Eichengreen in einem Buch über die Globalisierung des Kapitals (vgl. Eichengreen 1996). Seine Antwort ist außerordentlich interessant und wesentlich für unsere weitere Argumentation. Feste Wechselkurse bedurften im 19. Jahrhundert deshalb keiner Absicherung durch Kapitalverkehrsbeschränkungen, so die Begründung Eichengreens, weil das Engagement der jeweiligen Regierungen und der Zentralbanken zur Aufrechterhaltung des Wechselkurses außer jeder Frage stand. Es stand deshalb außer Frage, weil es keine konkurrierenden wirtschaftspolitischen Ziele gab. Es gab nicht einmal eine ausformulierte gesamtwirtschaftliche Wirtschaftspolitik, sondern nur den – mehr oder minder zufällig zustande gekommenen und dann auf Grund der englischen Führungsposition weltweit durchgesetzten – Goldstandard in den internationalen Währungsbeziehungen. Für alle beteiligten Regierungen war klar, dass temporäre Handelsbilanzungleichgewichte entweder durch Goldbewegungen ausgeglichen würden, oder sie würden – über die Verminderung bzw. Aufblähung der Geldmenge – deflationäre oder inflationäre Prozesse im Defizit- bzw. im Überschussland auslösen und auf diese Weise die Handelsströme wieder ins Gleichgewicht bringen. Dass ein solcher Ausgleich schmerzhaft ist und für das Defizitland Krise und Arbeitslosigkeit bedeutet, ist, so Eichengreen, so lange kein Thema, wie sich dagegen keiner wehren kann. Das aber war im letzten Drittel des 19. Jahrhunderts noch der Fall. »Weil das Wahlrecht beschränkt war, waren die einfachen Arbeiter, die am meisten unter harten Zeiten zu leiden hatten, kaum in der Lage, sich Zinssteigerungen zu widersetzen, die die Zentralbank verfügte um den Wechselkurs zu verteidigen. Weder die Gewerkschaften noch die parlamentarischen Arbeiterparteien hatten sich bis zu dem Punkt entwickelt, dass sie darauf bestehen konnten, die Verteidigung des Wechselkurses aufgrund anderer Ziele zu relativieren.« (ebenda: 4, Übersetzung JH) Das Fehlen einer einflussreichen und wirtschaftspolitisch anspruchsvollen Arbeiterbewegung war der Grund für die Funktionsfähigkeit eines Systems, in dem Kapitalmobilität und feste Wechselkurse zugleich verwirklicht waren. Noch pointierter: Das Fehlen von Demokratie war der Garant für die Stabilität des Goldstandards bei uneingeschränkter Mobilität des Kapitals.

Mit dem Aufkommen von mehr Demokratie ist es damit zu Ende gegangen: Das allgemeine Wahlrecht, Gewerkschaften und Arbeiterparteien haben die Geld- und Haushaltspolitik politisiert. Mit staatlichem Interventionismus, wirtschaftspolitischen Steuerungsambitionen und sozialpolitischen Ausgleichskonzeptionen ist für das Kapital eine unsichere Lage entstanden. Wenn die Regierung zwischen verschiedenen wirtschaftspolitischen Zielen abwägen muss, hinter denen nicht nur Interessen, sondern auch Kräfte stehen, gibt es keine Garantie mehr dafür, dass sie der Stabilität der Währung alle anderen Ziele unterordnet. Das aber macht das Kapital unruhig und veranlasst es, sich nach Orten umzusehen, wo die diesbezügliche Sicherheit am höchsten ist. Wo die gesamtwirtschaftlichen Interessen an binnenwirtschaftlichem Wachstum und Vollbeschäftigung sich jedoch durchsetzen, wird Wirtschaftspolitik diesen Fluchtweg abschneiden und der unbeschränkten Kapitalmobilität einen Riegel vorschieben. Sie muss dies tun, um die Umsetzbarkeit der binnenwirtschaftlichen Prioritäten zu gewährleisten und zu verhindern, dass sie durch Kapitalflucht unterlaufen werden.

Kapitalverkehrskontrollen sind also das Bindeglied zwischen stabilen Wechsel-
kursen und demokratischer Wirtschaftspolitik für Wachstum und Beschäftigung.
Diese Argumentation legt die Frage nach einer möglichen Umkehr nahe: Bedeutet die schrittweise Wiederherstellung der Kapitalmobilität die schrittweise
Abschaffung der Demokratie?

2. Erschöpfung der Akkumulation – Demontage der Reformpolitik

Das hohe wirtschaftliche Wachstum der entwickelten kapitalistischen Länder
fand auf der Grundlage des oben skizzierten politischen, institutionellen und
sozialen Arrangements statt. Es war aber auch durch unterschiedliche ökonomische Ausgangslagen getragen: In Europa standen der hohe konsumtive Nachholbedarf nach den Entbehrungen des Krieges sowie der investive Erneuerungs-
bedarf nach den Kapitalentwertungen durch kriegsbedingte Zerstörungen und
Strukturverzerrrungen im Vordergrund. Den USA erlaubte ihre Stellung als unumstrittene militärische, politische und wirtschaftliche Supermacht im Allgemeinen und als Leitwährungsland im Besonderen ein hohes, auf eine expansive
Geld- und Finanzpolitik gegründetes Wachstum der Binnenwirtschaft, und zugleich eine starke internationale Expansion. In Japan, wo nach dem Krieg noch
die Hälfte der Bevölkerung in der Landwirtschaft tätig war, kamen Nachkriegs-
bedarf und eine schnelle Industrialisierungswelle zusammen (vgl. Koo 1996).
Allen drei Blöcken war gemeinsam, dass es erstens aufgrund der militärischen
Demobilisierung ein reichliches Angebot an Arbeitskräften und zweitens eine
aktive, auf Wachstum und Beschäftigung gerichtete Wirtschaftspolitik gab.
Die unterschiedlichen Ausgangslagen erklären die sehr unterschiedlichen
Niveaus der wirtschaftlichen Wachstumsraten in den 50er und 60er Jahren. Sie
sind im Wesentlichen basisbedingt: Die USA waren nach Kriegsende das mit
Abstand höchstentwickelte Land der Welt, während Japan auf einer sehr schma-
len Basis ansetzte und daher die relativen Zunahmen stärker ausfallen mussten.
Abgesehen von diesen Unterschieden in der Ausgangsbasis zeigen die Daten
aber, dass die Raten des wirtschaftlichen Wachstums in den 1950er und 1960er
Jahren deutlich höher waren als die der drei folgenden Jahrzehnte (vgl. Tabelle
15 und Schaubild 18).
Die ökonomische Dynamik der Nachkriegszeit ließ in den USA und in
Deutschland schon in der zweiten Hälfte der 60er, in den anderen Ländern in der
ersten Hälfte der 70er Jahre deutlich nach. 1974/75 befanden sich alle entwickelten kapitalistischen Länder in einer relativ tiefen Krise, während der in allen
drei Blöcken die gesamtwirtschaftliche Produktion erstmals seit dem Weltkrieg
absolut sank. Das war mehr als eine normale Konjunkturkrise.
Als Grund für den Einbruch der 70er Jahre wird oft vor allem die spektakulä-
re Erhöhung der Mineralölpreise durch die OPEC-Länder angeführt. Sie hat

Tabelle 15: Durchschnittliche Wachstumsraten der großen Industrieländer, 1950-2002

	1950-59	1961-70	1971-80	1981-90	1991-2000	2001-02
USA	3,2	4,2	3,2	3,2	3,3	0,7
Japan	9,5	10,1	4,4	4,1	1,3	-0,8
Kanada	3,9	5,6	4,2	2,8	2,4	2,1
Deutschland	7,8	4,4	2,7	2,2	1,9	0,7
Frankreich	4,6	5,6	3,3	2,5	1,8	1,8
Italien	5,8	5,7	3,6	2,3	1,6	1,6
Niederlande	4,7	5,1	3,0	2,2	2,6	2,1
Belgien	2,9	4,9	3,4	2,1	2,1	1,3

EWG: 1950-59, 1960-69: Sechs Gründungsmitglieder ohne Luxemburg
Quellen: 1950-59 für alle Länder Eichengreen/Kenen 1994: 22; 1961-2002 Europäische Wirtschaft, Nr. 73, 2001: 314f., IMF 2001: 196

vermutlich eine wichtige Rolle als auslösender Faktor der Krise gespielt. Ihre eigentliche Ursache war sie aber nicht. Sonst wäre es nicht zu erklären, dass nach dem späteren ebenso drastischen Fall der Ölpreise die Länder nicht wieder auf ihren früheren Wachstumspfad zurückgekehrt sind. Die Krise in den 70er Jahren war vielmehr Ausdruck längerfristig wirkender binnenwirtschaftlicher und internationaler Probleme (vgl. Kontroversen 1986; Goldberg 1980).

Das binnenwirtschaftliche Problem: Überakkumulation wegen unzureichender Konsumnachfrage

Die binnenwirtschaftliche Problematik bestand darin, dass der Erfolg der Nachkriegsentwicklung den Keim zur Blockade in sich trug: Die sehr hohe, durch konsumtiven Nachholbedarf gestützte Akkumulationsdynamik der ersten Nachkriegsjahrzehnte hat einerseits selbst als nachfrage- und wachstumsstimulierender Faktor gewirkt (der sog. Multiplikatoreffekt von Investitionen), andererseits aber auch zu erheblich wachsenden und produktiveren Produktionskapazitäten geführt. Deren rentable Auslastung ist nur gewährleistet, wenn die konsumtive, öffentliche oder ausländische Endnachfrage ununterbrochen weiter wächst. Andernfalls, wenn also etwa die Konsumausgaben auf dem gleichen Niveau bleiben, besteht für die Unternehmen kein Anlass mehr, ihre Produktionskapazitäten weiter auszubauen. Ein Teil der Nachfrage nach Investitionsgütern fällt also aus. Beschäftigte in der Investitionsgüterindustrie werden entlassen, und damit sinkt die Nachfrage auch im Konsumgütersektor. Gleichzeitig führen aber die nach wie vor schon aus Konkurrenzgründen durchgeführten (»autonomen«) Rationalisierungsinvestitionen dazu, dass auf der einen Seite die Produktionsmöglichkeiten weiter steigen, auf der anderen Seite zusätzlich Arbeitsplätze vernichtet, also Beschäftigte entlassen werden. Der für die langfristige

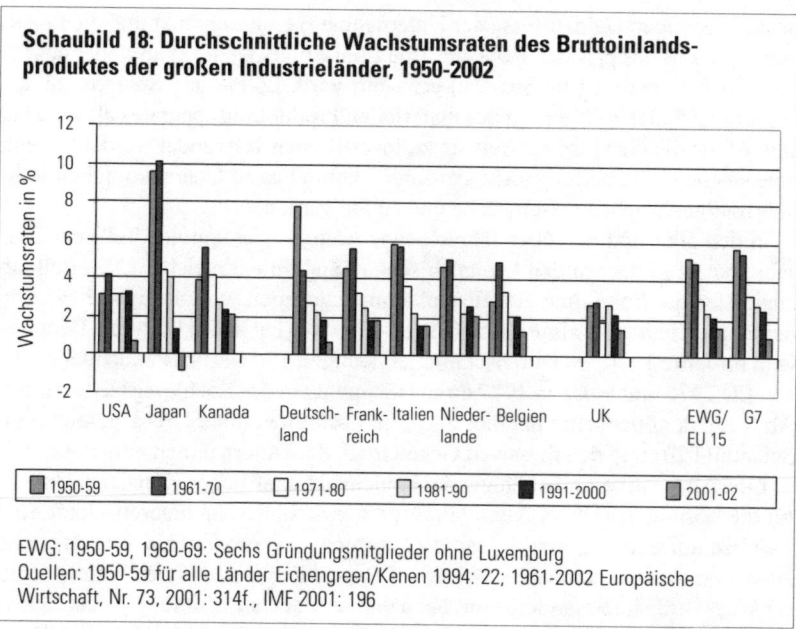

Schaubild 18: Durchschnittliche Wachstumsraten des Bruttoinlands-produktes der großen Industrieländer, 1950-2002

Wachstumsraten in %

12
10
8
6
4
2
0
-2

USA Japan Kanada Deutsch- Frank- Italien Nieder- Belgien UK EWG/ G7
                     land   reich   lande   EU 15

■ 1950-59   ■ 1961-70   □ 1971-80   □ 1981-90   ■ 1991-2000   ■ 2001-02

EWG: 1950-59, 1960-69: Sechs Gründungsmitglieder ohne Luxemburg
Quellen: 1950-59 für alle Länder Eichengreen/Kenen 1994: 22; 1961-2002 Europäische
Wirtschaft, Nr. 73, 2001: 314f., IMF 2001: 196

Stabilität des Wachstums erforderlichen Steigerung der Endnachfrage stehen die Verteilungsverhältnisse entgegen: Eine dauerhafte Zunahme des Konsums würde einen kontinuierlichen Anstieg der Löhne und Gehälter und in dem Maße, wie der Kapitalstock effizienter wird, eine Umverteilung zugunsten der Finanzierungsgrundlagen für die konsumtive private oder öffentliche Endnachfrage erfordern. Dies geht notwendigerweise zu Lasten des Anteils der Gewinne am Volkseinkommen (Gewinnquote) und langfristig auch der Profitrate, als Verhältnis von Gewinn zu eingesetztem Kapital. Wenn die Gewerkschaften eine solche Umverteilung auf der Grundlage eines hohen Beschäftigungsstandes durchsetzen, entsteht für die Unternehmen Profitdruck (profit-squeeze, vgl. Glynn, Sutcliffe 1974). In einer stark durch oligopolistische Konkurrenz und marktbeherrschende Unternehmen bestimmten Wirtschaft können sie im Gegenzug die Preise erhöhen, eine Inflation auslösen und so die nominalen Lohnsteigerungen real zunichte machen. Es kommt zu Stagnation bei gleichzeitiger Inflation. Diese Stagflation kennzeichnet die US-amerikanische Entwicklung ab Mitte der 60er Jahre (vgl. Bowles, Gordon, Weisskopf 1990: 37ff.).

Wenn die Effizienz des Kapitalstocks durch Rationalisierung und Modernisierung zunimmt, werden weniger Investitionen (zur Erweiterung der Produktionskapazitäten) gebraucht, um eine bestimmte Zunahme der Menge an Gütern und Dienstleistungen zu produzieren. Dann ist es gesamtwirtschaftlich vernünftig, wenn die Finanzierungsbasis der Investitionen (im Wesentlichen die Gewinne und sonstigen Geldzuflüsse der Unternehmen) eingeschränkt und die Finanzierungsbasis des privaten Konsums (die Löhne und Gehälter) und/oder des öffentlichen Konsums (die Steuern) erweitert wird. Löhne und Steuern müssen bei einer Effizienzsteigerung des materiellen Produktionsapparates also stärker steigen als die Gewinne (soweit sie zu Investitionen verwendet werden). Wenn eine solche Umverteilung nicht stattfindet, kommt es zu Überakkumulation, zu langfristiger Wachstumsschwäche und zu Stagnation.

In den 50er und den 60er Jahren sowie während des größten Teils der 70er Jahre hat es in den großen kapitalistischen Ländern eine leichte Umverteilung zugunsten der Lohn- und Gehaltseinkommen gegeben (vgl. Schaubild 19). Die bereinigte Lohnquote als grobes Maß der Verteilung hat in den USA und Deutschland im Jahre 1970, im Durchschnitt der heutigen 15 Mitgliedsländer der heutigen EU 1975 und in Japan 1977 ihren Höhepunkt in der Nachkriegszeit erreicht. Ab Mitte der 60er Jahre hat dies auch die Profitraten unter Druck gesetzt (vgl. Schaubild 20) und den massiven Gegendruck der Unternehmen ausgelöst.

Eine Alternative zur Erhöhung der binnenwirtschaftlichen Konsumnachfrage für die Lösung der Überakkumulationsproblematik besteht theoretisch im Ausweichen auf den Weltmarkt. Damit eine solche Exportstrategie aufgeht, muss ein dauernder und permanent steigender Export*überschuss* erzielt werden. Dieser Weg wurde insbesondere von Japan und Deutschland mit Erfolg eingeschlagen. Er ist aber nicht gleichzeitig für alle drei großen Blöcke realisierbar. Denn jedem Überschuss muss logischerweise ein Defizit gegenüberstehen. Eine gleichzeitige Überschussposition der USA, Japans und Europas ist nur denkbar, wenn der Rest der Welt die Überschüsse absorbiert.

Dazu sind aber weder die Märkte noch die Verschuldungsfähigkeiten der Länder außerhalb der Triade groß genug. Faktisch ist ab Ende der 70er Jahre eine asymmetrische Struktur zwischen den regionalen Blöcken entstanden, in der sich Japan als permanentes Überschuss- und die USA als permanentes Defizitland etablierten.

Die Demontage des Währungssystems

Die außenwirtschaftlichen Verhältnisse waren aber schon vorher erheblich durcheinander geraten. Denn die internationale Politik der USA untergrub schon in den 60er Jahren die amerikanische wirtschaftliche Vormacht in der Welt. In dem Maße, wie Europa und Japan sich als ökonomische Konkurrenten etablierten, musste die Tatsache, dass nur der Dollar Weltankerwährung war, zu stärkeren Widersprüchen führen. Zwar stellten die USA durch ihre privaten Kapitalexporte – sie wuchsen mit 8,8% pro Jahr mehr als doppelt so stark wie das Sozialprodukt (vgl. Bowles, Gordon, Weisskopf 1990: 52) – und ihre Militärausgaben der Weltwirtschaft reichlich Weltwährung zur Verfügung. Aber gleichzeitig wuchsen in der Welt, gerade wegen der hohen Militärausgaben, die Zweifel an der Stabilität der Golddeckung. Würden die USA tatsächlich ihre Garantie einhal-

Schaubild 19: Lohnquoten in den großen Industrieländern, 1960-2002

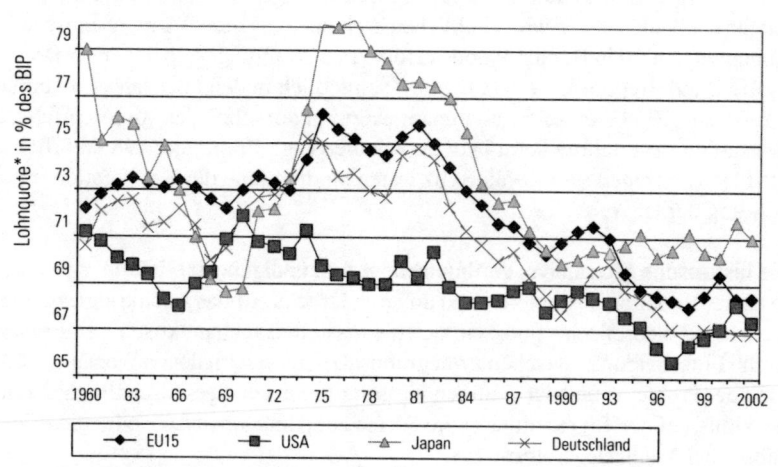

* bereinigt um Veränderungen der Beschäftigung
Quelle: Europäische Wirtschaft Nr. 73, 2001: 358f.

Schaubild 20: Entwicklung der Bruttoprofitraten in den großen Industrieländern 1960-1975

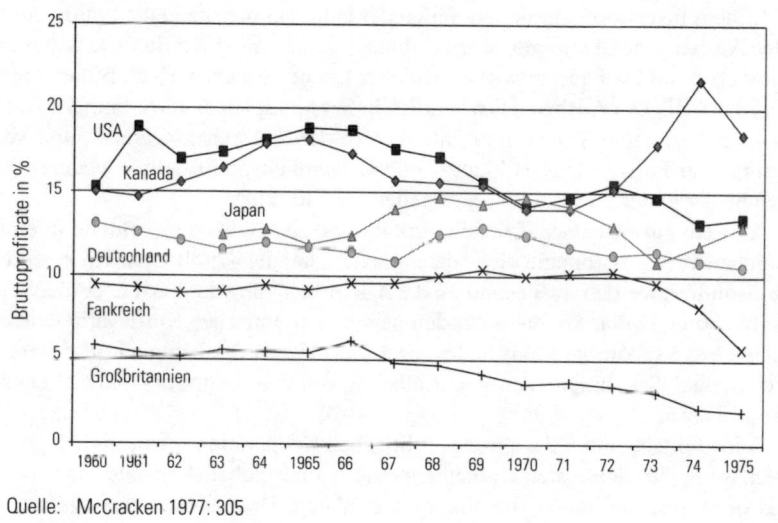

Quelle: McCracken 1977: 305

ten können oder wollen, jederzeit alle Dollars, die ihr präsentiert würden, in Gold umzutauschen? Die Zweifel veranlassten Dollarbesitzer, die amerikanische Währung zu verkaufen und statt dessen DM oder Yen zu kaufen, die Währungen der beiden neuen wirtschaftlichen Weltmächte. Diese Währungsumschichtungen setzten die in Bretton Woods vereinbarten Währungsparitäten unter Druck.

Die Bundesrepublik wertete die DM schließlich in den 60er Jahren zweimal – 1961 und 1969 – einseitig und unangekündigt auf, ohne das vorgeschriebene Konsultationsverfahren beim IMF einzuhalten (vgl. Emminger 1986: 98ff. und 149ff.). Misstrauen und Konkurrenz traten an die Stelle der Kooperation unter Führung der USA.

Die historische Alternative: Vertiefung oder Aufkündigung der Reform

In dieser Situation des inneren und äußeren Drucks auf das Nachkriegsarrangement stand theoretisch – und, wie sich herausstellte, auch praktisch – eine historische Entscheidung zwischen zwei grundsätzlich verschiedenen Wegen zur Lösung der Probleme und der weiteren wirtschaftlichen und gesellschaftlichen Entwicklung auf der Tagesordnung: die Fortsetzung und Vertiefung oder die Rücknahme der Nachkriegsreform.

Es gab zum einen die Möglichkeit, die entstandenen Probleme auf der Grundlage der nach dem Krieg eingeschlagenen Reformpolitik anzugehen, diese fortzusetzen und zu intensivieren. Dazu bedurfte es vor allem einer Stärkung der binnenwirtschaftlichen Nachfrage durch höhere Löhne und Staatsausgaben, die letztlich aus höheren Steuern oder durch – möglichst zinslose – Staatskredite zu finanzieren sind.

Einem Investitionsstreik von Seiten der Unternehmen kann die Politik durch den Ausbau einer demokratischen Rahmenplanung und Investitionslenkung auf Branchen- und auf gesamtwirtschaftlicher Ebene begegnen. (Vgl. Butterwegge 1978: 58-81) Der Ausbau des öffentlichen Sektors spielt eine wesentliche Rolle bei der Festlegung der Grundrichtungen in der Energieversorgungs- und Verkehrs-, der Forschungs-, Bildungs- und Gesundheitspolitik sowie weiterer Bereiche der materiellen und immateriellen Infrastruktur.

Um die außenwirtschaftlichen Verhältnisse zu stabilisieren, musste in einer solchen Vorwärtsstrategie die währungs- (und handels-) politische Kooperation konsolidiert werden. Insbesondere die Alleinverfügung der USA über die Weltleitwährung Dollar konnte unter den neuen ökonomischen Kräfteverhältnissen keine Wechselkursstabilität mehr gewährleisten, da die Fähigkeit und Bereitschaft der USA zur jederzeitigen Einlösung von Währungen in Gold nicht mehr gegeben war.

Eine Fortsetzung der währungspolitischen Kooperation wäre möglich gewesen, wenn die wichtigsten Länder gemeinsam eine globale Leitwährung verwaltet oder – besser noch – herausgegeben hätten. Die »Sonderziehungsrechte« (SZR), die 1969 in vergleichsweise geringer Menge – rund 20 Mrd. Dollar –

geschaffen wurden, beruhten auf dieser Konzeption, gemeinsam ein Kunstgeld zu schaffen, das für kein Land nationales Geld ist, über das also auch kein einzelnes Land verfügen kann. Die Kurse der einzelnen nationalen Währungen werden dann in einem gemeinschaftlichen Verfahren in Bezug auf diese SZR und damit auch zueinander festgesetzt, durch Interventionen an den Devisenmärkten gestützt und, wenn erforderlich, in einem wiederum gemeinsamen Verfahren angepasst.

Wäre eine solche Weiterentwicklung der Nachkriegsordnung möglich gewesen? Einerseits wurde sie in den ersten Jahren nach dem Krieg in mehreren Ländern Westeuropas angestrebt, und die durchgeführten Reformen wurden von den Gewerkschaften und anderen politischen Kräften als erste Schritte und Öffnung des Weges zu einer umfassenderen Demokratisierung der Wirtschaft verstanden (vgl. Deppe 1985: 58-91).

Dies spricht für die prinzipielle Möglichkeit einer progressiven Fortsetzung des eingeschlagenen Weges. Auf der anderen Seite war die Nachkriegskonstellation durch eine Reihe von Sonderfaktoren geprägt, die im Laufe der Zeit an Einfluss verloren haben: Die Erinnerung an die Beteiligung des Großkapitals am Faschismus und an die Weltwirtschaftskrise trat in den Hintergrund, die Attraktivität des Sozialismus als Systemalternative war angesichts der realen Entwicklungen in Osteuropa und der Sowjetunion und als Folge einer konzentrierten antikommunistischen Gehirnwäsche weitgehend verschwunden.

Daher ist es fraglich, ob und in welchem Maße der Ausbau der Nachkriegserrungenschaften zur Lösung der objektiv unvermeidbaren Probleme und Herausforderungen möglich gewesen wäre. Auf jeden Fall hätte er großer politischer Mobilisierung und Energien von Seiten der Gewerkschaften und der Arbeiterparteien bedurft.

Ansätze dazu hat es gegeben. Die sozialen Bewegungen 1968 und in den Folgejahren blieben nicht auf die StudentInnen beschränkt, sondern wurden auch von den Beschäftigten und Gewerkschaften getragen. Ende der 60er und in der ersten Hälfte der 70er Jahre gab es in mehreren Ländern massive Streiks, in der Bundesrepublik zum Beispiel die Septemberstreiks. In Frankreich beschlossen Sozialisten und Kommunisten im Juli 1972 ein gemeinsames Regierungsprogramm für die Wahlen, das allerdings nach dem Verlust der Wahl nicht umgesetzt werden konnte. In einzelnen Ländern gab es intensive Diskussionen über und Aktionen für Investitionslenkung, demokratische Planung und Steuerung, demokratischen Sozialismus.

Den Höhepunkt und vorläufigen Schlusspunkt gesellschaftlicher Mobilisierung bildete die sozialistisch-kommunistische Regierung in Frankreich unter Präsident Mitterrand ab 1981. Ihre Entwicklung ist allerdings auch symptomatisch für die – geringe – Stärke der demokratischen Bewegungen Anfang der 80er Jahre: Nach zwei Jahren weitgehender internationaler Isolierung und großen internationalen Drucks brach die Regierung den Versuch eines fortschrittlichen Alleingangs in Europa ab und schwenkte auf neoliberalen Kurs ein. Die Kommunisten verließen darauf das Regierungsbündnis.

Die Fortführung des Reformkurses hätte stärkeres systemkritisches Bewusstsein bei den Organisationen der Arbeiterbewegung erfordert. Dieses aber war im Verlauf des vorangegangenen Aufschwungs deutlich schwächer geworden. Insbesondere in Deutschland hatten sich Sozialdemokratie und Gewerkschaften überwiegend die Illusion zu eigen gemacht, dass die erreichten Fortschritte Ausdruck einer echten Partnerschaft zwischen Kapital und Arbeit seien, die auch in ökonomisch schwierigen Zeiten halten werde. Dass sie demgegenüber das Ergebnis einer besonders günstigen Kräftekonstellation waren, deren Erhaltung permanenten Druck erfordert, geriet bei der Mehrheit der Arbeiterorganisationen in Vergessenheit.

Daher kam in den 70er Jahren die zweite Möglichkeit zum Zuge, mit den aufgelaufenen Problemen fertig zu werden: die schrittweise Liquidierung des progressiven Reformrahmens nach innen und des internationalen Kooperationssystems (vgl. Jung 1978: 9-57). Nach innen bestand sie in einem konzentrierten Angriff auf die wesentlichen politischen, sozialen und institutionellen Reformelemente der Nachkriegskonstellation: Angriffe auf die Mitbestimmung in Deutschland, auf die Gewerkschaften ganz allgemein in England und in den USA, auf die Wirtschaftsplanung in Frankreich. Im Namen der Freiheit forderten die Unternehmerverbände die Abschaffung der Regelungen, die zum Schutze der ArbeitnehmerInnen und VerbraucherInnen die unbeschränkte Freiheit der KapitalbesitzerInnen und Reichen beschnitten hatten. Sie forderten, dem Markt vor der Politik den Vorrang zu geben und damit gesellschaftliche Positionen und Auslese grundsätzlich dem Gesetz des Stärkeren zu überlassen. Die Liquidierung des internationalen Kooperationsrahmens erfolgte zunächst über die einseitige Aufkündigung der Einlösepflicht von Gold in Dollar durch die amerikanische Regierung im August 1971 und die Beendigung des Systems der festen Wechselkurse im Sommer 1973. Von da an bestand in der Weltwirtschaft – im Gegensatz zu den Statuten des IWF, die erst 1976 geändert wurden (und deren Änderung erst 1978 in Kraft trat) – ein System frei schwankender Wechselkurse zwischen den großen Währungen Dollar, DM und Yen. Das Risiko schwankender Wechselkurse, das, als ein wesentliches Hindernis für die Entwicklung des Welthandels, durch die Vereinbarung von Bretton Woods weitgehend beseitigt worden war, wurde wieder zu den international tätigen Unternehmen zurückverlagert und damit reprivatisiert. Die Währungskonkurrenz, die sich schon in den 60er Jahren durch die Flucht aus dem Dollar in stabilere Währungen unter der Hand entwickelt hatte, spielt seitdem auf den Devisenmärkten die dominante Rolle.

Dieser Bruch mit dem Nachkriegs-Kooperationsmodell wurde allerdings nicht offen verkündet. Er erschien vielmehr als Sachzwang des Weltmarktes, der über die kapitalistischen Länder hereingebrochen sei und alle bisherigen Regeln über den Haufen werfe. Es entstand die Figur der Globalisierung, weniger als Bezeichnung für die in der Tat neuen Momente und Probleme der Weltwirtschaft, sondern vielmehr als politische Drohkulisse.

Die Liquidierung des Nachkriegsreformismus vollzog sich über eine radikale Umkehr des Bezugsrahmens für nationale und internationale Politik. An die Stelle der binnenorientierten selbstbestimmten Entwicklung mit (hegemonial) kooperativ gestalteten Außenbeziehungen trat das Modell des durch unregulierte weltweite Konkurrenz fremdbestimmten Entwicklungsrahmens, den nationale Politik nicht gestalten kann, an den sie sich vielmehr bei Strafe des Untergangs anzupassen hat. Anpassung aber heißt, dass die gesellschaftlichen Ansprüche auf soziale Sicherheit und Standards, auf sichere Arbeitsplätze, ausreichende Einkommen und akzeptable Arbeitsbedingungen zwar nicht prinzipiell abgelehnt, aber dem obersten Prinzip der internationalen Wettbewerbsfähigkeit untergeordnet werden. Die Befriedigung sozialer Ansprüche ist nicht mehr das Ziel des Wirtschaftens. Sie schrumpft vielmehr zur Restgröße, die übrig bleibt, wenn (oder sofern) dem Imperativ der internationalen Wettbewerbsfähigkeit Genüge getan worden ist.

3. Privatisierung, Deregulierung, Liberalisierung des Finanzsektors – Hebel der Gegenreform

In diesen Prozess des antireformerischen und antikooperativen Roll-back war der Finanzsektor auf dreifache Weise eingespannt.

Zum einen signalisiert die Rückkehr der internationalen Währungskonkurrenz nicht nur – und wahrscheinlich nicht einmal in erster Linie – die Konzeption, durch Abwertungen Verbesserungen der Position im internationalen Handel zu erzielen. Denn immerhin müssen den auf diese Weise gewonnenen Exportgewinnen die Verteuerungen der Importe und die Unsicherheiten größerer Wechselkursschwankungen gegengerechnet werden. Wichtiger für den Übergang zum System der frei schwankenden Wechselkurse dürfte vielmehr die Gewichtsverschiebung bei den Funktionen des Geldes gewesen sein: Seine Rolle als Medium, das als Kreditgeld und Zahlungsmittel die materielle Reproduktion und den internationalen Handel vermittelt, tritt zurück hinter seine Rolle als Anlagemedium, als Geldvermögen, das im Vergleich zu anderen Finanzvermögen einen relativen Preis hat. Diese Akzentverschiebung hängt vermutlich wieder damit zusammen, dass im Zuge der skizzierten Blockierung des Akkumulationsprozesses die Möglichkeiten der produktiven Verwendung von Geld abnehmen. Daher versuchen die Geldbesitzer, Gewinne durch Anlage auf den Finanzmärkten zu erzielen. Sie verlagern ihre Tätigkeit von der produktiven Investition auf das Finanzinvestment. Durch die Abschaffung fester Wechselkurse wird Geld in den internationalen Beziehungen zum Anlageobjekt, dessen »Wert« in Bezug auf die anderen Währungen auf dem Devisenmarkt festgestellt wird und schwanken kann.

Die meisten Länder der Europäischen Gemeinschaften haben die Risiken heftiger Wechselkursschwankungen allerdings 1978 durch die Gründung des »Europäischen Währungssystems« (EWS) erheblich vermindert. Sie setzten relativ enge Bandbreiten um einen Leitkurs fest, innerhalb derer die Wechselkurse ihrer Währungen schwanken durften. Die Zentralbanken wurden verpflichtet, die Einhaltung dieser Schwankungskorridore durch – unbeschränkte – Interventionen an den Devisenmärkten zu stützen. Bei drohenden oder tatsächlichen Ausbrüchen aus dem Korridor mussten sie die schwächere Währung kaufen und die stärkere verkaufen. Zur Finanzierung derartiger Interventionen stand ein »Fonds für währungspolitische Zusammenarbeit« bereit. Wenn die Wechselkurse immer wieder erheblich von den festgesetzten Leitkursen abwichen, sollten letztere neu festgesetzt werden. Das EWS hat in den 80er und 90er Jahren in der Tat zu einer im Vergleich zu Dollar und Yen erheblich höheren innereuropäischen Wechselkursstabilität geführt. Dies hätte zu einer Stärkung der europäischen Einheit und zur Annäherung der wirtschaftlichen und sozialen Verhältnisse in den Europäischen Gemeinschaften führen können – wenn nicht die Deutsche Bundesbank dies in einem verbissenen Stabilitätsfundamentalismus verhindert hätte (vgl. Kapitel 4, Abschnitt 2, und Herr 1991: 236ff.).

Zweitens: Ab Mitte der 1970er Jahre kam es zu einer Welle umfassender Liberalisierungen des Kapitalverkehrs, die Mitte der 90er Jahre für die OECD-Länder abgeschlossen war. Die Freiheit des Devisenverkehrs im Bretton Woods-System hatte ausschließlich für die Funktion des Geldes als Zahlungs- und Schmiermittel für den realen Güter- oder Dienstleistungsverkehr gegolten, nicht jedoch für den Kapitalverkehr und noch weniger für den reinen Devisenhandel. Dies änderte sich ab Mitte der 70er Jahre (vgl. Tabelle 16).

Was sind die Gründe für diese umfassende Liberalisierung des Kapital- und Devisenverkehrs? Wenn hinter der Beendigung des Systems fester Wechselkurse nur die Absicht gestanden hätte, den Ausgleich von Leistungsbilanzen zu erleichtern, hätte es keiner Liberalisierung des Kapitalverkehrs bedurft. Sie wäre sogar – und wie sich gezeigt hat: ist nach wie vor – störend für den Ausgleich der realen Waren und Dienstleistungsströme. Es müssen also andere Gründe dafür maßgeblich gewesen sein, den Kapital- und Devisenverkehr freizugeben.

Zum einen lassen sich die mit der Freigabe der Wechselkurse gegebenen Perspektiven für die Geldanlage in verschiedenen Währungen faktisch nur nutzen, wenn es keine Beschränkungen der Kapitalmobilität gibt, die Anleger also tatsächlich ungestört von einer Währung in die andere wechseln können.

Zum anderen zwingt der Übergang von einem Regime fester zu einem Regime schwankender Wechselkurse, d.h. die Privatisierung des Wechselkursrisikos, international tätige Unternehmen dazu, sich gegen diese Risiken durch private Geschäfte abzusichern. Dies geschieht unter anderem durch das Halten und

Tabelle 16: Liberalisierung des Kapitalverkehrs in den Mitgliedsländern der OECD

1974	USA[1], Schweiz
1979	Großbritannien
1980	Japan[2]
1981	Deutschland[3]
1983	Australien
1984	Neuseeland
1986	Niederlande
1988	Dänemark
1989	Frankreich
1990	Italien, Belgien/Luxemburg
1992	Spanien, Portugal
1994	Griechenland

[1] Abschaffung aller seit 1963 eingeführten Beschränkungen. Vor 1963 gab es keine Kapitalverkehrskontrollen;
[2] Teilliberalisierung; [3] Abschaffung aller seit 1959 eingeführten Kontrollen
Quelle: Bakker 1996: 264-275, Shafer: 120-132

die flexible Umschichtung diversifizierter Währungsportfolios. Deren Zusammenstellung und Anpassung wird durch die Befreiung internationaler Geld- und Kapitalbewegungen von politischen Beschränkungen erleichtert. Insofern liegt Kapitalliberalisierung im Interesse international operierender Unternehmen.

Weiterhin liegt die Beseitigung aller Beschränkungen für den internationalen Geld- und Kapitalverkehr im besonderen Interesse der großen Finanzmarktakteure, der führenden Geschäfts- und vor allem Investmentbanken, der Investment- und Pensionsfonds sowie der Versicherungen als institutionelle Anleger. Da der Finanzsektor in den USA in den 60er und 70er Jahren weit besser entwickelt war als in Europa, war die Perspektive realistisch, durch Liberalisierung des Kapitalverkehrs erhebliche Marktanteile im ausländischen Finanzgeschäft erobern zu können, was ja vor allem in den 80er und 90er Jahren besonders im Investmentgeschäft auch geschehen ist. Die USA gehörten daher von Anfang an zu den stärksten Befürwortern einer Liberalisierung der Kapitalmärkte.

Überdies eröffnet die Liberalisierung des Kapitalverkehrs den großen institutionellen Finanzinvestoren die Möglichkeit, sich unerwünschter nationaler Wirtschaftspolitik durch schnelle Kapitalverlagerung zu entziehen – und durch Hinweis auf diese »Exit-Option« erheblichen Druck auf die Politik auszuüben (vgl. Kapitel 4.1).

Schließlich spielten auch wirtschaftspolitische Interessen Deutschlands eine entscheidende Rolle: Für die Deutsche Bundesbank war die Liberalisierung des Kapitalverkehrs ein Instrument der Disziplinierung gegenüber den europäischen Nachbarn. Sie war zugleich ein Hebel, um eine symmetrische Verteilung der Anpassungslasten bei innereuropäischen Ungleichgewichten im Rahmen von Festkurssystemen – erst Bretton Woods und dann das EWS – abzuwehren. Denn, so die Überlegung (vgl. Bakker 1996: 252-255), bei national abgeschotteten Kapitalmärkten und festen Wechselkursen würde die expansive Wirtschaftspolitik eines Landes, die mit (im Vergleich zu den deutschen) höheren Preissteigerungsraten verbunden wäre, zu einer (im Vergleich zur DM) Überbewertung der Währung dieses Landes führen. Infolge seiner höheren Importe aus der Bundesrepublik entstünde dadurch ein Aufwertungsdruck der DM. Die dann im Rahmen des EWS fälligen Interventionen der Bundesbank – Kauf der ausländischen Währung für DM – würden aber auch in Deutschland die Preise steigen lassen. Dieser Inflationsimport gefährde das vorrangige Ziel deutscher Geldpolitik, die Preisstabilität. Bei offenen Kapitalmärkten dagegen würden höhere Inflationsraten im Ausland dort Tendenzen zur Kapitalflucht hervorrufen. Das aber würde einerseits einen Abwertungsdruck erzeugen und andererseits die betroffenen Länder dazu zwingen, die Zinsen zu erhöhen, um Kapital im Land zu halten. Dies würde die Investitionen drosseln, die Produktion senken, die Arbeitslosigkeit in die Höhe treiben und auf diesem Weg die Inflationsrate senken. Die Anpassungslast bliebe so auf das Land beschränkt, das vom Stabilitätskurs nach deutschem Vorbild abweicht. Schließlich würde dies alles das betreffende Land über kurz oder lang zwingen, sich dem deutschen Konzept anzupassen und es in seiner Wirtschaftspolitik zu übernehmen. Die Liberalisierung des Kapitalverkehrs war in dieser Sicht also ein wesentliches Instrument, mit dem der deutsche Kurs in der Wirtschaftspolitik in Westeuropa durchgesetzt wurde.

Bei alledem ist es jedoch bemerkenswert, dass weder die einzelnen Länder noch die EU als supranationale Institution die Möglichkeit aus der Hand gegeben haben, im Not- oder auch nur im Bedarfsfall auf Kapitalverkehrsbeschränkungen zurückzugreifen. Zu erklären ist dies wohl einerseits damit, dass die politischen Akteure – trotz aller Marktrhetorik – der Effizienz internationaler Kapitalmärkte misstrauen. Andererseits spielt wohl auch die härtere internationale Konkurrenz und die Überlegung eine Rolle, im Notfall Kapitalverkehrsbeschränkungen als Mittel des Konkurrenzkampfes einzusetzen. Dies ist ja im Bereich des internationalen Handels trotz der Existenz eines offiziellen Freihandelsregimes und der Tätigkeit der WTO durchaus üblich. Bei der Mehrheit der Nichtmitglieder der OECD gibt es ohnehin nach wie vor Kapitalverkehrskontrollen.

Der IWF hat zwar in den vergangenen Jahren intensiv darauf hingewirkt, auch in den Entwicklungsländern die Kapitalmärkte völlig zu liberalisieren, und ist teilweise, beispielsweise bei Mexiko und Korea (als OECD-Mitgliedern) und den asiatischen Schwellenländern, erfolgreich gewesen. Die Erfahrungen der letzten Jahre haben diesen Bemühungen jedoch einen starken Dämpfer versetzt. Freie Kapitalmärkte gelten in der Sicht des IWF zwar nach wie vor als langfristige Bedingung für wirtschaftlichen Erfolg. Sie sollten allerdings nicht am Anfang der Entwicklung stehen, sondern erst dann eingeführt werden, wenn die nationalen Finanzmärkte etabliert und gefestigt sind.

Drittens: Die Möglichkeiten, in einem System schwankender Wechselkurse Kapital frei bewegen zu können und sich daher unliebsamen nationalen Regulierungen zu entziehen, haben ihrerseits die Regierungen dazu veranlasst, diese Regelungen teils zu lockern, teils aufzuheben. Die Entstehung des Euromarktes (vgl. Davis 1992) in den 60er Jahren in London hat hier als starker Katalysator gewirkt: Besitzer von Dollar konnten in London Geschäfte mit Dollar machen (z.B. Dollarkredite vergeben oder Dollarkonten führen), ohne den amerikanischen Zinsverboten oder -höchstgrenzen oder der Trennung von Kredit- und Investmentgeschäft unterworfen zu sein. Die Möglichkeit, dass inländische Banken im Zuge der Liberalisierung des Kapitalverkehrs ihre Geschäftätigkeit ins Ausland verlagern konnten, setzte die Regulierungsbehörden unter Druck, und diese reagierten mit einer Welle von Deregulierungen. In den USA wurden von 1980 bis 1982 das bis dahin geltende Verbot der Verzinsung von Sichteinlagen sowie sämtliche Zinshöchstvorschriften im Bankensektor beseitigt. 1999 hob der Kongress das aus dem Jahre 1933 stammende Gesetz auf, das die strikte Trennung zwischen Geschäftsbanken, Investmentbanken und Wertpapierhandel verfügt hatte. Auch in Japan, England und Frankreich verschwanden die meisten – allerdings nicht alle – Zinsregulierungen. Das französische Bankgesetz von 1984 hob die Trennung zwischen Geschäfts- und Investmentbanken auf (vgl. Klein 1998: 102-106), und die englische Regierung beseitigte 1986 in einem »Big Bang« alle Zulassungsbeschränkungen und Preisvorschriften für die Londoner Börse. In Deutschland kam es zunächst nicht zu besonderen Deregulierungen, weil es nur wenige Regulierungen gab. Im Zuge dreier »Finanzmarktförderungsgesetze« in den 90er Jahren sind aber auch diese noch einmal eingeschränkt worden (vgl. Meixner: 672-681).

Die Entwicklung der nationalen und internationalen Finanzmärkte erscheint in ihrer Abfolge tatsächlich wie ein von außen auferlegter und unbeeinflussbarer Zwang des Weltmarktes. Zuerst haben die Märkte die Freigabe der Wechselkurse erzwungen. Danach musste zwangsläufig die Liberalisierung des internationalen Kapitalverkehrs erfolgen. Diese ließ den nationalen Regierungen bei Strafe massenhafter Kapitalflucht keine andere Möglichkeit, als die binnenwirtschaftlich geltenden Vorschriften zu lockern oder abzuschaffen.

Dieser Sicht gegenüber ist jedoch darauf hinzuweisen, dass es sich hier, jedenfalls, was die großen Länder und die drei Blöcke angeht, nicht um Sachzwänge, sondern um politische Entscheidungen gehandelt hat. Sie sind – natürlich – unter dem Druck bestimmter Interessen zustande gekommen, waren aber weder logisch zwingend noch politisch unausweichlich. Unter anderen politischen Kräftekonstellationen hätten auch andere Entscheidungen mit anderen Konsequenzen gefällt werden können. Ebenso können einmal getroffene Entscheidungen auch wieder revidiert werden. Die Abschaffung der festen Wechselkurse geht auf die politische Entscheidung der amerikanischen Regierung zurück, ihren Vorteil in der Währungskonkurrenz zu suchen, statt die in der Tat untragbar gewordene Führungsrolle des Dollar durch ein kooperatives globales Währungssystem abzulösen. Die Liberalisierung des Kapitalverkehrs geht auf die unter Druck von Interessen und Verbänden getroffenen politischen Entscheidungen souveräner Staaten zurück, dem anlagesuchenden Kapital neue Möglichkeiten der Expansion zu bieten. Diese Entscheidung zieht allerdings politische Konsequenzen im Inneren nach sich: Um das Kapitel im Land zu halten, müssen ihm jetzt mindestens genau so günstige Verwertungsgelegenheiten geboten werden wie im Ausland.

Lesetipps

In diesem Kapitel ging es um die historischen Hintergründe für die Herausbildung der Finanzmärkte in ihre heutigen Form. Hierzu seien insbesondere folgende Arbeiten empfohlen (die sich nicht auf Finanzmärkte konzentrieren):

Eric Hobsbawm, Das Zeitalter der Extreme: Weltgeschichte des 20. Jahrhunderts, das 1994 auf englisch und 1995 auf deutsch beim Hanser-Verlag in Düsseldorf erschienen ist (Taschenbuchausgabe dtv 1998). In diesem Buch wird die Reformzeit als goldenes Zeitalter in ein ansonsten zerrissenes Jahrhundert eingebettet und auch der Aspekt der Gegenreform ab den 1970er Jahren deutlich artikuliert.

Den Bruch von einer kooperativen Konstellation zwischen Arbeit und Kapital zur Konfrontation bei gleichzeitiger engerer Verbindung zwischen Finanz- und Produktionskapital analysiert überzeugend *Stephan Schulmeister* in verschiedenen kleineren Schriften, u.a. in: *Der polit-ökonomische Entwicklungszyklus der Nachkriegszeit. Vom Bündnis Realkapital-Arbeit in der Prosperität zum Bündnis Realkapital-Finanzkapital in der Krise,* in: Internationale Politik und Gesellschaft, Heft 1,1998, S. 5-21.

Barry Eichengreen, einer der Stars der jüngeren Finanzmarktliteratur, zeichnet in seinem 1996 erschienenen Buch *Globalizing Capital. A History of the International Monetary System* (Princeton, Princeton University Press) die verschiedenen Phasen der Herausbildung globalisierter Kapitalmärkte nach und formuliert dabei die – wenn sie stimmt, folgenreiche – These, dass erstens die Freiheit der Kapitalmärkte historisch mit dem Fehlen von Demokratie verbunden war und zweitens unbeschränkte Kapitalmobilität auf die Dauer nicht zu verhindern ist. Was sagt das über die Perspektiven der Demokratie?

Zur Verdeutlichung des Hintergrundes, der Auslöser für die Regulierung der Finanzmärkte schon in den 30er Jahren war, empfiehlt sich das kleine Büchlein von *Charles P. Kindleberger, Die Weltwirtschaftskrise 1929-1939,* Erstauflage 1973, dritte deutsche Auflage München 1984 (DTV).

Schließlich noch ein Hinweis auf die umfassende Einbettung – und dadurch auch Relativierung! – der entfesselten Finanzmärkte in den großen systematischen Zusammenhang der Globalisierung: *Elmar Altvater, Birgit Mahnkopf, Grenzen der Globalisierung. Ökonomie, Ökologie und Politik in der Weltgesellschaft.* Münster 1996 (Westfälisches Dampfboot).

Kapitel 4:
Mehr Ungleichheit, mehr Unsicherheit, neue Krisen – Die Kosten entfesselter Finanzmärkte

1. Die Liberalisierung der Finanzmärkte, die zunächst vor allem Bestandteil und Begleiterscheinung der neoliberalen Gegenreform war, entwickelte sich in der Folge zu einem machtvollen Hebel für ihre weitere Durchsetzung. Denn mit der Liberalisierung des Kapitalverkehrs erhielt das Kapital die unbeschränkte Möglichkeit, sich unliebsamen politischen Regelungen zu entziehen. Auch Geschäftsleitungen von Unternehmen konnten mit der Drohung des Kapitalabzugs unter Druck gesetzt werden. Die Fortschritte der Informations- und Kommunikationstechnologie erlauben es, diese Exit-Option schnell und kostengünstig zu nutzen. Das verschafft den Finanzinvestoren eine große Durchsetzungsmacht gegenüber Unternehmen und Regierungen. Die Kosten dieser »Befreiung« der Finanzmärkte für die Gesellschaft lassen sich an der Veränderung der wirtschaftspolitischen Prioritäten, der zunehmenden Ungleichheit und Unsicherheit und dem Ausbruch neuer Finanzkrisen ablesen.

2. Die grundlegende Veränderung der wirtschaftspolitischen Hauptorientierung zugunsten des Neoliberalismus geht zwar nicht ursächlich auf die Herausbildung der Finanzmärkte in ihrer heutigen Form zurück, wurde aber durch sie maßgeblich unterstützt und mit vorangetrieben. Das Hauptinteresse von Finanzinvestoren ist die Stabilität des Geldwertes und ein hohes Zinsniveaus. Unter dem Druck dieses Interesses hat die Wirtschaftspolitik in allen großen Industriestaaten dem Kampf gegen die Inflation oberste Priorität gegeben. Preisstabilität wurde zunehmend nicht als ein Ziel neben anderen, sondern als oberste Spielregel betrachtet, der die Verfolgung aller anderen Ziele untergeordnet werden müsse. Da Inflation zudem als rein monetäres Phänomen – und nicht etwa als Ergebnis monopolistischer oder administrativer Preissetzung – aufgefasst wurde, be-

134

stand Anti-Inflationspolitik im Wesentlichen in einer Politik der Geld-
verknappung und der hohen Zinsen. Dies führte überall zur Verlangsamung des gesamtwirtschaftlichen Wachstums und steigender
Arbeitslosigkeit.

3. Demgegenüber geriet der Kampf gegen die Arbeitslosigkeit zunehmend aus dem Blickfeld und dem Zielkatalog der neuen Wirtschaftspolitik. Während neoliberale Positionen die fiskal- oder geldpolitische Verminderung der Arbeitslosigkeit unter eine neu erfundene
»natürliche Rate« zunächst für unmöglich erklärten, ging die nach-
folgende Diskussion so weit, eine gewisse Rate der Arbeitslosigkeit
sogar für wünschenswert zu halten, damit es nicht zu einer Beschleunigung der Inflation komme. In der Praxis hat die Geldpolitik allerdings nirgendwo so radikal-fundamentalistisch den Anti-Inflations-
kurs verfolgt wie in Deutschland und seit ihrer Gründung im Jahr
1999 in der Europäischen Währungsunion.

4. Die gesamtwirtschaftliche Entwicklung verlief unter dem Druck der
Finanzmärkte in den drei Zentren der kapitalistischen Welt sehr unterschiedlich: In den USA gab es seit Beginn der 90er Jahre einen
lange anhaltenden Aufschwung, der erst im Jahre 2000 durch eine
vergleichsweise milde Rezession abgelöst wurde. In Japan befindet sich die Wirtschaft demgegenüber seit Beginn der 90er Jahre in
einer Dauerkrise, für die sich auch zu Beginn des neuen Jahrtau-
sends kein Ausweg zeigt. In der EU blieben in den 90er Jahren auch
während des Aufschwungs am Ende des Jahrzehnts das Wirtschaftswachstum schwach und die Arbeitslosigkeit hoch, und die politisch
beschworene Revitalisierung ist nicht in Sicht. Gemeinsam ist allen
drei Zentren die Zunahme sozialer Ungleichheit und Unsicherheit
und der Ausbruch massiver Erschütterungen des Finanzsystems zu
Beginn der 90er Jahre (USA 1987, Japan 1990/91, EU 1992/93) und
zu Beginn des laufenden Jahrzehnts. Die ungleiche gesamtwirtschaftliche Entwicklung hat überdies zu erheblichen weltwirtschaftlichen Ungleichgewichten geführt.

5. Gleichzeitig mit der »Befreiung« der Finanzmärkte ist es auch wieder zu massiven Finanzkrisen gekommen. Obgleich sie seit Mitte
der 80er Jahre nach dem gleichen Muster ablaufen wie frühere Fi-

nanzkrisen, handelt es sich um einen neuen Typus. Das Neue daran ist, dass der Aufbau des Krisenpotentials nicht im Zuge eines allgemeinen Investitions-Booms erfolgt, sondern das Resultat einer Akkumulationskrise bei gleichzeitig hohen Profiten infolge rabiater Umverteilung von unten nach oben ist. Im ersten Fall wird die Finanzspekulation durch eine Welle von Euphorie, im zweiten durch die hektische Suche nach Verwertung eines Kapitalüberschusses angetrieben. In beiden Fällen kommt es zum Aufbau immer riskanterer Finanzpyramiden und zur Entstehung großer Spekulationsblasen – bis die Pyramiden einstürzen und die Blasen platzen.

6. Ein typisches Beispiel für den neuen Typ von Finanzkrise ist die jüngste Asienkrise. Sie ist – entgegen der mittlerweile nach kurzer Schrecksekunde wieder vorherrschenden Meinung – nicht in erster Linie das Ergebnis von Missständen in den betroffenen Ländern, die unmittelbar vor der Krise noch als Muster- und Wunderländer gefeiert wurden. Die Asienkrise ist vielmehr die über die Finanzmärkte ausgelagerte und verschobene Krise der Akkumulation in den kapitalistischen Zentren, deren Möglichkeiten zur Absorption des Kapitalüberschusses ab Mitte der 90er Jahre rapide zurückgingen. Ein hohes Zinsniveau und stabile Wechselkurse lockte dieses Kapital in Massen nach Asien, und unter diesem plötzlichen Ansturm mussten die dortigen Märkte zusammenbrechen.

7. In Argentinien ist die neoliberale Gegenreform in den 90er Jahren besonders radikal umgesetzt worden. Die rigide Bindung der Währung an den Dollar, die weitestgehende Öffnung der Güter-, Dienstleistungs- und Kapitalmärkte sowie eine umfassende Welle von Privatisierungen haben das Land dem internationalen Kapital geöffnet und es zur Ausplünderung freigegeben, die freilich immer in Kooperation mit der nationalen wirtschaftlichen und politischen Elite erfolgte. Aus dem einstigen Musterschüler des IWF ist ein ruiniertes Land geworden.

8. Die Gesamtkonstellation von Polarisierung und Instabilität in den Industrieländern und enormen ökonomischen Ungleichgewichten zwischen ihnen sowie den tiefen Krisen der Entwicklungsländer stellt ein bedrohliches Zukunftsszenario dar. Die Gefahr einer weltweiten

Deflation mit unkontrollierbaren Folgen ist nicht von der Hand zu weisen. Es ist allerdings nicht zwingend, dass sie Wirklichkeit wird. Die kapitalistische Weltwirtschaft kann noch eine ganze Weile so weitermachen wie bisher, sich von einer Krise zur anderen dümpeln und sich dadurch am Leben erhalten, dass immer neue Opfer gesucht und gefunden werden. Das ist zwar nicht erfreulich, aber nicht unwahrscheinlich. Um diese Entwicklung zu ändern und bessere Aussichten zu eröffnen, ist aktives politisches Handeln erforderlich. Dabei wird es in erheblichem Maße darauf ankommen, dass die Gesellschaft die Kontrolle über die losgelassenen Finanzmärkte und ihre Akteure zurückgewinnt.

1. Von der Vollbeschäftigung zur Mindestarbeitslosigkeit – Wirtschaftspolitik unter dem Druck der Finanzmärkte

Exit-Option als Hebel des Rollback

Außenwirtschaftliche Hebel spielten von Anfang an eine wesentliche Rolle bei der neoliberalen Wende seit Mitte der 1970er Jahre. Das Festkurssystem von Bretton Woods wurde abgeschafft und durch ein Regime schwankender Wechselkurse ersetzt. Die USA, England und Deutschland hoben bereits in den 70er Jahren die bislang zur Absicherung von Wachstum und Beschäftigung geltenden Beschränkungen des internationalen Kapitalverkehrs auf. Die meisten anderen OECD-Länder folgten in den 80er Jahren. Dies waren *politische Entscheidungen*, die zwar unter dem Druck von Interessen zustande gekommen sind, zu denen es aber Alternativen gegeben hätte. Einmal getroffen, hatten sie allerdings erhebliche Rückwirkungen für alle anderen Bereiche der Wirtschaft und die Wirtschaftspolitik. Sie haben zu einem Muster der Entwicklung geführt, das durch hohe Profitraten, steigende Arbeitslosigkeit, wachsende Armut und zunehmende soziale Polarisierung bei unterschiedlicher Dynamik und Stabilität von Wachstum und Beschäftigung gekennzeichnet ist.

Die Liberalisierung der Finanzmärkte hat den Unternehmen ein neues Instrument zur Durchsetzung ihrer Interessen gegenüber einer reformorientierten Wirtschaftspolitik in die Hand gegeben. Sie verschafft dem Geldkapital eine prinzipiell unbeschränkte Mobilität, die mit Hilfe moderner Kommunikations- und Informationstechnologien in kürzester Zeit realisiert werden kann. Unternehmen brauchen sich unter diesen Bedingungen nicht mehr auf eine sachliche Diskussion und demokratische Auseinandersetzung einzulassen, um eine günstige Gestaltung ihrer Verwertungsbedingungen durch die Politik zu erreichen. Sie können sich statt dessen auf die Drohung beschränken, ihr Kapital abzuziehen. Diese Drohung ist, auch wenn sie letztlich nicht wahrgemacht wird, ein wirksamer Hebel zur Durchsetzung der Kapitalinteressen – solange es dagegen keinen koordinierten internationalen Widerstand gibt, sondern Staaten als Standorte konkurrieren. Die leichten und schnellen *Exit-Optionen* für Finanzanleger erscheinen als massive Gefahr für die wirtschaftliche Entwicklung und setzen die Regierungen unter Druck: Um das Geld im Land zu halten, muss Wirtschaftspolitik sich den Forderungen der Finanzinvestoren weitgehend beugen. Deren Interessen richten sich in erster Linie auf einen dauerhaft stabilen Geldwert, hohe Zinsen und niedrige Steuern, nicht aber auf die Produktion von Gütern und Dienstleistungen, Wirtschaftswachstum und Beschäftigung oder gar sozialen Wohlstand.

Die Exit-Option, d.h. die Drohung, jederzeit das Land verlassen und sich an einem anderen Standort niederlassen zu können, wo die Gewinnperspektiven für das Kapital günstiger sind, ist zwar nicht besonders überzeugend bei produzierenden Unternehmen, die ihre Produktionsanlagen nicht ohne weiteres und vor allem nicht ohne Kosten abbauen und in einem anderen Land wieder aufbauen können. Sie können nur damit drohen, ihre Gewinne in einem anderen Land anzulegen. Aber die Existenz umfangreicher und liquider Finanzmärkte trägt dazu bei, dass die Besitzer von Aktien und Anleihen, insbesondere die großen institutionellen Anleger, sich zurückziehen und ihre Papiere verkaufen können. Das hätte schmerzhafte Konsequenzen, und daher tut die Politik alles, um dies zu verhindern. Das verschafft dem Drohpotential der Exit-Option hohe Durchschlagskraft. Sie wird dazu eingesetzt, Regierungen und Parlamente auf drei Ziele zu verpflichten:

Erstens hat Wirtschaftspolitik vorrangig dafür zu sorgen, dass nationale Unternehmen international erfolgreich expandieren können. Sie hat sie für den Kampf um Weltmarktanteile zu munitionieren, ihre *internationale Wettbewerbsfähigkeit* zu stärken. Zu den wichtigsten Instrumenten gehören radikale Kostensenkungen im Inland zur Verbesserung der preislichen Wettbewerbsfähigkeit. Hierzu dienen in erster Linie Steuerentlastungen für die Unternehmen, die Senkung ihrer Lohn(neben)kosten, und die Lockerung investitionshemmender Vorschriften auf der einen, strategische Industriepolitik zur Herstellung, zur Sicherung und zum Ausbau von Wettbewerbsvorsprüngen auf der anderen Seite. Eine Geldpolitik, die sich ausschließlich auf den Kampf gegen die Inflation konzentriert und sich um Wachstum und Beschäftigung nicht kümmert, soll Inlandsunternehmen in die Lage versetzen, im Ausland erfolgreich zu konkurrieren.

Zweitens muss Wirtschaftspolitik dafür sorgen, dass inländische Unternehmen zwar international expandieren, aber nicht auswandern. Zu diesem Zweck, und um zusätzliche ausländische Investoren anzulocken, muss die *Wettbewerbsfähigkeit des nationalen Produktionsstandortes* gestärkt werden. Die Mittel hierzu sind im Wesentlichen die gleichen wie die zur Stärkung der Expansionsfähigkeit: Lohnsenkung, Beschränkung der Sozialabgaben, Senkung der Unternehmens- und Kapitalertragsteuern und weitestmögliche Beseitigung aller Vorschriften zum Umwelt-, Arbeits- oder Kündigungsschutz, die die Unternehmen Geld kosten.

Drittens muss Wirtschaftspolitik sich ganz besonders darum kümmern, die *Attraktivität des nationalen Finanzplatzes* zu steigern, damit Unternehmen, SparerInnen und die großen Finanzinstitutionen ihr Geld nicht aus dem Land abziehen. Die Zinsen müssen so hoch sein, dass kein Anreiz besteht, im Ausland Wertpapiere zu kaufen. Die Politik muss nicht nur dafür sorgen, dass die Inflation niedrig ist, sie muss auch den Eindruck vermitteln, dass dies so bleibt. Sie muss also die Inflation*erwartungen* niedrig halten. Finanzanleger wollen Sicherheit. Sie müssen nicht nur davon überzeugt werden, dass die aktuelle Wirtschaftspolitik ihren Interessen entspricht, sondern auch davon, dass die zukünftige dies auch tun wird. Langfristige Glaubwürdigkeit ist ebenso wichtig wie die aktuelle Ausrichtung der Politik an den Interessen der Investoren. Andererseits muss die kurzfristige Perspektive auch bedient werden: An der Börse muss nicht unbedingt der Glaube an die strategische Solidität und langfristige Rentabilität der gehandelten Unternehmen vorherrschen. Entscheidend ist, dass ein Glaube an kurzfristig steigende Aktienkurse erzeugt wird, die den »Shareholder value« bestimmen.

Wirtschaftspolitik als Anti-Inflationspolitik

Dieser dreifache Druck hat eine radikale Transformation der Wirtschaftspolitik bewirkt: Statt mehrere Ziele – Wachstum, Beschäftigung, Einkommen, soziale Sicherheit etc. – gleichzeitig zu verfolgen und in einem kompromisshaften politischen Prozess aufeinander abzustimmen, ist sie zur Antiinflations- und Austeritätspolitik verkümmert, die mit verbissenem Fundamentalismus betrieben wird: Niedrige Inflationsraten liegen im Interesse der exportorientierten Unternehmen *und* der Finanzinvestoren, zumal wenn sie mit Hilfe hoher Zinsen durchgesetzt werden. Wirtschaftliche Stabilität wird zur Preisstabilität verengt und zur obersten *Spielregel* erklärt, die bei der Verfolgung aller Ziele vorrangig zu beachten ist. Gleichzeitig setzt sich eine Inflationstheorie durch, die Preissteigerungen nicht als Ergebnis unternehmerischer Entscheidungen, sondern als quasi automatische Folge von Kosten- und Ausgabenentwicklungen betrachtet. Also heißt Anti-Inflationspolitik in erster Linie, die Unternehmen von Kosten zu entlasten: Senkung der Löhne, der Sozialabgaben und der Unternehmenssteuern.

Der Kampf gegen die Inflation erfreut sich großer gesellschaftlicher Akzeptanz. Sie wird von der Masse der ArbeitnehmerInnen und VerbraucherInnen begrüßt, deren frustrierende Erfahrung es während der 1960er und 1970er Jahre war, dass die Zuwächse ihrer Einkommen zum großen Teil durch Preissteigerungen aufgefressen wurden. Wegen der damit verbundenen Kostensenkungen findet Antiinflationspolitik bei den Unternehmen insgesamt Unterstützung. Ganz besonders aber liegt sie im Interesse zweier Kapitalgruppen: Die exportierenden Unternehmen können durch niedrige Inflationsraten ihre preisliche Wettbewerbsfähigkeit stärken, und für die Finanzanleger bleibt der Wert ihres Vermögens stabil.

Für die abhängig Beschäftigten ist der Vorteil niedriger Inflationsraten allerdings teuer erkauft und zu einem erheblichen Teil illusionär. Dies folgt insbesondere aus der Art und Weise, wie sich in einer ausschließlich gegen die Inflation gerichteten Wirtschaftspolitik der Stellenwert der Vollbeschäftigung und des Kampfes gegen die Arbeitslosigkeit verändert hat (vgl. Rothschild 1990; 1994). Hier lassen sich drei Phasen unterscheiden:

In der *ersten* Phase tritt die Beschäftigung als wirtschaftspolitisches Ziel »nur« in den Hintergrund gegenüber dem Ziel der Preisstabilität. Begründet wird das mit der Versicherung, niedrige Inflationsraten seien – in Verbindung mit privatem Eigentum und offenen Märkten – die sichersten Garanten für Wachstum und Beschäftigung, Inflation sei demgegenüber Gift für die Wirtschaft und die Arbeitsplätze. Diese Behauptungen werden allerdings empirisch nicht bestätigt.

Schon der Augenschein belegt vielmehr, dass die drastische Senkung der Inflationsraten in der EU in den 1980er Jahren mit einer ebenso drastischen Zunahme der Arbeitslosigkeit einhergegangen ist (vgl. Schaubild 21). Neuere und mit entwickelteren ökonometrischen Methoden arbeitende Untersuchungen (vgl. Sarel 1997, Stiglitz 1998, Barro 1997) kommen zu dem Ergebnis, dass ein negativer Zusammenhang zwischen Wachstum und Beschäftigung auf der einen und Inflation auf der anderen Seite erst bei relativ hohen Inflationsraten besteht – Sarel geht von einer Schwelle von 8%, Stiglitz sogar von 40% aus. Unterhalb dieser Schwelle gibt es entweder keinen oder sogar einen schwachen positiven Zusammenhang: Maßvolle Steigerungen des allgemeinen Preisniveaus wirken als monetärer Nachfragevorlauf anregend auf die Produktion. Auf die wirtschaftspolitischen Hardliner haben diese Erkenntnisse allerdings bislang keinen Eindruck gemacht.

In der *zweiten* Phase wird die Arbeitslosigkeit nicht zum zweitrangigen, sondern zum unvermeidbaren Problem erklärt. Gegenüber der »natürlichen« Arbeitslosigkeit sei Wirtschaftspolitik prinzipiell machtlos; sie könne allenfalls ein Strohfeuer entfachen, nach dessen Verlöschen die Arbeitslosigkeit auf die alte, eben natürliche, Höhe zurückkehre, die Inflation aber dauerhaft gestiegen sei. Diese von Milton Friedman schon Ende der 60er Jahre verkündete (vgl. Friedman 1968) – und angesichts hoher Preissteigerungen, niedrigen Wachstums und hoher Arbeitslosigkeit (Stagflation) damals plausibel erscheinende – Lehre wurde in den 70ern in einem schnellen Siegeszug in den Universitäten zur herrschenden Lehre und zum Standard für wirtschaftspolitische Beratung.

In der *dritten* Phase erhält die Behandlung von Beschäftigung und Arbeitslosigkeit ihren bislang letzten wirtschaftspolitischen Kick: Eine bestimmte Arbeitslosigkeit sei nicht nur wenig problematisch, sie sei nicht nur unvermeidbar, sondern sie sei auch gut und notwendig und müsse gegebenenfalls wirtschaftspolitisch aufrechterhalten bzw. hergestellt werden. Denn wenn die Arbeitslosigkeit mehr oder minder gewaltsam unter den »natürlichen« Standard gedrückt werde, führe dies sofort – wegen der damit verbundenen Lohn- und damit zwangsweise auch Preissteigerungen – zur Beschleunigung der Inflation und verletze die grundlegende Spielregel für jede wirtschaftliche Entwicklung. Hiergegen müsse Wirtschaftspolitik – insbesondere Geldpolitik – etwas unternehmen. Es wird also eine gewisse Mindestarbeitslosigkeit gefordert: die NAIRU (Non-accelerating-inflation-rate of unemployment) ist die Rate der Arbeitslosigkeit, die erforderlich ist, damit die Inflationsrate nicht steigt (vgl. Ormerod 1993, Palley 1996, Palley 1999, Cross 1995).

Theoriegeschichtlich handelt es sich hierbei um das Aufgreifen und die radikale Uminterpretation eines Tatbestandes, der in den 1960er Jahren unter dem Namen Phillips-Kurve diskutiert und zum Hintergrund für Beschäftigungspolitik gemacht wurde (vgl. Rothschild 1994): Der statistisch beobachtete negative Zusammenhang zwischen der Rate der Arbeitslosigkeit und der Steigerungsrate der Löhne war schon früh über eine entsprechende Cost-push-Theorie der Inflation (Lohnsteigerungen, die über die Rate der Produktivitätssteigerung hinausgehen, führen zur Inflation) hinsichtlich des Zusammenhangs zwischen Arbeitslosigkeit und Inflationsrate und damit zugleich als wirtschaftspolitischer Manövrierspielraum interpretiert worden. Die Arbeitslosigkeit könne durch eine expansive Wirtschaftspolitik bekämpft werden, wenn die Politik bereit sei, ein Ansteigen der Inflation in Kauf zu nehmen. Auf dieser Grundlage lässt sich eine gesellschaftlich akzeptable Kombination von Inflationsrate und Arbeitslosenrate wählen und wirtschaftspolitisch verwirklichen, etwa nach dem Motto: »Fünf Prozent Inflation und zwei Prozent Arbeitslosigkeit sind besser als fünf Prozent Arbeitslosigkeit bei zwei Prozent Inflation.«

Nachdem diese wirtschaftspolitische Schlussfolgerung durch die Behauptung, die Arbeitslosigkeit lasse sich langfristig nicht unter eine bestimmte »natürliche« Höhe senken, kurzzeitig verworfen worden war, greift die NAIRU-These sie wieder auf, allerdings in einer asymmetrischen Form und mit radikal beschäftigungsfeindlicher Stoßrichtung: Die Inflationsrate kann dadurch gesenkt werden, dass die Arbeitslosigkeit zunimmt. Es gibt ein Niveau, unter das die Arbeitslosigkeit nicht gesenkt werden *sollte*, um die wirtschaftliche Entwicklung nicht durch steigende Inflationsraten zu destabilisieren. Auf diesem Niveau muss sie durch Wirtschaftspolitik gehalten werden. Das erfordert energisches staatliches Handeln. Denn die mit Arbeitslosigkeit verbundenen Einbußen an Einkommen bedeuten eine erhebliche Belastung für die ArbeitnehmerInnen und Gewerkschaften. Sie werden daher versuchen, sich in Tarifauseinandersetzungen zu wehren. Wenn sie Erfolg haben und mit den Löhnen die Kaufkraft und Beschäftigung steigen, entsteht die Gefahr, dass die Arbeitslosigkeit unter das Niveau fällt, das für die Stabilität der Preise erforderlich ist. Dann muss durch eine kontraktive Geldpolitik gegengesteuert werden, die über steigende Zinsen das Wachstum abwürgt.

Die Folgen sind weniger Beschäftigung und höhere Arbeitslosigkeit auf der einen und – wegen der hohen Arbeitslosigkeit und der dadurch verursachten Schwächung der Gewerkschaften – niedrigere Einkommenssteigerungen oder sinkende Nominaleinkommen der Beschäftigten auf der anderen Seite. Sie haben wenig von sinkenden Preisen, wenn ihre Einkommen auf breiter Front ebenfalls – im Falle von Arbeitslosigkeit sogar radikal – zurückgehen. Diese Politik ist nirgendwo so konsequent betrieben worden wie in Deutschland und – unter deutschem Druck – in den 1990er Jahren zunehmend auch in Europa. Das Ergebnis ist eindrucksvoll: Die Inflationsrate ist in der Tat drastisch vermindert worden. Der Preis dafür waren ein drastischer Anstieg der Arbeitslosigkeit und eine rabiate Umverteilung des Volkseinkommens zu Lasten der Löhne und Gehälter (vgl. Schaubilder 21 und 22).

Es bleiben als Begünstigte der wirtschaftspolitischen Neuorientierung die Exporteure und die AnlegerInnen an den Finanzmärkten. Auch zwischen ihnen

Schaubild 21: Arbeitslosigkeit und Inflation in der EU 15, 1975-2002

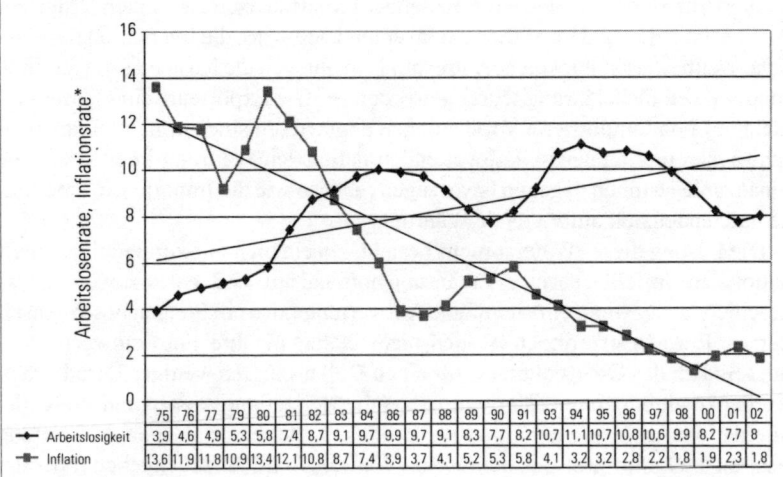

	75	76	77	79	80	81	82	83	84	86	87	88	89	90	91	93	94	95	96	97	98	00	01	02
◆ Arbeitslosigkeit	3,9	4,6	4,9	5,3	5,8	7,4	8,7	9,1	9,7	9,9	9,7	9,1	8,3	7,7	8,2	10,7	11,1	10,7	10,8	10,6	9,9	8,2	7,7	8
■ Inflation	13,6	11,9	11,8	10,9	13,4	12,1	10,8	8,7	7,4	3,9	3,7	4,1	5,2	5,3	5,8	4,1	3,2	3,2	2,8	2,2	1,8	1,9	2,3	1,8

* Preisdeflator der privaten Konsumausgaben. Quelle: Europäische Wirtschaft, Nr. 73, 2001, Statistischer Anhang, Tabellen 3 und 25

Schaubild 22: Entwicklung der Lohnquote* in der EU 15, 1975-2002

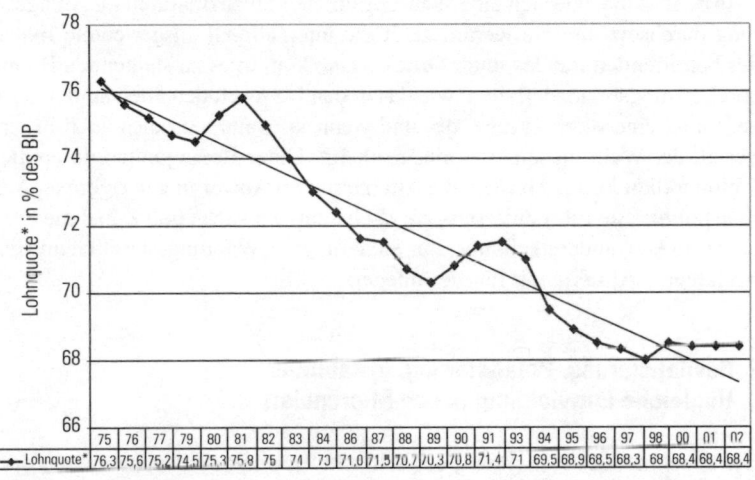

	75	76	77	79	80	81	82	83	84	86	87	88	89	90	91	93	94	95	96	97	98	00	01	02
◆ Lohnquote*	76,3	75,6	75,2	74,5	75,3	75,8	75	74	73	71,0	71,5	70,7	70,3	70,8	71,4	71	69,5	68,9	68,5	68,3	68	68,4	68,4	68,4

* bereinigt um Veränderungen der Beschäftigung. Quelle: Europäische Wirtschaft, Nr. 73, 2001, Statistischer Anhang, Tabelle 32

143

gibt es jedoch tendenziell einen Konflikt. Im internationalen Vergleich niedrige Inflationsraten und die damit verbundene hohe Attraktivität des nationalen Geldes bewirken – ebenso wie ein anhaltender Exportüberschuss – einen Druck zur Aufwertung, der, in dem Maße, in dem er realisiert wird, die internationale preisliche Wettbewerbsfähigkeit beeinträchtigt – nicht weil die Kosten gestiegen sind, sondern weil die Währung teurer geworden ist. Die Exporteure sind (sofern sie nicht auf hohe importierte Vorleistungen angewiesen sind) prinzipiell an einer schwachen und tendenziell abwertenden nationalen Währung interessiert; die FinanzanlegerInnen dagegen bevorzugen (ebenso wie die Importeure) eine starke und tendenziell aufwertende Währung.

Die Lösung dieses Widerspruchs besteht – in einem nicht-kooperativen internationalen Umfeld – darin, die Währung nominal auf- und real abzuwerten. Das geschieht dann, wenn eine nominale Aufwertung (also ein Steigen des Wechselkurses: Euro-Besitzerinnen können mehr Dollar für ihre Euro einwechseln – oder Sinken des Devisenkurses: für einen Dollar müssen weniger Euro bezahlt werden) dadurch kompensiert wird, dass die Herstellungskosten und Preise der international gehandelten Güter weiter sinken. Bei einer 5%igen Aufwertung müssen die Exportpreise in heimischer Währung um 5% zurückgehen (oder um 5 Prozentpunkte weniger stark steigen als die der Importländer), damit die preisliche Wettbewerbsfähigkeit unverändert bleibt. Wenn sie stärker sinken (bzw. der Abstand zwischen den nationalen und den Preissteigerungen im Ausland größer als 5 Prozentpunkte ist) steigt die internationale Wettbewerbsfähigkeit der nationalen Produkte trotz nominaler Aufwertung.

In dem Maße, wie sich eine Währung auf den Finanzmärkten als Anlagewährung durchsetzt und aufwertet, gerät die international ausgerichtete Industrie des betreffenden Landes unter Druck. Dann kommt es zu steigenden Handels- und Leistungsbilanzdefiziten, wie das in den USA seit den 80er Jahren der Fall ist. Es ist eine offene Frage, ob, und wenn ja, wann sich dies auch in einem Verfall der Währungsqualität niederschlägt. Unter Bedingungen unregulierter Weltmarktkonkurrenz besteht die Alternative zur Abwertung in rigoroser Austeritätspolitik. Sie führt einerseits zu Wachstumsschwäche und Zunahme der Arbeitslosigkeit, andererseits aber zur Sicherung der Währungsstabilität und damit zur höheren Attraktivität für die Anleger.

2. Revitalisierung, Polarisierung, Instabilität: Ungleiche Entwicklung in den Metropolen

Die zunehmende Ausrichtung der Wirtschaftspolitik an den Interessen der Finanzinvestoren während der letzten beiden Jahrzehnte ist in den drei großen Zentren des Kapitalismus USA, Japan und Europa nicht in gleicher Weise verlaufen, und sie ist nicht in gleichem Maße abgeschlossen. Die historischen Ausgangsbedingungen und die inneren Konstellationen und Kräfteverhältnisse waren in den 1970er Jahren sehr unterschiedlich, und sie sind es teilweise heute noch. In den USA waren die Finanzmärkte schon in den 70er Jahren sehr viel weiter entwickelt als in Japan und Europa. Demgegenüber gab es in Japan eine stärker ausgeprägte Verflechtung zwischen Staat und Wirtschaft und eine offensive weltmarktorientierte Industriepolitik. In Europa musste und muss sich das Finanzkapital mit den korporatistischen Strukturen des »rheinischen Kapitalismus« auseinandersetzen.

Bei aller Unterschiedlichkeit lassen sich dennoch einige Gemeinsamkeiten der Entwicklung in den drei großen Zentren seit Beginn der 80er Jahre erkennen:

Erstens ist in allen drei Zentren in den 80er Jahren die Profitrate gestiegen.

Zweitens ist der traditionelle soziale Zusammenhang gelockert worden, haben Ungleichheit und soziale Polarisierung zugenommen.

Drittens hat es in allen drei Zentren schwere finanzielle Erschütterungen gegeben, deren gesamtwirtschaftliche Auswirkungen allerdings sehr unterschiedlich waren und sind.

Die USA: Revitalisierung, Polarisierung und neue Unsicherheit[1]

Die beiden wesentlichen Ereignisse in den 1970er Jahren, die eine neue Phase der wirtschaftlichen Entwicklung und der Wirtschaftspolitik in den USA einleiteten, sind die Aufkündigung des Regimes der festen Wechselkurse (1971 und 1973) und der Übergang zum Vorrang der Inflationsbekämpfung Ende der 70er Jahre. Im August 1979 kommt Paul Volcker an die Spitze der amerikanischen Zentralbank und leitet einen wirtschaftspolitischen Kurswechsel ein (vgl. James K. Galbraith 1998: Kapitel 13). Die kurzfristigen Zinsen, die schon seit 1977 (5,3%[*]) leicht stiegen, werden in mehreren Stufen drastisch angehoben und erreichten 1981 das Nachkriegs-Rekordniveau von 14,0%. Als Folge sinkt die gesamtwirtschaftliche Produktion im Jahre 1982 um 2,1%, das ist der stärkste Rückgang in der Nachkriegsgeschichte der USA. Die Arbeitslosigkeit folgt mit einiger Verzögerung: Ihre Quote, die 1979 bei 5,8% und 1980 bei 7,1% gelegen hatte, nahm 1982 auf 9,7% und 1983 auf 9,6% zu, ebenfalls Rekordwerte in der Nachkriegsgeschichte.

---

[1] Eine hervorragende Darstellung der wirtschaftlichen Entwicklung und Lage der USA sowie der Wirtschaftspolitik der amerikanischen Regierung bis Mitte der 90er Jahre gibt James K. Galbraith 1998. Vgl. auch Samuel Bowles/David M. Gordon/Thomas E. Weisskopf 1990, David M. Gordon 1996, Robert Pollin/Elizabeth Zahrt 1997, Todd Schafer/Jeff Faux 1996, Lawrence Mishel/Jared Bernstein 1994.

[*] Wenn nicht anders vermerkt, sind die Zahlen bei der Darstellung der USA, Japans und der EU in den folgenden Abschnitten dem statistischen Anhang von Europäische Wirtschaft Nr. 73, 2001 entnommen.

Die 80er Jahre waren die Zeiten der Reagonomics: Kampf gegen die Gewerkschaften mit dem Ergebnis ihrer Schwächung; massive Steuersenkungen und eine ebenso massive Steigerung der öffentlichen Ausgaben durch rabiate Aufrüstung im Rahmen des Kampfes des Präsidenten gegen das »Reich des Bösen«. Die staatliche Neuverschuldung, die im Jahre 1979 bei 0,9% des BIP gelegen hatte, stieg zunächst infolge der Krise bis auf 5,6% in 1983 und dann nach einer Periode konjunktureller Erholung im erneuten Abschwung zwischen 1989 und 1992 von 3,3% auf 5,9%. Die gesamte Zinsbelastung des Staates hatte 1978 bei 2,6% des Bruttoinlandsproduktes gelegen und erreichte 1991 mit 5,3% ihren Höhepunkt.

Die Konjunkturkrise endete 1991. Sie wurde von einer zehnjährigen Phase relativ kräftigen und im Vergleich zu den beiden vorausgegangenen Jahrzehnten schwankungsfreien Wachstums abgelöst, in dessen Verlauf die Arbeitslosenquote von 7,5% im Jahre 1992 auf 4,0% im Jahr 2000 zurückging. Diese durch aktive Wirtschaftspolitik geförderte positive Entwicklung und eine radikale Kürzung von Sozialausgaben durch die Regierung Clinton (1991-2001) haben dazu geführt, dass die staatliche Neuverschuldung von 5,9% des BIP in 1992 radikal abgebaut und in einen Überschuss in Höhe von 1,7% des BIP verwandelt wurde. In der Folge ging die Zinslast bis 2002 auf 3,2% zurück.

Erst im Jahre 2000 kam es – zeitgleich mit der abrupten Trendwende an den Börsen und dem Kollaps der Technologiewerte – zu einer erneuten Rezession. Das Wachstum, das im ersten Halbjahr 2000 noch 4,0% betragen hatte, ging im 4. Quartal auf 1,9% und in den beiden ersten Quartalen von 2001 weiter auf 1,3% und 0,3% zurück. Im dritten Quartal, in das der Terrorangriff vom 11. September fiel, kam es dann erstmals seit fast zehn Jahren zu einem realen Rückgang der Inlandsproduktion.

Er war allerdings nicht von Dauer: Schon im vierten Quartal 2001 lag die Produktion wieder um 1,7% und im 1. Quartal 2002 sogar um 6,1% über der entsprechenden Vorjahresperiode. Der Abschwung war kurz, und er war weniger tief als die Rezession zu Beginn der 90er Jahre. Auf das Jahr gesehen ist die Zunahme der gesamtwirtschaftlichen Produktion 2001 gegenüber dem Vorjahr zwar drastisch – von 4,1% auf 1,2% – gefallen, aber im Unterschied zum Jahr 1991 (-0,5%) war es immerhin noch eine Zunahme.

Trotz der ausgeprägten Konjunkturzyklen und der abrupten wirtschaftspolitischen Wendungen ist die gesamtwirtschaftliche Entwicklung in den USA im langfristigen Trend bemerkenswert stabil geblieben, wie ein Vergleich der Durchschnittswerte für die letzten drei Jahrzehnte zeigt (vgl. Tabelle 17). Dazu dürfte vor allem der gleichmäßige Verlauf der Inlandsnachfrage und insbesondere des privaten Verbrauchs beigetragen haben, der in den 80er Jahren den Einbruch der Investitionen kompensiert hat.

Die für die Unternehmen besonders günstige Entwicklung seit Beginn der 1980er Jahre hat sich auch in den Gewinnen niedergeschlagen. Sie lagen im

Tabelle 17: Wirtschaftliche Indikatoren für die USA, 1971-2002

	1971-80*	1981-90*	1991-2000*	2001-2002
Wachstum (in Preisen von 1995)				
Bruttoinlandsprodukt	3,2	3,2	3,3	0,7
Privater Konsum	3,3	3,4	3,4	1,0
Bruttoanlageinvestitionen	3,6	2,7	6,4	-2,1
Inlandsnachfrage	2,8	3,3	3,6	0,8
Erwerbstätige	2,1	1,8	1,6	-0,4
Arbeitslosenquote	6,4	7,1	5,6	5,3
Kurzfristige Zinsen	6,9	8,5	5,1	3,5
Inflationsrate (BIP)	7,0	4,3	2,2	2,1
Kurzfristige Realzinsen	-0,1	4,2	2,9	1,4
Lohnquote (bereinigt)	70,0	68,7	67,2	67,8
Öffentliches Defizit**	2,1	4,4	2,4	2,0
Saldo der Leistungsbilanz**	0,2	-1,7	-1,7	-3,5

* Zehnjahresdurchschnitte
** in % des BIP zu Marktpreisen
Quelle: Europäische Wirtschaft, Nr. 73, 2001, Statistischer Anhang; IMF,World Economic Outlook,
October 2001, Statistical Appendix: Table 14

Durchschnitt der Jahre 1980 bis 1989 bei 262 Mrd. Dollar und im Durchschnitt der 1990er Jahre bei 602 Mrd. Dollar, also mehr als doppelt so hoch. Dabei gibt es eine deutliche Differenzierung zwischen den finanziellen und nichtfinanziellen Sektoren: In letzteren fand ein Anstieg von 233 Mrd. Dollar auf 478 Mrd. Dollar, also auf etwas mehr als das Doppelte, statt, im Finanzsektor (ohne Zentralbanksystem) dagegen von 29 Mrd. Dollar auf 122 Mrd. Dollar, also auf mehr als das Vierfache. 1980 entfiel knapp ein Zehntel (9,7%) der Unternehmensgewinne auf den Finanzsektor, im Jahr 2000 war dieser Anteil auf gut ein Fünftel (20,9%) gestiegen (vgl. Economic Report of the President, 2002: 380).

Die offensichtliche Belebung der amerikanischen Wirtschaft und die starke Zunahme der Unternehmensgewinne ist allerdings mit einer starken Zunahme der Ungleichheit bei Einkommen und Vermögen einhergegangen. Das betrifft nicht nur die Verteilung zwischen Profiten auf der einen und Löhnen und Gehältern auf der anderen Seite, sondern ebenso die Polarisierung zwischen Arm und Reich bei den Haushaltseinkommen. Profitiert von dem Boom haben vor allem die oberen Einkommensschichten. Zwischen 1983 und 1998 stieg der Anteil der 5% reichsten Haushalte am verfügbaren Einkommen aller Haushalte von 16,4% auf 21,7% und der des reichsten Fünftels von 44,7% auf 49,2%, während der Einkommensanteil der unteren 40% der Haushalte von 14,1% auf 12,5% zurückging (vgl. Wolff 2000: 6). Die Konzentration des Geldvermögens war noch sehr viel höher, und sie nahm ebenfalls weiter zu: Der Anteil der oberen 5% am gesamten Geldvermögen der Haushalte in den USA stieg zwischen 1983 und 1998 von 56,1% auf 59,4%, während bei den unteren 40% der Anteil von 0,9% weiter auf 0,2% sank (vgl. ebenda). Die Zahl der offiziell als arm registrierten Menschen, die zwischen 1960 und 1980 von 40 Millionen auf 25 Millionen gesunken war, stieg bis 1993 wieder auf 39 Millionen. Im Zuge des Wachstums ging sie dann auf 31 Millionen in 2000 zurück. Nach wie vor haben mehr als ein Fünftel (22,0%) aller Schwarzen und mehr als ein Drittel (34,6%) aller Haushalte, in denen eine schwarze Frau Haushaltsvorstand ist, ein Einkommen, das unterhalb der offiziellen Armutsgrenze liegt (vgl. Economic Report of the President 2002: Tabelle B 33). Die Zahl der Arbeitsplätze hat stark zugenommen, ihre Qualität und Bezahlung aber abgenommen, während gleichzeitig der soziale Schutz weiter abgebaut worden ist (vgl. Bernstein/Gerfinkel 1994, Gordon 1996b; Galbraith 1998: 133ff.). Diese Hypothek wird die weitere Entwicklung erheblich belasten.

Bemerkenswert ist, dass der amerikanische Aufschwung von einer Reihe gravierender finanzieller Erschütterungen und Krisen begleitet war, die jedoch kaum einen Einfluss auf die gesamtwirtschaftliche Entwicklung hatten:

■ Anfang der 80er Jahre wurden die Zinsobergrenzen für Bankeinlagen abgeschafft und die strenge Abschottung des Hypotheken- und Immobiliengeschäftes vom sonstigen Finanzgeschäft gelockert. Diese Deregulierung hat dem Immobiliensektor sehr schnell sehr hohe Mittel zugeführt, die Konkurrenz enorm verschärft und eine beispiellose Spekulationswelle ausgelöst. An ihrem Ende standen der Zusammenbruch eines erheblichen Teils der Bausparkassen (Savings and Loan) sowie ein staatlich zu tragender Verlust, der auf 200 Mrd. bis 500 Mrd. $ geschätzt wird (vgl. Robert E. Litan: 389-392).

■ In der zweiten Hälfte der 80er Jahre erschütterte darüber hinaus eine Welle von Unternehmensaufkäufen die Finanzmärkte, die auf hochspekulative Weise durch Kredite oder Anleihen mit hohem Risiko (junk bonds) finanziert waren und dem Grundsatz folgten, dass die Summe der Teile mehr als das Ganze ist. Die Aufkäufer (raider) übernahmen die Unternehmen, zerlegten sie in Einzelteile, die sie jeweils mit Gewinn verkauften. Die Philosophie dahinter war die oft durchaus zutreffende Überlegung, dass historisch gewachsene und komplexe Unternehmen vielfach Ineffizienzen und Verkrustungen entwickeln und beibehalten und damit die Rendite schmälern.

Die Konzeption des schlanken Unternehmens hat hier ihren rationalen Ursprung. Sie wurde in der Folge aber immer mehr zum Symbol für Ausschlachten und Massenentlassungen und zum Hebel, um das Prinzip der kurzfristigen Shareholder value durchzusetzen. Die Welle spekulativ finanzierter Fusionen brach Anfang der 90er Jahre ab, als einige besonders massive Betrügereien aufflogen und die bekannteste Firma (Burnham, Drechsel & Lambert) zusammenbrach. Seit 1997 lässt sich in den USA jedoch eine Wiederbelebung der Junk-bond-Spekulation beobachten.

■ Inmitten dieser enorm überhitzten Entwicklung kam es seit der ersten Hälfte 1986 zu einem massiven Anstieg der Börsenkurse mit einem anschließenden Krach: Der Standard und Poor Index der 500 größten Börsenwerte, der im Jahresdurchschnitt 1985 bei 187 gelegen hatte, stieg von Januar 1996 bis Oktober 1987 auf 320, ehe er an einem einzigen Tag, am 19. Oktober 1987, um über 20% abstürzte. An diesem Tag drohte eine massive Börsen- und dann natürlich auch Bankenpanik, die zum Zusammenbruch des gesamten Zahlungssystems nach dem Muster und in den Dimensionen der Weltwirtschaftskrise der 1920er/30er Jahre hätte führen können.

Auf diese Gefahr haben der Präsident des amerikanischen Notenbanksystems zusammen mit der Federal Reserve Bank von New York schnell und effizient reagiert, indem sie den Instituten die Versorgung mit unbeschränkten Mengen an Zentralbankgeld in Aussicht stellten. Das beendete den Ansturm auf die Banken von einem Tag auf den anderen, und der Aktienindex erholte sich innerhalb weniger Wochen vollständig. Sein Jahresdurchschnittswert, der 1988 (266) gegenüber 1987 (287) gefallen war, lag 1989 (322) schon wieder weit über dem Niveau vor der Krise. Die bis dahin größte Börsenkrise in den USA nach dem Zweiten Weltkrieg hat Produktion und Beschäftigung nicht beeinträchtigt: Das Sozialprodukt nahm mit Raten zwischen 2,9% und 3,4% zu, die Zahl der Beschäftigten stieg in den Jahren 1986 bis 1989 jeweils um 0,7 oder 0,8 Millionen Personen pro Jahr, und die Arbeitslosigkeit ging relativ kontinuierlich von 7,0% in 1986 auf 5,3% in 1989 zurück.

■ Auch der – allerdings weniger ausgeprägte und kürzere – Rückgang der Aktienkurse in den Jahren 1997 und 1998 in der Folge der großen Finanzkrisen in Asien und Russland hat Produktion und Beschäftigung in den USA während dieser Jahre nicht beeinträchtigt. Die Gesamtwirtschaft ist weiter kräftig gewachsen, die Beschäftigung nahm weiter mit Raten von 2% zu, die Arbeitslosigkeit ging weiter zurück, und die Inflationsrate erreichte 1998 ihr historisches Tief seit den 60er Jahren.

■ Selbst im jüngsten tiefen und anhaltenden Verfall der Aktienkurse – um mehr als ein Viertel beim Dow Jones und mehr als die Hälfte beim NASDAQ –, der zeitgleich mit dem deutlichen Rückgang des Wachstums einsetzte, hat sich die amerikanische Wirtschaft bislang als bemerkenswert resistent erwiesen. Eine kumulative Verstärkung von zyklischem Abschwung, Börsencrash und Folgen des Attentates hat offensichtlich 2001 und bislang auch 2002 nicht stattgefunden. Das ist einerseits auf den nach wie vor hohen privaten Konsum zurückzuführen, der die wichtigste Stütze der Binnennachfrage ist. Zum anderen hat die US-amerikanische Wirtschaft von der bislang starken Stellung des Dollars in der Weltwirtschaft profitiert. Permanenter Kapitalzufluss hat es ihr ermöglicht, ein Leistungsbilanzdefizit zu finanzieren, dessen Größe bei Entwicklungsländern längst die Intervention des IMF hervorgerufen hätte. Im Jahr 2001, dem Jahr der Rezession, der Börsenkrise und des Terroranschlags, erwarben Ausländer »so viele Wertpapiere wie nie zuvor – netto stiegen die Käufe um 2,6% auf 498,4 Mrd. $« (Handelsblatt vom 15./16. 3. 2002, S. 11).

Mittlerweile zeigen sich allerdings unübersehbare Risse in der bislang so stabilen Konstellation. Die explosionsartige Entwicklung der Finanzmärkte und der steile Anstieg der Aktienkurse hat in den USA ein Klima von Gier und Ansprüchen erzeugt, die auf Dauer nicht befriedigt werden können. Kleinaktionäre, Aktionärsvereinigungen und vor allem die großen Pensions- und Investmentfonds üben Druck auf die Unternehmen aus, Dividenden und Aktienkurse erstens schnell und zweitens jedes Jahr erneut zu steigern. Die Hebel des Einflusses sind einerseits die Drohung, die Geschäftsleitungen abzusetzen oder das Kapital abzuziehen – andererseits die Entlohnung der Vorstände durch Aktien oder Aktienoptionen des Unternehmens. Dieser Druck hat das Management großer Konzerne in den vergangenen Jahren zu hektischen und immer gewagteren Aktivitäten getrieben, die vielfach kaum noch etwas mit Produktion und Produktivität, aber viel mit Finanz-, Bilanz- und Börsenakrobatik zu tun haben. Die Fusionswelle in der zweiten Hälfte der 1990er Jahre hat überwiegend zu Konstruktionen geführt, die ökonomisch nicht sinnvoll waren und sind. Wenn sich dies herausstellt, setzt die Suche nach neuen Wegen ein, auf denen die Investoren befriedigt werden können.

Wenn dann immer weniger und schließlich gar nichts mehr geht, werden Bilanzen geschönt und gefälscht, Umsätze erfunden und Gewinne erlogen. Die Welle von Zusammenbrüchen, die den Enthüllungen derartiger Fälschungen folgt, wurde mit dem weltgrößten Energiehandelsunternehmen Enron eingeleitet und ist mit dem zweitgrößten amerikanischen Telekommunikationsunternehmen WorldCom noch lange nicht zu Ende. Sie könnte dazu führen, dass große institutionelle Investoren die Stabilität der amerikanischen Wirtschaft sehr viel kritischer als bisher bewerten und Anlagen in den USA relativ oder absolut vermindern. Das aber würde die starke Stellung des US-Dollars erschüttern und eine Abwertung einleiten. Dies würde es den USA wiederum schwer machen, ihr Leistungsbilanzdefizit zu finanzieren. Wenn dann zusätzlich die Währungsspekulation gegen den Dollar einsetzt, wird die Lage unübersehbar und vermutlich auch unkontrollierbar.

Japan: Industriepolitik, Spekulationskrise und kein Ausweg aus der Liquiditätsfalle[2]

Die japanische Wirtschaft ist in den 60er, den 70er und den 80er Jahren im Durchschnitt erheblich schneller gewachsen als die der USA und der meisten europäischen Staaten, etwa doppelt so schnell wie die der Bundesrepublik. Dieser Wachstumsvorsprung war nicht allein das Resultat besonders hoher Exporte, sondern er war von allen Komponenten der inländischen Nachfrage getragen. Der japa-

---

[2] Zur Entwicklung in Japan Vgl. Stein 1994, Pohl 1994, Mayer/Pohl 1994

Tabelle 18: Wirtschaftliche Indikatoren für Japan, 1971-2002

	1971-80*	1981-90*	1991-2000*	2001-2002
Wachstum (in Preisen von 1995)				
Bruttoinlandsprodukt (BIP)	4,4	4,1	1,3	-0,8
Privater Konsum	4,8	3,5	3,0	1,7
Bruttoanlageinvestitionen	3,5	5,4	-0,2	-3,9
Inlandsnachfrage	4,1	4,1	1,2	-0,5
Erwerbstätige	0,7	0,9	0,3	-0,3
Arbeitslosenquote in %	1,8	2,5	3,3	6,9
Kurzfristige Zinsen	8,0	6,0	2,1	–
Inflationsrate (BIP)	7,8	2,0	0,1	-0,4
Kurzfristige Realzinsen	0,2	4,1	1,8	–
Lohnquote (bereinigt)	77,0	73,8	70,5	71,4
Öffentliches Defizit in % d. BIP	2,3	0,7	4,1	5,7
Saldo der Leistungsbilanz in % d. BIP	0,6	2,3	2,4	2,3

* Zehnjahresdurchschnitte
Quelle: Europäische Wirtschaft, Nr. 73, 2001, Statistischer Anhang; IMF World Economic Outlook, October 2001, Statistical Appendix:Table 14

nische Leistungsbilanzüberschuss stieg von 0,2% des BIP in den 60ern über 0,6% in den 70er Jahren auf 2,3% in den 80er Jahren (s. Tabelle 18), während sich in der gleichen Zeit der Saldo der USA von 0,6% auf 0,2% verringerte und dann mit –1,7% negativ wurde.

Hintergrund für den japanischen Vormarsch auf den Weltmärkten war zum einen eine sehr intensive staatliche Industriepolitik unter Führung des damals in aller Welt berühmten MITI (Ministry of International Trade and Industry). Im Übrigen war und ist der japanische Markt relativ schwer zugänglich, so dass sich der hohe positive Leistungsbilanzsaldo teilweise auch aus der schwerfälligen Entwicklung der Importe erklären lässt. Seit 1991 ist die japanische Wirtschaft in eine tiefe Rezession geraten, aus der auch eine große Zahl expansiver wirtschaftspolitischer Maßnahmen bisher nicht herausgeholfen haben. 1998 ist das Sozialprodukt zum ersten Mal seit der Ölkrise 1974 real zurückgegangen (-1,1%, Inlandsnachfrage -1,4%). Auch im Jahr 2001 sank das BIP (-0,5%), und für 2002 prognostiziert der IWF ein hauchdünnes Wachstum von 0,2%.

Die tiefe und anhaltende japanische Krise wurde durch starke Erschütterungen im Finanzsektor Ende der 80er, Anfang der 90er Jahre ausgelöst, als zwei spekulative Blasen platzten (vgl. Suto 1998, Royama 1993, Reszat 1995, Rottmann 1999). Ihre Entstehung ist im Wesentlichen Resultat des japanischen Exportbooms in den 80er Jahren, der zu einer starken Liquiditätszufuhr in Japan und – infolge der 1985 durch das Plaza-Abkommen verabredeten Intervention der Zentralbanken zur Abwertung des Dollars (vgl. Rottmann: 6) – einer Aufwertung des Yen führte. Die dadurch gegebene Möglichkeit billiger Verschuldung nutzten Spekulanten zur Lancierung großer schuldenfinanzierter Bauprojekte. Gleichzeitig mit der Liquidität expandierte aber auch die Eigenfinanzierung der Unternehmen durch Ausgabe von Aktien oder Aktienoptionen. Dies löste die erste spekulative Blase aus, einen sich selbst tragenden Aktienboom: Zwischen 1986 und Ende 1989 stieg der Nikkei-Index (der 225 führenden in Tokio gehandelten Aktien) auf das Vierfache. Zugleich war die Trennung zwischen Hypotheken- und anderen Kredit- und Bankgeschäften im Zuge der Deregulierung des Finanzsektors weitgehend aufgehoben worden. Dies regte die Grundstücks- und Immobilienspekulation insbesondere im Zusammenhang mit den Bau- und Entwicklungsprojekten der Regierung an und trieb die Immobilienpreise in Phantasiehöhen. Anfang 1990 platzten beide spekulative Blasen. Der Nikkei-Index, der im Dezember mit 38.130 Punkten seinen historischen Höchststand erreichte, stürzte Anfang 1990 ab und war 1992 wieder auf dem Stand von 1986 (rund 22.000 Punkte) angekommen. In den 90er Jahren ist er relativ kontinuierlich weiter gesunken, und Mitte 2002 liegt er bei rund 10.000 Punkten. Als die Immobilienpreise drastisch zurückgingen, brachen Bau- und Entwicklungsunternehmen massenhaft zusammen. Dieser Prozess ist mit dem Savings and Loan-Debakel in den USA in den 80er Jahren vergleichbar. Im Unterschied zu den USA, wo der Krach nur einen vom Gesamtsystem nach wie vor einigermaßen isolierten Teilbereich betraf, wurde in Japan der gesamte Finanzapparat und darüber hinaus die gesamte Wirtschaft mit in den Strudel der Krise gezogen. Zahlreiche große Finanzinstitute – allen voran das führende Wertpapierhaus Yamaichi – brachen zusammen. Die Zentralbank hatte zunächst, um die Spekulation abzubrechen, die Zinsen drastisch erhöht, was den Zusammenbruch beschleunigte und vertiefte. Statt dann schnell mit reichlich Liquiditätszufuhr die Kreditversorgung aufrechtzuerhalten, hielt die Bank of Japan die Zinsen weiter hoch. Als sie schließlich zu einer Politik des billigen Geldes überging, war die Krise weit fortgeschritten und die Investitionsbereitschaft auf einen Tiefpunkt gesunken.

Unter den Problemen des damaligen Zusammenbruches leiden die Banken heute noch, und das schlägt auf ihre nunmehr außerordentlich restriktive Kreditvergabe zurück. Trotz der mittlerweile sehr günstigen Refinanzierungsangebote von Seiten der Zentralbank – die Realzinsen liegen sehr nahe bei Null – kommen die Investitionen nicht in Gang. In fünf Jahren des vergangenen Jahrzehnts sowie in 2001 sind die realen Anlageinvestitionen in Japan absolut gesunken, für 2002 wird ein weiterer Rückgang vorausgesagt. Eine derartig dauerhafte Wachstums- und Investitionsschwäche hat es in keinem der beiden anderen Blöcke und in keinem Mitgliedsland der EU gegeben. Japan befindet sich seit 1993 in einer deflationären Situation mit Preisentwicklungsraten zwischen plus 0,6 (1993) und minus 1,6% (2000). Einen derart dauerhaften Rückgang des Preisniveaus hat es ebenfalls nach dem Krieg in keinem der großen Blöcke und Länder gege-

Tabelle 19: Wirtschaftliche Indikatoren für die Europäische Union, 1971-2002

	1971-80[*]	1981-90[*]	1991-2000[*]	2001-02
Wachstum (in Preisen von 1995)				
Bruttoinlandsprodukt (BIP)	3,0	2,4	2,1	1,6
Privater Konsum	3,3	2,4	2,1	2,0
Bruttoanlageinvestitionen	1,6	2,7	2,1	1,2
Inlandsnachfrage	2,9	2,4	2,0	1,6
Erwerbstätige	0,3	0,5	0,4	0,7
Arbeitslosenquote in %	4,0	9,0	9,9	7,9
Kurzfristige Zinsen	9,1[**]	10,3	6,8	3,9[***]
Inflationsrate (BIP)	10,8	6,7	2,8	2,3
Kurzfristige Realzinsen	-1,7	3,6	4,0	1,6
Lohnquote (bereinigt)	74,6	72,5	69,4	68,4
Öffentliches Defizit in % d. BIP	2,2	4,0	3,6	0,7
Saldo der Leistungsbilanz in % d. BIP[****]	-0,1	-0,3	0,1	0,0

[*] Zehnjahresdurchschnitte [**] EU7 [***] Eurozone [****] EU14 (ohne Luxemburg)
Quelle: Europäische Wirtschaft, Nr. 73, 2001, Statistischer Anhang; IWF World Economic Outloook, October 2001, Statistical Appendix: Table 14

ben. Ein solcher Rückgang ist zwar gut für die Verbraucher, sofern diese nicht ihrerseits – wegen der allgemeinen Krise – nominale Einkommensverluste haben. Für Schuldner bedeutet Deflation eine steigende reale Belastung durch Zins- und Tilgungsverpflichtungen. An zusätzliche Investitionen ist in einer solchen Situation nicht zu denken, und selbst großangelegte öffentliche Ausgabeprogramme lösen keine stimulierenden Wirkungen aus. Japan sitzt in der Liquiditätsfalle.

Europa: Austerität, Wachstumsschwäche und Umbau des Finanzsektors[3]

Die Durchsetzung des neoliberalen Roll-back in Europa wurde seit Ende der 1970er Jahre insbesondere durch die Regierung Thatcher in Großbritannien und die Regierung Schmidt und seit 1982 insbesondere die Regierung Kohl in Deutschland vorangetrieben. Dabei lassen sich unterschiedliche Strategien erkennen (s. Tabelle 19).

Die englische Regierung setzte von Anfang an auf harten Konfrontationskurs zu den Gewerkschaften, auf Deregulierung und Sozialabbau. Sie erreichte innerhalb weniger Jahre in der Tat eine beträchtliche Schwächung der Gewerkschaften und einen Kahlschlag in vielen Bereichen der sozialen Sicherung. 1979 hob sie alle Kapitalverkehrsbeschränkungen auf und machte England zum Haupt-

---

[3] Zur Entwicklung der EU vgl. Kenen 1995, Grahl 1997, Huffschmid 1994, Appel des économistes... 1997

zielland für ausländische Investoren. 1986 erlebte die englische Finanzwelt, die Londoner City, mit dem »Big Bang« die durchgreifendste Deregulierung des Finanzsektors und insbesondere der traditionellen Londoner Böse in ihrer gesamten Geschichte. Die bis dahin geltende Trennung zwischen Banken, Wertpapierhändlern und Börsenmaklern wurde aufgehoben. Die Folge war eine Konzentrationswelle, in deren Verlauf die ohnehin schon starken Großbanken ihre Marktpositionen ausbauten und sich die führenden Wertpapierhändler, Investmenthäuser und Börsenmakler einverleibten.

Die deutsche Strategie setzte dagegen von Anfang an auf eine Stabilitätspolitik im engen neoliberalen Sinne (vgl. Emminger 1986). Stabilität ist danach ausschließlich die Preisstabilität, die den Status einer über allen Zielen stehenden Spielregel für die Wirtschaftspolitik erhält. Seit Beginn der 80er Jahre war die Deutsche Bundesbank zum faktischen Zentrum deutscher Wirtschaftspolitik geworden. Mit Hilfe einer sehr restriktiven Geldpolitik schwächte sie die binnenwirtschaftliche Revitalisierung. Der drastische Rückgang der Inflationsrate von durchschnittlich 6,6% in der ersten Hälfte der 70er Jahre auf 2,4% in der zweiten Hälfte der 80er Jahre ist zu einem erheblichen Teil auf die kontraktive Politik der Deutschen Bundesbank zurückzuführen. Diese Politik ist gleichzeitig wesentlich verantwortlich für die Schwäche des wirtschaftlichen Aufschwungs in den 80er Jahren und vor allem für den Anstieg der Arbeitslosenrate von 1,3% in der ersten Hälfte der 70er Jahre auf 5,9% in der zweiten Hälfte der 80er (vgl. Arbeitsgrupe Alternative Wirtschaftspolitik 1998: 200ff.).

Die 80er Jahre waren die Jahre der neoliberalen Formierung Europas unter deutscher wirtschaftspolitischer Führung. Wesentlicher Hebel hierfür waren die beiden Großprojekte der europäischen Integration: die Vollendung des »einheitlichen europäischen Binnenmarktes« und das »Europäische Währungssystem« (EWS) (vgl. Huffschmid 1994, Band 1: 90ff.). Das Binnenmarktprojekt sollte die »vier Freiheiten« in der damaligen Europäischen Gemeinschaft bis Ende 1992 durchsetzen: die Freiheit des Warenverkehrs, des Dienstleistungsverkehrs, des Kapitalverkehrs und die Niederlassungsfreiheit für Personen und Unternehmen. Die radikale Marktöffnung wurde überwiegend nicht von einer gemeinsamen Regulierung wesentlicher Rahmenbedingungen für die Märkte begleitet, sondern durch weitgehende Deregulierung erreicht. Das EWS war von Anfang an als Vorstufe für ein weitergehendes Projekt gedacht: Es wurde 1999 durch die Europäische Währungsunion abgelöst, der zunächst elf und seit Anfang 2001 zwölf Mitgliedsländer der EU angehören.

Die Entwicklung des EWS ist nicht ohne bittere Ironie und symptomatisch für den radikalen Perspektivwechsel europäischer Wirtschaftspolitik seit den 80er Jahren. Denn es war Ende der 70er Jahre konzipiert und 1979 als Einrichtung innereuropäischer Solidarität zur gemeinsamen Stabilisierung der Wechselkurse zwischen den Währungen der beteiligten Länder gegründet worden. Dem waren mehrere Versuche vorausgegangen, nach der Aufkündigung des Systems fester Wechselkurse durch die USA ein ähnlich globales, aber flexibleres Währungsregime – mit »Korridoren«, »Tunneln«, »Schlangen« und »Schlangen in Tunneln« – einzurichten. Sie alle scheiterten an den unterschiedlichen Interessen der Beteiligten. Demgegenüber war das EWS ein erheblicher Fortschritt. Es sah die Festlegung wechselseitiger Leitkurse zwischen den beteiligten Währungen (also eines multilateralen Paritätengitters) sowie einer höchstzulässigen Bandbreite der Schwankungen um diese Leitkurse vor. Die Zentralbanken verpflichteten sich, durch Eingreifen auf den Devisenmärkten ein Ausbrechen aus den so definierten Korridoren zu verhindern. Bei einem Absacken nach unten mussten sie also die schwache Währung kaufen, bei einem Ausbrechen nach oben die starke Währung verkaufen. Zur Finanzierung derartiger Maßnahmen stand den Ländern ein bereits 1973 gegründeter »Fonds für währungspolitische Zusammenarbeit« zur Verfügung, bei dem sie sich in unbegrenzter Höhe – allerdings zu marktüblichen Zinsen und mit in der Regel kurzen Rückzahlungsfristen – verschulden konnten. Das EWS sah ferner vor, dass die Regierungen im Falle häufig wiederkehrender und anhaltender Ausbruchstendenzen einzelner Wechselkurse die Leitkurse im gegenseitigen Einvernehmen neu festlegen sollten – was in der Anfangsphase des EWS auch häufig geschah.

Das Solidaritätspotential des EWS bestand darin, dass die Länder mit Produktivitätsvorsprüngen und niedrigeren Preissteigerungsraten einen Teil der Anpassungslasten der schwächeren Länder mit übernehmen sollten. Wenn es bei ihnen wegen ihrer günstigen Situation zu Leistungsbilanzüberschüssen und demnach – wegen der gestiegenen Nachfrage nach der starken Währung – zu Aufwertungstendenzen und im schwächeren Land zu Abwertungstendenzen käme, wären die Zentralbanken der betroffenen Länder verpflichtet, die stärkere Währung auf den Markt zu werfen und die schwächere vom Markt zu nehmen. Das würde die starke Währung etwas schwächer und die schwache Währung etwas stärker machen. Letztlich lag dem die Philosophie zugrunde, dass anhaltende Leistungsbilanzungleichgewichte nicht nur dem Defizitland schaden, sondern auch nicht im Interesse des Überschusslandes liegen.

Das sahen die deutsche Bundesbank und die deutsche Exportindustrie ganz anders. Sie lehnten das EWS als Werkzeug zur Förderung der »importierten Inflation« ab und unterminierten seine Funktionsweise. Immer wenn Interventionen zugunsten schwächerer Währungen notwendig wurden und demnach die Geldmenge in Deutschland wegen dieser Interventionen zunahm, neutralisierte die Bundesbank diese Zunahme durch gegenläufige geldpolitische Maßnahmen. So erreichte sie, dass eine Angleichung der Inflationsraten nicht stattfand. Der deutsche »Stabilitätsvorsprung« blieb erhalten und führte im Laufe der 80er Jahre zum Aufbau drastischer innereuropäischer Ungleichgewichte in den Leistungsbilanzen zu Gunsten Deutschlands und zu Lasten der Partnerländer im EWS. Diese wurden hierdurch praktisch gezwungen, sich an die deutsche »Stabilitätsstrategie« anzupassen und ihrerseits einen strengen Austeritätskurs einzuschlagen. Versuche, diesen Kurs zu verlassen und eine expansivere Wirtschaftspolitik einzuschlagen – wie der Anlauf der französischen Regierung unter François Mitterrand Anfang der 80er Jahre – blieben halbherzig, schreckten vor der Konfrontation mit der deutschen Politik zurück und scheiterten (vgl. Halimi u.a. 1994; Hoang-Ngoc 1996: 65-75).

Die deutsche Regierung drängte überdies darauf, dass die Partner, die dies noch nicht getan hatten, alle Beschränkungen für den internationalen Kapitalverkehr abschaffen sollten. Sie setzte sich damit weitgehend durch. 1988 wurde eine entsprechende europäische Richtlinie verabschiedet, die am 1.7.1991 in Kraft trat. Das war ein zusätzlicher Disziplinierungsdruck auf die Nachbarländer. Um bei offenen Grenzen einen Abfluss von Kapital zu verhindern, mussten sie die Zinsen hoch halten. Das bremste das Wachstum, ließ die Inflationsrate sinken und die Arbeitslosigkeit steigen.

Die Politik der realen Unterbewertung der DM lag nicht nur im Interesse der deutschen Exportindustrie, der sie preisliche Wettbewerbsvorteile verschaffte. Sie war auch getragen vom Interesse der deutschen Finanzanleger, eine starke Position in der internationalen Währungskonkurrenz zu erobern und auszubauen. Die Opfer auf dem Weg dorthin wurden nicht den FinanzanlegerInnen, sondern den ArbeitnehmerInnen abverlangt und auferlegt: Die Arbeitslosigkeit stieg, die Arbeitsplätze wurden unsicher, die Realeinkommen sanken, die Belastungen durch Steuern und Abgaben nahmen zu.

Die 1990er Jahre brachten einerseits eine kurze Unterbrechung und andererseits eine doppelte Fortschreibung dieses Kurses. Die Unterbrechung war durch die deutsche Einheit verursacht: Die Finanzierung der hohen (jährlich rund 150 Mrd. DM betragenden) Transfers über Staatsverschuldung führte zu einem enormen Zufluss an Kapital in die neue Bundesrepublik und dadurch zu einem kurzen Wachstumsschub in Deutschland mit – wenn auch schwachen – positiven Rückwirkungen auf andere europäische Länder. Insofern handelte es sich um die unbeabsichtigte Bekräftigung der vom Neoliberalismus bekämpften keynesianischen Thesen von der stimulierenden Wirkung defizitfinanzierter staatlicher Programme sowie der zumindest regionalen Lokomotivfunktion einer großen Wirtschaft (vgl. Hickel/Priewe 1994: 173ff.). Die Bundesbank sah hierin eine Bedrohung der Stabilität und reagierte mit großer Brutalität: Sie erhöhte in den anderthalb Jahren von November 1990 bis Juli 1992 den Diskontsatz insgesamt fünfmal von 6,0% auf 8,75%. Damit beendete sie nicht nur abrupt das Wachstum in Deutschland, sondern löste auch massive Krisen in fast der gesamten EU aus. Eine wesentliche Folge war die Erschütterung des EWS: Zunächst gerieten Pfund, Lira und Peseta unter massiven Abwertungsdruck; England und Italien verließen das EWS, ihre Währungen werteten ab und verbesserten ihre außenwirtschaftliche Wettbewerbsposition. Schließlich schafften die Finanzminister das EWS im August 1993 dadurch faktisch ab, dass sie die zulässigen Schwankungsbreiten der Wechselkurse von ± 2,25% auf ± 15% erweiterten.

In der gleichen Zeit, in der die Deutsche Bundesbank die deutsche und europäische Konjunktur rigoros abwürgte, ließ sie ihr geldpolitisches Glaubensbekenntnis als verbindliches supranationales Programm in den Vertrag von Maastricht schreiben, der im Dezember 1991 beschlossen und im Februar 1992 unterzeichnet wurde. Er trat allerdings erst im November 1993 in Kraft. Er enthält die Philosophie der fundamentalistischen deutschen Stabilitätspolitik als Programm der künftigen Europäischen Währungsunion und des Weges dorthin. Der »Maastricht-Prozess« hat die Entwicklung der EU während des letzten Jahrzehnts bestimmt: unveränderte und fast ausschließliche Konzentration der Wirtschaftspolitik auf den Kampf gegen die Inflation, obwohl diese in den 90er Jahren praktisch nicht mehr relevant war. Da überhöhte öffentliche Ausgaben als eine Hauptursache der Inflation angesehen wurden, richtete sich der Hauptstoß gegen öffentliche Defizite und Staatsschulden. Die »Konvergenzkriterien« dienten – als Hürden für die Qualifizierung eines Landes für den Beitritt zur Währungsunion – zur Rechtfertigung für einen radikalen Abbau staatlicher Ausgabeprogramme, in erster Linie im sozialen Bereich. Um zu gewährleisten, dass die »Stabilitäts«politik nicht nur auf dem Wege zur Währungsunion betrieben, sondern auch nach deren Beginn beibehalten werden müsse, setzte die deutsche Regierung bei den Partnerländern in der EU durch, dass im Juni 1997 auf dem Gipfel in Amsterdam ein »Stabilitäts- und Wachstumspakt« verabschiedet wurde. Seine Bestimmungen sind noch härter als die des Vertrages von Maastricht. Sie verpflichten die Mitgliedsländer auf das Ziel eines ausgeglichenen oder einen Überschuss aufweisenden öffentlichen Haushalts. Bei einem Überschreiten der absoluten Defizitgrenze von 3% des BIP sind Strafen bis zur Höhe von 0,5% des Bruttoinlandsproduktes des sündigen Mitgliedslandes vorgesehen.

Die Konstellationen und wirtschaftlichen und sozialen Entwicklungsperspektiven der EU sind zu Beginn dieses Jahrzehnts wesentlich durch vier Faktoren bestimmt:

Erstens hat die Union sich durch ihre fundamentalistische Stabilitätspolitik in eine makroökonomische Selbstblockade manövriert. Zwar hat sie im Frühjahr 2000 auf dem Gipfel in Lissabon erklärt, bis zum Jahre 2010 Vollbeschäftigung in der EU erreichen zu wollen. Aber die Instrumente der Geldpolitik und der Finanzpolitik werden nicht zur Förderung von Wachstum und Beschäftigung genutzt, sondern ausschließlich in den Dienst einer obsessiven Antiinflationspolitik und des Haushaltsausgleichs um jeden Preis gestellt. Für die Beschäftigung sollen auf gesamtwirtschaftlicher Ebene niedrige Lohnsteigerungen oder Lohnsenkungen sorgen. Dies hat in der Vergangenheit nicht funktioniert und wird auch in der Zukunft nicht funktionieren.

Zweitens kann der auf dem Gipfel von Amsterdam im Juni 1997 in den EU-Vertrag eingefügte Titel über Beschäftigung wegen der makroökonomischen Blockade nur durch arbeitsmarktpolitische Programme konkretisiert werden. Auch hierfür sind aber zusätzliche Mittel erforderlich, die nicht zur Verfügung gestellt werden. Unter diesen Bedingungen verkommt Arbeitsmarktpolitik zu stärkerem Disziplinierungsdruck und Sozialabbau gegenüber Arbeitslosen und Beschäftigten.

Drittens hat die EU sich mit ihrem »Aktionsplan Finanzdienstleistungen« vom Mai 1999 zum Ziel gesetzt, bis zum Jahr 2005 einen einheitlichen europäischen Finanzraum herzustellen. Die Umsetzung dieses Planes erfolgt im Wesentlichen nach amerikanischem Muster, als innereuropäische Marktöffnung, während die notwendige gemeinsame Regulierung zum Schutz von Verbrauchern und Arbeitnehmern nicht vorankommt (vgl. Grahl/Huffschmid/Plihon 2002). Der Einzug der amerikanischen Unternehmenskultur der »Shareholder value«-Orientierung führt auch in Europa zu zusätzlichem Druck auf das Management und die Beschäftigten von Unternehmen. Auch in Europa nehmen unter diesem Druck unsolide Geschäftspraktiken, Bilanzverschleierungen, Fälschungen und Betrügereien zu – wie die Fälle Flowtex, Deutsche Telekom, Elf Acquitaine, Vivendi Universal und andere belegen.

Viertens: Nachdem die Privatisierung von öffentlichen Versorgungs-, Telekommunikations- und Verkehrsbetrieben sowie von Finanzinstituten zwar noch nicht völlig abgeschlossen, aber doch weit fortgeschritten ist, öffnet die EU den großen institutionellen Akteuren durch die »Modernisierung« der sozialen Sicherungssysteme ein neues riesiges Betätigungsfeld. Insbesondere die Privatisierung der Rentenversicherung, die in den meisten Ländern der EU bislang als gesetzliche, über Umlageverfahren oder Steuern finanzierte Systeme organisiert war, verschafft den Versicherungen, Pensions- und Investmentfonds Mittel in dreistelliger Milliardenhöhe. Dies wird es ihnen erleichtern, ihre Juniorrolle gegenüber den amerikanischen institutionellen Anlegern abzustreifen und als echte »global players« auf den internationalen Finanzmärkten aufzutreten. Für die Versicherten bedeutet dies allerdings höhere Beiträge in der Gegenwart und unsicherere Renten in der Zukunft.

Weltwirtschaftliche Ungleichgewichte und die Gefahr der Deflation

Das Vierteljahrhundert des konservativen Roll-back begann mit einer Krise der vorwiegend binnenwirtschaftlich orientierten Akkumulation. Sie leitete die Umorientierung auf eine Wirtschaftspolitik ein, die vor allem die Verbesserung von Weltmarktpositionen der jeweiligen nationalen Führungskonzerne im Auge hatte und diesem Ziel alles andere unterordnete. Wesentliche Hebel hierfür waren die Deregulierung und Liberalisierung des Finanzsektors. In den 80er und 90er Jahren fand dann in den drei weltwirtschaftlichen Zentren eine von Rationalisierung, Zentralisierung und Umverteilung getragene Revitalisierung der wirtschaftlichen Entwicklung statt. Es bildete sich ein Wachstumsmuster heraus, in dem steigende Profite bei im Vergleich zu vorhergegangenen Perioden niedrigeren gesamtwirtschaftlichen Wachstumsraten erzielt wurden. Dies musste zu Problemen unzureichender Nachfrage führen.

In allen drei Zentren haben die Liberalisierung und Deregulierung zu Instabilitäten und Erschütterungen auf den Finanzmärkten geführt: Börsenkrach 1987 und Savings and Loan Debakel in den USA, Immobilien- und Bankenkrise in Japan 1990, Krise des Europäischen Währungssystems 1992/93 in Europa. Am Ende des Jahrzehnts stand der bislang schwerste und längste weltweite Einbruch der Aktienmärkte.

Die unmittelbaren Folgen dieser Finanzkrisen waren unterschiedlich: Japan hat sich bis heute nicht davon erholt. In Europa stand die EWS-Krise am Anfang einer schweren Rezession. In den USA dagegen gab es in den 90er Jahren praktisch keine Folgen für die Gesamtwirtschaft.

Wichtiger als die direkten Einflüsse der Finanzmarkterschütterungen ist jedoch der wirtschaftspolitische Kurswechsel, zu dessen Durchsetzung die »Befreiung« der Finanzmärkte erheblich beigetragen hat. Er hat in den drei Zentren in unterschiedlicher Geschwindigkeit und in verschiedenen Formen stattgefunden und ist auf unterschiedliche Weise verarbeitet worden. Gleichzeitig stehen diese Zentren jedoch miteinander in wirtschaftlicher Verbindung, sind miteinander verflochten und beeinflussen sich gegenseitig. Dadurch ist eine bemerkenswert paradoxe, ungleichgewichtige und instabile Konstellation der Weltwirtschaft entstanden.

Japan befindet sich seit fast zehn Jahren in einer ökonomischen Krise, die sich mittlerweile zur tiefsten Krise seiner Nachkriegsgeschichte ausgeweitet hat. Hiergegen scheinen alle herkömmlichen – nachfrage- wie angebotsorientierten – wirtschaftspolitischen Instrumente zu versagen. Gleichzeitig hat Japan – paradox! – seit vielen Jahren den höchsten Leistungsbilanzüberschuss der Welt und ist damit zum größten Gläubiger der Welt geworden.

Die *USA* befinden sich in den 90er Jahren in einer Phase ununterbrochenen Wachstums und – trotz zunehmender sozialer Polarisierung – abnehmender Arbeitslosigkeit, mit steigender Produktivität und anhaltend niedrigen Inflationsraten. Sie sind geradezu die lebendige Widerlegung der NAIRU-Konzeption. Der Dollar ist trotz der aktuellen Schwäche nach wie vor die führende Währung der Welt. Gleichzeitig sind die USA – paradoxerweise – das Land mit dem höchsten Leistungsbilanzdefizit, folglich der größte Schuldner der Welt (s. Tabelle 20).

Tabelle 20: Leistungsbilanzsalden der USA, Japans und der EU, 1993-2002, Mrd. $

	1993	1996	1998	1999	2000	2001	2002
USA	-83	-121	-218	-324	-445	-407	-405
Japan	132	66	121	107	117	89	109
EU	11	91	71	24	-23	0	5

Quelle: IMF World Economic Outlook, October 2001, Table A 27

Die Lage der *Europäischen Union* ist seit den 1990er Jahren durch anhaltende Wachstumsschwäche bei im Vergleich zu den beiden anderen Blöcken sehr hoher Arbeitslosigkeit gekennzeichnet. Die weltwirtschaftliche Position der EU ist noch weitgehend offen. Die in der ersten Hälfte der 90er Jahre ansteigenden Leistungsbilanzüberschüsse, die 1996 und 1997 höher als die Japans waren, sind mittlerweile abgebaut. Die europäische Leistungsbilanz ist seit Ende der 90er Jahre ausgeglichen, die EU kann also als Zone handelspolitischer Stabilität bezeichnet werden. Die Einführung des EURO am 1.1.1999 als gemeinsame Währung von zunächst elf, mittlerweile zwölf Mitgliedsländern der EU hat den größten Teil der Union – bei den Ausnahmen hat Großbritannien allerdings besondere Bedeutung – auch in eine Zone interner währungspolitischer Stabilität verwandelt. Wie sich die Verhältnisse zwischen Euro, Dollar und Yen entwickeln, ist demgegenüber ungewiss. Die neue Währung tritt in harte Konkurrenz zum Dollar als Weltanlagewährung. Um sich mit dem Anspruch durchzusetzen, den Dollar zum Teil aus den Reserveportefeuilles der Zentralbanken zu verdrängen, muss er langfristig gegenüber diesem aufwerten. Um aber die handelspolitische europäische Weltmarktorientierung währungspolitisch abzusichern, müsste er eher abwerten.

Die tatsächliche Entwicklung ist jedoch nicht nach dieser Logik verlaufen. Der Euro hat während der ersten zweieinhalb Jahre der Währungsunion kräftig – von 1,17$ im Januar 1999 bis auf 0,84$ Dollar im Juni 2001, also um gut 28% – abgewertet. Dies hat jedoch – noch ein Paradox – nicht zur Zunahme des Leistungsbilanzüberschusses beigetragen, dieser ist vielmehr verschwunden. Wenn der Euro aufwertet – von Juni 2001 bis Juni 2002 von 0,84$ auf bis zu 0,99$, d.h. um knapp 18% – besteht die Gefahr, dass die Exporte sinken und außenwirtschaftliche Defizite entstehen. Dies könnte die EU nur dann gut verkraften, wenn die Aufwertung des Euro zu einem kräftigen Kapitalzufluss führt, der im Wesentlichen aus Japan und den USA kommen müsste – und letztere unter erheblichen Druck setzen würde.

Die EU und der Euro befinden sich seit Beginn des Jahres 2002 in einer ähnlichen Situation gegenüber dem Rest der Welt wie Deutschland und die DM 20 Jahre zuvor gegenüber dem Rest Europas. Die Interessen der Finanzanleger verlangen eine weitere Aufwertung der europäischen Währung, die der Exporteure eine Rückkehr zu einem schwächeren Euro. Die damalige deutsche Strategie – nominale Aufwertung im Interesse der Finanzanleger bei gleichzeitiger realer Abwertung durch rabiate Kostensenkungen im Interesse der Exportindustrie – ist jedoch heute viel schwieriger und riskanter. Denn die Inflationsunterschiede, auf denen eine solche Strategie in den 80er Jahren aufbaute, sind in den 90er Jahren weitgehend verschwunden.

Um sie wieder herzustellen, muss der Druck auf die Kosten – und hier wie immer vor allem auf die Arbeitskosten – massiv verstärkt werden. Darüber hinaus sind auch die weltwirtschaftlichen und weltpolitischen Kräfteverhältnisse nicht so, dass sich die EU eine aggressive Politik der realen Unterbewertung des Euro leisten könnte.

Ein Erfolg des Euro in der Währungskonkurrenz, der sich in einer anhaltenden Aufwertung gegenüber Dollar und Yen niederschlägt, könnte währungspolitische und weltwirtschaftliche Verschiebungen einleiten, deren Folgen ohne kooperative politische Kontrolle unkalkulierbar wären. Wenn ein Teil der Dollarbestände in den Reserveportefeuilles der Zentralbanken durch Euroguthaben ersetzt würde, geriete der Dollar mit ziemlicher Sicherheit unter starken Abwertungsdruck. Dieser Druck würde die Probleme des anhaltend hohen Leistungsbilanzdefizits voll zum Ausbruch bringen, die bislang nur durch die Tatsache überdeckt worden waren, dass die USA über die unumstrittene Leitwährung verfügten. Dies stärkte die Bereitschaft anderer Länder, die amerikanischen Außenschulden zu finanzieren, und es machte den Dollar zum einzigen sicheren Hafen für institutionelle Anleger bei Finanzkrisen in den Ländern der Dritten Welt. Wenn eine zweite Leitwährung diese Position erschüttert, wird sich auch die Bewertung der US-Schulden ändern. Dies wäre die Stunde der Spekulation. Wenn sie losbricht, werden die Risse und Schwächen der US-Wirtschaft sichtbar. Der Verlauf der Entwicklung wird unkalkulierbar und ohne gemeinsame internationale Gegensteuerung unkontrollierbar. Es ist jedoch zu befürchten, dass die Regierung Bush weniger als alle Vorgängerregierungen zu dieser Kooperation bereit ist.

Dazu kommt die Unsicherheit über Japan. Wenn japanische Unternehmen beginnen, ihre Gläubigerposition im Ausland zugunsten einer Sanierung im Inland abzubauen – eine immanent durchaus vernünftige Konzeption –, kommt auch das einer machtvollen Attacke auf den Dollar gleich.

Die asymmetrische weltwirtschaftliche Konstellation – hohe Defizite der USA und hohe Überschüsse Japans – hat für den größten Teil der 1980er und 1990er Jahre bestanden und insofern eine gewisse Stabilität erreicht. Diese Stabilität kommt jedoch neuerdings von drei Seiten unter Druck:

Erstens wird es für die USA zunehmend schwierig, ihr Defizit zu finanzieren. Da die Neuverschuldung des Staates radikal abgebaut wurde und die Verschuldung der privaten Haushalte Rekordhöhen erreicht hat, wird es immer schwieriger, die Kapitalimporte zu absorbieren, die das Gegenstück zu Leistungsbilanzdefiziten darstellen.

Zweitens machen es die Krise und insbesondere die Finanzkrise in Japan schwieriger, die japanischen Kapitalexporte aufrechtzuerhalten und zu managen, die zu einem erheblichen Teil das Gegenstück zu den amerikanischen Defiziten sind. Ein Abbau der japanischen Auslandsforderungen würde die Weltwirtschaft jedoch in erhebliche Turbulenzen stürzen.

In dieser Situation betritt – *drittens* – der Euro die Weltwährungsbühne als alternative Reservewährung und fordert die Führungsposition des Dollar heraus. Ein Erfolg des Euro würde einen Teil der Weltwährungsreserven aus dem

161

Dollar abziehen und eine Aufwertung des Euro bewirken. Das könnte mittelfristig zwar die Handelsposition der USA verbessern – und eben dadurch in Richtung auf ein weltwirtschaftliches Handelsgleichgewicht wirken. Kurzfristig würde sich jedoch eine sehr instabile Wechselkurssituation zwischen den drei führenden Weltwährungen oder möglicherweise sogar ein Währungsduopol von Dollar und Euro ergeben. Eine solche Situation enthält zwar theoretisch Chancen für eine durch Verhandlung und Verständigung herbeigeführte Stabilität. Wenn Abstimmung und Verständigung aber nicht zustandekommen, wird die Lage sehr unsicher und instabil. Die dann entstehende Gefahr von schnellen Wechselkursschwankungen mit exzessiven Ausschlägen nach oben und unten öffnet der Währungsspekulation Tür und Tor.

Weltwirtschaftlich wirken die USA auch im Jahre 2002 noch – trotz der Wachstumsschwäche und aller Unsicherheiten – wie ein riesiger Weltwirtschaftsmotor: Ihre Handelsdefizite kurbeln die Nachfrage im Rest der Welt an und verschaffen anderen Ländern Vermögensforderungen gegenüber den USA. Es ist allerdings absehbar, dass eine derartig asymmetrische weltwirtschaftliche Konstellation nicht ewig funktionieren kann, und es ist erstaunlich, dass sie fast zwei Jahrzehnte lang die Grundlage weltwirtschaftlicher Expansion war. Mittlerweile scheint die Asymmetrie aber immer weniger durchhaltbar zu werden. Daher ist es dringend erforderlich, sie durch ein anderes politisches Arrangement zu ersetzen, das die Ungleichgewichte schrittweise zurückführt. Ohne internationale wirtschaftspolitische Kooperation würde die notwendige Korrektur den Kräften des Marktes, der Spekulation und der Durchsetzungsmacht der Stärksten überlassen.

Das könnte zu Chaos und einer weltweiten Deflationsspirale und einer Krise in den Dimensionen der Weltwirtschaftskrise zu Beginn der 1930er Jahre führen. Rückrufe von japanischen Krediten oder Anleihen, Dollarabwertung, Zahlungsunfähigkeit der USA, Zusammenbruch der Währungen und Finanzsysteme, die am Dollar hängen, Ansturm auf die Banken in aller Welt, Preisverfall, Erlösverfall, Unternehmensbankrotte – dies alles sind zwar keine zwangsläufigen Folgen unzureichender Zusammenarbeit. Es sind aber mögliche Entwicklungen, und dies allein sollte die Notwendigkeit und Dringlichkeit einer wirtschaftspolitischen Gegensteuerung vor Augen führen. Bei der politischen Zerstörung der weltwirtschaftlichen Reformkonstellation in den 1970er Jahren hat die Entfesselung der Finanzmärkte eine wesentliche Rolle gespielt. Am Ende der 90er Jahre wird die Notwendigkeit offensichtlich, sie wieder einzufangen und in eine Strategie binnenwirtschaftlichen Wachstums und internationaler Zusammenarbeit einzubinden.

3. Deregulierung, Liberalisierung und neue Finanzkrisen

Finanzkrisen sind keine neue Erscheinung. Sie sind mindestens so alt wie der Kapitalismus, und sie haben seine Entwicklung ebenso ständig begleitet wie konjunkturelle Krisen (vgl. Kindleberger 1996, 1984: 269-285). Die ersten größeren Finanzkrisen sind für Anfang des 17. Jahrhunderts vor dem Ausbruch des 30jährigen Krieges überliefert. Danach standen sie vielfach im Zusammenhang mit überseeischen Entdeckungen oder Eroberungen (Südseegesellschaft, Ostindische Gesellschaft), aber es gab auch andere spekulative Krisen: z.b. die Tulpenkrise 1636. Im 19. Jahrhundert waren Finanzkrisen Begleiterscheinungen des Eisenbahn- oder Kanalbaus, des Kriegsbeginns oder Kriegsendes, bei der Reichsgründung 1871. Die größte Finanzkrise im 20. Jahrhundert war Bestandteil der großen Weltwirtschaftskrise von 1931 bis 1933 in Europa.

Nach dem Zweiten Weltkrieg schien es jedoch für längere Zeit, dass größere Finanzkrisen ein für alle Male der Vergangenheit angehörten. Drei Jahrzehnte lang war relative Ruhe. Aber der Schein trog. Die Demontage des Währungssystems von Bretton Woods Mitte der 1970er Jahre läutete eine neue Ära von Finanzkrisen ein, die teils nach den bekannten Mustern, teils in neuen Formen abliefen. Seitdem gab es mindestens zehn größere Finanzkrisen von erheblicher nationaler und internationaler Bedeutung:

- 1982 Schuldenkrise in Mexiko und Lateinamerika
- 1987 Börsenkrise in New York
- 1992/93 Krise des Europäischen Währungssystems
- 1994/95 Neue Mexiko-Krise
- 1997/8 Asienkrise
- 1998 Russlandkrise
- 1998/99 Brasilienkrise
- 2000/01 Türkeikrise
- 2001/02 Argentinienkrise
- 2002 neue Brasilienkrise

Nicht gezählt sind hier einige große Immobilien- und Hypothekenbanken-Krisen mit vorwiegend nationaler Bedeutung: Das Savings and Loan Debakel in den USA (1982-87), die Immobilienkrisen in Japan (1989/90) und Schweden (1990/91). Ebensowenig große Einzelpleiten mit internationalen Folgen: BCCI, Barings, LTCM. In den 90er Jahren ist der Zeitraum zwischen einzelnen Krisen kürzer, der Zusammenhang zwischen ihnen deutlicher und sind ihre Folgen für die Menschen in den betroffenen Ländern härter geworden. Alle Finanzkrisen in den Entwicklungsländern waren mit drastischen Abwertungen der Währungen verbunden. Über die ökonomischen Kosten von Bankenkrisen in Entwicklungsländern gibt die Tabelle 21 Auskunft.

Die zeitliche Aufeinanderfolge der Welle politischer Deregulierungen des Finanzsektors und der Liberalisierung des internationalen Kapitalverkehrs auf

Tabelle 21: Die Kosten von Bankenkrisen in ausgewählten Ländern

Land	Deregulierung oder Privatisierung und Liberalisierung des Finanzsektors	Bankenkrise	Kosten der Bankenkrise für den staatlichen Haushalt in % des BIP
Mexiko	1989–1992	1995–2000	20
Ecuador	1992–1996	1998–	25
Argentinien	1990–1993	1994–1996	30
Venezuela	1989–1992	1994–2000	35
Südkorea	1992–1996	1998–2000	25
Thailand	1992–1996	1998–2000	22
Indonesien	1992–1996	1998–2000	50
Russland	1990–1994	1994–2000	40

Quelle: Deutscher Bundestag 2002a: 22

der einen und der Instabilität der Finanzsysteme und offener Finanzkrisen auf der anderen Seite legt die Vermutung nahe, dass zwischen beidem ein Zusammenhang besteht. Sie wird nicht schon durch den Hinweis widerlegt, dass es Finanzkrisen ja auch schon im vorigen Jahrhundert gegeben hat.

Im Gegenteil, das Argument kann andersherum verwendet werden: Im vorigen Jahrhundert gab es keine Deregulierungs- und Liberalisierungspolitik, weil es keine vorhergehende Regulierung und Beschränkung der Kapitalmobilität gegeben hatte. Beides ist ja erst nach der Weltwirtschaftskrise und dem Zweiten Weltkrieg eingeführt worden. Daraus lässt sich die These begründen, dass Finanzkrisen Folgen fehlender oder abnehmender Regulierung (Deregulierung) und/oder fehlender oder abnehmender Beschränkungen für internationale Kapitalbewegungen (Liberalisierung) sind. Diese Vermutung soll im Folgenden erhärtet werden.

Typischer Ablauf einer Finanzkrise

Finanzkrisen sind keine normalen Branchenkrisen, wie Werften- oder Stahlkrisen. Ihre besondere Wucht und Ausbreitungsdynamik beruhen auf der spezifischen Verwundbarkeit und Instabilität des modernen Finanzsektors. Dieser besteht aus einem dichten Geflecht von Kreditgeld, Wertpapieren und Derivaten. In einer Finanzkrise verflüchtigt sich das Kreditgeld, die Preise für Wertpapiere und andere Vermögensgegenstände fallen ins Bodenlose, die Hebelwirkung der Derivate vervielfacht die Verluste. Bankzusammenbrüche vertiefen die Kreditkrise, Spekulation den Verfall der Wertpapiermärkte, und beide Bewegungen verstärken sich gegenseitig. Die internationale Ausbreitung der Finanzkrisen wird zudem durch die Abwertung einzelner Währungen und die dadurch bewirkte Veränderung der Wettbewerbspositionen von Ländern beschleunigt, die ursprünglich nicht von der Krise betroffen waren.

Aus der Beobachtung der Verläufe in den letzten vier Jahrhunderten hat Charles Kindleberger (1996: 2. Kapitel) folgende wesentliche Etappen kapitalistischer Finanzkrisen abgeleitet:

Erste Etappe: Irgendein äußeres Ereignis (Krieg, Kriegsende, Missernte, der Bau eines Kanals, ein Attentat etc.) löst eine *Veränderung der Erwartungen* über die wirtschaftliche Entwicklung aus und öffnet neue Gewinnperspektiven. Gegenstand dieser Perspektiven kann alles sein und ist schon fast alles gewesen, was ge- und verkauft werden kann: Tulpenzwiebeln, Südseeaktien, Immobilien, Briefmarken, insbesondere aber Wertpapiere aller Art: Aktien, Schatzbriefe, Futures, Optionsscheine, Währungen usw. Die Erwartung richtet sich dabei nicht in erster Linie, und oft gar nicht, auf den Ertrag – etwa die Dividende der Aktiengesellschaft –, sondern auf den Preis des Vermögensgegenstandes, also beispielsweise die Entwicklung des Aktienkurses.

Zweite Etappe: In dem Maße, wie durch die Käufe die Preise steigen, erfüllen sich die Erwartungen. Das löst *Herdenverhalten* aus, ruft massenhaft neue Käufer auf den Plan. Ein hektischer Ansturm beginnt, der durch die Erwartung weiter steigender Preise und die Gier getrieben ist, hiervon auf einfache Weise zu profitieren. In dieser Phase werden Wertpapiere oder sonstige Vermögensgegenstände in der Erwartung *auf Kredit gekauft,* diesen Kredit nach dem Verkauf der im Preis gestiegenen Vermögensgegenstände zurückzahlen zu können und wegen des Preisanstiegs noch einen Gewinn zu machen. Die Aussicht, mit minimalem eigenen Kapitaleinsatz hohe Gewinne zu erzielen (*Hebelwirkung*), beflügelt die Spekulation zu immer gewagteren Finanzierungen. Zur Tollkühnheit tritt der Schwindel und der Betrug hinzu. Der Geldumlauf nimmt zu, und jedes zusätzliche Geld wird sofort in die Zirkulation geworfen, zum Kauf der Spekulationsobjekte verwendet. Die Preise steigen weiter, märchenhafte Profite locken neue Anleger an und leiten eine neue Runde fieberhafter kreditfinanzierter Käufe ein.

Dritte Etappe: Die ersten Spekulanten vermuten, dass der Boom nicht so weitergehen könne. Sie kaufen nicht weiter, sondern verkaufen und nehmen ihre Gewinne mit. Die Kaufbewegung verlangsamt sich insgesamt, die Preise steigen nicht weiter.

Vierte Etappe: Schon wenn die Preise nicht mehr steigen, geraten diejenigen Anleger unter Druck, die Wertpapiere auf Kredit gekauft haben und jetzt Zinsen und Tilgungsleistungen zu erbringen haben. Sie müssen einen Teil ihrer Papiere verkaufen. Jetzt steigen die Preise nicht nur nicht weiter, jetzt beginnen sie zu sinken. Das löst eine panische Verkaufswelle aus: Jede(r) will seine Papiere noch mit möglichst wenig Verlust losschlagen. Der Kursverfall beschleunigt sich. Es setzt eine allgemeine *Flucht in die Liquidität* ein, weil Geld ein Vermögenswert ist, dessen Preis nicht fallen kann. Diejenigen, die als Sicherheiten für Kredite bereits gekaufte Wertpapiere bei den Banken hinterlegt hatten, sehen sich wegen des Kursverfalls dieser Papiere mit Nachforderungen oder mit Kündigung der Kredite konfrontiert. Banken, die von Zahlungsausfällen betroffen sind, kündigen Kredite an Produktionsunternehmen, die ihrerseits zusammenbrechen. Damit ist die Finanzkrise in der Welt der Produktion angekommen. Sie breitet sich sektoral, regional und meistens auch international aus.

Dieses Muster – hektische massenhafte Käufe, die in panikartige Verkäufe umschlagen – lässt sich regelmäßig bei allen größeren Finanzkrisen beobachten. Dies sagt allerdings noch wenig darüber aus, weshalb immer wieder aufs Neue derartige Krisenkonstellationen entstehen. Mit dieser Frage beschäftigen sich die folgenden Abschnitte.

Der letzte Grund für Finanzkrisen: Geld als Kredit

Der Grund für die Möglichkeit und die Wucht von Finanzkrisen liegt im Geldsystem (vgl. Aglietta 1995: 53-92). Geld im Kapitalismus ist im Wesentlichen Kredit- (Buch-, Giral-)Geld, das durch die Geschäftsbanken geschaffen wird. Seine Grundlage ist Zentralbankgeld; es wird durch die Notenbank eines Landes (oder wie im Falle der EU einer Staatengruppe) bereitgestellt, die seine Geltung garantiert. Die Zentralbank erhebt den Anspruch, die in ihrem territorialen Zuständigkeitsbereich umlaufende Geldmenge durch (geld)politische Instrumente kontrollieren zu können. (Ob sie dies tatsächlich kann, ist in den letzten beiden Jahrzehnten – mit dem Aufkommen hochliquider und internationalisierter Finanzmärkte – zunehmend fraglich geworden, wird aber hier nicht diskutiert.) Die Stabilität des Finanzsektors hängt von seiner Fähigkeit ab, die Menge an Zahlungsmitteln bereitzustellen, die erforderlich ist, um die Zahlungsverpflichtungen der Wirtschaft zu erfüllen. Wenn diese Fähigkeit nicht (mehr) gegeben ist – oder wenn Zweifel wachsen, ob sie noch gegeben sei –, kommt es zum Ansturm auf die Banken. Wenn die Zentralbank dann nicht einspringt und neues Geld in ausreichender Menge zur Verfügung stellt, bricht das Geld- und Kreditsystem und mit ihm der Finanzsektor zusammen.

Die Funktionsfähigkeit eines Geldsystems, bei dem die umlaufende Geldmenge im Wesentlichen Kreditgeld und nur zu einem Bruchteil durch Zentralbankgeld gedeckt ist, liegt darin begründet, dass die BesitzerInnen von Finanzvermögen dieses nur zu einem geringen Teil als Bargeld halten wollen. Denn Bargeld trägt zwar kein Risiko, bringt aber anders als andere Formen von Finanzvermögen auch keine Gewinne. Daher versuchen Haushalte und Unternehmen, ihre Bargeldreserve auf den Umfang zu reduzieren, den sie für Käufe mit Bargeld brauchen oder als Spekulationsreserve halten wollen. Den Rest werden sie auf verzinslichen Konten lassen oder in anderes ertragbringendes Finanzvermögen (financial assets) anlegen. Damit ist zwar ein Risiko verbunden, das aber in normalen Zeiten gering eingeschätzt wird und durch die Aussicht auf Gewinne in Form von Zinsen oder Dividenden – oder auf steigende Preise der Vermögenswerte – ausgeglichen wird. In normalen Zeiten wird also Bargeld als höchste Form der Liquidität nur zu dem Zweck gehalten und nachgefragt, es zum

Kauf von Gebrauchs- oder Produktionsmitteln wieder in die Zirkulation zu werfen oder über eine schnell mobilisierbare Spekulationsreserve zu verfügen. Daher genügt ein – durch die Umlaufgeschwindigkeit des Geldes bestimmter – Teil der Gesamtkreditmenge, der von den Banken als Bargeld bereitgehalten werden muss.

Wenn die normalen Entwicklungserwartungen jedoch durch irgendein Ereignis erschüttert werden, ändert sich das Verhalten der Sparer-Investoren: Sie heben vermehrt Bargeld von ihren Konten ab, nicht, um es gleich wieder auszugeben, sondern um es als vermeintlich krisensicheres Bargeld zu halten. Die Umlaufgeschwindigkeit des Geldes nimmt ab, die »Kassenhaltung« nimmt zu. Dann müssen die Banken in der Lage sein, mehr Bargeld als in normalen Zeiten zur Verfügung zu stellen. Dieses müssen sie sich bei der Zentralbank gegen Zinsen besorgen. Wenn ihnen das zu teuer ist oder die Zentralbank das Geld nicht zur Verfügung stellt, müssen die Banken ihrerseits Kredite zurückrufen, und ein gefährlicher Kreislauf beginnt, der in die allgemeine Illiquidität führt. Denn die Schuldner der Banken müssen sich jetzt ihrerseits Bargeld besorgen, wozu sie drei Möglichkeiten haben:

■ neue Kreditaufnahme und Verwendung dieser Kredite zur Tilgung ihrer anderweitigen Schulden, also als Bareinzahlung bei ihrer Gläubigerbank. Die neuen Kredite sind aber nur zu ungünstigeren Bedingungen als die alten zu haben. Das belastet die Wirtschaft (und stellt insofern einen Ansteckungs- und Ausbreitungsmechanismus einer zunächst begrenzten Krise dar).

■ Rückruf eigener Kredite an Lieferanten oder sonstige Kreditnehmer, was das Problem auf diese verlagert und ebenfalls eine Ausbreitung der Ausgangskrise bedeutet.

■ Verkauf von (Finanz-)Vermögen, mit der Folge, dass dessen Preise fallen. Soweit dieses Vermögen als Sicherheit für die Kreditvergabe von Seiten der Banken diente, sinkt der Wert der Sicherheiten, und die Banken werden zusätzliche neue Sicherheiten fordern (die bei fallenden Vermögenspreisen schwer zu erbringen sind).

Ein Finanzsystem, in dem Geld überwiegend aus Kreditgeld besteht, ist also immer potentiell instabil und von der Bereitschaft derer, die Finanzvermögen haben, abhängig, den größten Teil dieses Vermögens bargeldlos als Forderungen – Kredite, Anleihen, Aktien oder sonstige Wertpapiere – zu halten. Wenn diese Bereitschaft plötzlich abnimmt, kommt es zur Flucht in das staatlich garantierte Bargeld (oder früher das Gold), zum Ansturm auf die Banken. Da diese aber nur einen Bruchteil der Ansprüche der Nichtbanken in Bargeld halten, folgt unweigerlich – falls die Zentralbank nicht in letzter Instanz ausreichend Liquidität zur Verfügung stellt – der Zusammenbruch des Kreditsystems und damit auch des Geld- und Zahlungssystems. *Der Kern jeder Finanzkrise ist der allgemeine Mangel an Liquidität.* Dieser Mangel ist deshalb immer latent vorhanden, weil die umlaufende Menge an Zahlungsmitteln nur scheinbar echte Liquidität, im

Wesentlichen aber Scheinliquidität, nämlich Buch- oder Kreditgeld ist und sich bei allgemeiner Nachfrage nach »echter« Liquidität sehr schnell in nichts auflöst.

Das *systemische Finanzrisiko* einer auf Kreditgeld beruhenden Wirtschaft besteht also in der Gefahr, dass individuell rationale Maßnahmen zur Verringerung eines (tatsächlichen oder vermeintlichen) individuellen Risikos, nämlich die Beschaffung von Bargeld als Versicherung gegen dieses Risikos, sofern sie massenhaft ergriffen werden, in die allgemeine Illiquidität führen und damit das allgemeine und dann auch wieder das individuelle Risiko erhöhen (vgl. Aglietta 1995: 72). Institutionelle Ausgestaltungen und Schutzmaßnahmen können diese prinzipielle Instabilität eingrenzen und verringern, aber nicht beseitigen.

Schon hier lässt sich vormerken: Für die politische Stabilisierung des Finanzsystems kommt es unter den Bedingungen eines modernen Kreditsystems auf zweierlei an:

■ Einerseits muss, um Finanzkrisen zu vermeiden, die Bereitschaft der Vermögensbesitzer erhalten werden, Gläubiger zu werden und das Vermögen nicht als Bargeld zu halten. Dazu müssen die institutionellen Bedingungen für einen soliden Bankenapparat und einen liquiden und funktionsfähigen Wertpapiermarkt hergestellt werden. Das ist die Aufgabe der Banken- und Wertpapieraufsicht.

■ Andererseits muss, wenn dennoch Krisen auftreten und vermehrt Bargeld nachgefragt wird, die Politik dafür sorgen, dass dieses in ausreichender Menge zur Verfügung gestellt wird. Das ist die Aufgabe der Zentralbank als »lender of last resort«.

Die Existenz eines auf dem Kreditsystem beruhenden systemischen Finanzrisikos erklärt die *Möglichkeit* – und weitgehend auch die Wucht und Ansteckungsdynamik – von Finanzkrisen. Sie erklärt aber noch nicht, weshalb diese tatsächlich immer wieder ausbrechen. Eine Erklärung hierfür braucht sich nicht auf die logische Notwendigkeit und Unvermeidbarkeit von Finanzkrisen im Kapitalismus berufen. Es genügt vielmehr, zu zeigen, dass es *Tendenzen und eine innere Dynamik* in der kapitalistischen Ökonomie gibt, die zur Entwicklung und dem Ausbruch von Finanzkrisen drängen, ohne sie damit unausweichlich zu machen. Der tatsächliche Ausbruch und seine Schärfe hängen nicht nur von diesen Tendenzen, sondern auch von Gegentendenzen und der Intensität politischer Gegensteuerung ab.

Der Hang zu Finanzkrisen wird in der wissenschaftlichen Diskussion unterschiedlich begründet. Dabei lassen sich zwei Hauptvarianten unterscheiden. Die eine beruht auf einer – insbesondere von Hyman Minsky (1975, 1978) entwikkelten – spezifischen Interpretation der Geld- und Kapitalmarkttheorie von John Maynard Keynes und stellt auf die Tendenz zum Aufbau zunehmend spekulativer Finanzierungsformen im Verlauf einer Boomphase ab. Die andere – in den letzten Jahren besonders von François Chesnais (1996, 1997) vorangetriebene – stammt aus der marxistischen Tradition und sieht die Ursache insbesondere für die Finanzkrisen der letzten 20 Jahre in der Erschöpfung der produktiven Akkumulationsdynamik bei gleichzeitig hohen Profiten und dem Ausweichen in die Finanzakkumulation.

Für beide Erklärungsvarianten fördert die Deregulierung der nationalen Finanzmärkte den Aufbau und Ausbruch von Finanzkrisen. Für die marxistische Variante spielt überdies die Liberalisierung des internationalen Kapitalverkehrs eine wesentliche Rolle, weil sie es erlaubt, das Krisenpotential von den Metropolen in die Schwellenländer zu verlagern.

Boomgetriebene Finanzkrisen

Finanzkrisen müssen nicht notwendigerweise eine Folge von Krisen der Produktion oder Investition sein. Sie können sogar dann entstehen, wenn die reale Akkumulation gut läuft. Nach der vor allem auf die Arbeiten von Hyman Minsky zurückgehenden Theorie finanzieller Instabilität ist das sogar der Regelfall. Seine These läuft darauf hinaus, dass im Prozess der kapitalistischen Entwicklung zunächst robuste durch zunehmend riskante und zins- und krisenanfällige Finanzierungsformen (»Ponzifinanzierungen«, so genannt nach dem italienischen Finanzakrobaten Carlo Ponzi im 15. Jahrhundert) ergänzt und ersetzt werden und dass letztere allmählich überwiegen. Das kann nicht dauerhaft durchgehalten werden. Man weiß zwar nicht genau, wann und wo der erste Einbruch erfolgen wird, aber es lässt sich sicher sagen, dass er kommen und – wegen des Kreditcharakters des Geldsystems – eine Kette von Zusammenbrüchen nach sich ziehen wird. Zur Begründung dieser These unterscheidet Minsky drei Finanzierungsformen produktiver Investitionen, die unterschiedliche Folgen für das Verhältnis zwischen Einnahmen und Ausgaben eines Unternehmens haben:

■ Das *solide finanzierte* Unternehmen (hedge-firm) ist jederzeit in der Lage, seine Verpflichtungen zur Bedienung und Tilgung von Krediten aus den laufenden Erlösen zu erfüllen. Darüber hinaus hält es eine kleine Geldreserve zur Überbrückung von Einnahmeunterbrechungen.

■ Für eine *spekulativ finanzierte* Firma reichen die laufenden Profite zwar aus, um die fälligen Zinsen zu zahlen; aber die Abschreibungserlöse reichen nicht aus, die laufenden Tilgungsverpflichtungen zu erfüllen. Zahlungen für letztere können daher nur durch Rückgriff auf die Geldreserven oder durch die Aufnahme neuer Schulden finanziert werden. Das ist bei produzierenden Unternehmen dann kein Problem, wenn erwartet werden kann, dass nach Ende der Ausreifungszeit einer kreditfinanzierten Investition die anfallenden Erlöse und Gewinne hoch genug sind, um die Tilgung der alten und der neuen Schulden zu leisten.

Finanzinstitute sind grundsätzlich spekulativ finanziert. Ihre Fähigkeit, Schulden zurückzuzahlen, hängt von ihrer Fähigkeit ab, neue aufzunehmen. Damit hängen sie in besonderem Maße von der Entwicklung der Zinsen ab.

■ *Ponzi-Finanzierung* liegt nach Minsky dann vor, wenn nicht nur die Tilgungen, sondern auch die laufenden Zinsverpflichtungen größer als die laufenden

Einnahmen – im Wesentlichen die Bruttoprofite und Abschreibungen – sind. Eine solche Finanzierungsstruktur ist nach Minsky typisch für viele Investitionen mit einer langen Ausreifungszeit. Da während dieser Zeit permanent neue Schulden aufgenommen werden müssen, um alte zu bedienen, ist die Tragfähigkeit der Finanzierung in hohem Maße von der Zinsentwicklung abhängig. Wenn die Zinsen steigen – und die Zahlungsverpflichtungen hiergegen nicht abgesichert sind – kann das ganze Projekt sehr schnell in die Verlustzone geraten. Denn Zinssteigerungen lassen erstens die Gesamtschulden steigen, weil die steigenden laufenden Zinszahlungsverpflichtungen nur über zusätzliche Schulden erfüllt werden können. Zweitens sinkt für die Finanzanleger, die sich über Anleihen oder Aktien bei einem langfristigen Projekt engagieren, der Gegenwartswert der späteren Einkommen aus einer Investition, weil die erwarteten zukünftigen Ertragswerte mit einem höheren Zinssatz abdiskontiert werden müssen. Ein Gewinn für Anleger würde sich während der Laufzeit nur dann ergeben, wenn der Kurswert ihre Engagements steigt, das sie durch den Kauf von Aktien oder Anleihen eingegangen sind.

Aus diesen Überlegungen folgt, dass die *Stabilität des Finanzsystems vom Anteil der ungesicherten (spekulativ) oder ponzifinanzierten Investitionen an den Gesamtinvestitionen abhängt.* Die Pointe der Minsky-These ist nun, dass ein zunächst durch abgesicherte Investitionen dominiertes System Anreize zum Übergang auf ein fragileres System bietet: Der Grund dafür liegt in dem Charakter von Banken und anderen kreditgebenden Institutionen als Verkäufer von Schulden. Sie sind an schnellen Rückflüssen ihrer Kredite interessiert, weil Bargeld die Grundlage und das Rohmaterial für weitere Ausleihungen ist. Je mehr sie daher langfristige durch kurzfristige Kredite ersetzen – also Unternehmen in sehr riskante Ponzi-Finanzierung drängen können –, desto höhere Umsätze können sie machen. Sie haben daher Anreize, Unternehmen zu kurzfristigen und risikoanfälligen Finanzierungen zu veranlassen. Darüber hinaus sammelt sich gerade, wenn die Entwicklung gut läuft, reichlich Liquidität bei den Banken, die sie naturgemäß wieder gewinnbringend anlegen wollen. Sie werden daher Unternehmen zur Aufnahme von Krediten drängen, die derartige Kredite vielleicht gar nicht von sich aus beantragt hätten. Und sie werden unter dem Gesichtspunkt eigener Renditen Kredite an Unternehmen geben, die ihnen unter normalen Umständen nicht kreditwürdig wären. Das Verhalten der Banken bei dem spekulativen Hedgefonds LTCM oder die Bereitschaft, mit der die Deutsche Bank dem Bauunternehmer Jürgen Schneider Kredite ohne ausreichende Sicherheiten und fast ohne Kontrolle gab, entsprechen diesem Muster.

In dieser Sicht sind Finanzkrisen Kinder des Booms. Er lässt Banken mit Geld um sich werfen und macht Unternehmen leichtsinnig. Irgendwann aber werden einige dieser Projekte zusammenbrechen, und das wird um so eher und mehr der Fall sein, je eher und stärker die Zinsen steigen. Wenn beispielsweise die Zentralbank aus Furcht vor einer inflationstreibenden Überhitzung des Investitionsbooms die Leitzinsen heraufsetzt, kann es zu Kettenreaktionen kommen: Der Gegenwartswert der Investitionen (d.h. die Summe der mit dem – steigenden – Zinssatz abgezinsten Ertragswerte) nimmt ab, und die Aufrechterhaltung der kurzfristigen Finanzierung durch neue Kredite wird nur zu steigenden Zinsen möglich. Das aber setzt kreditfinanzierte Unternehmen unter Druck, dem einige nicht standhalten. Banken, deren Kredite ausfallen, müssen, um ihre Verpflichtungen ihrerseits zu bedienen, einen Teil ihrer Forderungen liquidieren, durch Rückruf von anderen Krediten oder Verkauf von Wertpapieren aus dem eigenen Portefeuille. Beides wird die Krise weitertragen und verstärken. Bei den Banken beginnt der Ansturm auf Liquidität, an den Börsen der allgemeine Kursverfall. Spekulativ finanzierte Projekte werden in immer größerer Zahl zusammenbrechen.

Die *Deregulierung des Finanzsektors* leistet diesem Krisenmuster Vorschub. Die Öffnung des Marktes für Immobilienfinanzierung oder die Abschaffung von Zinsobergrenzen beispielsweise eröffnet den Banken neue Möglichkeiten der Geschäftsakquisition und setzt sie zugleich schärferer Konkurrenz aus. Sie versuchen, den Druck auf die Gewinnmargen durch mehr Masse auszugleichen. Mit günstigen Finanzierungskonditionen animieren sie ihre Kunden oder neue Unternehmen zu neuen Bau- oder Entwicklungsprojekten. Dadurch werden die Grundstückspreise in die Höhe getrieben, was die Immobilienspekulanten auf den Plan ruft. Durch die Explosion der Preise erscheinen Projekte, die unter normalen Bedingungen wegen unsicherer langfristiger Ertragschancen nicht finanziert würden, als lohnend und attraktiv. Zu der Gruppe der Spekulanten kommt die Gruppe der Schwindler und Betrüger hinzu. Die ersten Zusammenbrüche sind dann nur noch eine Frage der Zeit.

Dieses Zusammenwirken von Boom und Deregulierung lag der großen Krise des Hypothekenbankensektors (Savings and Loan) in den 1980er Jahren sowie dem Börsenboom und anschließenden Crash 1987 in den USA ebenso zugrunde wie dem Ausbruch der bislang größten Immobilienkrise in Japan – und in Schweden – Anfang der 90er Jahre. In den USA verhinderte eine enorm teure, aber letztlich wirksame Aktion der Behörden das Übergreifen der Krise auf die Gesamtwirtschaft. Auch vom Börsenkrach wurden Produktion und Beschäftigung kaum beeinträchtigt. In Japan dagegen traf die Immobilienkrise den gesamten Bankensektor und darüber hinaus die Gesamtwirtschaft mit einer Wucht, die bis heute nachwirkt. Der Fall Deutsche Bank – Jürgen Schneider hätte der Beginn einer solchen Kettenraktion werden können; dies wurde jedoch durch schnelle Gegenmaßnahmen verhindert.

Ein geradezu klassisches Beispiel für einen von irrationalen Erwartungen und grenzenloser Gier getriebenen Boom an den Finanzmärkten, der nach wenigen Jahren zusammenbrach, ist die Geschichte der »New Economy« (vgl. Rudolf Hickel 2001). Ihr lag die Entwicklung und Ausbreitung neuer Informations- und Kommunikationstechnologien zugrunde, die durchaus eine wichtige Grundlage

171

für eine tiefgreifende Modernisierung von Arbeitsprozessen sowie Unternehmens- und Branchenstrukturen darstellt. Diese Perspektive hat eine hektische Welle von Unternehmensgründungen ausgelöst, die überwiegend nicht von soliden Technologie- oder Geschäftskonzeptionen, sondern von Zockermentalität und dem Bestreben getragen waren, von Anfang an von einem Boom an den Finanzmärkten zu profitieren. Die Aktienkurse zahlreicher neuer Unternehmen an den überall etablierten »Neuen Märkten« schossen innerhalb von Wochen auf das Zehnfache ihrer Ausgangswerte. Diese Bestätigung der Erwartungen lockte Hunderttausende neue Anleger an die Märkte. Die Kurse stiegen weiter, und die auf diese Weise künstlich geschaffene Finanzierungsbasis verleitete die Unternehmensgründer zu vielfach größenwahnsinnigen Expansionen, Übernahmen und Fusionen, die mit Aktien bezahlt wurden. Als deutlich wurde, dass es nicht endlos so weitergehen würde, stiegen viele Gründer aus, setzten sich ab und hinterließen leere Büros und wütende Anleger. Andere verlegten sich noch eine Weile auf Fälschung und Betrug, ehe sie aufgaben. Die Kurse an den »Neuen Märkten« sind seit Mitte 2000 überall auf weniger als die Hälfte gefallen, und ein Ende der »Bereinigung« ist noch nicht in Sicht.

In anderen Dimensionen spielt sich die Korrektur eines besonderen »irrationalen Überschwangs« in der Telekommunikationsindustrie ab. Sie war nach dem Zweiten Weltkrieg fast überall – Ausnahme USA – als Teil des staatlichen Post- und Fernmeldewesens mit öffentlichem Auftrag aufgebaut worden. Ende der 80er Jahre begann die vollständige oder teilweise Privatisierung der meisten Telekommunikationsunternehmen, deren Aktien seitdem als Technologiewerte an den Börsen gehandelt werden. Die Öffnung der Märkte hat die Konkurrenz auf dem Sektor massiv verschärft und zu einer Welle von Übernahmen, Fusionen und Verflechtungen geführt. Neue Perspektiven der Expansion und der Gewinne schienen sich durch die neue Mobilfunktechnologie UMTS (Universal Mobile Telephone System) aufzutun. Als die staatlichen Sendelizenzen hierfür versteigert wurden, verrannten sich die Konzerne in ein hemmungsloses Bieterrennen. Die Lizenzen wurden schließlich zu horrenden und weit über den Erwartungen der jeweiligen Regierungen liegenden Preisen verkauft, in Deutschland beispielsweise für fast 100 Mrd. DM statt der vom Finanzministerium erwarteten 10–20 Mrd. DM.

Mittlerweile schlägt die Last der Finanzierung derartig teurer Akquisitionen jedoch auf die Telekommunikationskonzerne zurück und drückt ihre Gewinne und Aktienkurse. Verluste fallen an, und Telekommunikationsunternehmen brechen zusammen. Um die Probleme zu vertuschen, greifen auch hier Geschäftsleitungen zu unsauberen Mitteln, Manipulationen und Betrügereien: Dies reicht von problematischen Bewertungen von Grundstücksaktiva bei der Deutschen Telekom bis zum Betrug und der Bilanzfälschung beim zweitgrößten amerikanischen Telekommunikationskonzern WorldCom.

172

Stagnationsgetriebene Finanzkrise

Die Mehrheit der Finanzkrisen seit dem Zusammenbruch des Bretton Woods-Systems ist jedoch nicht das Resultat boomartiger Überhitzungen und spekulativer Überlagerungen boomender produktiver Investitionen. Der in den 80er Jahren entstandene und in den 90er Jahren dominierende Typus der Finanzkrise lässt sich eher aus den Schwächen und Problemen als aus der Überhitzung der realen Akkumulation in den kapitalistischen Metropolen erklären. In dieser, in den letzten Jahren insbesondere von François Chesnais ausgearbeiteten Sicht sind Finanzkrisen die Folge des Versuches, auf diese Probleme durch Ausweichen in die Finanzakkumulation und in der Regel auch durch Verlagerung in die sogenannten »auftauchenden Märkte« (emerging markets) zu reagieren.

In früheren Entwicklungsphasen des Kapitalismus hat nachlassendes Wachstum zu niedrigeren Profiten geführt. Davon kann seit Mitte der 80er Jahre für die USA und Europa keine Rede mehr sein, jedenfalls nicht für die großen Akteure. Die Oligopole können ihre Gewinne auch bei stockender Nachfrage durch Rationalisierung, Outsourcing, Lohnsenkung, Intensivierung der Arbeit etc. steigern (vgl. Chesnais 1996: 21). Die damit verbundene Umverteilung zu Lasten der Masseneinkommen senkt die gesamtwirtschaftliche Nachfrage weiter und hemmt die Investitionsneigung. Das gesellschaftliche Übersparen steigt, d.h. die Mittel nehmen zu, die nicht in der produktiven Akkumulation, sondern auf den Finanzmärkten Verwertung suchen.

Langsames Wachstum (oder Stagnation) bei hohen Profiten einerseits und besonders schnelle Entwicklung der Finanzmärkte sind nach dieser These zwei Seiten einer Medaille. Zusammen bilden sie ein neues Muster der kapitalistischen Entwicklung, in dem die globalen Finanzmarktakteure die entscheidende Rolle spielen (»régime d'accumulation financiarisé mondial«, Chesnais 1996: 261). Die langfristige Schwäche des Wachstums in den Industrieländern bei gleichzeitiger Umverteilung des Volkseinkommens zugunsten der Gewinne – also das durch neoliberale Politik gestützte und forcierte Muster spätkapitalistischer Entwicklung – hat das Nachfrageproblem verschärft, die Investitionsquote gedrückt und die Suche nach alternativen Verwendungen des nach wie vor hohen und weiter steigenden Profits forciert. Zur Lösung dieses – nicht neuen – Problems bieten sich mehrere Strategien an:

■ Zum einen wird die Produktion für den Export gefördert. Gesamtwirtschaftlich macht diese einzelwirtschaftlich vernünftige Strategie allerdings nur Sinn, wenn sie auf einen Export*überschuss* abzielt. Exportüberschüsse der einen stehen aber Handelsbilanzdefizite anderer Länder gegenüber. Anhaltende und steigende Handels- oder Leistungsbilanzdefizite führen daher zu zunehmenden internationalen Ungleichgewichten. In einer solchen Situation befindet sich die Weltwirtschaft gegenwärtig.

■ Zweitens können die überschüssigen Gewinne durch inländische Finanzinvestitionen des Unternehmenssektors absorbiert werden. Dafür sind allerdings verschuldungsbereite Partner aus anderen Sektoren erforderlich. In beschränktem Maße sind dies die Haushalte (Konsumentenkredite). Ihre Verschuldungsbereitschaft ist in den USA sehr groß und hat sogar zu negativen Sparquoten geführt. In Europa kann davon allerdings keine Rede sein. Hier sind Haushalte nach wie vor deutlich Überschusssektoren, tragen also gesamtwirtschaftlich nichts zur Absorption des Unternehmenssparens bei, sondern vergrößern ihrerseits die gesamtwirtschaftliche Sparsumme. Die inländische Alternative zu den Haushalten ist der Staat. Die seit den 1980er Jahren stark gestiegene Staatsverschuldung ist nicht Ausdruck der Maßlosigkeit öffentlicher Verschwendungssucht, sondern Ergebnis der Notwendigkeit, steigende Mengen überschüssiger und nicht mit Aussicht auf hohe Gewinne re-investierbarer Mittel aufzunehmen und den BesitzerInnen zu verzinsen. Dabei trifft es sich gut, dass die Mittel, die auf diese Weise auf die Staatskonten übertragen werden, angesichts hoher Arbeitslosigkeit (und damit verbundener Einnahmeausfälle des Staates) und zunehmender Steuerflucht und -vermeidung von Seiten der Unternehmen und der Reichen dringend gebraucht werden, um die öffentlichen Aufgaben zu finanzieren. In dem Maße jedoch, wie die Staatsverschuldung aus ideologischen Gründen abgebaut wird, taucht das Problem des Übersparens erneut und mit größerer Dringlichkeit wieder auf.

■ Als dritte Alternative bleibt die Kapitalverlagerung ins Ausland, zum kleineren Teil als produktive Investition (Direktinvestition), zum größeren Teil als – mehr und mehr kurzfristige – Kredite oder Portfolioinvestition. Die besonders starke Zunahme internationaler Finanzströme während der letzten Zeit, in der in den USA und in der EU die Haushaltsdefizite drastisch zurückgefahren wurden, ist daher in erster Linie Folge des hieraus entstandenen Überangebots an anlagesuchenden flüssigen Mitteln. Der Angebotsdruck geht nicht nur von den traditionellen Kapitalsammelstellen, den Banken, aus, sondern auch von neuen Akteuren, den Investmentgesellschaften und Pensionsfonds, die eine zunehmend wichtige Rolle auf den internationalen Finanzmärkten spielen.

Die stagnationsgetriebene Finanzakkumulation führt zur Umkehr traditioneller Verhältnisse auf den Finanzmärkten: Dort suchen nicht mehr in erster Linie verschuldungsbereite Unternehmen nach Kreditgebern, sondern Geldbesitzer nach Schuldnern, bei denen sie ihr Geld profitabel anlegen können. Sie treten in der Regel nicht einzeln, sondern in geballter Form als Großbanken, Investmentfonds oder andere institutionelle Anleger auf.

Ihr Investitionsverhalten ist nicht strategisch und langfristig ausgerichtet, sondern findet zunehmend in Form kurzfristiger Kredite und von kurzfristig mobilisierbaren Portfolioinvestitionen statt. Diese großen Finanzanleger suchen den Globus nach Möglichkeiten schneller Gewinnmitnahmen ab. Wenn sie diese realisiert und ausgeschöpft haben, wandern sie weiter. Die Fortschritte der Informations-, Computer- und Telekommunikationstechnologien versetzen sie in die Lage, auf kleine Renditedifferenzen oder auf die Erwartungen von Veränderungen im internationalen Wechselkurs- oder Renditegefüge in kürzester Zeit fast ohne Kosten mit der Verschiebung großer Geldsummen zu reagieren, womit sie erheblichen Einfluss auf die Wechselkurse, die Aktienkurse und die Zinsen in den betroffenen Ländern ausüben.

Voraussetzungen für derartige internationale Finanzinvestitionen als Ausweg aus inländischer Wachstumsschwäche sind allerdings eine hinreichend hohe Renditeerwartung und hinreichend niedrige Risiken im Ausland, letztere insbesondere als politische und Wechselkursrisiken. Derartige sichere Gewinnaussichten ergeben sich nicht von alleine, sondern müssen politisch geschaffen werden. Besonders das System frei schwankender Wechselkurse bedeutet ein Risiko für Finanzanleger, das seit dem Zusammenbruch des Systems von Bretton Woods in der ersten Hälfte der 1970er Jahre zwischen den Hauptwährungen der Welt besteht und letztlich eine Privatisierung des Wechselkursrisikos für ausländische Investoren bedeutet. Dieses Risiko muss ausgeschaltet werden. Dies geschieht auf drei Wegen:

■ Erstens *sollen Termingeschäfte* Wechselkursrisiken für Waren- und Kapitalbewegungen ausschalten. Die damit verbundene Verteuerung wird auf die Kreditnehmer überwälzt.

■ Den gleichen Zweck verfolgt zweitens die – in der Vergangenheit vom IWF immer unterstützte oder geforderte – *Bindung* (pegging) *der Währungen von Kapitalempfängerländern an die Währungen der Hauptinvestoren:* in Asien an den Dollar, in Osteuropa an den Euro.

Mit dieser Ausschaltung des Wechselkursrisikos für ausländische Kapitalgeber ist allerdings die Gefahr der realen Aufwertung der Währung in den Empfängerländern verbunden. Wenn die Preise in den Empfängerländern stärker steigen als im Hartwährungsland, die Wechselkurse demgegenüber gleich bleiben, bedeutet das eine reale Verteuerung der Exporte des Empfängerlandes. Diese reale Aufwertung der an die Hartwährung gebundenen Währung drückt auf die Handelsbilanz und führt zu Defiziten. Der notwendige Aufwand zur Verteidigung der Währung wird größer, die Chancen der Verteidigung werden demgegenüber geringer.

■ Um das Halten diversifizierter Währungsportefeuilles und den schnellen Wechsel von Auslandsinvestitionen von einem Land ins andere für die Investoren zu erleichtern, sind – drittens – seit Mitte der 70er Jahre die bis dahin üblichen *Kapitalverkehrsbeschränkungen weitgehend abgeschafft* und die Kapitalmärkte weitgehend liberalisiert worden. Auch dies hat kontraproduktive Rückwirkungen: Denn massenhafte schnelle Kapitalzu- und -abflüsse beeinträchtigen die Möglichkeiten, eine stetige und strategische Wirtschaftspolitik zu betreiben, die auf die Entwicklung einer eigenständigen tragfähigen Wirtschaftsstruktur in den Schwellenländern zielt. Das betrifft nicht nur ausländisches, sondern auch heimisches Kapital, das vor der Liberalisierung in nationale Entwicklungspolitik eingebunden war. Mit der Liberalisierung des Kapitalverkehrs schließen sich die inländischen Geldbesitzer den internationalen Kapitalströmen an – oder bringen ihre Reichtümer auf sichere Auslandskonten.

Auch die stagnationsgetriebene Finanzinvestition enthält also ein Moment an Boom, Hektik und spekulativ verstärktem Ansturm: Wenn ein Schwellenland erfolgreich zur Oase in der Wüste ausgetrockneter Verwertungschancen zubereitet ist, werden sich die Kapitalanleger aus aller Welt darum reißen, dort ihr Kapital unterzubringen.

Das führt zu Preis- und Kurssteigerungen, zu erfüllten Erwartungen und daher zu spekulativ verstärktem Kapitalzufluss. Es ist unvermeidlich und absehbar, dass der Finanzsektor in diesen Ländern, deren Tradition sehr viel kürzer und deren Festigkeit sehr viel geringer ist, diesem Ansturm nicht gewachsen ist und über kurz oder lang zusammenbrechen muss.

4. Asien 1997/98: Die ausgelagerte Krise

Das Muster angebotsgetriebener Expansion internationaler Kapitalströme mit anschließender Finanzkrise entwickelte sich erstmals beim Recycling der Petrodollars in den 1970er Jahren vorwiegend nach Lateinamerika. Es wiederholte sich in der mexikanischen Pesokrise: 1993 lockte der stabile (überbewertete) Peso und das im Vergleich zu den USA höhere Zinsniveau, und es gab einen plötzlichen Zufluss von 23 Mrd. Dollar an Portfolioinvestitionen aus den USA nach Mexiko. Dann begannen die Unruhen in Chiapas, der linke Präsidentschaftskandidat wurde ermordet – und die Zinsen in den USA wurden heraufgesetzt. 1994 schmolz die Zufuhr von Portfoliokapital auf 3 Mrd. zusammen, und 1995 wurden 14 Mrd. Dollar abgezogen. Der Swing von 37 Mrd. Dollar machte 13% des mexikanischen Bruttoinlandsproduktes aus (vgl. IMF 1998a:15). Dies würde auch ein entwickeltes Land nicht ohne massive Einbrüche überstehen.

Bei der Asienkrise wird der Zusammenhang zwischen Entwicklungsproblemen und Wirtschaftspolitik in den Zentren auf der einen und Überschwemmung mit Kapital mit anschließendem Zusammenbruch in den Krisenländern auf der anderen Seite besonders deutlich. Er steht in krassem Gegensatz zu den Erklärungen, die nach einer kurzen Periode von Schock und Hilflosigkeit mittlerweile die Verlautbarungen des IWF und anderer Institutionen wieder dominieren: Die Krise sei im Wesentlichen das Ergebnis gesamtwirtschaftlicher Schieflagen und der Schwäche des Finanzsektors in den betroffenen Ländern. Aus einer solchen Diagnose folgt, dass die Therapie vor allem in den Krisenländern erfolgen muss. Die Konstruktion des internationalen Finanzsystems, die für kurze Zeit ins Zentrum der Diskussion und Kritik gerückt war, gerät wieder aus dem Blick und aus der Kritik. Dass die Ursachen für die Krise an der Peripherie in den Zentren der Weltwirtschaft liegen könnten, war ohnehin nie ernsthaft in Erwägung gezogen worden.

Gegenüber derartigen Verdrängungen präsentieren sich die Zusammenhänge zwischen Kapitalüberschuss in den Zentren und Kapitalschwemme in den Schwellenländern, der Aufbau eines Krisenpotentials und der Ausbruch der Krise als Drama in drei Akten:

Der *erste Akt* spielt in den entwickelten Zentren der Welt, in den USA und Europa. Hier hat sich in den 1990er Jahren die Umverteilung des Volkseinkommens zu Lasten der Löhne und Gehälter und zugunsten der Gewinne fortgesetzt (vgl. Europäische Wirtschaft 73, 2001, Statistischer Anhang, Tabelle 32): Die bereinigte Lohnquote, die in der EU in den 70er Jahren bei 74,6% und in den 80er Jahren bei 72,5% gelegen hatte, ist in den 90er Jahren um gut drei Prozentpunkte auf 69,4 gefallen und liegt seit zwei Jahren bei 68,4%. Die entsprechenden Zahlen für die USA lauten 70,0% für die 70er und 68,7% für die 80er Jahre und 67,2% für das vergangene Jahrzehnt. Wegen der stagnierenden konsumtiven Endnachfrage bleiben die Investitionsanreize schwach, die Investitionsquote ging zurück. Sie fällt in der EU von 23,5% in den 70ern über 21,0% in den 80ern und auf 20,2% in den 90er Jahren. Weniger ausgeprägt, aber in die gleiche Richtung verlief die Entwicklung in den USA: 19,3% in den 70ern, 18,8% in der 80ern und 18,0% in den 90er Jahren. Steigende Gewinn- bei abnehmenden Investitionsquoten erhöhen die liquiden, aber nicht produktiv absorbierten Mittel. Das Übersparen nimmt neue Dimensionen an. Unternehmen treten zunehmend nicht als Nachfrager, sondern als Anbieter von Kapital auf. Sie suchen keine Kredite und Gläubiger, sondern Schuldner, bei denen sie ihr Geld anlegen können. Es kommt zu einer »beträchtlichen Zunahme internationaler Liquidität« (BIZ 1998:136).

Die BesitzerInnen dieser Liquidität finden aber immer weniger willige Schuldner. Denn in den Zentren sinkt die Bereitschaft, die liquiden Mittel durch Verschuldung aufzunehmen: »*Gleichzeitig hat sich jedoch das Angebot an zentralen Bestandteilen der Portefeuilles von Pensions- und Investmentfonds, wie z.B. Staatsanleihen und öffentlich notierten Aktien aus den Industrieländern beträchtlich verringert.*« (BIZ ebenda: 107) Die Gründe hierfür liegen im Verhalten der Unternehmen und des Staates:

■ Die Unternehmen betreiben angesichts engerer Märkte forcierte Rationalisierung und vernichten Arbeitsplätze. Sie versuchen ihre Marktposition dadurch zu konsolidieren, dass sie sich mit anderen Unternehmen zusammenschließen. Die neue Fusionswelle ab Mitte der 90er Jahre wird aber zum großen Teil nicht aus Profiten finanziert, sondern durch den Austausch von Geschäftskapital abgewickelt. Daher ist »*... das Nettovolumen an neuen US-Aktienemissionen (...) seit über vier Jahren rückläufig« (ebenda).*

■ In der staatlichen Wirtschaftspolitik steht allenthalben der Abbau der öffentlichen Verschuldung im Vordergrund: In den USA wurden die Haushaltsdefizite von Anfang bis Mitte der 90er Jahre auf weniger als die Hälfte abgebaut und Ende des Jahrzehnts sogar Haushaltsüberschüsse erzielt. (Seit dem Anlaufen der neuen Aufrüstungswelle im Jahre 2000 gibt es aber wieder eine staatliche Nettoneuverschuldung, die in den nächsten Jahren ansteigen wird.) Die Mitgliedsländer der EU hatten sich im Vertrag von Maastricht selbst unter den Zwang gesetzt, ihre Neuverschuldung radikal zu senken. Dies brachte nicht nur hohe gesamtwirtschaftliche Schäden vor allem in Europa mit sich. Es führte auch zur Verstopfung eines traditionellen – viel geschmähten, aber dennoch immer wieder gern in Anspruch genommenen – Abflusskanals für überschüssiges Geld. Denn die für die FinanzanlegerInnen erfreuliche Funktion der Staatsverschuldung besteht darin, Geld zu verzinsen, das ansonsten für seine Besitzer unverzinst bliebe.

Weder die Unternehmen noch der Staat waren also bereit, die steigenden Profite der Unternehmen zu absorbieren. Die »reichliche weltweite Liquidität« musste andere Auswege finden.

Glücklicherweise erscheinen diese Auswege als »auftauchende Märkte« (emerging markets) im *zweiten Akt*. Ihre Funktion als rettende Insel für anlagesuchendes Kapital war von langer Hand vorbereitet. Die asiatischen »kleinen Tiger« hatten sich inzwischen, um ihre Exporte zu fördern, dem Westen geöffnet. Sie hatten sich zur Stabilisierung der Handelsbeziehungen und unter nachdrücklichem Zureden des IWF zum wirtschaftspolitischen Vorrang der Inflationsbekämpfung mit hohen Zinsen und zur Bindung ihres Wechselkurses an den Dollar durchgerungen. Für die Finanzinvestoren aus den Zentren – überwiegend private Banken, zum großen Teil aus Europa – öffnen sich damit attraktive Perspektiven: Sie können ihre Probleme dadurch lösen, dass sie den asiatischen Schwesterbanken ihr überschüssiges Geld als Kredite aufdrücken, für die sie das Doppelte an Zinsen erhalten wie zu Hause. Der Zusammenhang zwischen Kapitalüberschuss in den Zentren und Kapitalzufluss in Asien und Lateinamerika wird in Schaubild 23 verdeutlicht. Zwischen 1994 und 1996 ist die staatliche Neuverschuldung der EU um 60 Mrd. Dollar und die der USA um 72 Mrd. Dollar zurückgegangen. Insgesamt wurden also in den beiden Jahren 132 Mrd. Dollar Kapital weniger vom Staat absorbiert. Gleichzeitig stiegen die Zuflüsse in die asiatischen Krisenländer (+ 34 Mrd. Dollar) und nach Lateinamerika (+38 Mrd. Dollar) um insgesamt 72 Mrd. Dollar an, also um mehr als die Hälfte dieses Ausfalls. Die Vorbereitung auf die Europäische Währungsunion war also zugleich ein Beitrag zur Vorbereitung der asiatischen Finanzkrise.

Die Wanderung nach Asien war für europäisches, amerikanisches und japanisches Kapital allerdings kein Aufbruch ins Ungewisse. Der Empfang in Fernost war gut vorbereitet, der Erfolg vorab gesichert. Die späteren Krisenländer erschienen nicht als Notlösungen, sondern vor allem als attraktive Anlageobjekte (vgl. Tabelle 22). Ihr Wirtschaftswachstum vor der Krise war erheblich höher als in den USA, mehr als doppelt so hoch wie in der Europäischen Union und viermal so hoch wie in Japan. In drei der fünf Krisenländer gab es im Durchschnitt der Jahre 1986 bis 1996 einen Überschuss der öffentlichen Haushalte, in den

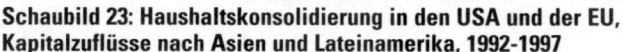

Schaubild 23: Haushaltskonsolidierung in den USA und der EU, Kapitalzuflüsse nach Asien und Lateinamerika, 1992-1997

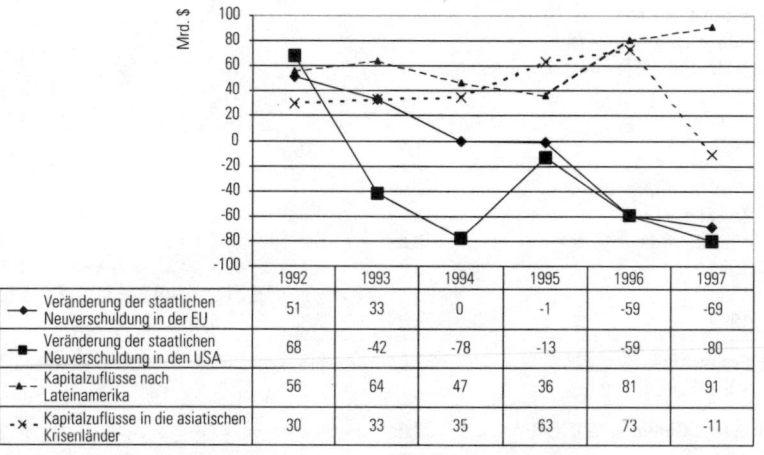

	1992	1993	1994	1995	1996	1997
Veränderung der staatlichen Neuverschuldung in der EU	51	33	0	-1	-59	-69
Veränderung der staatlichen Neuverschuldung in den USA	68	-42	-78	-13	-59	-80
Kapitalzuflüsse nach Lateinamerika	56	64	47	36	81	91
Kapitalzuflüsse in die asiatischen Krisenländer	30	33	35	63	73	-11

Quelle: IMF, International Capital Markets. Developments, Prospects and Key Policy Issues, Washington 1998, S. 13; Europäische Wirtschaft, Nr. 66, 1988, Tabelle 54, 55 und 64

beiden anderen Ländern (Südkorea -3,2%; Philippinen -1,9%) war das Defizit geringer als in den Industrieländern (vgl. BIZ ebenda: Tab. III.2). Zwar wiesen alle fünf Länder in den 90er Jahren Leistungsbilanzdefizite auf. Ihre Höhe war jedoch gering und lag, gemessen als Prozentsatz des BIP, für drei der fünf Länder unter dem Wert für die USA. »In dieser und anderer Hinsicht gab es in Ostasien mehr Licht als Schatten; und die Krisenanfälligkeit Ostasiens stammte aus jüngster Zeit – sie war weitgehend das Ergebnis der Liberalisierung der Kapital- und Finanzmärkte, für die der IWF selbst mitverantwortlich war.« (Stiglitz 2002: 126)

Besonders bemerkenswert ist die von 1986 bis 1996 mit durchschnittlich über 30% außerordentlich hohe Investitionsquote in vier der fünf asiatischen Krisenländer. Sie lag mehr als doppelt so hoch wie in den USA und weit über der in Europa. Wenn Investitionen der Motor der wirtschaftlichen Entwicklung und Modernisierung sind, dann sprach also von der makroökonomischen Konstellation her alles dafür, dass die Weichen in den asiatischen Tigerländern nicht auf Krise, sondern weiterhin auf Wachstum gestellt blieben. Andererseits sprach nichts dafür, dass diese Länder zur Finanzierung ihrer Investitionen auf die Zufuhr ausländischen Kapitals angewiesen wären. Ihre gesamtwirtschaftliche Sparquote betrug in vier der fünf Länder in der Zeit von 1986 bis 1996 mehr als ein Drittel des Bruttoinlandproduktes. Wenn das Kapital also dennoch massenhaft

Tabelle 22: Kennziffern für fünf asiatische Krisenländer

	Indonesien	Korea	Malaysia	Philippinen	Thailand
1. Wachstum des Inlandsproduktes in %					
1990-1996 jahresdurchsch.	7,3	7,7	8,8	2,9	8,5
1997	4,6	5,5	7,8	5,1	-0,4
1998*	-15,3 (-5,0)	-7,0 (-0,8)	-7,5 (+2,5)	0,2 (2,5)	-8,0 (-3,1)
1999*	-3,4	-1,0	-2,0	2,5	1,0
2. Verbraucherpreise, Zunahme in %					
1990-1996 jahresdurchschn.	8,6	6,3	3,7	10,6	5,1
1997	6,6	4,4	2,7	5,1	5,8
1998*	66,1	7,8 (12,6)	5,2 (7,9)	9,8 (8,0)	8,0 (9,0)
1999*	26,8	7,8	5,8	8,8	
3. Ersparnis in % d. BIP, 1986-96	33,6	36,3	36,4	17,3	33,7
4. Investitionen in % d. BIP, 1986-96	32,6	34,2	33,6	20,7	36,8
5. Saldo der Leistungsbilanz in % des BIP					
1990-1996	-2,7	-1,7	-5,8	-3,9	-6,9
1997*	-1,8 (-2,9)	-1,8 (-1,9)	-4,2 (-5,1)	-5,2 (-5,2)	-2,0 (-2,0)
1998*	3,0	13,2	11,0	1,2	11,4
6. Kredite an den Privatsektor, jährl. Zuwachs in %, 1990-1997	18	12	16	18	18
7. Kurzfristige Auslandsverschuldung in % der Währungsreserven Mitte '97	182	214	62	88	153
8. Abwertung gegenüber dem $ von Juli 1997 bis zum Tiefpunkt bis März 1998, in %	-84,3%	-54,6	-46,3	41,8	-55,0
9. Offizielle Finanzierungszusagen** in Mrd. $	40,0	57,0			20,1

* vgl. Prognose des IWF in: World Economic Outlook, December 1998 (Zahlen in Klammern: Prognosen vom WEO von Mai 1998); ** des IWF, der Weltbank, der Asiatischen Entwicklungsbank sowie bilaterale Zusagen
Quelle, Bank für internationalen Zahlungsausgleich, 68. Jahresbericht, 1.4.1997-31.3.1998, Basel, 8. Juni 1998, Tab. II.1, II.2, III.4, VII.1, VII.4, VII.9 und VII.10

kam, war nicht der Sog der Nachfrage, sondern der Druck des Angebots die treibende Kraft.

Für Finanzanleger musste Asien überdies deshalb besonders attraktiv erscheinen, weil es dort einerseits relativ hohe Zinsen und andererseits kein Wechselkursrisiko gab, jedenfalls nicht gegenüber der führenden Leitwährung. Beides war vor allem Resultat des Drucks, den der IWF ausgeübt hatte. Hohe Zinsen brachten den Vorrang der Anti-Inflationspolitik in der Wirtschaftspolitik zum Ausdruck, die vor allem den Interessen ausländischer Anleger und der herrschenden Schichten im Inland entsprach. Diese beiden Gruppen waren auch in besonderem Maße an stabilen Wechselkursen interessiert, die Ausländer zur Repatriierung ihrer Profite, die inländischen Reichen zum Transfer großer Vermögen ins Ausland. Das Wechselkursrisiko wurde dadurch ausgeschaltet, dass die nationale Währung in ein festes (in einigen Ländern gelegentlich angepasstes) Austauschverhältnis zum Dollar gesetzt wurde.

Schließlich erfüllten die späteren Krisenländer im Laufe der 90er Jahre die wichtigste Voraussetzung für den Kapitaltransfer, nämlich die weitgehende Liberalisierung des Kapitalverkehrs nicht nur für Direktinvestitionen, sondern auch für kurzfristige Kapitalströme aus dem Ausland und ins Ausland.

Hohe Profitaussichten, stabile Wechselkurse und ungehinderter Kapitalverkehr – dies waren die Konstellationen, die in den asiatischen Ländern teils durch eigene Entwicklung entstanden, teils durch äußeres Drängen hergestellt worden waren und diese Länder zum geradezu idealen Zufluchtgebiet für frustriertes Kapital aus den Metropolen machte.

Die Bankkredite an den Privatsektor der fünf Krisenländer nahmen von 1990 bis 1997 jahresdurchschnittlich um zwischen 12% und 18% zu (vgl. Tabelle 22, Zeile 6). Demgegenüber belief sich der Zuwachs für Europa auf 4%, für Japan auf 1,5% und für die USA nur auf 0,5% (vgl. BIZ, ebenda: Tab. VII.1). Hauptanleger waren zuletzt europäische Banken. »Auf die europäischen Banken, die in der Anfangsphase des Booms relativ geringe Engagements ausgewiesen hatten, entfiel zwischen Anfang 1995 und Mitte 1997 mehr als die Hälfte der Kreditvergabe an diese Ländergruppe« (BIZ, ebenda: 138). Der Chefvolkswirt der Deutschen Bank, Norbert Walter, erklärte im Fernsehen: Da in Europa nichts los war, wurden die liquiden Mittel eben in Form kurzfristiger Kredite nach Asien geschoben. Die vom IWF kritisierte Schwäche des asiatischen Finanzsektors bestand allenfalls darin, dass er sich darauf eingelassen und diese Kredite genommen hat – und sie dann im Lande irgendwie weiter verwenden musste. Da solide Investitionsprojekte nicht in ausreichendem Maße zur Verfügung standen, gingen die Mittel eben in unsolide Projekte, ein erheblicher Teil rotierte im Finanzsektor. Die Folge war ein rasanter Anstieg der Aktienkurse.

Im *dritten Akt* zeigt sich allerdings die Kehrseite der Attraktivität. Hohe Zinsen sind gut für die Finanzinvestoren, aber schlecht für die produktiven Investoren. Die Bindung ihrer Währung an den Dollar macht die Länder verwundbar.

Wenn die Preise stärker steigen als in den USA, werden die Währungen in den Krisenländern im Vergleich zum Yen zu teuer, die Exporte wachsen langsamer, die Importe schneller. Das zunächst harmlose Leistungsbilanzdefizit wird tückisch und gefährlich. Die Verwundbarkeit schlägt um in Verwundung. Die ersten durch Überschusskapital aufgedrückten Projekte platzen. Die ersten Anleger bezweifeln die Haltbarkeit des Wechselkurses und ziehen ihr Geld ab. Die Bremsspur des Kapitalzuflusses ist kurz: Die Kredite sind überwiegend kurzfristig, Kapitalbewegungen sind nicht beschränkt. Nach den ersten Zeichen einer prekären Entwicklung steigt die Währungsspekulation ein, und das ist das Ende. Innerhalb weniger Stunden schlägt der hektische Kapitalzufluss in panischen Kapitalabzug um. Die Währung bricht zusammen, die auf Dollar lautenden Schulden werden unbezahlbar, Unternehmen und Banken brechen zusammen, die Aktienkurse gehen in den freien Fall über. Die Krise ist da, der über Jahre mühsam erarbeitete Wohlstand ist in wenigen Wochen dahin. Genaugenommen ist er nicht vernichtet, sondern er hat sich in Schulden verwandelt: gegenüber dem IMF, westlichen Regierungen und Unternehmen.

Die privaten Kapitalzuflüsse an die fünf asiatischen Krisenländer, die von 1990 bis 1994 kontinuierlich und langsam von 25 Mrd. Dollar auf 35 Mrd. Dollar gestiegen waren, verdoppelten sich bis 1996 auf 74 Mrd. Dollar – und nahmen 1997 um 6 Mrd. Dollar ab, ein Swing von 80 Mrd. Dollar in einem Jahr. Im Unterschied zur Mexikokrise zwei Jahre vorher war der massive Zu- und ebenso massive Abfluss aber nicht primär von den Portfolioinvestitionen, sondern von den Bankkrediten getragen, die überwiegend kurzfristig waren: Sie nahmen zwischen 1993 (6,1 Mrd. Dollar) und 1996 (34,7 Mrd. Dollar) auf fast das Sechsfache zu, ehe 1997 34,4 Mrd. Dollar an Bankkrediten abgezogen wurden. Die Lücke von 69,1 Mrd. Dollar macht fast neun Zehntel des gesamten Kapitalabflusses aus (IMF 2001: 9).

Die Folge dieses abrupten Abzuges von Kapital war ein dramatischer Zusammenbruch im Finanzsektor mit zerstörerischen Folgen für die Produktion und die soziale Lage der Menschen. Die Finanzkrise im engeren Sinne entlud sich als sich verstärkendes Wechselspiel von Abwertungen, Kursverfall, Bankzusammenbrüchen und Kredit- und Liquiditätskrise. Der Auslöser war die *Abwertung*. Keins der fünf Länder konnte dem Druck der Spekulation standhalten, in allen wurde die Bindung an den Dollar im zweiten Halbjahr 1997 aufgegeben, überall fiel unmittelbar darauf der Wert der jeweiligen Währung gegenüber dem Dollar um mehr als 40%, am stärksten in Indonesien (-84%).

Abwertung bedeutet, dass die Bedienung von Schulden, die auf Dollar lauten, schlagartig teurer wird. Dies aber war der größte Teil der Schulden: 1996, also vor Ausbruch der Krise, lag der Anteil der auf Dollar, DM oder Yen lautenden Schulden an den Außenschulden insgesamt für Indonesien bei 63,6%, für Malaysia bei 84,5%, die Philippinen bei 70,7% und für Thailand bei 79,6% (vgl. Dieter 1998: 55). Die Schuldner waren überwiegend die asiatischen Banken.

Tabelle 23: Entwicklung der Armut nach der Finanzkrise in Indonesien, Thailand und Südkorea (Personen in % der Bevölkerung)

	Indonesien	Thailand	Südkorea
Armut vor der Krise	11,3	15,1	15,3
Zusätzliche Armut infolge der Krise			
– durch sinkendes Volkseinkommen	4,8	2,3	1,6
– durch höhere Arbeitslosigkeit	bis 6,4	bis 9,3	bis 10,5
Zusammen	bis 11,2	bis 11,6	bis 12,1
Armut nach der Krise	22,5	26,7	27,8
Zunahme der Armut durch die Krise in %	99,1	76,8	77,1

Quelle, IMF, World Economic Outlook, October 1998, S. 47

Ihre Zahlungsunfähigkeit übertrug sich über den Einsturz von Kreditpyramiden unmittelbar auf die Produktion: Unternehmen mussten ihre überwiegend kurzfristigen Kredite zurückzahlen und erhielten keine neuen mehr. Der Verkauf von Wertpapieren führte zu einem sich selbst verstärkenden Kursabsturz, der seinerseits wieder neue Unternehmenszusammenbrüche hervorrief. Ab Mitte 1997 brach die Produktion auf breiter Front als Folge der Liquiditätskrise ein, die Arbeitslosigkeit stieg sprunghaft an.

Die sozialen Folgen lassen sich nur unvollkommen an den gesamtwirtschaftlichen Zahlen ablesen. Sie bestehen vor allem in einer drastischen Zunahme der Armut und in einer weiteren Polarisierung der Gesellschaft. Hierüber hat der IWF in seinem Herbstbericht 1998 eine grobe Schätzung vorgelegt (vgl. Tabelle 23). Danach wird sich die Armut als Folge der Krise in Indonesien verdoppeln, in den beiden anderen Ländern wird sie um mehr als 75% zunehmen. In absoluten Zahlen: Nach Schätzungen des IMF werden durch die Finanzkrise in den drei Ländern 22 Millionen Personen in Armut geworfen.

Diese Rechnung ist allerdings aus zwei Gründen viel zu harmlos. Sie bezieht sich zum einen nur auf die unmittelbaren Folgen des sinkenden Volkseinkommens und der steigenden Arbeitslosigkeit und lässt alle dadurch zusätzlich ausgelösten Schäden außer Acht. Zum anderen handelt es sich um eine Durchschnittsrechnung, die keine Verteilungswirkungen berücksichtigt. Letztere spielen jedoch eine erhebliche Rolle. Denn es gibt auch in den betroffenen Ländern Gewinner der Krise, nämlich die Besitzer ausländischer Währungen, von Immobilien oder sonstigem Sachvermögen. Das sind die oberen Einkommensgruppen, die Reichen und Superreichen. Sie sind nicht von Arbeitseinkommen abhängig, und steigende Verbraucherpreise lassen sie kalt. Ihnen steht die große Masse derer gegenüber, die schon vor der Krise ein geringes Einkommen hatten. Ihre Lage verschlechtert sich überdurchschnittlich stark dadurch, dass die Preise für Lebensmittel und Grundnahrungsmittel sehr viel stärker gestiegen sind als die Verbraucherpreise insgesamt. Armut bedeutet für diese Menschen existentielle Gefahr: Hunger, Obdachlosigkeit und sinkende Lebenserwartung.

Mit alledem haben die Finanzinvestoren, die das Ganze verursacht haben, nichts zu tun. Sie sind rechtzeitig verschwunden. Die letzten haben die Hunde gebissen, aber selbst sie können ihre Spekulationsverluste noch steuermindernd abschreiben, also auf die SteuerzahlerInnen abwälzen. Die meisten aber haben prächtig verdient, und befinden sich bereits auf der Suche nach neuer Fortüne: Russland, Südafrika, Argentinien, Brasilien. Das Muster ist wie gehabt: Zuerst kommen die Banker mit ihren Krediten oder die Investmentfonds mit ihrer Anlagestrategie und heizen die Situation an. Dann kommen die Spekulanten – und wenn es brenzlig wird, ziehen sich die Banker zurück, und die Spekulanten richten die Märkte endgültig zugrunde.

5. Argentinien 2000/02: Der geplünderte Musterknabe

Dezember 2001 in Argentinien: Streiks, Straßenkämpfe mit Plünderungen, 20 Toten und Hunderten von Verletzten. Sturz der erst seit zwei Jahren amtierenden Regierung, die Nachfolgeregierung hält sich nur drei Tage im Amt. Staatsbankrott und Währungskrise. Die Regierung kann die fälligen Zinsen für eine Lira-Anleihe nicht mehr bezahlen. Die seit 1991 in der Verfassung festgeschriebene 1:1-Parität des argentinischen Peso gegenüber dem amerikanischen Dollar ist nicht zu halten. Seitdem hat der Peso um über 70% abgewertet.

Das neoliberale Modell war in Argentinien schon seit langem am Ende. Im Dezember 2001 brach es mit einem großen Krach zusammen. Der Kollaps war mehr als ein ökonomischer Konkurs und mehr als eine politische Krise. Er signalisierte das Ende des Vertrauens in die meisten Institutionen, die Auflösung der Gesellschaft. Wie es weiter geht, ist auch Mitte 2002 unklar.

Argentinien steht zu Beginn dieses Jahrhunderts am Ende einer Entwicklung, die ein Vierteljahrhundert vorher begonnen hatte und insbesondere während der 90er Jahre von der internationalen Finanzwelt als musterhaft und Beispiel für alle Entwicklungsländer gepriesen worden war. Sie wurde eingeleitet von einem Militärputsch im Jahre 1976 und, nach der Ablösung der Militärs durch eine bürgerliche Regierung, in den 90er Jahren konsequent umgesetzt durch eine nationale Elite, die zu einem erheblichen Teil in den USA ausgebildet worden war und deren Handlungsmaxime der »Konsens von Washington« war: Exportorientierung statt eigenständige Entwicklung, Vorrang für Inflationsbekämpfung, feste Wechselkurse und ausgeglichene Staatshaushalte, Marktöffnung, Deregulierung und Privatisierung öffentlicher Unternehmen.

Schon die Militärregierung hatte damit begonnen, das vorherrschende Entwicklungsmodell der importsubstituierenden Industrialisierung zu lockern. Es war vom Generalsekretär der UN-Wirtschaftskommission für Lateinamerika und die Karibik, Raul Prebisch, in Anlehnung an die Keynes'sche Wirtschaftstheorie entwickelt worden (vgl. Boris/Malcher 2001: 48). Nach dieser Konzeption sollte der Aufbau einer eigenständigen industriellen Basis im Vordergrund der Wirtschaftspolitik stehen. Er sollte auf einer breiten Grundlage öffentlicher Unternehmen betrieben und durch hohe Zölle geschützt werden. Dieses Modell war in den 1950er und 1960er Jahren erfolgreich. Es führte zu einem deutlichen Wirtschaftswachstum und einer Entwicklung nationaler Industrien sowie vor allem der Herausbildung einer breiten Mittelstandsschicht, aber auch zu starken, korporatistisch orientierten Gewerkschaften. Nachteilig war daran, dass der Produktivitätsfortschritt relativ langsam war und das Land daher gegenüber den traditionellen Industrieländern nicht wettbewerbsfähig war. Das wurde dann zum Problem, als sich die Verhältnisse zwischen Rohstoff- und landwirtschaftlichen Preisen auf der einen und Industriegüterpreisen auf der anderen Seite (terms of trade) zu Lasten der ersten Gruppen verschlechterten und Argentinien daher zunehmende Schwierigkeiten hatte, die Güter, die es (noch) nicht selbst herstellen konnte, zu importieren.

Die Öffnung der Märkte für ausländische Unternehmen setzte die nationale Industrie unter Druck, dem sie vielfach nicht standhielt. Es kam zu einer Welle von Konkursen. In die gleiche Zeit fiel die drastische Zunahme der öffentlichen Auslandsverschuldung. Sie war wesentlich das Ergebnis einer Strategie, mit der die großen Finanzkonzerne in London und New York die enorm gestiegenen Einnahmen aus den Ölexporten der OPEC-Länder, die Petrodollars, wieder rentabel anlegten, indem sie sie an die Regierungen der Entwicklungsländer ausliehen. Dieser ersten großen angebotsgetriebenen Welle der internationalen Expansion des Finanzkapitals nach dem Zweiten Weltkrieg fielen vor allem die Regierungen der lateinamerikanischen Länder zum Opfer. Die Folgen der schnellen und hohen Schuldenaufnahme waren absehbar. 1982 war Mexiko nicht mehr in der Lage, die Zinsen auf die Schulden zu zahlen und erklärte seine Zahlungsunfähigkeit. Die anderen lateinamerikanischen Länder waren in einer ähnlichen Situation. Die Bereinigung dieser Krise – durch Umschuldung und Umwandlung von Krediten in Wertpapiere, die an der Börse gehandelt werden (securitisation) – dauerte Jahre und gelang nie vollständig. Der Kapitalabfluss nahm zu, weil mehr Mittel zur Bedienung der externen Schulden verwendet werden mussten und weil die Reichen und Superreichen ihr Vermögen zu einem großen Teil ins Ausland brachten. Um die Wirtschaft anzukurbeln, musste der Staat sich in hohem Maße neu verschulden. Es kam immer wieder zu dreistelligen und zuweilen sogar vierstelligen Inflationsraten, bei denen eine geordnete wirtschaftliche Entwicklung unmöglich war.

Mit der Amtsübernahme der Regierung Menem im Jahre 1990 brach das Jahrzehnt der radikalen neoliberalen Konterreform an. Seine wirtschaftspolitischen Hauptelemente waren eine weitgehende Öffnung der Güter-, Dienstleistungs- und Kapitalmärkte, die Stabilisierung der argentinischen Währung sowie die

185

Privatisierung fast aller öffentlichen Unternehmen und eines erheblichen Teils der öffentlichen Dienstleistungen. Diese Maßnahmen hatten einschneidende Wirkungen.

Zur *Öffnung der Märkte* senkte die Regierung die Zölle von durchschnittlich 50% auf 11% (vgl. Boris/Malcher 2001: 49) und beseitigte fast alle nicht-tarifären Handelsbeschränkungen. Die Folge war eine neue, diesmal sehr viel breitere Welle von Zusammenbrüchen vor allem kleinerer und mittlerer Unternehmen. Die Zahl der Arbeitslosen verdoppelte sich in wenigen Jahren. Gleichzeitig verschlechterte sich die Lage der Beschäftigten durch die Deregulierung der Arbeitsmärkte vor allem beim Kündigungsschutz.

Die *Stabilisierung der argentinischen Währung* kam dadurch zustande, dass der Peso im Verhältnis 1:1 an den US-Dollar gebunden wurde. Dies sollte für alle Ewigkeit so bleiben und wurde daher in die Verfassung geschrieben. Regierung und Zentralbank durften unter diesem Regime, das den Namen *currency board* trägt, immer nur soviel Bargeld in Umlauf bringen, wie durch Dollarguthaben in den Beständen der Zentralbank gedeckt ist. Damit hatte das Land praktisch die geldpolitische Souveränität in asymmetrischer Weise aufgegeben: Frei war die Regierung nur, wenn sie das Wirtschaftswachstum drosseln wollte. Einer Politik zur Ankurbelung der Wirtschaft waren jedoch sehr enge Grenzen gesetzt. Geldpolitischer Handlungsspielraum konnte nur dadurch entstehen, dass Leistungsbilanzüberschüsse erzielt würden. Das currency board zwang die Wirtschaft also auf den Pfad unbedingter Export(überschuss)orientierung.

Die *Privatisierung öffentlicher Unternehmen* wurde in keinem lateinamerikanischen Land so radikal und schnell betrieben wie in Argentinien. Innerhalb eines einzigen Jahrzehnts verkaufte die Regierung fast den gesamten Staatsbesitz: Das argentinische Telefonmonopol Entel, alle Mobilphongesellschaften, die Mineralölgesellschaften und Elektrizitätsversorger, die Eisenbahn und die Fluggesellschaft, die staatlichen Petrochemie- und Stahlunternehmen, Fernseh- und Radiogesellschaften, die Post und die staatliche Hypothekenbank (vgl. Deloitte Touche Tohmatsu 2000) sowie den größten Teil der staatlichen Banken. Die strategisch wichtigsten Unternehmen gingen an ausländische Käufer, unter denen us-amerikanische und spanische mit großem Abstand führen. Die Zahl der öffentlichen Banken nahm von 1994 bis zum Jahre 2000 von 32 auf 15 ab, die Gesamtzahl der Banken sank von 166 auf 89, aber der Anteil an der gesamten Bilanzsumme aller Banken, der sich in ausländischer Hand befand, stieg von 15% in 1994 auf 73% in 2000 (vgl. De la Torre/Yeyati 2002: Table 1) Die Tatsache, dass die ausländischen Direktinvestitionen im Jahre 1990 schlagartig von 27 *Millionen* Dollar auf 6,3 *Milliarden* Dollar hochschnellte (vgl. Unctad 2001: 339), dürfte im Wesentlichen auf den ersten großen Privatisierungsschub der Regierung Menem zurückzuführen sein. Insgesamt wurden 250 Unternehmen verkauft und private Konzessionen zur Ölförderung gegeben. Zwischen 1990 und 1999 nahm die Zahl der bei der Regierung Beschäftigten von 590.000 auf

Tabelle 24: Wachstum und Inflation in Argentinien 1990-2002

Jahr	Wachstum des BIP	Inflation
1990	-1,3	2314,7
1991	10,5	171,7
1992	10,3	24,9
1993	6,3	10,7
1994	5,8	4,2
1995	-2,8	3,4
1996	5,5	0,2
1997	8,1	0,5
1998	3,8	0,9
1999	-3,4	-1,2
2000	-0,5	-0,9
2001	-4,8	-0,2
2002*	-20,0	25,0

Quelle: IMF 2001: Tabelle 6 und 12, IMF 1998: Tabelle 6 und 12; 2002: Presseberichte

260.000, also um 330.000 oder 56% ab. Hiervon entfallen ca. 200.000 auf Privatisierungen. Im Jahre 1994 privatisierte die Regierung überdies einen Teil der staatlichen Rentenversicherung.

Die Strategie schien zunächst erfolgreich zu sein (vgl. Tabelle 24). Die Inflation brach schlagartig zusammen, das Wachstum zog an, und die Arbeitslosigkeit ging leicht zurück. Die nach wie vor hohen Zinsen zogen wegen des angenommenen Fehlens jedes Wechselkursrisikos auch Portfolioinvestitionen und Bankkredite an. Argentinien wurde zu einem bevorzugten Land der institutionellen Investoren. Für den IWF war es der lebendige Beweis dafür, dass die neoliberale Strategie des Washingtoner Konsenses richtig sei und zum Erfolg führe.

Heute ist das Land demgegenüber zum kaum noch lebendigen Beweis dafür geworden, dass die Konzepte des IWF und der internationalen Finanzwelt grundfalsch sind und, wenn sie von den politischen und wirtschaftlichen Eliten eines Landes in Kooperation mit oder auf Druck des IWF umgesetzt werden, in die Katastrophe führen müssen.

Für die aktuelle tiefe und ausweglose Krise des Landes sind im Wesentlichen drei Faktoren verantwortlich:

Der *erste Grund* ist der Ansteckungseffekt. Die Finanzkrisen in Mexiko (1994/95), Asien (1997/98) und Brasilien (1999) haben auch die Situation in Argentinien unmittelbar verschlechtert. Die Mexikokrise hat in einem Dominoeffekt auch die Konjunktur der Nachbarländer in Lateinamerika beeinträchtigt und dazu geführt, dass die argentinische Wirtschaftsleistung, die im Jahre 1994 real um 5,8% gewachsen war, im Jahr darauf um 2,8% schrumpfte. Der Schock war allerdings nicht dauerhaft, denn 1996 lag die Wachstumsrate wieder bei 5,5%. Die Asienkrise hatte keine unmittelbaren Handels- und Nachbarschaftswirkungen auf Argentinien. Sie führte aber dazu, dass die internationalen Anleger ihre Engagements nicht nur in Asien, sondern auch in Lateinamerika überprüften. Seitdem fließt das Kapital, auf das Lateinamerika im Unterschied zu den asiatischen Krisenländern angewiesen war und ist, spärlicher – und es ist teurer geworden. Seit 1996 bauen die Banken ihr Kreditengagement ab, und der Zustrom an Portfolioinvestitionen trocknet aus. Die Brasilienkrise, selbst in hohem Maße durch diese Faktoren verursacht, drückt weiter auf die argentinische Entwicklung. Dieser Druck ist erheblich stärker geworden, seit die brasilianische Regierung die – weniger feste – Bindung ihrer Währung an den Dollar aufgegeben hat und den Real frei schwanken lässt. Dies hat die Wettbewerbsposition Argentiniens geschwächt und ihre Deviseneinnahmen aus dem Export gedrückt. Hier zeigt sich die Unhaltbarkeit der gegenwärtigen währungs- und wirtschaftspolitischen Arrangements: Argentinien ist zunächst ohne eigenes Verschulden, einfach durch die allgemeine Instabilität der internationalen Finanzmärkte, unter erheblichen Druck gekommen, der die Wirtschaft als Kapitalabfluss und höhere Zinsen belastet.

Das Verschulden fängt da an, wo die Regierung angesichts des schwieriger gewordenen Umfeldes an der Dollarparität festhält. Dies ist die *zweite Ursache* für das aktuelle Desaster. Die Alternative wäre gewesen, mit Brasilien ein kooperatives Wechselkursmanagement zu organisieren. Wenn Brasilien hierzu nicht bereit gewesen wäre, wäre es immer noch möglich gewesen, ein solches Management selbst zu versuchen, die Bindung an den Dollar aufzugeben und eine schrittweise Abwertung durchzuführen. Eine solche Politik hätte allerdings auch die deutlich erkennbare Bereitschaft erfordert, Kapitalverkehrskontrollen einzusetzen, um spekulative Attacken auf die eigene Währung zu verhindern. Dies entsprach aber nicht den Interessen der US-Regierung und des IWF, denen die Bedienung der Schulden und der freie Transfer der Zinsen nach wie vor wichtiger war als die Sanierung der argentinischen Wirtschaft. Unter ihrem Druck hielt die Regierung daher bis zuletzt – d.h. bis zum Zusammenbruch – an der Dollarparität fest. Dies lag eindeutig im Interesse der Finanzanleger: Sie erhielten Anleihezinsen, die mit 10-13% teilweise mehr als doppelt so hoch waren wie in den USA und Europa. Diese Politik war aber ebenso eindeutig schädlich für die wirtschaftliche Entwicklung Argentiniens. Denn zum einen wird bei derartig hohen Zinsen nicht mehr in die Erweiterung oder Modernisierung der Produktion investiert. Zum anderen würgt der überhöhte Wechselkurs die Exporte ab und führt zu einer Verschlechterung der Leistungsbilanz. Beides schwächt das Wachstum und erhöht die Gefahr einer schweren Rezession. Ihr hätte die Regierung nur durch eine sehr aktive Haushaltspolitik entgehen können.

Eine aktive Haushaltspolitik zur Ankurbelung der Wirtschaft und Abwendung einer Rezession wurde und wird jedoch vom IWF verhindert. Dies ist der *dritte*

Grund für die tiefe Krise in Argentinien. Diese Haltung des IWF ist angesichts der Erfahrungen der Asienkrise unverständlich und geradezu unglaublich. In der Asienkrise war auch für die, die es noch nicht wussten, deutlich geworden, dass es kontraproduktiv ist, in einer schweren Rezession die Staatsausgaben zu senken, um den Haushalt auch bei rezessionsbedingt sinkenden Steuereinnahmen auszugleichen. Die Auflagen dieser Art, die der IWF den Krisenländern in Asien damals gemacht hatte, haben prozyklisch gewirkt und die Krise verschärft und verlängert. Dies hat sogar der IWF in verschiedenen selbstkritischen Äußerungen zugestanden. Er hat theoretisch akzeptiert, dass Programme zur Bewältigung einer Krise einem Land nicht einfach auferlegt werden können. Sie müssen vielmehr mit den Vertretern des Landes gemeinsam erarbeitet und von diesen akzeptiert werden.

Sie müssen ferner verhindern, dass die wirtschaftspolitischen Sanierungsmaßnahmen die soziale Lage der Menschen weiter verschlechtern. Deshalb sind die Krisenprogramme des IWF auch umbenannt worden: Sie heißen jetzt nicht mehr Strukturanpassungsprogramme (Structural Adjustment Programs, SAP), sondern Programme zur Förderung des Wachstums und zur Verminderung der Armut (Growth and Poverty Reduction Programs, GPRP).

In der Praxis ist von dieser (Selbst-)Kritik nichts zu bemerken. Argentinien befindet sich aufgrund der geschilderten Konstellationen seit 1999 in einer Rezession, deren Ausmaß seitdem unaufhaltsam wächst. Da ein völliger Zusammenbruch jedoch das neoliberale Entwicklungsmodell vollständig diskreditieren würde – immerhin hat die argentinische Regierung seit 1990 alles getan, was der IWF vorgeschlagen und gefordert hat –, hat der Fonds im Dezember 2000 – als das Land zum ersten Mal vor der Zahlungsunfähigkeit stand (vgl. Boris/Malcher: 55) –, ein Hilfspaket in der Größenordnung von 38 Mrd. $ organisiert, davon rund 14 Mrd. aus Mitteln des IWF. Die Auszahlung dieser Mittel ist aber an die Erfüllung strenger Auflagen gebunden. Die wichtigste betrifft die Haushaltspolitik: Sie verlangt sowohl einen ausgeglichenen Staatshaushalt als auch einen uneingeschränkten Vorrang für die Bedienung der Auslandsschulden bei den Staatsausgaben. Diese Forderungen wurden im Sommer 2001 im sogenannten Null-Defizit-Gesetz kodifiziert. Als unmittelbare Folge dieses Gesetzes kürzte die Regierung die Gehälter der Staatsangestellten um 13%, und diese Kürzung wurde schnell von der Privatwirtschaft übernommen. Dies löste massive Proteste, Straßenschlachten und den Rücktritt zweier kurz aufeinander folgender Regierungen aus.

Mittlerweile befindet sich die Wirtschaft im freien Fall. In 2001 ist das Bruttoinlandsprodukt um 4,8% gefallen. Im ersten Quartal 2002 lag die Produktion um 16% unter der im Vorjahresquartal, die Investitionen waren um 46% und der private Verbrauch um 21% gefallen. Die Verbraucherpreise stiegen dagegen in den ersten fünf Monaten um 26% mehr, als das Wirtschaftsministerium für das ganze Jahr 2002 vorgesehen hatte. Die Rate der Arbeitslosigkeit hat im Juni

25% erreicht, und der Anteil der Menschen, der unter der offiziellen Armutsgrenze lebt, ist von 40 auf 50% gestiegen.

Den IWF scheint das alles nicht zu interessieren. Er hält das zugesagte Geld zurück und besteht darauf, dass vor seiner Auszahlung die Haushaltsauflagen erfüllt werden müssen. Noch im April 2002, als die Katastrophe bereits seit Monaten in vollem Gang ist, schreiben die Autoren des World Economic Outlook über die Perspektiven der argentinischen Wirtschaft: »Von entscheidender Bedeutung wird es sein, dass das öffentliche Defizit – trotz eines scharfen Rückgangs der Steuereinnahmen – soweit gezügelt wird, dass es mit den vorhandenen Finanzmitteln gedeckt werden kann.« (IMF 2002: 27).

Diese harte Haltung legt die Vermutung nahe, dass der IWF und die hinter ihm stehende amerikanische Regierung zum ersten Mal bereit sind, ein Land offiziell vollständig bankrott gehen zu lassen und jede Hilfe zu verweigern. Der Schaden für die USA würde sich in Grenzen halten. Nur knapp 7% der Gewinne, die von US-Firmen in den 90er Jahren in Südamerika erzielt wurden, kamen aus Argentinien (vgl. Financial Times Deutschland vom 31.5.2002). Wichtiger als Argentinien ist für die USA Brasilien, denn aus diesem Land kamen im vergangenen Jahrzehnt ein Drittel aller in Lateinamerika erzielten Gewinne amerikanischer Unternehmen (vgl. ebenda). Eine gewisse Alarmstimmung scheint geboten, denn im Sommer 2002 sieht es so aus, als ob in Brasilien ein linker Kandidat gute Aussichten hat, die Wahlen im Herbst 2002 zu gewinnen und Präsident zu werden. Die harte Haltung gegenüber Argentinien könnte darauf hinauslaufen, ein Exempel zu statuieren: So geht es allen, die sich nicht den Auflagen des IWF und den Interessen der Finanzanleger beugen.

Das Problem dabei ist nur: Argentinien hat sich ja den Auflagen des IWF gebeugt. Eben deshalb ist das Land jetzt am Ende. Auch dies ist ein Signal.

Lesetipps

Das vierte Kapitel behandelte die Folgen des neoliberalen Roll-back und die Rolle der Finanzmärkte bei seiner Durchsetzung.

Die hier liegenden Gefahren werden anschaulich und beeindruckend geschildert in: *Hans-Peter Martin, Harald Schumann, Die Globalisierungsfalle. Der Angriff auf Demokratie und Wohlstand.*

Eine theoretisch durchgearbeitete marxistische Position zum Charakter der jüngeren Finanzkrisen seit den 1980er Jahren enthält ein unter der Leitung von François Chesnais koordinierter Sammelband französischer Autorinnen und Autoren, der leider immer noch nicht übersetzt ist: *François Chesnais (Koordinator), La mondialisation financière. Genèse, coût et enjeux,* Paris 1996 (Syros, Reihe Alternatives économiques). Mit Beiträgen von Suzanne de Brunhoff, Richard Farnetti, Robert Guttmann, Dominique Plihon, Pierre Salama und Claude Serfati)

Das klassische Werk zu den Finanzkrisen ist *Charles P. Kindleberger, Manias, Panics, Crashes.* A History of Financial Crises, das zuerst 1978 und in dritter Auflage 1996 bei Macmillan erschienen und immer noch aktuell ist.

Die wohl schärfste und gründlichste, im Übrigen ausgesprochen spannend geschriebene Kritik an der Politik der internationalen Finanzinstitutionen Weltbank und IWF stammt von *Joseph Stiglitz,* der 1997 Chefvolkswirt bei der Weltbank wurde und diese Anfang 2000 verließ, frustriert über das Maß an Ignoranz und Arroganz, das dort herrscht, und empört über den Schaden, den beide Institutionen mit ihren neoliberalen Rezepturen überall in der Welt anrichten. Stiglitz fasste seine Erfahrungen in dem 2002 erschienenen Buch *»Globalization and its Discontents«* zusammen, das mittlerweile auch auf deutsch unter dem Titel *»Die Schattenseiten der Globalisierung«* vorliegt (Berlin, Siedler). Großer Trost für den Autor und kleine Ermunterung für alle, die seine Kritik teilen: Im Jahr 2001 erhielt Stiglitz den Nobelpreis für Wirtschaftswissenschaften.

Speziell zur Asienkrise sei verwiesen auf das sehr informative Buch von *Heribert Dieter, Die Asienkrise.* Ursachen, Konsequenzen und die Rolle des Internationalen Währungsfonds, Marburg 1998 (Metropolis)

Kapitel 5:
Krisenmanagement, Beschränkung, Demokratisierung – Zur Reform der Finanzmärkte

1. Die jüngsten Finanzkrisen haben zunächst den Ruf nach einer Reform des internationalen Finanzsystems ausgelöst und zu einer Fülle von Vorschlägen und Aktivitäten geführt. Mittlerweile hat sich die Lage jedoch verändert: Als Hauptschuldige an den Finanzkrisen gelten wieder überwiegend die betroffenen Länder selbst, und die Diskussionen zum internationalen Finanzsystem sind in den Hintergrund getreten. Es ist nicht zu erwarten, dass die von IWF und BIZ etablierten Foren relevante Reformvorschläge produzieren werden.

2. Am ehesten ließe sich vermutlich noch Einigkeit über das Management bereits eingetretener Krisen erzielen. Dazu gehören drastische Maßnahmen zur Unterbrechung ihrer selbstverstärkenden Dynamik durch die befristete Schließung von Banken und Börsen sowie die schnelle Bereitstellung von Liquidität durch die jeweiligen Zentralbanken oder den IWF. Die Beteiligung der privaten Gläubiger am Krisenmanagement durch Nachschüsse, Stillhalteklauseln, Teilverzichte oder Bürgschaften ist wünschenswert, bedarf aber eines längeren Vorlaufs. Es ist in diesem Zusammenhang allerdings beunruhigend, dass die Europäische Zentralbank im Unterschied zum amerikanischen Federal Reserve System keine Bestimmungen zu ihrer Rolle als lender of last resort kennt und insofern schlecht auf das politische Krisenmanagement vorbereitet ist.

3. Bei den Maßnahmen zur mittelfristigen Vorbeugung gegenüber Finanzkrisen reichen die allseits geforderte größere Transparenz und Vorsicht nicht aus, weil die großen Akteure an den Finanzmärkten ein unmittelbares Interesse an Intransparenz, riskanten und profita-

blen Krediten sowie kurzfristigen Finanzanlagen haben. Hier bedarf es klarer politischer Regulierungen zur Verminderung reiner Finanzkredite sowie zur Entschleunigung des Wertpapier- und Devisenhandels: Für erstere sollten sehr viel höhere Sicherheitsstandards gelten, und letztere sollten durch Steuern (wie die Tobin-Steuer), sonstige Verteuerungen (wie die Bardepot-Pflicht) oder durch administrative Beschränkungen deutlich gegenüber Transaktionen mit langfristigem Horizont diskriminiert werden. Hierdurch werden die Möglichkeiten der Unternehmensfinanzierung und der privaten Vermögensbildung nicht beeinträchtigt. Durch die Verminderung des Tempos und des Risikos werden beide vielmehr wieder auf solide Grundlagen gestellt.

4. Bei der Stabilisierung der internationalen Währungsbeziehungen ist ein Zielzonensystem zwischen den großen Währungen Dollar, Yen und Euro auf absehbare Zeit aus politischen und ökonomischen Gründen kaum zu realisieren. Als Alternative bietet sich die Errichtung regionaler Währungssysteme nach dem – in einigen Punkten zu modifizierenden – Muster des früheren Europäischen Währungssystems (EWS) an. Diese regionalen Verbünde müssten allerdings gegen spekulative Attacken von außen geschützt werden. Dies kann durch Devisenumsatzsteuern oder andere Kapitalverkehrskontrollen oder dadurch geschehen, dass die Abwicklung von Devisengeschäften nach außen nur über die jeweilige Leitwährung erfolgt. Derart geschützte Regionalsysteme sind gute Ausgangspunkte für Kooperationen mit anderen Systemen und können später als Grundlage für globale Zielzonen dienen.

5. Eine wirklich dauerhafte Stabilisierung erfordert aber in längerer Frist, dass der Grund für die heutige hektische und krisenhafte Funktionsweise der Finanzmärkte beseitigt wird. Er besteht in der periodischen Produktion von hohen Kapitalüberschüssen, für die es wegen des – als Folge der Verteilungsverhältnisse eingetretenen – Fehlens kaufkräftiger Nachfrage keine rentablen produktiven Anlagemöglichkeiten gibt. Eine Vermeidung dieser Überschüsse ist nur durch einen grundlegenden Kurswechsel in der Wirtschaftspolitik und letztlich einen anderen Typ der wirtschaftlichen Entwicklung möglich. Dessen Eckpunkte sind Vollbeschäftigung, soziale Sicher-

heit und Gerechtigkeit sowie ökologische Nachhaltigkeit. Im Rahmen einer solchen Wirtschaft und Wirtschaftspolitik spielt natürlich auch der Finanzsektor eine wichtige Rolle als Medium der Finanzierung und monetärer Vermögensbildung. Die langfristige Reformperspektive besteht darin, den Finanzsektor wieder in den Prozess der gesellschaftlichen Reproduktion einzubinden, gegen den er sich in Form verselbständigter Finanzmärkte mit schädlichen Folgen gewendet hat.

Finanzkrisen führen gewöhnlich zu intensiven Diskussionen über die Reform des Finanzsystems. Zu tatsächlich bleibenden Veränderungen ist es allerdings nur selten gekommen. Das wichtigste Beispiel ist die Weltwirtschaftskrise Anfang der 1930er Jahre. Sie hat weitreichende Maßnahmen zur Beaufsichtigung von Banken und Börsen ausgelöst, von denen ein Teil heute noch in Kraft ist. Der größere Teil wurde jedoch im Laufe der letzten 20 Jahre im Zuge der Liberalisierung und Deregulierung der Finanzmärkte wieder abgeschafft oder wesentlich entschärft.

Auch nach den aktuellen Finanzkrisen der 1990er Jahre – Europäisches Währungssystem, Mexiko, Asien, Russland, Brasilien... – war die Masse der Appelle zur Reform des internationalen Finanzsystems kaum mehr überschaubar.[1] Der Ruf nach einer »neuen internationalen Finanzarchitektur« gehört spätestens seit dem G7-Gipfel in Halifax im Jahre 1995 zum Standardrepertoire von PolitikerInnen, ZentralbankerInnen, Vorständen internationaler Organisationen und Intellektuellen. Allein seit Herbst 1998 haben die amerikanische, englische und deutsche Regierung Anregungen zum Umgang mit Hedgefonds, zur Kreditaufsicht und vor allem zur Verbesserung der Transparenz der Finanzmärkte gegeben. Die französische Regierung legte im September 1998 einen Zwölf-Punkte-Katalog zur Neugestaltung der internationalen Wirtschafts- und Finanzbeziehungen vor. Im Januar 1999 präsentierten der französische und der deutsche Finanzminister ein gemeinsames Memorandum zur europäischen Wirtschaftspolitik, das auch Anregungen zur Neuordnung der internationalen Finanzmärkte und Währungsbeziehungen enthielt. Der IWF und die Weltbank veranstalteten Kongresse und Foren, beide widmeten der Reform der internationalen Finanzbeziehungen breiten Raum in ihren Berichten. Entwicklungsländer (G15) und Nichtregierungsorganisationen beteiligten sich ebenfalls an den Diskussionen. Besonders aktiv war die Bank für Internationalen Zahlungsausgleich (BIZ) mit Sitz in Basel. Sie hat in den letzten Jahren eine Unmenge von Berichten über die Grundsätze der Bankaufsicht, über die Überwachung von Finanzkonglomeraten, Bankstatistiken und Risiken von Devisen- und Derivathandel, Hedgefonds und viele andere dringende Probleme des internationalen Finanzsystems veröffentlicht. 1998 haben BIZ und der Baseler Ausschuss für Bankenaufsicht gemeinsam ein »Institut für Finanzstabilität« gegründet und drei »Berichte über die internationale Finanzarchitektur« vorgelegt.[2]

---

[1] Einen mittlerweile ergänzungsbedürftigen Überblick über die wichtigsten Vorschläge gibt Eichengreen 1999· 124-132; Als sehr guten Überblick über die jüngere Diskussion vgl. Dieter 2002

[2] Die meisten aktuellen Vorschläge, Analysen, Berichte und Vorschläge zur Reform der internationalen Finanzmärkte lassen sich auf den Internetseiten der Internationalen Währungsfonds (www.imf.org) und der Bank für Internationalen Zahlungsausgleich (www.bis.org) nachlesen.

Im Februar 1999 wurde ein »Forum für Finanzmarktstabilität« gegründet, das seinen Sitz in Basel hat und vom Manager des Baseler Ausschusses für Bankenaufsicht, Andrew Crocket, geleitet wird. Die Kritik, dass zunächst nur G7-Ländervertreter dem Gremium angehörten, führte dazu, dass der Kreis um je eine(n) Vertreter(in) von Australien, Hongkong, der Niederlande und Singapurs auf 39 Personen erweitert wurde – womit die Entwicklungsländer nach wie vor ausgeschlossen bleiben. Dieses Forum (www.fsforum.org) veröffentlichte im April 2000 drei Berichte mit relativ weitgehenden Vorschlägen zur Behandlung von Spekulationsfonds, Offshore-Zentren und kurzfristigen Kapitalflüssen (vgl. Financial Stability Forum 2000a, 2000b, 2000c). Ob daraus jemals reale und relevante Veränderungen werden, ist jedoch fraglich. Mittlerweile ist die Reformdiskussion nicht nur in ruhigere Bahnen gelenkt worden, sondern – mit wenigen Ausnahmen – ganz zum Erliegen gekommen – trotz der Finanzkrisen in der Türkei, in Argentinien und in Brasilien. Eine Ausnahme ist das deutsche Parlament. Der Bundestag hat Ende 1999 eine Enquête-Kommission »Globalisierung der Weltwirtschaft – Herausforderungen und Antworten« eingerichtet, die den Finanzmärkten große Aufmerksamkeit gewidmet und in ihrem Schlussbericht (vgl. Deutscher Bundestag 2002) einen umfangreichen Katalog teilweise weitreichender Reformvorschläge vorgelegt hat. Dass die Regierung diese jedoch zur Kenntnis nehmen oder gar berücksichtigen wird, erscheint fraglich.

Diese Abwendung der Regierungen in den großen Finanzzentren und Industrieländern von den Problemen der Finanzmärkte dürfte vor allem darauf zurückzuführen sein, dass die Befürchtungen sich nicht bestätigt haben, die Finanzkrise in Asien oder Russland würde auf die Zentren selbst zurückschlagen. Damit gewinnen wieder jene Kräfte und Interessen die Oberhand, die eine neue internationale Finanzarchitektur nicht wollen, weil sie und diejenigen, die hinter ihnen stehen, von der alten profitieren. Die Reform der Finanzmärkte hängt daher mehr denn je von der öffentlichen Kritik und dem politischen Druck ab, den die sozialen Bewegungen zur Kontrolle der Finanzmärkte entwickeln können.

Politischer Druck ist zum einen erforderlich, damit die von Finanzkrisen betroffenen Länder Unterstützung bekommen und die internationalen Finanzmärkte stabilisiert werden. Zum anderen sind nur kraftvolle demokratische Bewegungen in der Lage, den Druck abzuwehren, den die Finanzmärkte – genauer die relevanten Akteure auf den Finanzmärkten und ihre Interessen – auf die übrige Gesellschaft und insbesondere auf die Wirtschaftspolitik ausüben.

Dass Finanzmärkte die wesentliche Instanz zur Steuerung einer Wirtschaft sein sollten, wird von keinem der offiziellen Vorschläge in Frage gestellt. Die extreme Einengung der Spielräume für eine demokratische Wirtschaftspolitik ist nicht Gegenstand von Kritik. Diese »Disziplinierung« der Politik wird vielmehr fast unisono begrüßt. Die aktuelle Diskussion zielt daher nicht darauf, gegenüber dem marktradikalen Druck dieser Märkte wirtschaftspolitischen Handlungsspielraum zurückzugewinnen, sondern darauf, diesen Druck effizienter und stetiger zu machen und Krisen zu vermeiden. Dies kann nicht im Interesse einer demokratischen Wirtschaftspolitik liegen.

Die Diskussion über eine neue internationale Finanzarchitektur und die Reform nationaler und internationaler Finanzmärkte hat sich weitgehend auf hochkomplexe Einzelfragen (»Basel 2«) konzentriert und in exklusive informelle Gremien verlagert. Diese zunehmende Informalisierung von Reformdiskussionen ist mit der Privatisierung öffentlicher Aufgaben vergleichbar. Sie ist mit der Aura des herrschaftsfreien Diskurses, der Eigenverantwortlichkeit und Selbstverwaltung umgeben. Der »Runde Tisch« für eine neue Finanzarchitektur versammelt aber keine Reformkräfte, sondern die Banker und Finanzanleger sowie die Behörden, die ihnen in der Vergangenheit durch Deregulierung und Liberalisierung das Terrain freigeschossen haben, auf dem sie sich jetzt austoben. Diese Befreiung der Finanzmärkte wird nach wie vor – Finanzkrisen hin oder her – als der große historische Fortschritt gefeiert, der unter keinen Umständen wieder rückgängig gemacht werden dürfe. Relevante Reformvorschläge im Interesse der Menschen, die unter der rastlosen Gier der Akteure an den Finanzmärkten zu leiden haben, sind von den nationalen und internationalen Selbstverwaltungsgremien dieser Art nicht zu erwarten. Sie bedürfen des energischen politischen Nachdrucks und verbindlicher gesetzlicher Vorgaben. Beides ist unter den gegebenen Bedingungen nur zu erzeugen, wenn die Geschädigten sich zur Wehr setzen, mobilisieren und neue politische Orientierungen fordern und durchsetzen.

Diese Bewegungen haben sich in den letzten drei Jahren in erstaunlichem Tempo und mit hoher Intensität entwickelt. Die Finanzkrise in Asien war ein wesentlicher Auslöser und die Einführung einer Steuer gegen die Finanzspekulation – die Tobinsteuer – ihre erste gemeinsame Forderung. Schon bald zeigte sich jedoch, dass der Horizont von Kritik, Forderungen und Vorstellungen über Alternativen darüber hinausging. Die Kritik richtete sich gegen ein Weltwirtschaftssystem, das im Namen der Freiheit der Märkte die Spaltung in Arm und Reich vertiefte. Sie richtete sich gegen eine Politik, die mit der Behauptung, Effizienz und Eigenverantwortung zu fördern, Länder und Gesellschaften mit einer Privatisierungs- und Deregulierungswelle überzog, von der die schwächsten Schichten am meisten betroffen waren. Ihre Kritik an der Struktur der Finanzmärkte richtete sich nicht nur auf deren innere Instabilität, sondern auch auf ihre Rolle als wesentlicher Hebel eines umfassenden weltwirtschaftlichen und gesellschaftlichen Rollback im Namen der Eigentümer und des Marktes. Ihre Forderungen und Konzepte laufen auf eine Kontrolle der Finanzmärkte, auf ihre Stabilisierung und Einbindung in eine weltwirtschaftliche, regionale und nationale Entwicklungsstrategie hinaus, deren Ziele nicht durch die Interessen der Finanzanleger, sondern durch demokratische Diskussionen, Willensbildungsprozesse und Entscheidungen festgelegt werden. Dafür werden Konzepte gebraucht, die einerseits an den bestehenden Verhältnissen ansetzen und sich andererseits nicht in Kleinstkorrekturen erschöpfen.

1. Wenn die Krise da ist – Krisenmanagement

Finanzkrisen sind ansteckend. Sie haben die Tendenz, sich sehr schnell auszubreiten und auch Unternehmen, die eigentlich gesund sind, in den Strudel des Zusammenbruchs hineinzuziehen. Sie greifen international aus und infizieren umliegende und weit entfernt liegende Länder. Wenn die systemische Instabilität der Finanzmärkte sich in einer Finanzkrise entlädt, ist es schnell auch mit der Stabilität der Investitionen und der Produktion vorbei. Massenkonkurse produzieren höhere Arbeitslosigkeit; der damit verbundene Einkommens- und Nachfrageausfall verstärkt den Abwärtstrend. Wachsende Armut, verstärkte Polarisierung zwischen Arm und Reich und soziale Proteste schaffen eine Atmosphäre zunehmender Aggressivität, in der die Entwicklungen leicht eskalieren und außer Kontrolle geraten können.

In dieser Situation gibt es oft keine Zeit für gründliche Reformen des Finanzsektors. Es kommt vielmehr darauf an, mit der akuten Krise und ihren Gefahren kurzfristig fertig zu werden. Das Krisenmanagement besteht aus vier Elementen, die in unterschiedlicher Mischung und Intensität Anwendung finden (vgl. Schaubild 24).

Erstens muss die *weitere Selbstverstärkung der Krise verhindert* werden. Die Kanäle dieser Selbstverstärkung sind der panische oder spekulative Ansturm auf die Banken, massenhafte Kreditkündigungen von Seiten der Banken, hektische Verkäufe an den Wertpapier-, Termin- und Devisenmärkten sowie Kapitalflucht in allen Formen. Diese Kanäle müssen verstopft werden. Hierfür stehen kurzfristig verschiedene Instrumente zur Verfügung:

■ *Bankfeiertage*: Die Banken können auf Anweisung der Regierung und der Zentralbank zeitweise geschlossen werden. Hierdurch wird eine Unterbrechung des Ansturms erzwungen, die zur Zusammenstellung und Präsentation glaubwürdiger Sicherheiten für die Bankkunden genutzt werden kann. Wenn die Banken dann wieder öffnen, ist die schlimmste Panik möglicherweise schon vorbei.

■ Ähnliches kann mit den Börsen geschehen: Befristete *Handelsunterbrechungen* – wie 1987 in New York praktiziert – schaffen Atempausen und die Gelegenheit zu weniger hektischen Dispositionen.

■ Schließlich können auch der *Devisenhandel zeitweise ausgesetzt* und im Notfall weitere Kapitalflucht durch ein Verbot aller grenzüberschreitenden Transaktionen verhindert werden.

Nachdem so auf wenig elegante, aber wirksame Weise die allgemeine Panik gestoppt ist, müssen die Regierungen – zusammen mit den Zentralbanken – *zweitens* das nach wie vor bestehende Systemrisiko dadurch entschärfen, dass sie der Wirtschaft in *ausreichendem Umfang Liquidität zur Verfügung stellen.* Ob sie dazu in der Lage sind, hängt einerseits von der Höhe ihrer Währungsreserven und ihrem Zugriff auf Mittel des IWF oder andere Quellen, andererseits von ihrer Bereitschaft und Entschlossenheit ab, Geld notfalls zu drucken und in dem Umfang unter die Leute zu bringen, der zur Aufrechterhaltung des Zahlungsverkehrs erforderlich ist. Länder mit umfangreichen Währungsreserven werden nicht zu diesem zweiten Mittel greifen müssen, ärmere Länder dagegen wohl. Sie werden sich dadurch in eine scharfe internationale Isolierung bringen. Diese dürfte aber möglicherweise einfacher durchzustehen sein als Beistandsprogramme des IWF, die das betroffene Land noch tiefer in die Rezession treiben und die Rückkehr zu eigenständiger Entwicklung schwieriger machen.

Die Liquidität zur Stabilisierung des Finanzsystems kommt von der jeweiligen Zentralbank, zu deren regulären Aufgaben es gehört, für den reibungslosen Ablauf des Zahlungsverkehrs und die angemessene Versorgung der Wirtschaft mit Kredit zu sorgen. Nicht in allen Zentralbankstatuten ist dies in gleicher Deutlichkeit ausgesprochen wie beim Zentralbanksystem der USA, dem Federal Reserve System, wo ausdrücklich auf die Gewährleistung der finanziellen Stabilität verwiesen wird. An ihrer Rolle als »Lender of Last Resort«, als letzte Instanz zur Versorgung einer austrocknenden Wirtschaft mit Kredit, hat die Fed nie einen Zweifel gelassen, und sie hat diese Rolle immer wieder entschieden praktiziert.

Der große Börsenkrach in New York im Oktober 1987 hat sich vor allem deshalb nicht zu einer dramatischen Kreditkrise ausgeweitet, weil die Zentralbank glaubwürdig klar gemacht hatte, dass sie jederzeit die zur Stabilisierung des Systems erforderliche Kreditmenge zur Verfügung stellen werde. Auch unmittelbar nach den Terroranschlägen in New York am 11. September 2001 hat die Fed ihre Entschlossenheit öffentlich erklärt, die Stabilität des Zahlungsverkehrs zu gewährleisten. Dass es derartige Hinweise von Seiten des Europäischen Systems der Zentralbanken (ESZB) bislang nicht gibt, ist angesichts des geringen Alters dieser Institution kein Wunder. Erstaunen und beunruhigen muss jedoch, dass sich auch im EU-Vertrag, in dem die Rolle und Befugnisse der EZB teilweise bis ins Einzelne geregelt werden, kein Hinweis auf diese Garantiefunktion einer europäischen Zentralbank findet.

Die Notwendigkeit einer Institution zur letztinstanzlichen Kreditversorgung ist keine Marotte übereifriger Bankregulierer. Sie ist der notwendige Ausgleich für die Systemrisiken, die durch die spezifische Konstruktion des Geldsystems als Kreditsystem und durch das Herdenverhalten auf den Finanzmärkten entstehen. Ohne diese Funktion der Zentralbank wäre die Begrenzung von Finanzkrisen nicht möglich, und jede einzelne Krise würde massenhaft gesunde Unternehmen vernichten. Die Rolle der Zentralbank als lender of last resort kann auch nicht mit dem Argument in Zweifel gezogen werden, dass das Wissen, dass die Zentralbank Systemzusammenbrüche verhindern wird, die Banken oder sonstige Finanzinstitute zu besonders leichtsinnigem Verhalten anregen und insofern eine Krise wahrscheinlicher machen wird. Dieses Problem, das sich unter dem Titel »moral hazard« großer Beliebtheit in der Diskussion erfreut, dürfte tatsächlich eher ein Scheinproblem sein. Denn in der Regel werden leichtsinnige Banken durch die Aktionen der Zentralbank weder belohnt noch gerettet, sondern sie erleiden massive Schäden und scheiden vielfach aus dem Markt aus. Die Aufgabe des lender of last resort ist es, die Ausbreitung dieser Schäden zu verhindern.

Die Zentralbank kann allerdings versuchen, die Spekulanten und leichtsinnigen Kreditgeber zur Finanzierung der notwendigen Rettungsaktionen heranzuziehen. Die amerikanische Federal Reserve Bank of New York hat dies im Hebst 1998 erfolgreich bei der Rettung des Long Term Capital Management (LTCM) Fonds praktiziert. Zur Abwendung des Konkurses – dessen Folgen unabsehbar gewesen wären – wurden die führenden Banken, die dem Fonds – zum Teil ungesicherte – Kredite gegeben hatten oder an ihm beteiligt waren, veranlasst, innerhalb kürzester Frist dreieinhalb Milliarden Dollar zur Verfügung zu stellen (vgl. Kap. 2). Die Ausweitung und institutionelle Verankerung eines derartigen »bail-in« der Gläubiger wird seitdem verstärkt diskutiert (vgl. Eichengreen 1999: 59-78) und gehört zu den Elementen, die auch der IWF zu den für die Stabilisierung von Finanzmärkten geeigneten Instrumenten zählt (vgl. IMF 1999a: Ziffer 27-34, Dieter 2002: 38ff.).

Das *dritte* Element des Krisenmanagements besteht darin, dass die Banken und sonstige Finanzunternehmen, die sich in unhaltbare Situationen manövriert haben, in geordneter Weise aus dem Verkehr gezogen und abgewickelt werden. Hierzu bedarf es der Kooperation zwischen Bankenaufsicht und Konkursverwaltung. Handelt es sich um größere Dimensionen, so kann es erforderlich werden, eine größere Zahl von Unternehmen bis zur endgültigen Klärung der Verhältnisse in öffentliches Eigentum und in staatliche Regie zu übernehmen und dann zu sortieren. Je nach Prüfergebnis werden die Unternehmen dann saniert oder geschlossen, verkauft oder mit anderen fusioniert. Der in der Geschichte bislang größte Fall öffentlicher Übernahme im Finanzsektor ereignete sich Ende der 80er Jahre ausgerechnet in den USA. Dort musste die 1989 eigens zu diesem Zweck gegründete Resolution Trust Corporation Hunderte von Sparkassen übernehmen, die nach der Öffnung und Deregulierung ihres Marktsegmentes einerseits selbst spekuliert hatten, andererseits Objekt von Spekulationen wurden und in eine katastrophale Krise gerieten. Nach unterschiedlichen Schätzungen liegen die Kosten dieser Rettungsaktion zwischen 200 und 500 Mrd. Dollar (vgl. Litan: 389-392).

Schließlich gehört es *viertens* zum Krisenmanagement, die sozialen Folgen der Finanzkrise einzugrenzen. Das ist um so einfacher, je mehr es gelingt, schon ihr Durchschlagen auf Produktion und Beschäftigung zu verhindern. Wo das nicht möglich ist und als Folge von Unternehmenszusammenbrüchen die Arbeitslosigkeit und Armut zunehmen, muss die Regierung wirtschaftspolitisch gegensteuern: durch staatliche Investitionen und Beschäftigungsprogramme, Ankurbelung von Investitionen und des Massenverbrauchs. Auch ein Aufstokken der Sozialleistungen für Krisenbetroffene gehört zu einem effizienten und sozial akzeptablen Krisenmanagement. Wo die Lebensmittelpreise infolge der

Schaubild 24: Elemente des Krisenmanagements

Schritt des Krisenmanagements	Maßnahmen	Träger
1. Unterbrechen der Selbstverstärkung	Bankfeiertage Handelsunterbrechung Devisenkontrolle	Zentralbank/Regierung Selbstverwaltung
2. Bereitstellung von Liquidität	Mobilisierung von Währungsreserven Zinssenkung Offenmarktgeschäfte Beteiligung von Gläubigern (bail-in) Kredit-Sonderkontingente	Zentralbank Regierung
3. Restrukturierung des Finanzsektors	Sanierung Schließung Verkauf, Fusion Verstaatlichung	Bankenaufsicht Regierung Öffentliche Unternehmen
4. Stabilisierung von Produktion und Beschäftigung	Subventionen Öffentliche Beschäftigungsprogramme Sozialleistungen Geldpolitische Lockerung	Regierung Zentralbank

Krise überdurchschnittlich stark steigen, sollte darüber hinaus ein Preisstopp verfügt oder eine Preiskontrolle eingeführt werden.

Die Maßnahmen in diesen vier Bereichen können akute Finanzkrisen kurzfristig entschärfen und eine Atempause schaffen. Sie tragen aber nicht dazu bei, den Ausbruch neuer Finanzkrisen zu verhindern. Zur Stabilisierung der Finanzmärkte ist nicht nur ein effizientes Management bereits eingetretener Krisen, sondern vor allem eine wirksame Vorbeugung gegen den Ausbruch neuer Krisen erforderlich. Sie zielt auf eine Reform der Finanzmärkte.

2. Beschränken, entschleunigen, stabilisieren – Mittelfristige Reform der Finanzmärkte

Bereiche und Instrumente der Reform – Überblick
Die vordringlichen Aufgaben einer mittelfristigen Reform der Finanzmärkte bestehen darin, durch ihre vorbeugende Stabilisierung den Ausbruch weiterer Finanzkrisen zu verhindern und darüber hinaus die Unterwerfung der Gesell-

201

schaft unter die »Herrschaft der Finanzmärkte« zu beenden, hinter der nicht nur große Finanzkonzerne, sondern ein ganzes Projekt gesellschaftlicher Gegenreform steht. Diese Reform soll den Finanzsektor wieder auf seine wesentliche Aufgabe der externen Finanzierung von Investition und Produktion sowie langfristiger privater Vermögensbildung zurückführen, für die er unentbehrlich ist.

Die Reformen betreffen die drei großen und miteinander verbundenen Teilbereiche der Finanzmärkte, in denen es jeweils eigenständige Gefahren für die Stabilität und ökonomische Funktionalität gibt:

Im *Kreditsektor* bedroht eine übermäßige Expansion der Bankkredite mit anschließenden Zusammenbrüchen und Anstürmen auf die Banken die Stabilität und Liquidität des gesamtem Geld- und Finanzsystems. Nationale Deregulierung und internationale Liberalisierung des Bankwesens begünstigen – zusammen mit einer verteilungsbedingt stagnierenden Nachfrage und Investitionszurückhaltung – eine angebotsgetriebene übermäßige Ausdehnung der Kreditvergabe und die kreditäre Finanzierung von Projekten, die nicht tragfähig sind. Ihr fälliger Zusammenbruch kann zum Ansturm auf die Banken führen, der ihre Zahlungsfähigkeit übersteigt. Dann ist das gesamte Geld- und Kreditsystem in Gefahr und muss durch aufwendige Maßnahmen der Zentralbank vor dem Zusammenbruch gerettet werden. *Die Reform des Kreditsektors muss auf Risikobeschränkung und höhere Sicherheitsstandards abstellen.*

Die enorme Ausdehnung und der zunehmend kurzfristige Charakter des *Wertpapierhandels*, die Öffnung der Geldmärkte für Nichtbanken sowie das explosionsartige Wachstum des Derivathandels haben dazu geführt, dass die langfristigen Ertragschancen von Unternehmen kaum noch eine Rolle für die Anlageentscheidungen von Finanzinvestoren spielen. Statt dessen dominiert die Orientierung auf schnelle Kurs- oder Spekulationsgewinne für die großen Finanzanleger.

Dies setzt Unternehmen zunehmend unter Druck, nur noch kurzfristige Kurspflege zu betreiben. Politiker werden gedrängt, Wirtschaftspolitik ausschließlich im Interesse der Finanzanleger zu betreiben. *Im Zentrum der Reform muss eine Entschleunigung des Wertpapierhandels stehen.*

Der Zustand des *internationalen Währungssystems* ist in doppelter Hinsicht problematisch. Zum einen ist das Regime frei schwankender Wechselkurse zwischen den Hauptwährungen der Welt mit hoher Instabilität und Unsicherheiten verbunden, gegen die Unternehmen sich kommerziell absichern müssen. Andererseits bringen auch die zwischen Leit-. und Peripheriewährungen vorherrschenden Wechselkursbindungen oft keine funktionsfähigen Lösungen. Immer dann, wenn die Wirtschaften sich im Leitwährungsland und in dem Land, das seine Währung angebunden hat, unterschiedlich entwickeln und die Währungsrelationen nicht angepasst werden, entsteht Druck auf die Handels- und Leistungsbilanz, der die Währungsspekulation fördert und letztlich doch die Aufgabe der Bindung erzwingt. *Die Reform der Währungsbeziehungen muss Stabilität und Flexibilität zusammenbringen.*

Schaubild 25: Teilsysteme der Finanzmärkte

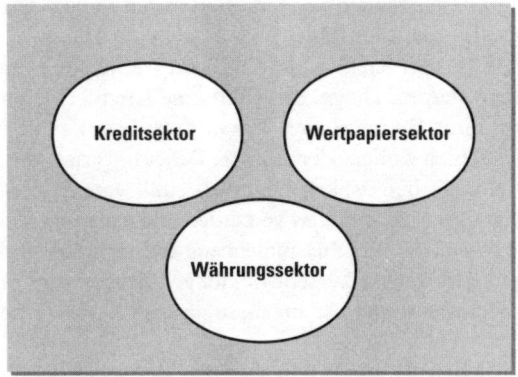

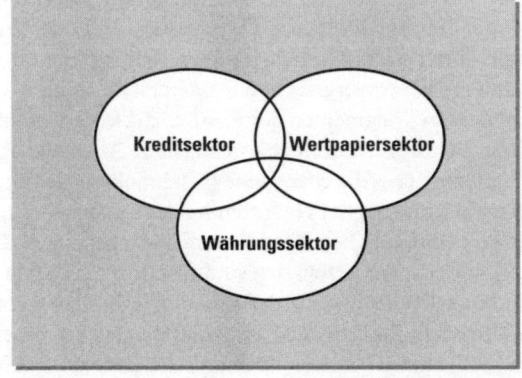

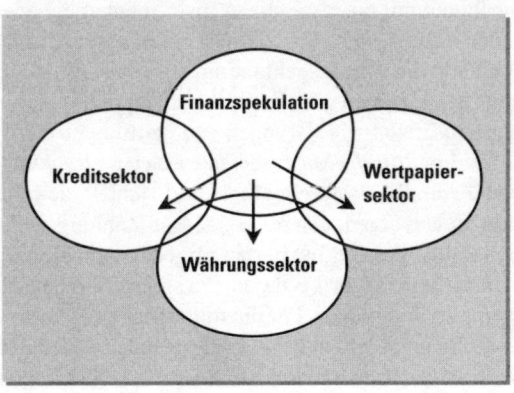

Diese Ebenen sind insofern eigenständig, als sie selbständige Ursachen für Instabilitäten, Krisen und Pressionen darstellen. Sie bleiben in der Regel aber nicht unabhängig voneinander, sondern sind durch viele Kanäle verbunden. Übermäßige Kreditexpansion führt vielfach auch zur Hausse auf den Aktienmärkten, weil ein Teil der Kredite zum Kauf von Wertpapieren verwendet wird, deren Preise dann steigen. Umgekehrt führt eine Kreditkrise zum Kursverfall, weil Aktien von ihren BesitzerInnen verkauft werden, die mit dem Erlös ihre Schulden zurückzahlen wollen oder müssen. Der Kursverfall von Aktien, die als Sicherheit für Kredite bei Banken hinterlegt sind, veranlasst diese zu Nachschussforderungen, was zu weiteren Verkäufen und weiterem Kursverfall führt. Ähnlich verhält es sich mit dem Zusammenhang zwischen Kreditmarkt und Wertpapiermarkt und der Wechselkursentwicklung: Letztere wird von den beiden ersten massiv beeinflusst und hat auf diese ihrerseits erhebliche Rückwirkungen.

Eine ganz besondere Rolle spielt in allen drei Bereichen die *Finanzspekulation*. Sie kann einerseits eigenständig in – wie auch immer begründeter – Erwartung von Zins- oder Preisänderungen auf Wertpapier- und/oder Währungsmärkten entstehen und durch Herdenverhalten diesen Anstieg forcieren und die Entstehung spekulativer Blasen verursachen. Andererseits reagiert sie regelmäßig auf Probleme in den drei Segmenten der Finanzmärkte und verstärkt die dortigen Instabilitäten, die oft hierdurch erst gefährliche Ausmaße annehmen. Das bedeutet unter anderem, dass die energische Beschränkung der Finanzspekulation eine überragende Rolle bei der Neuordnung der Finanzmärkte spielt.

Schaubild 25 soll verdeutlichen, dass die drei zunächst eigenständigen Bereiche (oberer Teil) miteinander verbunden sind (mittlerer Teil) und jeweils durch die Finanzspekulation beeinflusst werden (unterer Teil). Schematisch betrachtet besteht die mittelfristige Reform der Finanzmärkte also aus einem umfangreichen Paket von Maßnahmen, dessen Struktur in Schaubild 26 verdeutlicht werden soll. Sie verfolgen mit eigenständigen Instrumenten die jeweiligen vorrangigen Ziele in den Teilmärkten. Ein Teil der bereichsspezifischen Instrumente bekämpft gleichzeitig die Finanzspekulation, gegen die es im Übrigen zusätzliche eigenständige Maßnahmen gibt. Zur mittelfristigen Regulierung des Finanzsektors stehen grundsätzlich vier Gruppen von Instrumenten zur Verfügung:

1. Geld- und kreditpolitische Maßnahmen werden im Regelfall von der jeweiligen nationalen Zentralbank durchgeführt und richten sich darauf, die Wirtschaft mit Kredit zu versorgen, den reibungslosen Zahlungsverkehr zu gewährleisten, für die Stabilität des Geldwertes zu sorgen und im Notfall der Finanzkrise als »lender of last resort« zur Verfügung zu stehen, um den Zusammenbruch des Finanzsystems zu verhindern. Für die mittelfristige Reform spielen sie eine untergeordnete Rolle und bleiben daher im Folgenden außer Betracht.

2. Administrative Regulierung durch die Finanzaufsicht: rechtliche Bestimmungen über die Struktur und das Verhalten von Banken (einschl. Investment-

Schaubild 26: Mittelfristige Reform der Finanzmärkte – Schema

Beschränkung der Spekulation

Beschränkung des Kreditsystems

Entschleunigung der Wertpapiermärkte

Stabilisierung der Wechselkurse

banken), institutionellen Anlegern (Investment-, Pensionsfonds, Versicherungen) und Börsen (einschließlich Terminbörsen). Derartige Regeln können sich auch auf das Verhalten von Töchtern oder Zweigstellen inländischer Institute im Ausland beziehen und z.B. die Geschäftsbeziehungen mit Partnern in Offshore-Zentren betreffen. Wenn die jeweiligen Regulierungsbehörden die Zulassung einer Bank oder eines Finanzinstitutes davon abhängig machen, dass derartige Regeln befolgt werden, dürfte die Existenz extraterritorialer Finanzzentren kein ernsthaftes Hindernis gegenüber einer politisch gewollten Finanzmarktreform sein.

3. Ökonomische Regulierung finanzieller Transaktionen und Verhaltensweisen vor allem durch die Steuerpolitik: Dazu gehört beispielsweise die Besteuerung von Börsenumsätzen, Devisentransaktionen oder Spekulationsgewinnen.

4. Internationale Abkommen über ein währungspolitisches Regime, von der Etablierung einer Währungsunion über die Einrichtung von bilateralen Wechselkursbindungen, die von Wechselkurszielzonen bis zur globalen oder regionalen Ad-hoc-Kooperation in Währungsfragen.

Diese theoretisch zur Verfügung stehenden Instrumente eignen sich in unterschiedlicher Weise zur Behandlung der Probleme des Finanzsektors. Es lassen sich gewisse Zuordnungen von Instrumenten zu Problemen vornehmen, wobei manche Maßnahmen gegen mehrere Probleme einsetzbar sind, manche engere Anwendungsgebiete haben. Diesen Tatbestand soll Schaubild 27 verdeutlichen.

In den folgenden Teilen dieses Abschnitts gibt es zunächst einen knappen Überblick über den Stand der Regulierung des Finanzsektors auf deutscher, europäischer und globaler Ebene. Anschließend werden die wichtigsten Anforderungen und Instrumente der Neuordnung in den drei Bereichen Kreditsektor, Wertpapiermärkte und Währungssystem behandelt.

Exklusiv und halbherzig – Tendenzen der Finanzaufsicht

Als Finanzaufsicht werden die gesetzlichen Bestimmungen und Verwaltungsvorschriften über die Struktur und die Tätigkeit von Finanzinstitutionen bezeichnet, also vor allem von Banken, Versicherungen, Wertpapierhändlern, Kapitalanlagegesellschaften und Börsen. Derartige Regeln sind in allen entwickelten kapitalistischen Ländern als nationale Gesetzeswerke aufgestellt worden, um das Finanzwesen als öffentliches Gut zu schützen. Sie sind in der Phase der Deregulierung zum Teil erheblich entschärft und verändert, aber überwiegend nicht aufgehoben worden. In der EU gelten Richtlinien mit Mindestvorschriften für Banken, Versicherungen und den Wertpapierhandel, die mit der Vollendung des europäischen Binnenmarktes einhergingen. Seit Beginn der 1980er Jahre gibt es Versuche, bestimmte Prinzipien der Finanzaufsicht international durchzusetzen. Zumindest im Rahmen der OECD sind diese Versuche weitgehend erfolgreich gewesen.

Schaubild 27: Bereiche und Instrumente für die Reform der Finanzmärkte

Instrument / Gefährdungsbereich	Kreditpolitik (Zentralbank)	Adminstrative Regulierung (Finanzaufsicht)	Ökonomische Regulierung (Steuerpolitik)	Währungspolitik
Geld- & Kreditmärkte Gefahr: Zahlungs- und Kreditkrise	Mindestreservepolitik Zins-Offenmarktpolitik Lender of Last resort	Transparenzregel Eigenkapitalregel Beschränkung von Finanz- und Großkredit OTC-Verbot		Währungsunion (Weltzentralbank) Regionale Währungssysteme Beistandsfonds (IMF)
Wertpapiermärkte Gefahr: Kursexplosion und -verfall		Regeln für Institutionelle Anleger Insider-Trading Handelsstopp (circuit breaker)	Börsenumsatzsteuer Kursgewinnsteuer nach Fristigkeit Sicherheitsleistungen	
Devisenmärkte Gefahr: Währungskrisen	International lender of last resort?	Adminstrative Kapitalverkehrskontrolle	Tobinsteuer Bardepotpflicht	Zielzonen Wechselkursbindungen (Pegging)
Finanzspekulation Gefahr: Verstärkung der Ausschläge	Kreditbeschränkungen	Beschränkung des Optionshandels Verbot des OTC-Handels Integration der Offshore-Zentren	Tobinsteuer Spekulationssteuer auch intern	Intervention auf den Devisenmärkten

206

Nationale Regeln der Finanzaufsicht

Im 20. Jahrhundert gab es zwei besondere Wellen der nationalen Finanzregulie-rung. Die erste fand im Anschluss an und als Reaktion auf die bislang größte Finanzkrise Ende der 20er, Anfang der 30er Jahre statt. Sie bezog sich in Europa in erster Linie auf den Banksektor, der damals im Zentrum der europäischen Finanzkrise stand. In den USA dagegen war gleichzeitig der Wertpapierhandel Gegenstand intensiver Regulierung durch eine 1934 neu geschaffene eigene Regulierungsbehörde, die Securities Exchange Commission (SEC), die bis heu-te sehr aktiv ist und auch die internationalen Standards weitgehend beeinflusst (vgl. Lütz 1997:484f.). Die wichtigsten Bestimmungen der amerikanischen Fi-nanzaufsicht waren die strikte Trennung des Einlagen- und Kreditgeschäftes auf der einen und des Wertpapiergeschäftes auf der anderen Seite; eine ebenso strik-te regionale Beschränkung von Bankgeschäften auf einen Bundesstaat und die Beschränkung von Zinszahlungen für Bankkunden, z.B. das Verbot der Verzin-sung von Sichtkonten (Regulation Q, vgl. Kapitel 3). Es gehört zu den Paradoxi-en der Finanzgeschichte, dass die USA einerseits das Land ist, das eine beson-ders strenge und enge Finanzaufsicht hatte (und hat) und andererseits der Aus-gangspunkt der Entwicklung moderner und weitgehend deregulierter Finanz-märkte geworden ist. Die seit dem Enron-Skandal Ende 2001 aufgedeckten zahlreichen – bis Mitte 2002 waren es 60 – Fälle von Bilanzfälschungen und anderen Betrügereien im Wertpapiergeschäft belegen allerdings, dass auch die amerikanische Finanzaufsicht relativ ineffizient ist.

Die zweite Welle der Finanzregulierung fand nach dem Zweiten Weltkrieg vor allem in Japan (das sich stark an das US-Vorbild anlehnte) und in Europa statt. In den meisten Ländern außer Westdeutschland wurden große Banken- und Versicherungen verstaatlicht, um ihrem gesellschaftlichen Charakter als öf-fentliches Gut Rechnung zu tragen – und um sie als finanzielle Hebel zur wirt-schaftlichen Steuerung zu nutzen. Auch die Börsen unterlagen strenger staatli-cher Reglementierung und Aufsicht. Demgegenüber wurden in den meisten Län-dern erst in den 50er und 60er, zum Teil auch erst in den 70er Jahren Bestim-mungen über Kapitalanlagegesellschaften und Investmentfonds erlassen. Die institutionelle Organisation der Finanzaufsicht ist in verschiedenen Ländern un-terschiedlich geregelt. Die Finanzaufsicht unterliegt in einigen Ländern (wie England) einer zentralen Behörde, in anderen (wie Frankreich) wird sie für die einzelnen Institutsgruppen von unterschiedlichen Organen wahrgenommen. Die 20 Börsen in Europa (dabei zählen die acht regionalen Börsen Deutschlands als eine) sind teils als staatliche Gesellschaften, teils als private Partnerschaften oder Aktiengesellschaften organisiert, und unterstehen staatlicher Aufsicht.

In Deutschland fand diese zweite Welle der nationalen Regulierung erst in der ersten Hälfte der 1990er Jahre ihren Abschluss, zu einer Zeit also, als die Gegenbewegung nationaler Deregulierung bereits im vollen Gang war. Seit An-fang der 90er Jahre sind vier »Finanzmarktförderungs«gesetze verabschiedet worden. Das erste vom Januar 1991 schaffte die Börsenumsatz-, die Gesellschafts- und die Wechselsteuer ab. Durch das zweite wurde 1994 eine neue Regulierungsbehörde, das Bundesaufsichtsamt für den Wertpapierhandel, geschaffen, das neben das Bundesaufsichtsamt für das Kreditwesen und das Bundesaufsichtsamt für das Versicherungswesen trat. Um Frankfurt als Finanzplatz zu fördern und den Handel mit deutschen Aktien auch an anderen Finanzplätzen zu ermöglichen, erwies es sich als notwendig, das bislang vorherrschende private Selbstverwaltungskartell der von den Großbanken beherrschten Selbstverwaltungsaufsicht der deutschen Börsen aufzugeben und durch ein System zu ersetzen, das internationalen – im Wesentlichen durch die amerikanischen SEC gesetzten – Standards entspricht. Seine wesentlichen Bestimmungen betreffen den Insiderhandel, die Publizität und bestimmte Verhaltensregeln der am Wertpapierhandel Beteiligten, alles Bereiche, zu denen es auch schon vorher mehr oder minder feste Regeln im Rahmen der Börsenselbstverwaltung gegeben hatte. Dies reichte offensichtlich nicht aus, um ausländischen Händlern, die nicht Mitglied in den Selbstverwaltungsorganen waren, Vertrauen in deutsche Wertpapiere zu geben. Die insbesondere von den großen Universalbanken angestrebte Internationalisierung des Aktien-, Anleihe- und Derivatgeschäftes erforderte vielmehr eine gesetzliche Formalisierung derartiger Bestimmungen. Die nationalstaatliche Regulierung erwies sich als notwendig zur Förderung der Internationalisierung des deutschen Wertpapierhandels (vgl. Lütz 1997).

Das dritte Finanzmarktförderungsgesetz von 1998 bringt eine erhebliche Lockerung der Vorschriften für Investmentfonds, und das vierte Gesetz vom März 2002 enthält schärfere Bestimmungen gegen den Insiderhandel und regelt die Zusammenfassung der drei bisherigen Aufsichtsämter zu einer »Bundesanstalt für Finanzdienstleistungsaufsicht«.

Die Bankenaufsicht bezieht sich vor allem auf die Sicherheit, Seriösität und Zahlungsfähigkeit von Kreditinstituten. Banken sollen sich vor allem gegen den Ausfall von Forderungen sichern, der unkalkulierbare und unkontrollierbare Konsequenzen und Gefahren für das gesamte Zahlungs- und Kreditsystem nach sich ziehen kann. Zu diesem Zweck müssen sie 8% ihrer Forderungen mit Eigenkapital unterlegen. Dabei wird allerdings sowohl zwischen verschiedenen Arten von Forderungen wie unterschiedlichen Bestandteilen von Eigenkapital unterschieden. Bestimmte Arten von Forderungen wie z.B. Staatsanleihen gelten als risikofrei und brauchen daher nicht berücksichtigt zu werden, andere werden als besonders riskant angesehen und deshalb in voller Höhe angerechnet.

In der deutschen Versicherungsaufsicht hat in den 90er Jahren – im Unterschied zur Wertpapierregulierung – ein Prozess der nationalen Deregulierung stattgefunden. Das deutsche System hatte bis zum Inkrafttreten einheitlicher europäischer Richtlinien über bestimmte Strukturvorschriften hinaus Bestimmungen enthalten, die festlegten, dass Geschäftspläne und Prämien grundsätzlich dem Aufsichtsamt vorzulegen sind und der Genehmigung bedürfen. Die

Regeln über Kapitalanlagegesellschaften betrafen Beschränkungen hinsichtlich der Struktur der jeweiligen Portfolios. Beides entfiel mit dem Inkrafttreten einheitlicher europäischer Standards.

Die europäische Ebene: Tendenzen zur Amerikanisierung
des europäischen Finanzmarktes
Die nationalen Regeln der Finanzaufsicht sind in den letzten 20 Jahren überwiegend erheblich verändert und zum großen Teil entschärft worden (vgl. Klein 1998: 27-43, Underhill 1997: 101-123). Der allgemeine Hintergrund hierfür war die Deregulierungswelle. Sie wurde in der EU zusätzlich mit den Notwendigkeiten des europäischen Binnenmarktes begründet. Die Bestimmungen der römischen Verträge von 1957 hatten demgegenüber vorgesehen, dass die unterschiedlichen Bestimmungen in den einzelnen Ländern vereinheitlicht (harmonisiert) werden sollten. Da sich dies aber wegen unvereinbarer Interessen der Mitgliedsländer als nicht machbar erwies, und da es Mitte der 1980er Jahre auch gar nicht mehr in die ideologische Landschaft passte, änderten die Mitgliedstaaten schließlich die Konzeption der Integration: An die Stelle der Angleichung der unterschiedlichen Rechtsvorschriften sollte ihre gegenseitige Anerkennung und eine gewisse Mindestharmonisierung treten. Hierauf baut das Konzept des *europäischen Passes* und der *Heimatlandkontrolle* auf. Der europäische Pass für Finanzinstitute besteht darin, dass jedes Unternehmen, also jede Bank, jede Versicherung und jede Kapitalanlagegesellschaft, in jedem Land der EU ohne weitere Zulassung tätig werden darf, wenn es in einem Mitgliedsland nach den dortigen Regeln zugelassen worden ist. Die Finanzaufsicht obliegt den Behörden des Landes, aus dem das Finanzinstitut kommt. Auf diese Weise werden die unterschiedlichen Bestimmungen der Finanzaufsicht und -kontrolle in den einzelnen Mitgliedsländern als im Kern gleichwertig anerkannt. Das bedeutet eine massive Deregulierung der Finanzdienstleistungen insofern, als nationale Vorschriften die Tätigkeit nationaler Institute zwar nach wie vor regeln, ausländische Konkurrenten, in deren Heimatland andere Bestimmungen gelten, aber nicht vom Markt fernhalten können.

Dieses Prinzip der »gegenseitigen Anerkennung« der jeweiligen nationalen Regelungen als im Kern gleichwertig gilt allerdings nicht ohne Einschränkung. Es baut vielmehr auf einer Grundlage gemeinsamer Bestimmungen auf, einer Mindestharmonisierung, die vor allem auf den Schutz der BankkundInnen, Versicherten und AnlegerInnen zielen sollen. Bei der Aushandlung der entsprechenden Richtlinien, die den Rahmen des europäischen Finanzraumes ausmachen, gab es erhebliche Konflikte, die nur zum Teil gelöst wurden. Dies hat dazu geführt, dass von einem einheitlichen europäischen Finanzraum gemäß der Binnenmarktkonzeption nicht gesprochen werden kann. Die EU hat diese Verzögerung im Mai 1999 zum Anlass genommen, einen »Aktionsplan für Finanzdienstleistungen« zu verabschieden, dessen Maßnahmen den Binnenmarkt im

Wesentlichen durch weitere Deregulierungen herstellen und bis 2005 vollenden sollen. Der Stand der Dinge ist in den einzelnen Bereichen sehr unterschiedlich: Bei den *Banken* gibt es einen europäischen Pass bei relativ weitgehender Mindestharmonisierung. Die Richtlinien zur Bankenaufsicht halten im Großen und Ganzen das in Deutschland und den anderen OECD-Ländern bereits durchgesetzte Schutzniveau aufrecht, das im Wesentlichen durch den Baseler Akkord von 1988 festgesetzt war. Die gemeinsamen europäischen Vorschriften über die *Versicherungsaufsicht* haben dagegen zu einer massiven Absenkung des deutschen Standards und der Überschaubarkeit geführt. Nach den neuen Bestimmungen der EU bedürfen weder die allgemeinen Versicherungskonditionen noch die Versicherungsprämien einer Genehmigung durch die Aufsichtsämter. In diesem Falle ging die Deregulierung so weit, dass gegenläufige Gesetzesbestimmungen in Deutschland aufgehoben wurden (was bei gegenseitiger Anerkennung ja nicht unbedingt der Fall sein muss). Einen europäischen Pass für die *Wertpapieraufsicht* gibt es gegenwärtig nicht, weil sich die Regierungen noch nicht über die gemeinsamen Mindestnormen geeinigt haben. Weitere Bestimmungen zur Verbesserung der Finanzaufsicht existieren auf der Ebene der EU bislang nicht. Ein von der EU in Auftrag gegebener Bericht (der Lamfalussy-Bericht) hat empfohlen, nur die ganz allgemeinen Grundlagen für den Wertpapierhandel in dem normalen Verfahren zwischen Kommission, Europäischem Parlament und Rat zu verabschieden und im Übrigen die Regulierung einer neu zu schaffenden »Wertpapierkommission« zu übertragen, die ohne parlamentarische Kontrolle arbeiten soll. Diese Kommission ist mittlerweile eingesetzt worden.

Die internationale Ebene

Eine global verbindliche Regulierung für Finanzmärkte existiert nicht. Dennoch liegt der Finanzsektor nicht in einem völlig regulierungsfreien Raum. Denn zum einen erstrecken sich verschiedene nationale Vorschriften auch auf die Tätigkeit der jeweiligen nationalen Unternehmen im Ausland – zum Beispiel die Bestimmungen zur Vorlage international konsolidierter Bilanzen oder zur Versteuerung von Gewinnen aus dem Ausland. Zum anderen gibt es einen relativ dichten Rahmen internationaler Kommunikation, Koordination und Vernetzung von staatlichen, halbstaatlichen und privaten Institutionen, die sich mit Finanzmärkten befassen (vgl. Lütz 1999, Giovanoli 2000). Sie haben informellen Charakter und sie können keine Gesetze erlassen. Ihre Wirksamkeit besteht darin, dass die Vorschläge und Empfehlungen grenzüberschreitender Kooperationsgremien einen gewissen politischen Druck ausüben und als »soft law« vielfach von den Finanzmarktakteuren freiwillig befolgt werden oder in die einzelstaatliche oder europäische Gesetzgebung eingehen. Auch Vernetzungen auf höchster Ebene spielen eine wichtige Rolle. Die G7-Gipfeltreffen – hervorgegangen aus informellen Kamingesprächen der Regierungschefs der großen Industrieländer Mitte der 70er Jahre – sind längst zur festen Institution ohne rechtliches Mandat geworden und haben mehrfach wichtige Weichenstellungen für die Finanzmärkte getroffen: 1985 die Plaza-Vereinbarung zur Abwertung und 1987 das Louvre-Abkommen zur Aufwertung des Dollar. Auch die Gründung des *Financial Stability Forum* geht auf eine Initiative der G7-Länder zurück.

Andere internationale Kooperationen und Vernetzungen sind ausschließlich mit dem Finanzsektor befasst: Die *Bank für internationalen Zahlungsausgleich* (BIZ) ist eine Gründung von Zentralbanken und befasst sich mit der Koordination und Zusammenarbeit zwischen den Zentralbanken sowie – in Zusammenarbeit mit den der BIZ administrativ angegliederten G10 Ausschüssen – mit der internationalen Bankenaufsicht (vgl. Kasten).

Die *International Organisation of Securities Commissions* (IOSCO, www.iosco.org/) mit Sitz in Montreal ist ein bereits 1974 gegründeter Zusammenschluss von mittlerweile 159 staatlichen Aufsichtsbehörden für das Börsen- und Wertpapierwesen. Im September 1998 hat die IOSCO ein Grundsatzpapier über »Ziele und Grundsätze der Wertpapieraufsicht« verabschiedet, das zwar rechtlich unverbindlich ist, aber doch politisches Gewicht hat.

In der ebenfalls 1994 gegründeten *International Association of Insurance Supervisors* (IAIS, www.iaisweb.org) mit Sitz in Paris kommunizieren und kooperieren rund 100 – ebenfalls staatliche – Aufsichtsgremien für die Versicherungen, die als institutionelle Anleger eine zentrale Rolle auf den Finanzmärkten spielen.

Nachdem die kommunikative Vernetzung auf sektoraler Ebene weitgehend abgeschlossen ist, liegt als nächstes die Querverbindung zwischen den einzelnen Segmenten der Finanzmärkte an. Hierzu hatte die BIZ schon mehrfach Anläufe gemacht. Sie sind schließlich in das bereits erwähnte Forum für Finanzstabilität gemündet, in dem alle relevanten Institutionen vertreten sind.

Schließlich spielen auch die internationalen Organisationen IWF, Weltbank und OECD eine gewisse – allerdings nachrangige – Rolle bei der Regulierung der internationalen Finanzmärkte.

Die informelle Kommunikation, Zusammenarbeit und Vernetzung wird in der Diskussion über die Probleme der internationalen Finanzmärkte in der Regel als positive und effiziente Alternative zur formellen, aber ineffizienten gesetzlichen Regelung angesehen. Letztere sei angesichts einer hochkomplexen Materie zu schwerfällig. Darüberhinaus seien Finanzmarktregulierungen ohne die selbstregulierende Kooperation der beteiligten Akteure gar nicht durchsetzbar (vgl. Eichengreen 1999: 35f.). Das Argument hat es in sich. Wenn Beschränkungen der Spekulation der Zustimmung der Spekulanten bedürfen, werden sie mit hoher Sicherheit ihr Ziel verfehlen. Insofern hat der informelle Charakter der neuen Finanzmarktorganisationen zugleich exklusive Züge. Mit dem Verweis auf die ausschließlich sachbezogene Diskussion werden weitergehende gesellschaftliche Interessen – z.B. der Gewerkschaften, der Umweltverbände, der Verbrau-

Die Bank für Internationalen Zahlungsausgleich (BIZ)

Die BIZ (engl. Bank for International Settlements, BIS, daher www.bis.org) wurde am 12.5.1930 durch Regierungsabkommen zwischen Belgien, Deutschland, Frankreich, Großbritannien, Italien, Japan und der Schweiz gegründet und ist die älteste internationale Finanzorganisation. Die Gründungszwecke erstreckten sich auf die Regelung der deutschen Kriegsschulden (das entfiel mit dem Young-Abkommen von 1931) sowie auf die Förderung der Zusammenarbeit zwischen den Zentralbanken und die Suche nach neuen Möglichkeiten für Finanzgeschäfte. Nach dem Krieg wäre die BIZ wegen ihrer Kooperation mit dem Faschismus beinahe aufgelöst worden. Eigentümer der BIZ, die eine AG nach Schweizer Recht ist und ein Grundkapital von 1,5 Mrd. Schweizer Goldfranken hat, sind 45 Zentralbanken der Welt.

Die BIZ ist das wichtigste Informations- und Kommunikationszentrum für den internationalen Banken- und Kreditsektor. Die monatlichen Treffen der Zentralbankpräsidenten und zahlreiche informelle und formelle Treffen mit Entscheidungsträgern aus vielen Ländern im Rahmen der BIZ haben zu einer Art Bankersozialisierung geführt, die auf die Gesetzgebung in den Mitgliedsländern zurückstrahlt. Noch wichtiger als die BIZ selbst sind die Ausschüsse der Zentralbanken der G10-Länder (das sind außer den G7-Ländern noch Belgien, die Niederlande und Schweden), die an die BIZ angegliedert sind und von deren Stab unterstützt werden: Der »Basler Ausschuss für Bankenaufsicht«, der »Ausschuss für das weltweite Finanzsystem« und der »Ausschuss für Zahlungsverkehr und Abrechnungssysteme«.

Basler Ausschuss zur Bankenaufsicht

Der Basler Ausschuss wurde 1974, nach der Pleite der deutschen Herstatt-Bank, gegründet, um eine lückenlose Beaufsichtigung international tätiger Banken einzuleiten. Das *Basler Konkordat* von 1985 enthielt erstmals die Absichtserklärung, dass auch Auslandsaktivitäten und Auslandstöchter von Banken angemessen beaufsichtigt werden sollten. Dieser Grundsatz wurde in der Folge weiter konkretisiert und zu dem Prinzip weiterentwickelt, dass die Kontrolle auch der ausländischen Aktivitäten in der Regel durch das jeweilige Heimatland auf der Grundlage konsolidierter Daten erfolgen soll.

Die *Baseler Eigenkapitalvereinbarung* von 1988 legt fest, dass die Forderungen von Banken zu 8% mit Eigenkapital unterlegt sein müssen. Dabei werden allerdings entsprechend den unterschiedlichen (Kredit-) Risiken unterschiedliche Gewichte bei den Forderungen (z.B. Kredite an

Unternehmen 100%, Immobilienkredite 50%, Kredite an OECD-Banken 20% und an Regierungen 0%) zugrunde gelegt und das Eigenkapital in zwei Gütegruppen (Kern- und Ergänzungskapital) eingeteilt. Diese Standards (die zunächst nur unverbindliche Richtlinien waren) sind inzwischen in allen G-10-Ländern und in der EU verbindlich eingeführt worden.

1994 und 1995 veröffentlichten Basler Ausschuss und IOSCO *gemeinsam Richtlinien für das Risikomanagement im Derivatgeschäft* und *Rahmen für aufsichtsrechtliche Informationen über das Derivatgeschäft*. Derivate sollen nach dem Wiederbeschaffungswert (Marktwert) angesetzt werden.

Im April 1997 legte der Basler Ausschuss *25 Grundsätze für eine wirksame Bankenaufsicht* vor, die für möglichst viele Länder (nicht nur G10) gelten sollen. Sie sind im Herbst 1997 verabschiedet worden – als rechtlich nicht verbindliche Orientierungen, an deren verbindlicher Umsetzung in den einzelnen Ländern jetzt gearbeitet wird.

Seit 1999 arbeitet der Baseler Ausschuss an der Entwicklung eines Regelwerkes für neue Eigenkapitalanforderungen, das unter dem Namen »Basel 2« diskutiert wird und 2006 in Kraft treten soll.

cherInnen – von vornherein aus der Diskussion über die Reform der Finanzmärkte herausgehalten – obgleich die Gestaltung von Bank-, Kredit- und Finanzmarktpolitik von größter Bedeutung für Arbeitsplätze, Geldversorgung und Umwelt ist. Der vordemokratische Charakter informeller Regulierung wird noch stärker, wenn es zu einer Verzahnung der staatlichen Behörden mit den Organisationen und Verbänden der privaten Finanzunternehmen kommt. Beispiele hierfür sind die Aktivitäten der Group of Thirty (G-30) und des Institute for International Finance (IIF), beides Lobbyorganisationen der privaten Finanzwirtschaft (vgl. Lütz 1999: 23f., 1999a: 78). Auch eine solche informelle Verzahnung läßt sich ja mit dem Hinweis auf die besondere Sachkompetenz begründen und wird von vielen befürwortet. Dieser Trend führt jedoch dazu, dass der exklusive Charakter informeller Vernetzung in einseitige Interessenvertretung der Finanzmarktakteure mit hoher Durchschlagskraft umschlägt. Vernetzung der Akteure kann nützlich und effizient sein. Sie kann aber eine offene gesellschaftliche Diskussion unter Einbezug »fachfremder« Interessen, formelle demokratische Verfahren und gesetzliche Regelungen nicht ersetzen.

Höhere Schranken gegen die Spekulation – Mehr Sicherheit im Kreditgeschäft

Natürlich lassen sich Kreditausfälle niemals ganz ausschließen. Hier geht es aber darum, eine Kreditpolitik politisch einzudämmen und möglichst zu verhindern, die systematisch zu unüberschaubaren und schließlich auch unkontrollierbaren Risiken führt. Dies ist zum einen oft im Immobiliengeschäft der Fall: Jürgen Schneider in Deutschland, Canary Wharf in England, die Immobilienkrisen in Schweden und Japan oder der Zusammenbruch fast des gesamten Bausparkassensektors in den USA. Zum anderen handelt es sich um Kreditvergabe an Personen, Unternehmen oder Organisationen, die mit dem geliehenen Geld am Wertpapiermarkt spekulieren. Als Beispiele für spekulierende Schuldner oder »Highly Leveraged Institutions« (HLI) sei auf die Hedgefonds und den Paradefall LTCM verwiesen (vgl. Kap. 1). Hierzu hat der Baseler Ausschuss für Bankenaufsicht im Januar 1999 einen bemerkenswert kritischen Bericht vorgelegt (vgl. Basel Committee 1999). Geschehen ist allerdings nichts.

Das mit der Vergabe von Krediten an Spekulanten verbundene höhere Risiko wird massiv verstärkt, wenn deren Spekulation, also Kauf oder Verkauf von Wertpapieren einschließlich Devisen, nicht direkt per Kasse, sondern über den Terminmarkt, also den Kauf/Verkauf von Terminkontrakten und/oder Optionsscheinen erfolgt. Dadurch wird die Hebelwirkung des Kredites durch eine zusätzliche Hebelwirkung vervielfacht. Banken haben in der Regel keine ausreichenden Informationen über derartige HLIs, da diese meist von Offshore-Zentren aus operieren und keiner Aufsicht oder Veröffentlichungspflicht unterliegen. Dass die Kreditinstitute ihnen dennoch in der Regel großzügige Kredite ohne sorgfältige Prüfung, allein auf Grund der Reputation und der angenommenen Fähigkeit zum Risikomanagement, einräumen und sich damit verwundbar machen, ist »das Ergebnis eines Klimas harter Konkurrenz und des Wunsches, mit bestimmten Partnern Geschäfte zu machen.« (ebenda:15). Grund für diesen Wunsch dürfte in erster Linie die Aussicht auf überdurchschnittlich hohe Zinsen sein. Diese Aussicht führt dazu, dass Banken die Kredite auch dann, teilweise sogar ohne Sicherheitsleistung, geben, wenn sie über den spekulativen Charakter der Geschäfte im Bilde sind, die damit gemacht werden. Die Banken sind nicht in erster Linie Opfer betrügerischer oder leichtsinniger Fonds, sondern Mittäter. Sie geben nicht nur Kredite, sondern beteiligen sich als Investoren an der Spekulation, weil sie ihnen im Erfolgsfall hohe Gewinne bringt – und im Falle des Scheiterns auf verschiedenen Wegen vertuscht werden kann. Die Risiken, die durch Zahlungsausfälle von HLIs entstehen, beschränken sich aber nicht auf diese und ihre Eigentümer, sondern können leicht weiter um sich greifen und die Stabilität des gesamten Finanzsystems gefährden. Sie erfordern daher politische Maßnahmen zur Vorbeugung.

Dabei geht es um drei Gruppen von Maßnahmen: um die Ausweitung der Informationspflichten, die Bildung höherer Risikoreserven und die Mithaftung der Gläubiger für eine eventuelle Zahlungsunfähigkeit der Schuldner.

Mehr Transparenz im Kreditgeschäft
Die Forderung nach mehr Transparenz bezieht sich zum einen auf die Transparenz der Banken gegenüber der Öffentlichkeit und den Aufsichtsbehörden. Die Termingeschäfte von Kreditinstituten und Wertpapierhäusern, die sich nicht in der Bilanz niederschlagen (off-balance-Geschäfte, vor allem die mit Derivaten),

müssen in den Jahresberichten, Prospekten und sonstigen Veröffentlichungen ausgewiesen und in die Risikoberechnung mit einbezogen werden. Diese Forderung ist in der Bundesrepublik und in der EU weitgehend erfüllt.

Darüber hinaus ist aber vor allem die Information der kreditnehmenden Institutionen gegenüber den kreditgebenden Banken zu erweitern. Dass diese oft nicht wissen, wie groß eigentlich die Verschuldung und die Risikoposition ihrer Kreditnehmer sind, ist am LTCM-Fall besonders deutlich geworden. Dieses Defizit ist allerdings ganz allgemein bei den großen Finanzinstitutionen zu beobachten. Das erhöht die Risiken und die Instabilität und bedarf der Abhilfe. Die politische Forderung nach mehr Informationen von Seiten der global players muss deshalb erweitert werden und kann bis zu einem Verbot oder einer Beschränkung von Geschäften mit solchen Unternehmen gehen, die keine ausreichenden und umfassenden Informationen liefern.

Eine Alternative besteht darin, von großen Fonds als Voraussetzung für die Marktzulassung die Niederlegung (bei der Bankaufsichtsbehörde) und kontinuierliche Aktualisierung von Listen zu verlangen, in denen der Umfang und die Art ihrer Verschuldung (auf der Passivseite) und ihres Derivatengagements (auf der Aktivseite) zusammengestellt sind. Das wird die Attraktivität von Spekulationsgeschäften und folglich ihren Umfang verringern. Dass dabei die Aussichten der Banken auf Spekulationsgewinne geringer werden, wird mehr als aufgewogen durch die Tatsache, dass auch die Kreditausfallrisiken abnehmen.

Höhere Eigenkapitalreserven statt »Basel 2«

Das prominenteste Projekt zur Reform der Bankenaufsicht wird unter dem Kürzel »Basel 2« betrieben (vgl. z.B. Basle Committee 1999a). Dabei geht es darum, die vom Baseler Ausschuss für Bankenaufsicht im Jahre 1988 empfohlenen und in allen großen OECD-Ländern rechtlich verbindlich eingeführten Mindestnormen für Eigenkapitalreserven zu verändern. Derartige Reserven müssen Banken für den Fall bilden, dass Schuldner zahlungsunfähig werden und Kredite nicht zurückzahlen (Ausfallrisiko) oder die Kurse für die Wertpapiere im Portfolio der Bank erheblich sinken (Marktrisiko). Die Vereinbarungen von 1988 (Basel 1) sehen vor, dass für die nach ihrem Risikogehalt gewichteten Forderungen und Wertpapiere Reserven in Höhe von 8% gebildet werden müssen. Entscheidend dabei ist die Gewichtung. Sie wurde recht schematisch nach Schuldnergruppen bestimmt. Kredite an OECD-Staaten wurden mit 0%, an Banken aus OECD Ländern mit 20%, Immobilienkredite mit 50% und Kredite an Unternehmen mit 100% gewichtet. Innerhalb dieser Gruppen wurde nicht weiter differenziert. Da die Höhe der Eigenkapitalreserven auf die Kreditkonditionen durchschlägt, bedeutet ein solches schematisches Verfahren eine versteckte Quersubventionierung nicht nur von Regierungen und Banken der OECD-Länder, sondern auch innerhalb der Gruppe der Unternehmen: Kredite an Unternehmen mit geringem Risiko unterliegen den gleichen Eigenkapitalanforderungen wie sol-

215

che mit höherem Risiko. Da große, international tätige Unternehmen aber in der Regel über ein eigenes qualifiziertes Risikomanagement verfügen, das sich kleine und mittlere Unternehmen nicht leisten können, bedeutet die Gleichbehandlung beider Gruppen eine versteckte Begünstigung kleiner und mittlerer Unternehmen.

Basel 2 will mit dieser Praxis Schluss machen. In Zukunft soll das zurückzulegende Eigenkapital sich nicht mehr nach der Art des Schuldners, sondern nach seiner tatsächlichen Bonität richten. Diese soll entweder (in der Regel für die kleineren Unternehmen) durch externe Rating-Agenturen oder – bei den Großbanken – durch eigene bankinterne Risikomodelle festgestellt werden, deren Solidität allerdings von den Aufsichtsbehörden überprüft werden soll. Im Übrigen soll mehr Publizität und Transparenz die Marktteilnehmer zu solidem und nicht übermäßig riskantem Geschäftsgebaren veranlassen. Die Wendung zur Selbsteinschätzung bei den Großbanken wird mit der Behauptung begründet, hierdurch würden schematische Starrheiten vermieden und die Unternehmen in die Lage versetzt, die spezifischen Risiken der von ihnen vergebenen Kredite genauer zu bemessen und dadurch zu minimieren. Das bringe größere Stabilität in das Finanzsystem. Dagegen wie gegen den gesamten Reformansatz sind jedoch folgende Einwände vorzubringen (vgl auch Chavagneux 2001):

Erstens wird das Ergebnis der Reform dazu führen, dass Kredite an kleine und mittlere Unternehmen teurer und solche an große Kunden billiger werden. Das wird sich negativ auf die Lage mittelständischer Unternehmen auswirken. Denn die großen Banken werden bevorzugt Kredite an die Unternehmen vergeben, bei denen sie aufgrund eigener Risikokalkulationen geringere Rückstellungen machen müssen. Ob sie diese auch in den Kreditkonditionen weitergeben, ist damit allerdings noch nicht gesagt.

Zweitens wird mit dem Ende der Quersubventionierung auch die Polarisierung im Bankensektor schärfer und die Situation für kleine Banken und insbesondere die Sparkassen und Genossenschaftsbanken prekär werden. Das Geschäft mit den großen Industriekunden und reichen Privatpersonen werden die Großbanken machen, deren Eigenkapitalreserven – dies stellte die Deutsche Bundesbank bereits in einem frühen Stadium der Diskussion ausdrücklich und nicht in kritischer Absicht fest (Monatsbericht Oktober 1998: 71) – niedriger ausfallen werden, als dies unter der alten Berechnungsformel der Fall war. Die Tatsache, dass den Sparkassen und kleineren Banken das Geschäft mit der Industrie und anderen Großkunden in der Regel verschlossen ist, war so lange nicht von Bedeutung, wie die Eigenkapitalanforderungen für Kredite an alle Unternehmen gleich waren. Mit der Differenzierung nach Bonität der Schuldner kommt es aber zu einer Kosten- und Gewinndifferenzierung zu Lasten der kleineren Bankengruppen.

Drittens unterliegt die Anwendung bankinterner Risikomodelle zwangsläufig – aus Gründen der Konkurrenz – einem Bias zu möglichst geringen Eigenkapitalreserven, die ja Kostenbestandteile sind. Dadurch wird aber faktisch die Anfälligkeit des Systems gegenüber zusätzlichen, in den Modellen nicht berücksichtigten, Risiken größer.

Viertens arbeitet das neue System prozyklisch (vgl. hierzu Eatwell 2002). Es wird seine Sicherungsfunktion dann am wenigsten erfüllen, wenn sie am meisten gebraucht wird. Denn es ist unbestritten, dass in einem Abschwung das Risiko einer Kreditvergabe größer wird. Wenn aus diesem Grund die Eigenkapitalreserven aufgestockt werden müssen und die Kredite folglich teurer werden, wird das den Abschwung beschleunigen und die Risiken weiter erhöhen. Die verbesserte Transparenz, die Basel 2 ebenfalls anstrebt, wird überdies im Abschwung das Herdenverhalten fördern und zusätzlich kumulativ wirken.

Das Konzept läuft wesentlich auf eine Selbstregulierung durch die großen Finanzinstitute hinaus. Diese haben die Stabilität der Finanzsysteme in der Vergangenheit immer wieder durch Spekulation in großem Stil, ungesicherte Kredite und Beteiligung an Hedgefonds erschüttert. Wenn sie jetzt selbst ihre Risikovorsorge durch eigene Modelle festlegen sollen, dann heißt dies, dass der Bock zum Gärtner gemacht wird. Die Umsetzung von Basel 2 wird die Polarisierung bei den Banken beschleunigen und die Stabilität des Finanzsystems nicht stärken, sondern untergraben.

Die Alternative zu diesem verfehlten Ansatz sollte aus zwei Bausteinen bestehen:

■ Zum einen sollte die Grundstruktur des geltenden Regelwerkes beibehalten werden. Sie hat zwei wichtige Vorteile: Sie ist gegen prozyklische Verstärkungen resistent und enthält ein Element von Quersubventionierung zugunsten kleinerer Institute ohne ausgefeilte bankinterne Risikomodelle. So wird die Stabilität des Finanzsystems gefördert und eine differenzierte Bankenstruktur erhalten, die politisch als wesentlicher Bestandteil eines funktionsfähigen Finanzsystems angesehen und als öffentliches Gut gegen alle Deregulierungsversuche verteidigt werden sollte.

■ Der zweite Baustein einer Verbesserung der Risikovorsorge sollte darin bestehen, die Gewichtung von Schuldnergruppen und Kreditarten nach neueren Erkenntnissen zu modifizieren. Hierzu sind vor allem die Eigenkapitalvorschriften der Banken in dem Sinne anzupassen, dass Forderungen an Spekulanten als in besonderem Maße riskant einzustufen und mit entsprechenden Eigenkapitalreserven zu unterlegen sind. Die Eigenkapitalvorschriften bei Kreditinstituten sollten beispielsweise für Derivate in verschärfter Form angewandt werden. Bislang gilt eine Risikogewichtung von 50% für OTC-Derivatpositionen, für börsengehandelte Derivate ist sie je nach Bezugsbasis und Fristigkeit erheblich niedriger, teilweise Null. Dies ist angesichts der enormen Ausbreitung der Derivatgeschäfte und der damit verbundenen Risiken nicht gerechtfertigt. Daher sollten die Nominalbeträge von einfachen Termingeschäften (Futures, Forwards und Swaps) mit einer Gewichtung von 100%, die für spekulative Optionsgeschäfte mit einem sehr viel höheren Koeffizienten – z.B. 300% – in die Berechnung der Bemessungsgrundlage für die Eigenkapitalreserve eingehen. Auch der Basler Ausschuss für Bankenaufsicht schlägt übrigens vor, die Risikogewichtung für Geschäfte mit Spekulationsfonds über das bislang geltende Höchstniveau von 100 anzuheben (vgl. Basel Committee 1999a: 28, 32). Das würde derartige Geschäfte drastisch verteuern und möglicherweise für Kreditinstitute unattraktiv machen, ein durchaus positiver, weil insgesamt stabilisierender Effekt.

Bei Gefahr der Spekulation gegen die eigene Währung tun die Aufsichtsbehörden gut daran, die Vergabe von Krediten in inländischer Währung streng zu reglementieren und insbesondere da durch extrem hohe Eigenkapitalanforderungen zu beschränken oder direkt zu untersagen, wo kein klarer Verwendungszweck angegeben wird. Denn Währungsspekulation erfolgt in der Regel auf Kreditbasis: Die Kreditsumme in einheimischer Währung wird unverzüglich in eine starke Währung umgetauscht (was die schwache Währung weiter schwächt), die dann in der Erwartung gehalten wird, nach der Abwertung einen geringeren Betrag der starken Währung zur Rückzahlung des Kredites zu benötigen. Wenn Kredite in der schwachen Währung jedoch nicht zu haben sind, erschwert das die Spekulation erheblich.

Mithaftung der Finanzanleger: bail-in

Ein anderer Weg, Finanzanleger vom schnellen Run auf die jeweils am günstigsten erscheinenden Gewinngelegenheiten abzuhalten, ist ihre Beteiligung an eventuellen Verlusten, das sog. Bail-in (vgl.Eichengreen 1999, Kapitel 5; Dieter 2002: 38-48). Eine Variante hiervon ist die Entwicklung eines internationalen Konkursverfahrens für zahlungsunfähig gewordene Staaten. Überlegungen in diese Richtung, die schon lange vorliegen (vgl. Raffer 1990), sind jüngst auch vom IWF aufgegriffen worden (vgl. Krueger 2001) – allerdings ohne dass dies bislang praktische Folgen gehabt hätte.

Wenn man davon ausgeht, dass die Ursachen für Finanzkrisen nicht ausschließlich bei den Schuldnern liegen, sondern dass auch die Finanzanleger durch leichtsinniges Engagement mitschuldig sind, ist es sinnvoll, ihr Risiko zu erhöhen. Besonders relevant ist dies bei (Staats-)Anleihen. Hier gibt es in der Regel eine sehr große Zahl von Gläubigern, die davon ausgehen, dass es für sie kein Risiko gibt. Jeder Gläubiger ist berechtigt, bei Zahlungsverzug oder -ausfall sofort Vollstreckung zu beantragen, was die finanzielle Notlage des Schuldners verschärft und ihn aus einer möglicherweise nur temporären Liquiditätskrise endgültig in den Ruin treibt. Hier bedarf es nicht nur des Schutzes *von* Gläubigern, sondern auch des Schutzes *vor* Gläubigern, wie es im Konkursrecht vieler Staaten verankert ist. Der Zweck des geordneten Konkursverfahrens besteht zum einen darin, dem zahlungsunfähig gewordenen Schuldner einen Neuanfang zu ermöglichen, der seine Zahlungsfähigkeit am Ende doch wieder herstellen soll. Zum anderen soll auch der Finanzanleger veranlasst werden, sich nicht in dem Glauben in

Finanzabenteuer einzulassen, im Krisenfall entweder vollen Zugriff auf das Vermögen des Schuldners zu haben oder durch Umschuldung möglicherweise noch höhere Gewinne zu machen. Das Risiko, im Krisenfall auch mit zur Kasse gebeten zu werden, soll zu solider Anlagepolitik erziehen. Wenn als Folge dieser Maßnahmen weniger kurzfristige Schuldpapiere gekauft werden – umso besser. Dann müssen die Geldanleger sich wieder in die längerfristige Geldanlage begeben. Es herrscht kein Mangel, sondern Überfluss an Kapital.

Es gibt viele Möglichkeiten, die Finanzanleger von vornherein, d.h. bei der Aushandlung und Festlegung der Konditionen von Anleihen, in die Bewältigung von Zahlungsschwierigkeiten einzubinden. Es kann zum Beispiel verbindlich verabredet werden,

■ dass ein Konkursantrag nur von einer bestimmten Mindestzahl – oder einer bestimmten Mindestquote – der Gläubiger gestellt werden darf,

■ dass für jede große Anleihe Gläubigerausschüsse zu bilden sind, die alleine berechtigt sind, mit den Schuldnern im Falle von Schwierigkeiten zu verhandeln und etwaige Umschuldungsverhandlungen zu führen,

■ dass den Schuldnern von vornherein die Möglichkeit geboten wird, ihre Schulden im Falle von Zahlungsschwierigkeiten umzuschulden, wobei ihnen von den Gläubigern im Voraus fixierte Kreditlinien eingeräumt werden.

Auch eine Variation des Schuldendienstes je nach Lage des Schuldners würde die Flexibilität des Gesamtsystems erhöhen. Verkaufs-Optionen für Staatspapiere sollten streng beschränkt oder untersagt werden, weil solche Geld-zurück-Garantien die Gläubiger unvorsichtig machen. Schließlich könnte es sich einbürgern und akzeptiert werden, dass Regierungen bei gravierenden Zahlungsproblemen die Bedienung und Rückzahlung ihrer Schulden befristet aussetzen, wie es Russland im Jahre 1998 tat. Solche einseitigen Moratorien zerstören angeblich die Reputation und führen zur völligen Isolierung des Landes, das diese Todsünde begeht. Die Androhung des Ausschlusses aus der Weltfinanzgemeinschaft ist jedoch in einer Situation wenig glaubwürdig, in der es keine Knappheit, sondern einen Überfluss an Kapital gibt. Sie wird noch unglaubwürdiger, wenn Moratorien zum Normalverhalten in Krisenzeiten werden, an das die Finanzanleger sich gewöhnen müssen.

Strafen für die kurze Frist – Entschleunigung auf den Wertpapiermärkten

Krisen auf den Wertpapiermärkten können, wie oben gezeigt, auf die Kreditmärkte durchschlagen, wenn ein Kursverfall zu Nachschussforderungen von Seiten der Banken führt, die nur durch Wertpapierverkäufe zu erfüllen sind, mit der Folge weiteren Kursverfalls usw. Deshalb sind ähnliche Sicherheitsanforderungen wie an die Kreditbanken auch an Investmentbanken, Versicherer und Investmentfonds zu stellen. Sie müssen ausreichende Reserven haben, um sich gegen Ausfallrisiken abzusichern, und sie müssen in ihrer Anlagepolitik bestimmte Grenzen und Beschränkungen des Risikos einhalten.

219

Grundsätzlich sollte für eine Reregulierung der Wertpapiermärkte das Prinzip der *Entschleunigung* gelten. Kurzfristige Geschäfte sollten gegenüber langfristigen diskriminiert, Ersterwerb (also Umsätze auf den Primärmärkten) gegenüber Weiterverkauf und Kauf auf den Sekundärmärkten begünstigt werden. Dadurch wird die Finanzierungsfunktion von Aktien und Anleihen hervorgehoben: Unternehmen beschaffen sich Kapital, um Investitionen durchzuführen und Güter und Dienstleistungen bereitzustellen. An dem später aufgrund der Investitionen erzielten Gewinn werden diejenigen durch Dividenden oder Zinsen beteiligt, die Geld bereitgestellt haben. Insofern sind auch die Interessen der SparerInnen an langfristig verlässlichen Einnahmen berücksichtigt. Sekundärmärkte sind notwendig und sinnvoll, um den MarktteilnehmerInnen in normalen Zeiten jederzeitige Liquidität zu garantieren. (In Krisen- und Panikzeiten ist diese Liquidität ohnehin ohne aktives Eingreifen der Zentralbank nicht herstellbar.) Sie können auch sinnvoll sein, um über Preisbewegungen an den Börsen die effiziente Lenkung von knappen Finanzmitteln zu erleichtern.

Diese Lenkungseffizienz von Wertpapiermärkten wird heute weitgehend durch die Kurzfristperspektive von Finanzanlagen unterdrückt, bei der die aktuelle Kursentwicklung von Anleihen und Aktien im Vordergrund steht und die aus der Wertschöpfung stammende Rendite demgegenüber kaum noch eine Rolle spielt. Die oft abrupt wechselnden Bewertungen, Umbewertungen und Neubewertungen von Finanzanlagen durch die Fondsmanager haben kaum etwas mit den realen Unternehmensperspektiven zu tun.

Die schnellen Zu- und Abflüsse von Kapital und die Umstrukturierungen von Portfolios bewirken keine effiziente Lenkung knapper Ressourcen, sondern Unsicherheit bei den Geschäftsleitungen. Sie stellen darüber hinaus eine ständige Drohung gegenüber Regierungen und Parlamenten dar. Sie müssen befürchten, dass Kapital kurzfristig abgezogen wird, wenn die Politik den Interessen der Finanzanleger nicht ausreichend Rechnung trägt. Wenn diese schnellen Wanderungen erschwert würden, ließe das den Unternehmen und der Politik mehr Platz für strategische Entscheidungen und demokratische Weichenstellungen.

Diskriminierung des schnellen Wechsels

Zur Entschleunigung der Wertpapiermärkte und für ihre stärkere Bindung an die Finanzierungsfunktion sind steuerliche Instrumente besonders geeignet: Sinnvoll ist vor allem die Einführung einer kräftigen *Börsenumsatzsteuer* – etwa in der Höhe von 1% oder 2% – bei gleichzeitiger Befreiung für den Ersterwerb. Dies würde den Anreiz für schnell wechselnde Dispositionen erheblich vermindern, denn jede Umgruppierung des Bestandes würde – auf einen bestimmten Betrag bezogen – zu einer Belastung von 2% bzw. 4% führen. Die Finanzierung von Investitionen würde nicht belastet, denn der Ersterwerb bei der Emission von Aktien oder Anleihen bliebe steuerfrei. Auch Käufer von Anleihen oder Aktien würden nicht beeinträchtigt, solange sie die Papiere halten: der Kauf ist steuerfrei, und Zins- und Dividendeneinkommen werden regulär versteuert. Die Ersterwerber von Aktien und Anleihen werden erst belastet, wenn sie ihre Papiere verkaufen. Eine weitere Differenzierung kann dadurch erfolgen, dass die Besteuerung mit der Zeitdauer abnimmt, während der die Papiere gehalten werden.

Darüber hinaus sollte generell die Investition in kurzfristige Wertpapiere und insbesondere Geldmarktgeschäfte stark beschränkt werden. Letztere waren in Deutschland bis 1994 nur für Geschäfte zwischen Banken zugelassen. Ihre Öffnung für Nichtbanken soll Finanzgeschäfte flexibler machen, hat aber vor allem zusätzliche Volatilität und Instabilität in den Sektor gebracht. Daher ist es grundsätzlich wünschenswert, die Segmentierung der Finanzmärkte in diesem Bereich wieder einzuführen und Geldmarktgeschäfte auf den kurzfristigen Liquiditätsausgleich zwischen Banken zu beschränken. Zumindest sollten Geldmarktumsätze für Nichtbanken – vor allem der Kauf und Verkauf von Anteilen an Geldmarktfonds – mit einer kräftigen Umsatzsteuer belegt werden.

Beschränkung des Derivathandels

Eine besondere Quelle finanzieller Risiken und von Instabilität ist der Derivathandel, insbesondere der Optionshandel. Die Absicherung gegen Preisänderungen tritt dabei mittlerweile fast vollständig gegenüber dem Charakter von Wetten und Glücksspiel zurück. Eine vernünftige Behandlung der Derivate sollte daher zwischen diesen beiden Funktionen trennen. Preis- und Kurssicherungsgeschäfte sollten in dazu eigens eingerichteten und beaufsichtigten öffentlichen Instituten zu niedrigen Gebühren abgeschlossen werden können. Darüber hinausgehender Derivathandel hat spekulativen Charakter und sollte wie Glücksspiel behandelt werden. Die politische Regulierung muss in erster Linie einen Puffer zwischen den Derivathandel und das übrige Finanzsystem schieben. Er soll verhindern, dass Spekulationsverluste über eine Reihe von Kettenreaktionen auf das Gesamtsystem übergreifen und dessen Gesamtstabilität gefährden. Dies kann mit Hilfe von vier Instrumenten geschehen, die gleichzeitig eingesetzt werden sollten:

Erstens soll Derivathandel für normale Finanzinstitute verboten und nur in spezifischen Anstalten – Kasinos vergleichbar – zugelassen werden, die öffentlicher Aufsicht unterliegen. Die »freie« Spekulation über den Tresen (OTC) wird abgeschafft, Derivathandel an die Terminbörsen verlagert. Die Analogie zum Glücksspiel ist offensichtlich und zutreffend: In den meisten Ländern ist Glücksspiel in der Öffentlichkeit verboten und auf spezifische Institutionen – Wettbüros, Kasinos – beschränkt, die nach besonderen Regeln arbeiten müssen.

Zweitens sollten die täglich anzupassenden *Sicherheitsleistungen* (margins) an den Terminbörsen drastisch, z.B. auf 50% statt bislang zwischen in der Regel 5% und 10% erhöht werden, um die Gefahr der Zahlungsunfähigkeit der jeweiligen Spekulanten zu vermindern. Dies würde einen höheren Aufwand pro Ge-

221

schäft bedeuten, die Hebelwirkung der Spekulation vermindern und viele Spekulanten vertreiben.

Drittens sollten die *Kosten des Derivathandels* durch die Erhebung von Umsatzsteuern angehoben werden. Die Gewinne sind wie Veräußerungsgewinne der Kapitalgewinnsteuer zu unterwerfen.

Viertens sollten die Mitglieder von Derivatbörsen Beiträge in einen Fonds einzahlen, aus dem Ausfälle beglichen werden, die durch die Veräußerung von Sicherheitsleistungen einzelner Mitglieder nicht neutralisiert werden können.

Alle diese Maßnahmen zielen darauf ab, die Stabilität des Kreditsystems und des Wertpapierhandels dadurch zu festigen, dass riskante Geschäfte durch Verteuerung oder durch administrative Vorschriften beschränkt werden. Dies ist – wie jede Beschränkung individueller Tätigkeit – dann gerechtfertigt, wenn die Kosten der Risiken nicht von denjenigen allein getragen werden, die sie eingegangen sind.

Im Falle des Eintritts der Risiken entstehen vielmehr erhebliche externe Effekte und Schäden für die Gesellschaft insgesamt. Dieser Grundsatz ist unstrittig und findet bei vielen gesetzlichen Beschränkungen individueller Freiheiten Anwendung: Es gib weder eine Freiheit, ohne Führerschein Auto zu fahren oder ein Flugzeug zu fliegen, noch mit 100 Stundenkilometern durch Städte zu rasen, auch wenn gerade keine Fußgänger zu sehen sind. Es gibt keine Freiheit, giftige Abfälle in die Umwelt abzulassen oder gefährliche Stoffe bei der Produktion zu verwenden. Allerdings ist auch offensichtlich, dass derartige Einschränkungen immer umkämpft und umstritten sind. Sie werden gefordert im Namen der Allgemeinheit und sie werden bekämpft im Namen der Freiheit des/der Einzelnen. Bei letzteren handelt es sich allerdings in der Regel um mächtige Kapitalgruppen.

Die Gegner einer Re-Regulierung der Finanzmärkte werden die Legitimität derartiger Vergleiche bezweifeln. Aber außer Kontrolle geratene Finanzmärkte können ebenso großen oder größeren Schaden anrichten wie außer Kontrolle geratene Autos, Flugzeuge oder Umweltgifte. Finanzkrisen treffen meistens die nicht mit voller Härte, die sie verursachen. Die Deutsche Bank hat im Jahr nach der Asienkrise, die sie mit zu verantworten hatte, ihren Gewinn mehr als verdoppelt. Die Krise betrifft diejenigen, die sich nicht dagegen wehren können. Die Folgen der Asienkrise haben – dies lässt sich in aller Nüchternheit feststellen – Menschenleben gekostet: Die Zahl derer, die wegen Hunger oder des Fehlens ärztlicher Versorgung gestorben sind, hat in der Folge und als Folge der Asienkrise zugenommen. In Europa sind die Folgen weniger tödlich. Aber auch hier führen Finanzkrisen zu mehr Arbeitslosen und Armen. Insofern ist es nicht nur gerechtfertigt und vernünftig, sondern dringend geboten, die Finanzmärkte unter Kontrolle zu bringen.

Regionale Währungssysteme, Abwehr der Spekulation, globale Zusammenarbeit – Wege zur Stabilisierung der Währungsbeziehungen

Schwankungen der Wechselkurse sind seit dem Zerfall des Festkurssystems von Bretton Woods in den 1970er Jahren an der Tagesordnung. Ihre größten Schäden haben sie in den Ländern der Dritten Welt angerichtet. Plötzliche Abwertungen um 20%, 50% oder mehr treiben diese Länder in den Ruin und können die Früchte jahrelanger Arbeit in wenigen Wochen vernichten. Hier besteht der größte Handlungsbedarf zur Stabilisierung der internationalen Währungsbeziehungen. Sie dürfte aber nur zu verwirklichen sein, wenn auch zwischen den Währungen der großen entwickelten Zentren der Welt einigermaßen Stabilität gewährleistet ist, also zwischen Dollar, Euro und Yen.

Beginnen wir mit der Vision: Am Ende eines langen Prozesses gemeinsamer Neugestaltung der internationalen Finanzarchitektur steht ein globales währungspolitisches Kooperationssystem (vgl. Guttmann 1995: Kapitel 16). Seine Kerninstitution ist eine Weltwährungsbehörde, International Monetary Authority (IMA). Ihr wesentlicher Unterschied zum IMF in seiner gegenwärtigen Form besteht in der demokratischen Struktur, die den Mitgliedern ein wesentlich größeres Mitspracherecht und größeren Einfluss einräumt, als die meisten zur Zeit im IMF haben. Aufgabe dieser Behörde ist es, Weltgeld zu schaffen und auszugeben und internationale Geldpolitik zu betreiben. Nationale Währungen sind nicht länger Leitwährungen der Weltwirtschaft und stehen daher auch nicht in Währungskonkurrenz zueinander. Die Wechselkurse zwischen ihnen werden in gemeinsamen Beratungen festgesetzt, durch Interventionen der IMA an den Devisenmärkten gestützt und in kürzeren Abständen routinemäßig in kleinen Schritten revidiert, vor allem zum Ausgleich unterschiedlicher Inflationsraten (vgl. Flassbeck 2001). Zusammen mit einer relativ hohen Besteuerung kurzfristiger Devisentransaktionen wird dies die Währungsspekulation weitgehend verhindern. Funktionieren könnte ein solches globales Arrangement allerdings nur, wenn es neben der Weltwährungsorganisation eine Weltentwicklungsorganisation gibt, die dafür sorgt, dass Länder mit Leistungsbilanzdefiziten nicht nur währungspolitischen Beistand, sondern auch Entwicklungshilfe und Unterstützung bei dem Versuch erhalten, die Leistungsfähigkeit der eigenen Wirtschaft zu steigern.

Umgekehrt sollte auch die Erzielung anhaltender Leistungsbilanzüberschüsse (denen ja irgendwo in der Welt Leistungsbilanzdefizite gegenüberstehen müssen) nicht wünschenswert sein und politisch diskriminiert werden. Die Idee des mittelfristigen Leistungsbilanzausgleichs kann – einer alten Idee von Keynes folgend – durch die Festlegung politischen Nachdruck erhalten, dass Überschussländer einen Teil ihres Überschusses an die Entwicklungsbehörde abführen müssen. Diese würde damit günstige Kredite an die Defizitländer finanzieren. Die wesentliche Voraussetzung für eine solche Verbindung von Weltwährungs- und Weltentwicklungsorganisation ist ein gemeinsames Stabilitäts- und Entwicklungsinteresse aller Beteiligten. Die Grundlage hierfür ist eine weitreichende entwicklungspolitische Solidarität.

Bis dahin ist es allerdings ein langer Weg. Ob es jemals zu der skizzierten währungs- und entwicklungspolitischen Kooperation kommen wird, hängt davon ab, ob es gelingt, eine Reihe von Zwischenstufen politisch anzugehen, zu gestalten und weiterzuentwickeln. Denn Vorstellungen über eine weltweite Stabilisierung der Wechselkurse in einer Art verbesserten Bretton Woods-Abkommens sind gegenwärtig nicht nur deshalb unrealistisch, weil sie gegen die Interessen derer verstoßen, die als Spekulanten von den Instabilitäten und Schwankungen im internationalen Währungssystem profitieren. Das wäre kein Grund, sie nicht trotzdem zu verfolgen und politisch durchzusetzen. Sie stoßen auch auf große sachliche Schwierigkeiten und Interessenunterschiede bei der Festlegung angemessener Wechselkursparitäten. Wechselkursstabilisierung ist nämlich von zwei entgegengesetzten Seiten her anzugehen:

Im *Verhältnis der Metropolen zur Peripherie* besteht das Problem darin, dass die in den 1990er Jahren mehrheitlich zu beobachtende Bindung von Peripheriewährungen an eine Leitwährung – überwiegend an den Dollar, in Osteuropa zum Teil an die DM oder einen Währungskorb –im Interesse ausländischer Investoren an stabilen Renditeperspektiven lag und vom IMF durchgesetzt wurde, diese Länder aber in letztlich unhaltbare Positionen manövriert und der internationalen Währungsspekulation ausgeliefert hat. Die Folgen sind katastrophal, wie das Beispiel Argentinien erneut zeigt. Eine rechtzeitige größere Flexibilität der Paritäten hätte die steilen Abstürze verhindert. Sie hätte auch den massenhaften Zufluss kurzfristigen ausländischen Portfoliokapitals beschränkt, dessen Nutzen für die wirtschaftliche Entwicklung gering und für die soziale Entwicklung vielfach negativ war. Andererseits haben unkoordinierte Abwertungen der Währungen von Ländern der Dritten Welt in einem System frei schwankender Wechselkurse auch negative Wirkungen auf die Handelsbeziehungen insbesondere zwischen regional benachbarten Ländern wie Brasilien und Argentinien. Sie können zu massiven regionalen Ungleichgewichten und zur Verhinderung oder Auflösung regionaler Kooperation führen. Daher ist eine vor allem regionale Stabilisierung der Währungsparitäten sinnvoll, die gleichzeitig Flexibilität für kooperative Anpassungen lässt.

Zwischen den Kernwährungen liegen die Probleme weniger in dramatischen kurzfristigen Abstürzen und Höhenflügen innerhalb weniger Tage als in längerfristigen Zyklen mit erheblichen Schwankungsbreiten. So hat der Euro nach seiner Einführung Anfang 1999 zweieinhalb Jahre lang relativ kontinuierlich bis Mitte 2001 um insgesamt fast 30% an Wert verloren, danach aber wieder relativ kontinuierlich aufgewertet, bis Mitte 2002 um rund 18%. Derartige Zyklen sind nicht durch Handels- oder Leistungsbilanzungleichgewichte zu erklären – die Aufwertung und die Abwertung des Dollars erfolgte bei gleichmäßig zunehmendem Leistungsbilanzdefizit, und der europäische Überschuss in der Leistungsbilanz wurde in den ersten beiden Jahren des Euro nicht größer, sondern er verschwand. Die Schwankungen schaffen aber Unsicherheit und wirken sich störend für Handel und internationale Investitionen aus. Überdies ist die Gefahr eines harten währungspolitischen Konkurrenzkampfes zwischen Euro und Dollar nicht gebannt, dessen Folgen kaum kalkulierbar und kontrollierbar wären.

Es bietet sich daher als Perspektive an, in einem abgestuften Ansatz auf zwei Ebenen gleichzeitig vorzugehen. Die erste Ebene betrifft die globale Stabilisierung der Beziehungen zwischen den drei Kernwährungen Dollar, Yen und Euro. Auf der zweiten Ebene geht es um den Aufbau mehrerer regionaler Währungssysteme, die sich um die jeweilige regionale Kernwährung gruppieren. Eine schrittweise engere Koordination zwischen den regionalen Währungsorganisationen kann dann Chancen für weitere Fortschritte der währungspolitischen Zusammenarbeit schaffen, die in die Nähe der oben skizzierten Vision kommen. Allmählich könnten die nationalen Leitwährungen zurückgedrängt und durch ein gemeinsam – im Rahmen einer International Monetary Authority oder wie immer die Institution dann heißen mag – geschaffenes und ausgegebenes Kunstgeld ersetzt werden, das den Charakter von Weltgeld hätte.

Damit sich eine solche Neuordnung der internationalen Währungsbeziehungen auf der globalen und der regionalen Ebene entwickeln und konsolidieren kann, muss sie – auf einer dritten Ebene – gegen Attacken von und Erschütterungen durch die internationale Währungsspekulation geschützt werden. Denn die fast vollständige Liberalisierung des internationalen Kapitalverkehrs, die Existenz und das dominierende Gewicht großer institutioneller Anleger, ihre Kurzfristperspektive und die technologischen Möglichkeiten des Kapitaltransfers (und -rücktransfers) innerhalb kürzester Zeit – all dies macht jede Neuorientierung anfällig für spekulative Attacken. Ohne eine massive Beschränkung der Devisenspekulation wird es keine währungspolitische Stabilisierung und daher auch keine dauerhafte und belastungsfähige währungspolitische Kooperation geben.

Die Elemente einer dreigliedrigen Stabilisierung der internationalen Währungsbeziehungen sind in den folgenden beiden Schaubildern zusammengefasst, die von drei regionalen Währungsverbindungen (Dollarzone, Eurozone, Yenzone) ausgehen:

Schaubild 28 zeigt in schematisch vereinfachter Weise zunächst die regionalen Währungssysteme, die eine Kernwährung haben und die Stabilisierung der internen Wechselkursrelationen mit Hilfe regionalisierter Fonds für währungspolitische Zusammenarbeit vornehmen. Zwischen den regionalen Verbünden gibt es gelegentliche Ad-hoc-Kooperation. Jedes Regionalsystem schützt sich durch geeignete Maßnahmen (Devisentransaktionssteuer, Bardepotpflicht, Kapitalverkehrsbeschränkungen s. unten) vor spekulativen Attacken. Dieser mittelfristig erreichbare Zustand kann weiter in Richtung kontinuierlicher und intensiverer Zusammenarbeit entwickelt werden, die auch zu einer Institutionalisierung führen kann und sollte. Dieser Fortschritt ist in Schaubild 29 dargestellt. Die gemeinsame Institution (Internationale Weltwährungsbehörde) hätte die Aufgabe, ein kontinuierliches Management der Wechselkursbewegungen zwischen den drei Weltwährungen zu übernehmen und im Übrigen die Rolle eines weltweiten lender of last resort zu spielen, also die weltweite Versorgung mit Liquidität sicherzustellen und Notfallfinanzierungen vorzunehmen. Zu diesem Zweck müssten ihr in einer ersten Phase die – nach der Regionalisierung übrig gebliebenen – Mittel des IWF zur Verfügung gestellt werden. In einer weiteren Phase könnte die Weltwährungsbehörde gemeinsames Weltgeld als Ankerwährung des Gesamtsystems herausgeben. Hierfür sind die Voraussetzungen aber noch lange nicht gegeben.

Dollar – EURO – Yen: Zielzonen oder Ad-hoc-Kooperation?
Wenn die Etablierung eines neuen Festkursregimes zwischen den großen Weltwährungen auf absehbare Zeit nicht in Frage kommt, wie kann dann eine wünschenswerte Stabilisierung der Wechselkurse zwischen ihnen aussehen? Die öffentliche Diskussion hierüber ist ebenso kontrovers wie vage. Der frühere deutsche Finanzminister Lafontaine hat die Idee von Wechselkurszielzonen in die Debatte geworfen, dabei aber alle Konkretisierungen vermieden. Dennoch ist die Idee mit Vehemenz vom amerikanischen Finanzminister zurückgewiesen worden.

Andererseits hat die japanische Regierung den Vorschlag aufgegriffen und unterstützt, ohne ihrerseits konkreter zu werden. Die französische Regierung hat in ihrem bereits erwähnten 12-Punkteplan (Le Monde 25.9.1998) die Idee eines »gouvernement politique« beim IWF vorgetragen, der die strategischen Richtungsentscheidungen für die Währungspolitik (und Wirtschaftspolitik?) treffen und im Zentrum einer neuen internationalen Finanzarchitektur stehen solle. Im Frühjahr 1999 versuchte sie, zwischen der deutschen und amerikanischen Position zu vermitteln. Der Idee einer Wechselkurszielzone steht aber auch sie skeptisch gegenüber. In den letzten drei Jahren ist das Thema weitgehend aus der öffentlichen Diskussion verschwunden.

Unter den gegebenen und vermutlich noch lange bestehenden weltwirtschaftlichen Ungleichgewichten ist eine währungspolitische Zielzone zwischen den großen Zentren in der Tat schwierig und ihre Einführung auf absehbare Zeit nicht zu erwarten. Das trifft auf jeden Fall auf die klassische Form zu, in der die Wechselkurszielzone als mehr oder minder weite Bandbreite um einen »gleichgewichtigen« Wechselkurs herum definiert ist (vgl. Williamson/Henning 1994). Dieser ist bestimmt als die Währungsparität, bei der die Leistungsbilanzen der beteiligten Länder mittelfristig miteinander vereinbar sind. Langfristig kann dies, wenn Dauerverschuldung vermieden werden soll, nur bei einem Ausgleich der Leistungsbilanzen der Fall sein.

Ein solcher Ausgleich ist sicher wünschenswert. Er kann aber angesichts der andauernden enormen Leistungsbilanzungleichgewichte in der Welt – riesige

Schaubild 28: Regionale Währungsverbünde mit ad-hoc-Kooperation

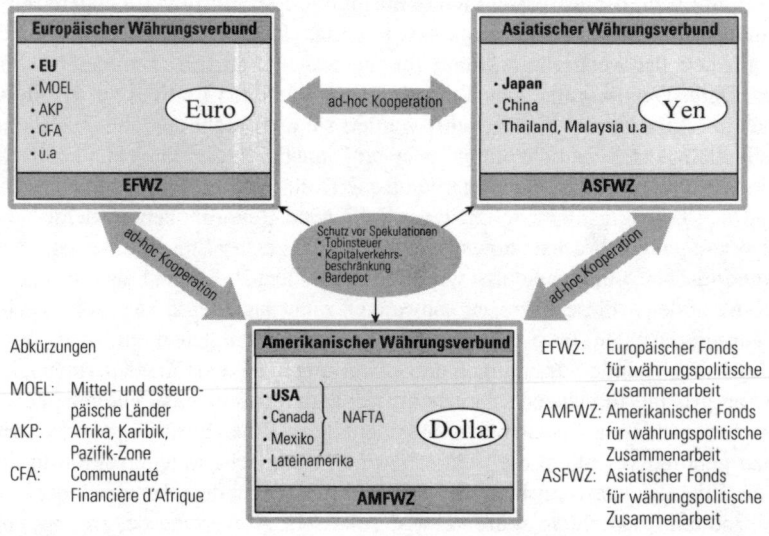

Europäischer Währungsverbund
- **EU**
- MOEL
- AKP
- CFA
- u.a

Euro

EFWZ

ad-hoc Kooperation

Asiatischer Währungsverbund
- **Japan**
- China
- Thailand, Malaysia u.a

Yen

ASFWZ

Schutz vor Spekulationen
- Tobinsteuer
- Kapitalverkehrs-beschränkung
- Bardepot

ad-hoc Kooperation

Amerikanischer Währungsverbund
- **USA**
- Canada
- Mexiko
- Lateinamerika

NAFTA

Dollar

AMFWZ

Abkürzungen

MOEL:	Mittel- und osteuropäische Länder
AKP:	Afrika, Karibik, Pazifik-Zone
CFA:	Communauté Financière d'Afrique

EFWZ: Europäischer Fonds für währungspolitische Zusammenarbeit
AMFWZ: Amerikanischer Fonds für währungspolitische Zusammenarbeit
ASFWZ: Asiatischer Fonds für währungspolitische Zusammenarbeit

Schaubild 29: Regionale Währungsverbünde mit institutioneller Kooperation

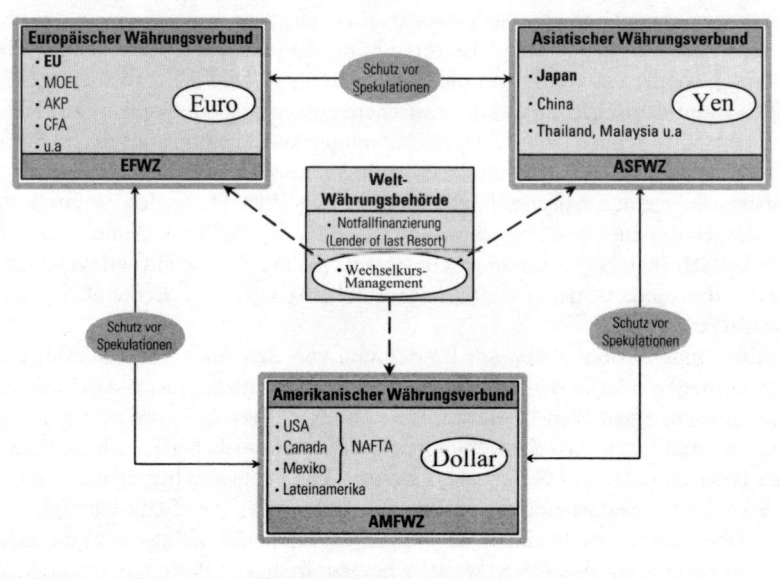

Europäischer Währungsverbund
- **EU**
- MOEL
- AKP
- CFA
- u.a

Euro

EFWZ

Schutz vor Spekulationen

Asiatischer Währungsverbund
- **Japan**
- China
- Thailand, Malaysia u.a

Yen

ASFWZ

Welt-Währungsbehörde
- Notfallfinanzierung (Lender of last Resort)
- Wechselkurs-Management

Schutz vor Spekulationen

Schutz vor Spekulationen

Amerikanischer Währungsverbund
- USA
- Canada
- Mexiko
- Lateinamerika

NAFTA

Dollar

AMFWZ

227

Defizite der USA stehen riesigen Überschüssen Japans gegenüber, während die EU einen annähernden Ausgleich realisiert hat – eine nur sehr langfristige Orientierung sein, die im Wesentlichen nur durch eine schrittweise engere wirtschaftspolitische Koordinierung erreicht werden kann. Es wäre aber illusionär, zu glauben, der Wechselkurs könnte für einen solchen Ausgleich eingesetzt werden. Denn Wechselkurse haben zwar einen erheblichen Einfluss auf Handels- und Investitionsströme; umgekehrt werden sie aber nicht ausschließlich, und nach allem Anschein nicht einmal in erster Linie durch die Handels- und Investitionsströme bestimmt. Der amerikanische Dollar wertete jahrelang auf, während das Leistungsbilanzdefizit jedes Jahr neue Rekordhöhen erreichte. Die Bewegungen von Wechselkursen spiegeln nicht in erster Linie die Bewegungen ökonomischer »fundamentals« wie Produktivitäten, Preise und eben Handelsströme wider – diese Faktoren schwanken nicht annähernd so stark wie die Währungsparitäten. In die Bildung von Wechselkursen gehen kurzfristig auch schnell wechselnde Stimmungen und Erwartungen an den Finanzmärkten ein.

Langfristige Tendenzen scheinen auf der anderen Seite nicht nur von ökonomischen, sondern auch von noch fundamentaleren Daten beeinflusst zu werden; dazu gehören vor allem die politische und militärische Machtposition in der Welt. Ein Gleichgewichtskurs, der sich wirklich nur an dem Ausgleich der Leistungsbilanz ausrichtete, würde eine dramatische Abwertung des Dollars und eine dramatische Aufwertung des Yen erfordern, während der Kurs des Euro um den Wert schwanken könnte, den er im Durchschnitt des Jahres 2001 hatte. Wenn diese Korrektur der Wechselkurse durch konzertierte Aktion der beteiligten Zentralbanken erreichbar wäre (was zu bezweifeln ist), würde es nicht nur zu erheblichen Schocks für die Handelsströme kommen (das wäre ja der Zweck der Übung), sondern es würde enorme Turbulenzen auf den Finanzmärkten geben. Es ist kaum abzuschätzen, was dramatischere Folgen hätte: die panikartige Flucht aus dem abwertenden Dollar oder der hemmungslose Ansturm auf Yen und Euro. Das erste würde die amerikanische monetäre Vermögensposition, das zweite die japanische und europäische Handelsposition zerstören. Durch den Wechselkurs ist der wünschenswerte Leistungsbilanzausgleich weder hauptsächlich noch in großen Schritten herbeizuführen. Gleichgewichtskurse würden vor dem Hintergrund der fundamentalen weltwirtschaftlichen Ungleichgewichte aber große Schritte erfordern.

Eine andere Möglichkeit der Einrichtung von Zielzonen besteht darin, von den aktuellen oder in den letzten Jahren durchschnittlichen Kursverhältnissen auszugehen, einen Wert in diesem Bereich als fiktiven Leitkurs zu definieren und zu vereinbaren, dass Schwankungen um diesen künstlichen Kurs in bestimmten Grenzen (z.B. ±10 %) gehalten werden. Die Probleme liegen auch hier in der konkreten Festsetzung der Leitkurse und der zulässigen Schwankungsbreiten. Überdies müsste in einem solchen Arrangement die Bereitschaft von vornherein zuverlässig signalisiert werden, bei langfristigen relevanten Abweichungen von den Leitkursen diese neu festzusetzen. Der Nutzen derartig festgelegter Wechselkurszielzonen bestünde nicht darin, die gewöhnlichen Schwankungen zu unterbinden, sondern gegen abrupte und dramatische Abstürze oder Himmelfahrten einer der drei Kernwährungen zu schützen. Die Erfahrungen mit dem Bretton Woods System und dem EWS zeigen allerdings, dass derartige Vereinbarungen gerade in Zeiten der Krise, wenn sie gebraucht werden, wenig belastbar sind.

Die Bestimmung eines Gleichgewichtskurses zwischen Dollar, Euro und Yen dürfte auf absehbare Zeit nicht überzeugend möglich sein. Sie kann langfristig nur auf der Grundlage koordinierter Wirtschaftspolitik und gleichlaufender wirtschaftlicher Entwicklung erfolgen. Wo diese erfolgreich ist, wird auch die Veränderung der Wechselkurse nicht schockartig, sondern allmählich vor sich gehen. Schockartige Ausschläge sind in diesem Zusammenhang Hinweise für Währungsspekulation, die durch geeignete ökonomische und administrative Gegenmaßnahmen bekämpft werden sollte.

Die Perspektive einer Stabilisierung der Verhältnisse zwischen den drei Leitwährungen liegt bis auf weiteres vor allem in einer fallweisen Kooperation zur Vermeidung allzu scharfer Ausschläge und in der gemeinsamen währungspolitischen Korrektur von Kursänderungen, die gemeinsam als Fehlentwicklungen empfunden werden. Derartige Ad-hoc-Kooperationen hat es 1985 und 1987 gegeben: Im Plaza-Abkommen vereinbarten die G5-Länder gemeinsame Interventionen zur geordneten Abwertung, im Louvre-Abkommen stellten sie die Weichen für seine Aufwertung (vgl. Eichengreen/Kenen 1994: 47). Danach hat es solche öffentlich verkündeten Abkommen nicht mehr gegeben. Anscheinend war die Konkurrenz zwischen den Ländern größer als ihre Kooperationsbereitschaft. Das hat sich mit der Einführung des Euro nicht geändert. Es ist fraglich, ob die neu entstandene europäische Währungsmacht in der Lage sein wird, die USA zur Kooperation – zu welchen Konditionen? – zu zwingen.

Das Fazit dieser Überlegungen ist, dass es für währungspolitische Zielzonen gegenwärtig keine überzeugenden ökonomischen Anhaltspunkte gibt. Anzustreben ist demgegenüber ein Übereinkommen zur Vermeidung abrupter großer Wechselkursschwankungen. Niemand kann sich jedoch unter Bedingungen liberalisierter Kapitalmärkte und durch den Euro noch verschärfter Konkurrenz darauf verlassen, dass ein derartiges Arrangement auch funktioniert. Vor dem Hintergrund dieser wenig erbaulichen Perspektiven für die Stabilisierung der internationalen Währungsbeziehungen gewinnen die regionale Ebene und der Schutz vor Währungsspekulation um so mehr Gewicht.

Regionale währungspolitische Kooperation
Das beste Beispiel für eine derartige Kooperation ist das Europäische Währungssystem (EWS), das 1979 als Zone regionaler währungspolitischer Stabilität eingeführt worden war, nachdem verschiedene Versuche zur Einrichtung globaler

währungspolitischer Zusammenarbeit gescheitert waren (vgl. Huffschmid 1994, Band 1: 90-117). Entscheidende Elemente des Arrangements waren nicht nur die Festsetzung eines Paritätengitters aus bilateralen Leitkursen und die Vereinbarung von höchstzulässigen Schwankungsbreiten sowie die Definition des Währungskorbes ECU. Wesentlich waren die Mechanismen, mit denen das System vor Belastungen geschützt werden sollte, nämlich:

■ erstens die unbegrenzte Pflicht der beteiligten Zentralbanken, auf den Devisenmärkten zu intervenieren, wenn eine Währung aus dem definierten Korridor auszuscheren drohte. Diese Verpflichtung war unbegrenzt: die Intervention sollte so lange dauern, bis die Wechselkurse in den Korridor zurückgebracht worden sind;

■ zweitens der Zugriff auf einen »Fonds für währungspolitische Zusammenarbeit«, der von den Mitgliedsländern (mit bis zu 20% ihrer Gold- und Devisenreserven) gespeist wurde und aus denen Interventionen finanziert werden konnten;

■ drittens die Möglichkeit, bei hartnäckigen Ungleichgewichten und Interventionsnotwendigkeiten die festgelegten Leitkurse und/oder Bandbreiten zu revidieren. Von diesen Möglichkeiten ist in den ersten Jahren des EWS vielfach Gebrauch gemacht worden. Später führten Währungskonkurrenz und nationale Prestigegründe dazu, dass die Regierungen sich weiteren Korrekturen widersetzten. Die sich allmählich aufbauenden Asymmetrien waren ein wesentlicher Grund für die Krise und die faktische Liquidation des EWS in den Jahren 1992 und 1993. 1999 bildeten dann elf Mitglieder des EWS die Europäische Währungsunion.

Die wirtschaftspolitische Gesamtausrichtung, innerhalb derer das EWS bestand, kann allerdings nicht als Modell für andere regionale Währungskooperationen dienen. Denn sie war ausschließlich auf rigorose Preisstabilität als Spielregel gerichtet, der alle anderen wirtschaftspolitischen Ziele unterzuordnen seien. Die deutsche Bundesregierung der 1980er Jahre und vor allem die Deutsche Bundesbank haben das Solidaritätspotenzial des EWS systematisch untergraben.

Die Zentralbank hat die Ausweitung der Geldmenge in Deutschland, die sich durch die Stützung ausländischer Währungen auf den Devisenmärkten ergab, regelmäßig durch eine besonders restriktive Geldpolitik neutralisiert. Das hat nicht nur das Wachstum in Deutschland gebremst und die Arbeitslosigkeit hochgetrieben. Es hat auch den anderen Mitgliedsländern des EWS den neoliberalen Austeritätskurs aufgezwungen und damit das Terrain für die falschen Weichenstellungen in Maastricht vorbereitet.

Diese Fehlentwicklung aber lag nicht in der Natur des EWS, sondern ergab sich aus seiner Perversion durch die deutsche Politik. Derartige Fehler lassen sich bei einer anderen Weichenstellung vermeiden. Das Solidaritätspotenzial währungspolitischer Kooperationen kann entwickelt werden, und wenn es entwickelt wird, kann es erheblich zur Stabilisierung beitragen.

Daher sollte das zweite Element der Wechselkursstabilisierung (neben der Ad-hoc-Kooperation mit den USA und Japan) die Etablierung großer Zonen regionaler währungspolitischer Zusammenarbeit sein. Wegen der großen Unterschiedlichkeit der Ausgangslagen können diese Zonen nicht schematisch nach dem gleichen Muster aufgebaut werden. In Amerika dürfte dieser Aufbau am schwierigsten sein, weil die Bereitschaft der USA weitgehend fehlt, sich in einen solchen Zusammenhang zu begeben, der immerhin gewisse Solidaritätsleistungen verlangt. Die amerikanische Regierung strebt vielmehr eine umfassende Marktöffnung in einer gesamtamerikanischen Freihandelszone an, in der es weder eine wirtschafts- noch eine währungspolitische Zusammenarbeit gibt. In Asien dagegen wurden bereits mehrfach Vorschläge für eine Zone währungspolitischer Kooperation gemacht (vgl. Dieter 2000). Praktische Ansätze der Realisierung gibt es seit 1999 in Form von Swapabkommen, in denen mehrere südostasiatische Länder verabredet haben, Ländern, deren Währungen unter Druck stehen, durch Ausleihung von Festwährungen unter die Arme zu greifen. Weitergehende Zusammenarbeit stößt jedoch auf den Widerstand der USA, die sich hierdurch in ihrer Hegemonialposition im pazifischen Raum bedroht sieht. Dennoch scheinen weitere Fortschritte währungspolitischer Zusammenarbeit möglich zu sein.

Die EU könnte beim Aufbau eines Systems regionaler Währungsstabilisierung eine Pilotrolle spielen. Es gibt bereits eine Nachfolgeorganisation des EWS, der bislang allerdings nur die EWU und die Mitglieder der EU angehören, die nicht gleichzeitig Mitglieder der Währungsunion sind. Eine Erweiterung zunächst um die osteuropäischen Beitrittskandidaten, dann auch um weitere europäische und afrikanische Länder (CFA-Zone, Mitglieder der AKP-Gruppe) sollte angestrebt werden. Es entstünde dann ein multilaterales Paritätengitter zwischen den Währungen von vielleicht 30 Ländern. Dabei könnten durchaus – wie das teilweise im EWS auch der Fall war – unterschiedliche Schwankungsbreiten um die jeweiligen Leitkurse vereinbart werden. Da der Bedarf an Flexibilität in einem solchen System wahrscheinlich noch größer als im EWS ist, könnte die Interventionsverpflichtung begrenzt werden, damit die Fähigkeit und Bereitschaft zur Unterstützung der schwächeren Länder nicht überstrapaziert wird. Als Lehre aus dem EWS müsste ferner darauf bestanden werden, dass die Mitglieder eines regionalen Währungssystems bereit sein müssen, die Leitkurse bei Bedarf anzupassen.

Hierüber sollte notfalls mit – sehr stark qualifizierter – Mehrheit (75 oder 80%) entschieden werden können. Entscheidend ist, dass die Mitglieder eines regionalen Währungsverbunds einerseits von der währungspolitischen Unterstützung – durch Devisenmarktinterventionen der anderen Mitgliedsländer und durch Zugriff auf einen gemeinsamen Fonds für währungspolitische Zusammenarbeit – profitieren und andererseits in einen wirtschaftspolitischen Steuerungs- und Entwicklungszusammenhang eingebunden sind.

Für die beiden anderen regionalen Zonen monetärer Kooperation und Stabilisierung ist der institutionelle Kernbereich nicht so weit konsolidiert wie für Europa. Möglicherweise kommen die beiden regionalen Wirtschaftskommissionen der UNO für Lateinamerika (ECLAC, Economic Commission for Latin America and the Caribean) und Asien (ESCAP, Economic and Social Commission for Asia and the Pacific) als institutionelle Arbeitsgrundlage in Frage, auf der eine währungspolitische Kooperation zu etablieren ist.

Der jeweilige regionale Fonds für währungspolitische Zusammenarbeit stellt die materielle Basis für die Aufrechterhaltung des Verbundes auch in Krisenzeiten dar. Seine Finanzierung sollte durch den IWF, die regionalen Kernländer und die übrigen Mitgliedsländer geleistet werden: Der IWF sollte einen Teil – vielleicht die Hälfte – der bei ihm eingezahlten Quoten an die regionalen Organisationen weiterreichen. Seine verbleibenden Mittel stünden dann vor allem für Aktionen im Rahmen von Sonderfazilitäten oder Notfallmaßnahmen zur Verfügung (unter Umständen auch als Aufstockung der Unterstützung einzelner Länder durch die regionalen Fonds). Darüber hinaus würden die jeweiligen Kernländer – die USA, Japan, die EU – einen weiteren Teil ihrer Devisenreserven dem jeweiligen Fonds zur Verfügung stellen, als Preis für besondere regionale Stabilität, die auf der Basis des IWF in absehbarer Zeit nicht zu erreichen ist. Schließlich müssen die anderen Mitgliedsländer eine Einzahlung in Form von Gold oder Devisen leisten.

Ein solches Konzept der regionalen Integration ist mit zwei Problemen konfrontiert:

Einerseits besteht auf Grund des großen wirtschaftlichen und politischen Gewichtes des jeweiligen Kernlandes (bzw. der EU als Kerngruppe) die Gefahr, dass die unvermeidbare wirtschaftliche und politische Hegemonie innerhalb der Region in autoritäre Herrschafts- und Ausbeutungsstrukturen umschlägt. Dem sollte – und kann bis zu einem gewissen Maße – durch Etablierung demokratischer Strukturen in den Steuerungs- und Entscheidungsorganen entgegengewirkt werden. Hierdurch unterscheiden sich die regionalen währungspolitischen Kooperationsorgane wesentlich vom IWF, der von den USA dominiert wird. Zwar kann das maßgebliche ökonomische Gewicht des jeweiligen Kernlandes nicht einfach außer Acht bleiben – es könnte beispielsweise bei wesentlichen Entscheidungen ein Vetorecht haben –, aber ökonomisches Gewicht und höherer Quotenbeitrag sollten auf der anderen Seite noch nicht von vornherein den entscheidenden politischen Einfluss garantieren.

Zum anderen stellt sich das Problem des Verhältnisses zwischen den drei Zonen regionaler Stabilität. Es wird im Wesentlichen durch die Verhältnisse zwischen den Leitwährungen bestimmt. Peripherieländer können zwar außerhalb ihres Verbundes kaum eigene Währungspolitik machen. Wegen der hohen Stabilität ihres Wechselkurses gegenüber der jeweiligen regionalen Leitwährung könnten sie bei liberalisierten Kapitalmärkten aber leicht zu Einfallstoren spekulativer

Attacken von außerhalb des Verbundes werden. Dieser könnte dann gezwungen werden, zur Abwehr derartiger Attacken unverhältnismäßig umfangreiche Währungsreserven aufzuwenden, was seine Position in der weltwirtschaftlichen Währungskonkurrenz insgesamt schwächt. Zur Abwehr dieser Gefahr gibt es mindestens zwei Möglichkeiten: Zum einen könnten bei Bedarf Kapitalverkehrsbeschränkungen für den Verbund insgesamt eingeführt werden. Die andere und elegantere Möglichkeit besteht darin, die monetären Außenbeziehungen der Währungsverbünde nur in der jeweiligen regionalen Kernwährung abzuwickeln. Im Außenverhältnis stehen sich dann nur Dollar, Yen und Euro gegenüber, während im Inneren der Regionalgruppen ein System politisch gestützter Wechselkurse existiert, das bei Bedarf angepasst wird. Diese Vorkehrungen gehören schon in den Bereich des Kampfes gegen die Währungsspekulation.

Schutz vor der Währungsspekulation
Ob es in absehbarer Zeit gelingt, die Währungsverhältnisse innerhalb und zwischen den großen regionalen Kooperationszonen zu stabilisieren, hängt im Wesentlichen davon ab, ob die Währungsspekulation verhindert oder doch weitgehend zurückgedrängt wird. Hierfür gibt es eine Reihe von Instrumenten:

a) Die Tobinsteuer
Die Tobinsteuer ist unmittelbar nach der Asienkrise zum internationalen Signal für den Kampf gegen die Währungsspekulation geworden. Diesen Symbolwert hat sie bis heute behalten, auch nachdem die Kritik an den Finanzmärkten weiterentwickelt und erweitert worden ist und zahlreiche zusätzliche Strategien und Instrumente zu ihrer Kontrolle in die Debatte gebracht worden sind. Neben dieser politischen hat die Steuer aber auch nach wie vor eine wichtige wirtschaftliche bzw. wirtschaftspolitische Bedeutung.

Ökonomisch handelt es sich um eine Steuer auf Devisenumsätze (vgl. Ul Haq, 1996; Policy Forum 1995, Arestis/Sawyer 1997, Spahn 2002). Ihr Zweck wurde schon in den 1970er Jahren vom späteren Nobelpreisträger James Tobin (vgl. Tobin 1978:153-159) definiert: Er liegt darin, »Sand ins Getriebe der übermäßig effizienten Finanzmärkte zu streuen« und kurzfristige internationale Transaktionen, die nichts mit dem Tempo und Rhythmus der realen Produktion zu tun haben, zu verteuern und damit zu vermindern. Die Steuer soll dazu dienen, nationalen Regierungen einen gewissen Spielraum für eine eigenständige Geldpolitik zu bewahren und Wechselkursspekulationen zu erschweren. In der jüngeren Diskussion wird sie überdies als eine wichtige Quelle der Entwicklungsfinanzierung angesehen.

Der von Tobin ursprünglich vorgeschlagene Steuersatz von 1% pro Umsatz würde zu einer Gesamtbelastung von 2% für einen kompletten Vorgang führen, bei dem eine Währung gekauft und später verkauft wird. Zinssatzdifferenzen von 2 Prozentpunkten pro Jahr (bei Dreimonatspapieren sind das bis zu acht

Prozentpunkten Differenz zwischen den annualisierten Zinssätzen) würden daher nicht zu Kapitalverschiebungen zwischen zwei Ländern führen. Ebenso würden spekulative Umgruppierungen zwischen Währungen im Portfolio von Finanzanlegern so lange unterbleiben, wie die erwarteten Veränderungen der Wechselkurse geringer als 2% sind. Der Teil der Währungsspekulation, der auf kleine Veränderungen setzt und sich nach ihrem Eintreffen schnell wieder zurückzieht, kann durch die Tobinsteuer wirksam ausgeschaltet werden. Auch größere Spekulationswellen können verhindert werden, soweit sie sich aus solchen erst bescheidenen und tastenden Versuchen entwickeln, die ab einem bestimmten Punkt zu massenhaftem und manischem Herdenverhalten führen. Wenn die tastenden Versuche unattraktiv werden, findet auch der Aufbau von Eigendynamik nicht statt.

Gegenüber einer entschlossenen Fundamentalspekulation, die auf massive Wechselkursänderungen setzt und entsprechend disponiert, ist die Tobinsteuer in ihrer ursprünglich entwickelten Form jedoch machtlos. Ihre Existenz hätte die Finanzkrisen in Asien mit dem Zusammenbruch der Währungen nicht verhindert. Der einzige Unterschied wäre gewesen, dass die Staatseinnahmen erheblich gestiegen wären.

Zur Verbesserung der Wirksamkeit gegen massive Finanzspekulation ist vorgeschlagen worden (Spahn 2002), die in ruhigen Zeiten geltende Tobinsteuer mit niedrigem »Normalsatz« durch eine zweite Steuer zu ergänzen, deren Sätze flexibel sein sollten. Sie könnten im Krisenfall sehr stark gesteigert und so als Wellenbrecher gegen spekulative Attacken eingesetzt werden.

Kaum ein Vorschlag zur Kontrolle der Finanzmärkte ist in den letzten Jahren so kontrovers diskutiert worden wie die Tobinsteuer. Kritik kommt dabei nicht nur von der neoliberalen Seite, sondern auch von Autoren, die für eine intensive Regulierung der Finanzmärkte plädieren (vgl. Dieter 2002: 13-17; Flassbeck/ Noé 2001: 1367-69). Einwände, die darauf hinauslaufen, die zu besteuernden Umsätze seien gar nicht zu identifizieren und die Steuer technisch gar nicht implementierbar, können allerdings mittlerweile als erledigt gelten. Die nach wie vor kontroversen Positionen beziehen sich zum einen auf die Höhe des Normalsatzes und zum anderen auf die Frage, ob eine Tobinsteuer nur sinnvoll sei, wenn alle Finanzzentren sich dabei beteiligen oder ob sie auch etwa im europäischen Alleingang durchführbar sei.

Die Frage der Höhe des normalen Steuersatzes hängt unmittelbar damit zusammen, wie die exorbitant hohen Devisenumsätze von 1,2 Billionen Dollar pro Handelstag zu interpretieren sind. Wenn es sich überwiegend um routinemäßigen Liquiditätsausgleich zwischen Banken und Händlern handelt, von dem kein spekulativer Druck ausgeht, ist keine Steuer erforderlich, um spekulative Bewegungen einzudämmen. Wenn dennoch eine Steuer auf Devisenumsätze in ruhigen Zeiten erhoben wird, dient sie allein fiskalischen Zwecken. Wenn jedoch die hohen Devisenumsätze ein Ausdruck übermäßiger Liquidität sind, die auf den internationalen Devisenmärkten nach Möglichkeiten der Verwertung sucht, dann geht hiervon die Gefahr des allmählichen Aufbaus spekulativen Drucks aus, der sich ab einem bestimmten Zeitpunkt in spekulativen Attacken entladen kann. In diesem Fall ist eine Steuer sinnvoll. Sie müsste allerdings so hoch sein, dass sie einen Teil des Devisenhandels tatsächlich unattraktiv macht und unterbindet. Ein Satz von »einem halben bis einem Basispunkt«, d.h. 0,005 bis 0,01%, wie er von Spahn (2002: 68) vorgeschlagen wird, erfüllt diese Bedingung nicht und soll den Handel ausdrücklich nicht behindern. Die Steuer hat ausschließlich einen fiskalischen Zweck. Immerhin würde sie selbst bei einem derartig niedrigen Satz nach den Schätzungen von Spahn ein Aufkommen von 17 bis 20 Mrd. Euro für das Gebiet der EU und der Schweiz erbringen. Bei einem deutlich höheren Satz (etwa 50 bis 100 Basispunkten), der zur Erfüllung des Lenkungszwecks erforderlich wäre, ergäbe sich auch dann ein sehr viel höheres Aufkommen, wenn die Devisenumsätze als Antwort auf die Steuer erheblich zurückgehen – was der Zweck ihrer Einführung ist.

Die Wirkung einer Tobinsteuer ist natürlich geringer, wenn nicht alle Finanzzentren mitziehen, wenn die USA – wie zu erwarten ist – sich einer solchen Initiative entziehen. Aber auch dann ist die Einführung der Steuer möglich und sinnvoll, wie auch die Enquête-Kommission des Deutschen Bundestages betont (vgl. Deutscher Bundestag 2002: 98). Insbesondere die Europäische Union ist in der Lage, einen solchen Schritt zu gehen, denn London ist das größte Devisenhandelszentrum der Welt. Eine Verlagerung des Handels in andere Finanzzentren oder an Offshoreplätze als Ausweichreaktion auf die Einführung der Steuer ist keine Angelegenheit eines Knopfdruckes. Sie erfordert vielmehr den Aufbau einer umfangreichen und teuren Infrastruktur und wird daher unattraktiv für die Händler sein. Für sie ist es einfacher, die Steuer zu zahlen und an die Spekulanten weiterzugeben – was wiederum der Sinn der Steuer ist. Die Gefahr, dass Außenhandel oder ausländische Direktinvestitionen behindert werden, weil keine Devisen zur Verfügung stehen, besteht also nicht.

b) Bardepotpflicht

Die Bardepotpflicht unterscheidet sich von der Tobinsteuer dadurch, dass für sie bereits positive Erfahrungen vorliegen. Die chilenische Regierung hat sie in den 1990er Jahren mit Erfolg praktiziert und ist dadurch von den Erschütterungen der jüngsten Währungskrisen einigermaßen verschont geblieben (vgl. Eichengreen 1999: 51-55, Dieter 2002: 43-45). Es handelt sich um eine Maßnahme zur Regulierung und eventuell Beschränkung des Zuflusses von kurzfristigem Kapital: Kapitalimporteure mussten einen bestimmten Anteil – zwischen 10% und 30% – aller im Ausland aufgenommenen Kredite oder aufgelegten Anleihen für ein Jahr zinslos bei der Zentralbank hinterlegen – unabhängig davon, wie lange das übrige Kapital im Land blieb. Dies vermindert den Gewinn von Kapitalen drastisch, die nach einem Monat oder einem Vierteljahr wieder abgezogen werden. Das Instrument des Bardepots kann sehr viel massiver und zielgenauer eingesetzt werden als die Tobinsteuer, die ja vor allem deshalb mit sehr geringen Sätzen arbeiten muss, weil andernfalls Handel und Direktinvestitionen behindert würden. Ein Bardepot von 30% für ein Jahr würde Gewinnerwartungen mit einem zeitlichen Horizont von drei Monaten weitgehend neutralisieren. Diese Politik war offensichtlich erfolgreich, denn sie führte zu einer weitgehenden Umschichtung des Kapitalzuflusses zugunsten längerfristiger Anlagen. Während 1989 nur 5% aller Kapitalzuflüsse nach Chile einen Zeithorizont von mehr als einem Jahr hatten, war es 1997 fast der gesamte Kapitalimport (97,2%) (vgl. Dieter 2002: 43f.). Die Einführung von Bardepotpflichten stellen Vorsichtsmaßnahmen dar, die den Zufluss volatilen Kapitals bremsen sollen. Im Falle einer akuten Finanzkrise hilft ein Bardepot allerdings nicht mehr, denn dann geht es nicht darum, den Zufluss ausländischen Kapitals zu stoppen, sondern darum, seinen massenhaften Abfluss zu verhindern.

c) Kreditbeschränkung
Da Währungsspekulation im Wesentlichen über Kreditaufnahme oder/und Termingeschäfte in der attackierten Währung erfolgt, sollten attackierte Länder in prekären Situationen die Vergabe reiner Finanzkredite, d.h. solcher Kredite, die nicht zur Finanzierung güterwirtschaftlicher Vorgänge – Investition, Produktion, Verbrauch – dienen, streng reglementieren oder zeitweise verbieten. Das betrifft einerseits Kredite an Ausländer, die die schwache Währung sofort in starke Währung umtauschen, letztere dadurch weiter schwächen und daraus dann einen Spekulationsgewinn ziehen. Die gleiche Operation kann aber auch von Inländern durchgeführt werden. Gegenstand der Beschränkung sollte daher nicht der Schuldnerkreis (Ausländer), sondern die Art des Kredites (Finanzkredit) sein. Ähnliches gilt für den Derivathandel: Länder, deren Währungen unter Abwertungsdruck stehen, sollten die Praxis des Short-selling verbieten, bei der ein Spekulant eine Währung, die er noch gar nicht hat, zu einem bestimmten Termin und Preis verkauft, in der Erwartung, sie bei Fälligkeit billiger einkaufen zu können und daher bei der gesamten Transaktion zu gewinnen.

d) Kapitalverkehrsbeschränkungen
Gemeint sind hier administrative Kapitalverkehrsbeschränkungen. Auch die Tobinsteuer, die Bardepotpflicht und die Kreditbeschränkung sind Kapitalverkehrsbeschränkungen, soweit sie dazu führen, dass Kapitalflüsse zu- oder abnehmen oder ganz unterbleiben. Bei diesen Instrumenten handelt es sich um marktkonforme Maßnahmen zur Lenkung von Kapitalströmen. Die administrativen Kapitalverkehrsbeschränkungen bestehen in der Pflicht zur vorherigen Genehmigung von Kapitalein- oder -ausfuhr, der Festsetzung quantitativer Grenzen oder dem schlichten Verbot der Einfuhr oder Ausfuhr für bestimmte oder alle Arten von Kapital. Dieses Instrument war jahrelang in der wirtschaftspoliti-

schen Diskussion geächtet. Das Prinzip des freien Kapitalverkehrs ist in einem Kodex der OECD festgehalten und im EU-Vertrag mittlerweile verbindlich vorgeschrieben. Für den IWF gehörte es jahrzehntelang zur ideologischen Grundausrichtung seiner wirtschaftspolitischen Empfehlungen und Auflagen gegenüber den Ländern der Dritten Welt. Inzwischen ist selbst der IWF vorsichtiger geworden. Nach wie vor vertritt er zwar die volle Liberalisierung des Kapitalverkehrs als Ziel, will sie jedoch – nach dem Fiasko der letzten Jahre – nicht mehr unbedingt in kürzester Zeit durchziehen, sondern »auf geordnetem Wege« durchführen.

Dazu gehört auch das gelegentlich geäußerte Eingeständnis, dass Länder das Recht haben sollten, sich gegen massive Zuflüsse von vor allem kurzfristigem Kapital durch quantitative Beschränkungen zu wehren – und dass dies sowohl machbar als auch nützlich sein könne. Beides wäre vor wenigen Jahren noch undenkbar gewesen. Auch für die entwickelten Länder gelten übrigens trotz aller Rhetorik umfangreiche Vorbehalte gegenüber dem Prinzip der unbeschränkten Kapitalverkehrsfreiheit. Der erwähnte Kodex der OECD enthält einen außerordentlich umfangreichen Ausnahmekatalog. Auch dem Artikel 56 des EU-Vertrages, demzufolge »alle Beschränkungen des Kapitalverkehrs zwischen den Mitgliedsstaaten sowie zwischen den Mitgliedsstaaten und dritten Ländern verboten« sind, folgen vier Artikel, die Ausnahmen von diesem Verbot zulassen, unter anderem dann, wenn »Kapitalbewegungen nach oder aus dritten Ländern unter außergewöhnlichen Umständen das Funktionieren der Wirtschafts- und Währungsunion schwerwiegend stören oder zu stören drohen...« (Art. 59). Malaysia hat in der Asienkrise im Unterschied zu den anderen betroffenen Ländern den Kapitalexport und den Devisenhandel erfolgreich unterbunden, ohne später vom internationalen Kapitalmarkt abgeschnitten zu werden. Schließlich hält auch das theoretisch lückenlose System von Kapitalverkehrskontrollen in China die Investoren nicht ab.

Reform und künftige Rolle des IWF

Der IWF steht seit der Asienkrise im Zentren vieler Kritiken (vgl. z.B. Dieter 1998, Griffith-Jones 2001, Huffschmid 2000, Stiglitz 2002). Sie laufen mit unterschiedlicher Gewichtung auf folgende Hauptpunkte hinaus:

Erstens hat die Politik des IWF die Krisen in Asien, in Russland und in der Türkei nicht gemildert, sondern verschärft. Das Gleiche gilt gegenwärtig für die Position gegenüber Argentinien. In einer Situation, in der die Finanzkrise massiv auf Produktion und Beschäftigung übergegriffen hat, bindet der IWF seine Hilfszusagen an eine Politik der staatlichen Ausgabenkürzungen, die regelmäßig überwiegend im sozialen Bereich greifen. Dadurch wird die Wirtschaftskrise vertieft und verlängert, die soziale Lage weiter verschlechtert. Dies war in Asien so und in Argentinien ist es – trotz aller zwischenzeitlichen selbstkritischen Töne von Seiten des IWF – in keinem Punkt anders.

Zweitens ist die Politik des IWF maßgeblich dafür verantwortlich, dass es zu den Finanzkrisen gekommen ist. Denn die vom IWF verfolgte Orientierung auf den »Washingtoner Konsens« hat die Entwicklungsländer dazu getrieben, eine Politik der festen Wechselkurse und der hohen Zinsen zu verfolgen. Dies entsprach den Interessen der Finanzanleger in den Metropolen, denen hierdurch attraktive Anlageperspektiven geboten wurden. Für die Entwicklungsländer war diese Politik doppelt schädlich: Hohe Zinsen bremsten das Wachstum, und das Festhalten an einem auf Dauer nicht durchhaltbaren Wechselkursregime rief die Währungsspekulation auf den Plan.

Drittens verfolgt die Politik des IWF gegenüber den Entwicklungsländern in erster Linie die Interessen des Nordens gegenüber dem Süden: Vor der Krise machte der IWF die Länder zu ihrem Schaden für die Anleger aus den Zentren attraktiv. In der Krise richtet sich die Politik nicht auf die Sanierung der betroffenen Länder, sondern auf die sichere Rückzahlung der Schulden an die Kapitalgeber aus dem Norden.

Viertens schließlich ist der IWF auch von seiner politischen Struktur und Organisation eine Institution des Nordens und insbesondere der USA. Diese allein verfügen über gut 17% der Stimmrechte, die G10-Länder allein kommen auf über die Hälfte. Diese Verteilung der Stimmrechte entspricht in etwa der Quote, d.h. dem Beitrag der einzelnen Mitgliedsländer zum Fonds. Sie entspricht aber nicht den Ansprüchen an Demokratie und Mitgestaltungsmöglichkeiten, die an eine globale Organisation mit globaler Verantwortung für die Stabilität der Finanzmärkte als öffentliches Gut gestellt werden müssen.

Es ist offensichtlich, dass die Konsequenzen aus derartigen Kritiken sich weder in kosmetischen Operationen noch in Einzelheiten wie der Verbesserung der inneren Transparenz erschöpfen können. Fraglich ist aber auch die Forderung nach Abschaffung des IWF: Zumindest eine ersatzlose Abschaffung ist angesichts des dringenden globalen Kooperationsbedarfs problematisch. Aus den verschiedenen Vorschlägen, die als Alternative zu Abschaffung oder Kleinstkorrekturen vorgebracht worden sind, sollen hier folgende drei Zentralelemente herausgestellt werden:

Erstens muss der IWF hinsichtlich der Stimmrechtstruktur, der Arbeit seiner Organe und der Festlegung scines Arbeitsauftrages in eine Richtung demokratisiert werden, die den Entwicklungsländern entschieden mehr Einfluss gibt und gewährleistet, dass keine Ländergruppe den Fonds majorisieren kann. Dies könnte beispielsweise durch folgende Neuverteilung des Stimmrechts im IWF geschehen (vgl. Tabelle 25).

Zweitens sollte der IWF insoweit dezentralisiert werden, als er die Bildung regionaler Währungssysteme fördert und alimentiert. Ein Teil der Mittel des Fonds – etwa die Hälfte – sollte ohne Auflagen an diese Regionalorganisationen gegeben werden. Diese finanzieren damit ihren regionalen Fonds für währungspolitische Zusammenarbeit (vgl. Schaubild 28 und 29, S. 227) und eine engere

Tabelle 25: Reform der Stimmrechte im IWF

	Land[2]	Stimmrecht[1] bisher	Stimmrecht[1] Nach der Reform	Unterschied Prozent- punkte	Unterschied In %
1	USA	17,8	11,2	-6,6	-37,2
2	China	2,3	8,7	+6,5	+281,6
3	Indien	2,1	6,4	+4,3	+209,7
4	Japan	5,5	6,0	+0,5	+8,2
5	Deutschland	5,5	3,2	-2,3	-41,5
6	Frankreich	5,0	2,2	-2,8	-54,3
7	Brasilien	1,5	2,2	+0,7	+47,8
8	Großbritannien	5,0	2,2	-2,8	-56,8
9	Italien	3,1	2,0	-1,1	-36,2
10	Indonesien	1,0	1,7	+0,7	+64,2
	G7	44,8	28,0	-16,8	-37,5
	G10 (inkl. Schweiz)	52,0	30,7	-19,3	-41,1
	EU	28,8	15,9	-12,9	-44,7
	OECD	63,4	41,5	-21,9	-34,6
	G24 (ohne Iran)	12,1	19,0	+6,9	+56,8
	G77[3]	28,4	52,0	+23,6	+83,0

[1] auf der Grundlage der Zahlen von 1997
[2] in der Reihenfolge des reformierten Stimmrechtes
[3] ohne 19 kleinere Länder, für die keine vollständigen Daten vorliegen
Quelle: UNDP, Bericht über die menschliche Entwicklung 1999, Bonn 1999, S.168ff., 214ff., 231ff.

wirtschaftspolitische Kooperation. Es ist unbestreitbar, dass regionale Währungs-systeme auf die Dauer nur funktionieren können, wenn sie durch eine langfristig immer engere wirtschaftspolitische – konjunktur-, fiskal-, strukturpolitische etc. – Zusammenarbeit gestützt werden. Diese liegt also im Interesse der Kooperati-onspartner. Es fällt ausschließlich in ihre Zuständigkeit, die Art, Richtung und Geschwindigkeit sowie die Prioritäten der Zusammenarbeit festzulegen. Der IWF hat hierbei keinen Einfluss und kann die Zuweisung der regionalen Fondsmittel nicht an irgendwelche Auflagen binden.

Drittens sollte sich der IWF im Übrigen auf die übergreifende währungspoli-tische Stabilisierung konzentrieren und beschränken. Er sollte dabei einerseits als Medium der Vermittlung, Kommunikation und fallweisen Kooperation zwi-schen den drei großen Währungsblöcken zur Verfügung stehen. Seine wichtig-ste eigenständige Funktion sollte jedoch die Aufrechterhaltung der Liquidität des internationalen Zahlungssystems sein. Der Fonds sollte zum internatinalen lender of last resort werden und die Fondsmittel, die ihm nach Abführung an die regionalen Währungssysteme verbleiben, ausschließlich zu diesem Zweck ein-setzen (vgl. dazu Fisher 1999).

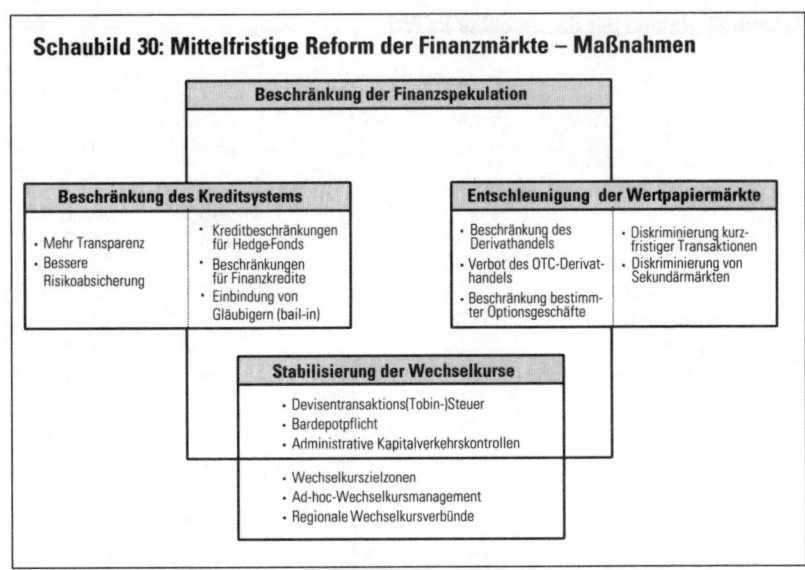

Schaubild 30: Mittelfristige Reform der Finanzmärkte – Maßnahmen

Beschränkung der Finanzspekulation

Beschränkung des Kreditsystems

- Mehr Transparenz
- Bessere Risikoabsicherung

- Kreditbeschränkungen für Hedge-Fonds
- Beschränkungen für Finanzkredite
- Einbindung von Gläubigern (bail-in)

Entschleunigung der Wertpapiermärkte

- Beschränkung des Derivathandels
- Verbot des OTC-Derivathandels
- Beschränkung bestimmter Optionsgeschäfte

- Diskriminierung kurzfristiger Transaktionen
- Diskriminierung von Sekundärmärkten

Stabilisierung der Wechselkurse

- Devisentransaktions(Tobin-)Steuer
- Bardepotpflicht
- Administrative Kapitalverkehrskontrollen

- Wechselkurszielzonen
- Ad-hoc-Wechselkursmanagement
- Regionale Wechselkursverbünde

3. Finanzierung und Vermögensbildung – Zur Rolle der Finanzmärkte im Rahmen demokratischer Wirtschaftspolitik

Die Herausbildung moderner Finanzmärkte in ihrer heutigen Struktur und Funktionsweise ist hier als wesentliches Element einer breit angelegten gesellschaftlichen Gegenreform interpretiert worden (vgl. Kapitel 3). Diese richtete sich gegen die wirtschaftlichen und politischen Reformen, die nach dem Zweiten Weltkrieg in allen kapitalistischen Ländern durchgesetzt worden waren und den Rahmen für den Wirtschaftsaufschwung in den 1950er und 1960er Jahren bildeten. Die Erschöpfung der Akkumulationsdynamik Anfang der 1970er Jahre bot dem Kapital die Gelegenheit, aus dem Reformrahmen auszubrechen und einen Rollbackprozess einzuleiten, der bis heute noch nicht zu Ende ist. Die Deregulierung der nationalen und Liberalisierung der internationalen Kapitalmärkte war dabei einerseits ein Ausweg aus der Stagnation der realen Profitproduktion. Die mit der Liberalisierung des Kapitalverkehrs verbundene neue Mobilität bildete andererseits einen wesentlichen politischen Hebel, mit dem das Kapital – über die Drohung der jederzeit möglichen Abwanderung – seine Interessen gegenüber der Gesellschaft und der (Wirtschafts)Politik sehr viel stärker durchsetzen konnte. In der Folge wurden die Prioritäten der Wirtschaftspolitik neu gesetzt: An die Stelle des Vorrangs für Wachstum, Beschäftigung und soziale Sicherheit und einer Gestaltung der internationalen Wirtschaftsbeziehungen, die diese Prioritäten nicht behindern sollte, trat nun der Vorrang der »internationalen Wettbewerbsfähigkeit«, der alle gesellschaftlichen Ansprüche an die Wirt-

240

schaft untergeordnet wurden. Die »Herrschaft der Finanzmärkte« ist ein politisch herbeigeführter Zustand zur Durchsetzung und Absicherung dieses reformpolitischen Rollback. Die dabei ebenfalls entstandenen chaotischen Verhältnisse auf den Finanzmärkten und die immer schneller aufeinander folgenden Finanzkrisen waren allerdings wohl nicht beabsichtigt.

Minimalistische Reformkonzeptionen begnügen sich damit, Krisen wirksam zu bekämpfen, wenn sie da sind. Eine mittelfristige Reformperspektive zielt darauf ab, die Finanzmärkte so weit zu stabilisieren, dass Krisen unwahrscheinlicher werden, sowie durch Entschleunigung der Aktivität und Beschränkung der Spekulation den extremen Druck der Finanzmärkte auf die Politik und Gesellschaft zu vermindern, Finanzmärkte also in den normalen Rhythmus kapitalistischer Reproduktion zurückzuholen.

Langfristig aber geht es um mehr. Denn der normale kapitalistische Entwicklungsprozess ist in sich widersprüchlich und tendiert immer wieder zu Krise und Selbstblockade. In solchen Phasen stellt sich die Frage nach der Richtung, in der die Blockade aufgelöst wird: mehr in Richtung auf demokratische Steuerung und Kontrolle des Kapitals im Interesse der großen Mehrheit der Menschen, oder in Richtung auf mehr Freiheit für das Kapital zu Lasten der Gesellschaft? Diese Frage wurde Mitte der 1970er Jahre in die zweite Richtung entschieden. Ob sie sich am Ende dieses Jahrhunderts bereits real erneut stellt, muss bezweifelt werden. Auf jeden Fall aber ist es sinnvoll, die wesentlichen Elemente einer demokratischen Antwort zu entwickeln. Im Rahmen dieser Antwort erhält auch der Finanzsektor einen neuen positiven Stellenwert.

Die Eckpunkte, an denen sich eine demokratische Perspektive der Wirtschaftspolitik unter den gegenwärtigen Bedingungen ausrichten sollte, sind (vgl. Europäische Wirtschaftswissenschaftler und Wirtschaftswissenschaftlerinnen 1997, 1998):

■ die Wiedergewinnung der *Vollbeschäftigung* in dem Sinne, dass alle Menschen, die arbeiten können und arbeiten wollen, einen ihren Fähigkeiten entsprechenden Arbeitsplatz und ein Einkommen erhalten, das ihnen ein eigenständiges Leben erlaubt;

■ *soziale Sicherheit* in dem Sinne, dass kein Mensch Not und Hilflosigkeit erleiden sollte;

■ *ökologische Nachhaltigkeit* in dem Sinne, dass die natürlichen Reproduktionsgrundlagen der Menschheit erhalten und die Absorptionsfähigkeit der Natur nicht überfordert werden soll und

■ *soziale Gerechtigkeit* der Einkommens- und Vermögensverteilung sowie die Zurückweisung aller Diskriminierungen in der Wirtschaft.

Die Verwirklichung dieser Eckpunkte erfordert einen langen Weg. Er wird allmählich in einen alternativen Typ der wirtschaftlichen Entwicklung einmünden, dessen politischer Regulierungsrahmen die Europäische Union und die Nationalstaaten sein werden. In diesem Rahmen wird der Finanzsektor wieder sehr viel enger an seine beiden Hauptfunktionen herangeführt: die Finanzierung von Investition und Produktion einerseits und den längerfristigen Aufbau privater Vermögen andererseits.

Im Rahmen der *Finanzierung* wird der Geschäftsbankensektor ebenso wie die Anleihe- und Aktienfinanzierung wesentlich in die Umsetzung der langfristigen strategischen Prioritäten einbezogen, die in demokratischen Diskussions- und Entscheidungsverfahren zum Beispiel hinsichtlich der Energieversorgung, der Verkehrsstruktur oder der Forschungsrichtungen festgelegt werden (vgl. Pollin 1995). Dabei wird sich die öffentliche Kreditpolitik nicht auf die globale Regulierung des Kreditvolumens und die Aufsicht über Finanzinstitute beschränken. Sie wird vielmehr eine differenzierte Geld- und Kreditpolitik betreiben – zugunsten bestimmter Arten von Investitionen – zum Beispiel in den ökologischen Umbau oder in soziale Einrichtungen – oder zugunsten bestimmter Regionen. Die vorherrschende Arbeitsteilung, derzufolge der Staat oder die von der Regierung unabhängige Zentralbank für die Regulierung der gesamten Geld- und Kreditmenge zuständig ist, die Geschäftsbanken diese Gesamtmenge dann nach Effizienzgesichtspunkten in die einzelnen Verwendungen lenken, ist weder einleuchtend noch akzeptabel.

Warum sollen strukturpolitische Prioritäten nicht auch mit Hilfe der Geld- und Kreditpolitik durchgesetzt werden? Instrumente hierfür existieren bereits, weitere sind leicht zu entwickeln. Eine wichtige Rolle kann hierbei die Einführung eines Systems differenzierter Mindestreserven auf die Forderungen (Aktiva) der Geschäftsbanken spielen: niedrige oder Nullreserven beispielsweise für Kredite, die zur ökologischen Sanierung verwendet werden, hohe Mindestreserven für Kredite, die dem Ausbau der Automobilindustrie dienen. Differenzierte Aktivreserven sind nicht nur ein legitimes und vermutlich wirksames, sondern darüber hinaus sogar ein marktkonformes Instrument zur Lenkung von Finanzierungsströmen.

Institutionen mit spezifischen Finanzierungsaufträgen – wie etwa die deutsche Kreditanstalt für Wiederaufbau – oder mit einer bestimmten, z.B. gemeinwirtschaftlichen Orientierung wie die Sparkassen, die es in allen entwickelten Gesellschaften gibt, werden durch eine demokratische Wirtschaftspolitik besonders gefördert und nicht, wie das gegenwärtig unter dem Druck von Binnenmarkt und Wettbewerbsgleichheit die Haupttendenz ist, auf das Niveau ausschließlich profitorientierter Geschäftsbanken heruntergeregelt. Wo erforderlich, werden auch neue öffentliche Banken gegründet, etwa für Ostdeutschland. Wo Privatbanken den Vorrang der politischen Weichenstellung unterlaufen, droht ihnen die Vergesellschaftung.

Die Neuordnung der Finanzmärkte im Rahmen einer demokratischen Wirtschaftspolitik richtet sich nicht gegen *private Vermögensbildung* (sie besteht allerdings auf der Versteuerung privater Vermögen ab einer bestimmten Höhe). Der Aufbau privater Finanzvermögen für das Alter, für Notfälle oder besondere

242

Anschaffungen ist ein wichtiges Element der freien Verfügung über das eigene Einkommen. Diese Freiheit findet jedoch da ihre Grenzen, wo sie gesellschaftlich kontraproduktiv und schädlich wird, wie bei massenhafter Spekulation und kurzfristigem Engagement. Personen, die Aktien oder Anleihen an der Börse kaufen, sollten sich damit prinzipiell langfristig engagieren und ihre Ertragsperspektive nicht in Kursgewinnen sondern in den Zins- und Dividendenerträgen sehen. Spekulationsgewinne, die über die Inflationsrate hinausgehen, sollten prinzipiell zu einem erheblichen Teil weggesteuert werden. Kurzfristige Geldanlage kann auf Sparkonten oder in kurzfristigen Staatspapieren erfolgen. Der Geldmarkt ist kein sinnvolles Terrain für private Sparer und AnlegerInnen und sollte daher wieder – wie in Deutschland bis in die 1990er Jahre – dem Interbankenverkehr vorbehalten bleiben.

Ein großes Problem für die demokratische Neuordnung des Finanzsektors sind die institutionellen Anleger wie Investment- oder Pensionsfonds. Einerseits dienen sie für die kleinen Anleger der Risikostreuung und nehmen ihnen die Arbeit der Depotverwaltung ab. Andererseits stellen sie eine große Macht auf den Finanzmärkten dar, und die Fondsmanager tendieren aus strukturellen und Konkurrenzgründen dazu, diese Macht zur Maximierung des kurzfristigen Unernehmenswertes – d.h. des Kurswertes – zu nutzen. Dies würde sich, wie sich aus dem Verhalten der meisten Kleinaktionäre auf Hauptversammlungen »ihrer« Unternehmen schließen lässt, auch nicht ändern, wenn die Kapitalgeber in den Geschäftsführungen der Anlagegesellschaften stärker vertreten wären. Um die Kurzfristorientierung auch auf den Wertpapiermärkten zurückzudrängen, bedarf es politischer Weichenstellungen. Sie sollten dafür sorgen, dass auch für institutionelle Anleger – für sie sogar in besonderem Maße – das kurzfristige Engagement mit der Möglichkeit des schnellen Rückzugs, also der Gebrauch der Exit-Option – sehr erschwert werden. Sanfte Hebel hierzu bietet eine nach Fristen differenzierte Besteuerung, ein härteres Instrument wäre die Einführung einer Mindesthaltedauer für Anleihen oder Aktien. Überdies könnte die Politik versuchen, Finanzanlagen in ökologisch, sozial oder entwicklungspolitisch besonders erwünschte Projekte, also »ethisches Investment«, steuerlich zu fördern.

Die Absicherung realer Transaktions- oder Investitionsprozesse gegen Preis- oder Währungsrisiken wird auch in einer demokratisch regulierten Wirtschaft erforderlich sein. Sie sollte jedoch im Rahmen öffentlicher Institutionen ablaufen, zu denen auch private Spekulanten Zutritt haben. Die spekulative Übernahme von Risiken sollte durch den Umfang der güterwirtschaftlichen Prozesse begrenzt werden, die einer Absicherung bedürfen. Reine Finanzspekulationen dagegen sind nicht nur nicht erforderlich für die wirtschaftliche Entwicklung. Sie sind darüber hinaus gefährlich für die Stabilität des gesamten Finanzsystems und sollten daher steuerlich verteuert und administrativ eingeschränkt werden.

Diese Maßnahmen sehen sehr restriktiv aus. Diesen Charakter werden sie jedoch nur für eine Übergangszeit haben, bis der neue Entwicklungstyp durchgesetzt und verankert ist. Danach wird die Regulierung der Finanzmärkte vermutlich kein besonders hartes Durchgreifen erfordern. Wenn es durch eine demokratische Investitionslenkung genügend rentable Investitionsmöglichkeiten gibt und reine Finanzinvestitionen demgegenüber wenig attraktiv sind, werden Gewinne reinvestiert. Es entsteht kein Überschusskapital, das sein Glück in der Spekulation versuchen muss. Damit entfällt nach der Übergangszeit auch die Notwendigkeit harter Maßnahmen gegen die Spekulation.

Die Probleme liegen – bei allen hier nicht diskutierten offenen Detailfragen – nicht in der Gestaltung der Finanzmärkte im Rahmen eines etablierten alternativen wirtschaftlichen Entwicklungstyps. Sie liegen in der schrittweisen Durchsetzung dieses Typs gegen den aktuell dominierenden. Sie erfordert eine Umverteilung des Einkommens zugunsten der Löhne und Gehälter und einen Zuwachs bei den ökonomischen Entscheidungskompetenzen für die Belegschaften und die demokratisch gewählten parlamentarischen Gremien. Dies wird nicht ohne massive soziale Mobilisierung und anhaltende politische Aktivität zu erreichen sein. Der Widerstand wird hart und erbittert sein, und er wird sich der Finanzmärkte als Instrument der Gegenreform bedienen. Die im vorhergehenden Abschnitt diskutierten Schritte zur mittelfristigen Stabilisierung und Beschränkung der Finanzmärkte im Rahmen des vorherrschenden Entwicklungstyps sind daher zugleich mehr: Sie tragen dazu bei, den Widerstand gegen weitergehende Reformen zu überwinden.

Lesetipps

Eine Diskussion der zahlreichen Vorschläge für eine »neue internationale Finanzarchitektur«, die in jüngster Zeit gemacht worden sind, sowie eigene systemimmanente Konzepte enthält *Barry Eichengreen, Toward a New International Financial Architecture. A Practical Post-Asia Agenda*, Washington 1999 (Institute for International Economics).

Einen sehr gut lesbaren und auf nur 66 Seiten umfassenden Überblick über die wichtigsten neuen Vorschläge zur Reform der internationalen Finanzarchitektur bietet *Heribert Dieter, Nach den Finanzkrisen. Die ordnungspolitische Gestaltung der Globalisierung.* Sie ist als Studie S16 des Deutschen Instituts für Internationale Politik und Sicherheit (in der Stiftung Wissenschaft und Politik) im Mai 2002 erschienen.

Von einer ganz anderen Seite, nämlich einer radikal freihändlerischen Position herkommend, tritt *Jagdish Bhagwati* in seinem Artikel »*The Capital Myth. The Difference between Trade in Widgets and Dollars*« ebenfalls für Kapitalverkehrsbeschränkungen ein und kritisiert den »Wallstreet-Treasury complex«, der sich dieser vernünftigen Forderung entgegenstelle. (Foreign Affairs 1998, Heft 3, S. 7-12).

Zur vielzitierten Tobinsteuer liegt seit 1996 ein ausführlicher, kontroverser, informativer und immer noch aktueller Diskussionsband vor, der von früheren MitarbeiterInnen der UN bzw. UNCTAD herausgegeben wurde, aber nicht als Veröffentlichung *der* UN bzw. UNCTAD erscheinen konnte: *Mahbub ul Haq, Inge Kaul und Isabelle Grunberg (Hrsg.) The Tobin Tax. Coping with Financial Volatility.*

Am schmalsten ist die Literatur über die Einbindung des finanziellen Sektors in eine demokratische Wirtschaftspolitik. Zu den wenigen Autoren, die sich damit befassen, gehört *Robert Pollin* von der California University Riverside. 1997 erschien sein zusammen mit Elizabeth Zahrt geschriebener Artikel »*Expansionary Policy for Full Employment in the United Statzes: Retrospective on the 1960s and Current Period Prospects*« in dem von Jonathan Michie und John Grieve Smith herausgegebenen Sammelband »Employment and Economic Performance. Jobs, Inflation and Growth«.

Die Enquête-Kommission des Deutschen Bundestages »Globalisierung der Weltwirtschaft – Herausforderungen und Antworten« hat sich intensiv mit den Finanzmärkten befasst und in ihrem *Schlussbericht*, der als Bundestagsdrucksache 14/9200 erschienen ist, zahlreiche Vorschläge zu ihrer Regulierung gemacht.

Schließlich sei auf die Arbeitsgruppe »*Europäische Wirtschaftswissenschaftlerinnen und Wirtschaftswissenschaftler für eine alternative Wirtschaftspolitik in Europa*« die sich in bislang zwei Memoranden bemüht hat, die Konturen einer demokratischen Alternative zur neoliberalen Wirtschaftspolitik in Europa zu entwickeln und dabei natürlich auch den Finanzsektor behandelt. Die Memoranden sind abgedruckt in Memo-Forum 25 (1997) und 26 (1998) und 28 (2001) und – einschließlich des erst Anfang 2002 erschienenen Memo-Forum – auf der Internetseite der Arbeitsgruppe (www.memo-europe.uni-bremen.de) abrufbar.

Kapitel 6
Europäische Reforminitiative –
Baustein für die neue Finanzarchitektur

1. Die Stabilisierung der Finanzmärkte erfolgt natürlich am besten in globaler Kooperation. Diese steht jedoch in absehbarer Zeit nicht in Aussicht. Sie ist aber auch nicht zwingend erforderlich. Die EU kann für ihren Bereich mit geschützten Initiativen beginnen, indem sie die genannten Maßnahmen zur Beschränkung, Entschleunigung und Stabilisierung der Kredit-, Wertpapier- und Devisenmärkte einführt. Auf Grund ihrer ökonomischen Stärke, ihres technologischen Stands und ihrer Kaufkraft müsste sie nicht befürchten, durch die Finanzmärkte überrollt oder vom Kapital in Zukunft gemieden zu werden.

2. Die aktuelle Entwicklung der europäischen Finanzmärkte und ihrer ökonomischen wie politischen Integration verläuft jedoch in die falsche Richtung. Sie folgt überwiegend dem amerikanischen Muster weitgehender Deregulierung bei minimaler Kontrolle und Beschränkung. Diese Weichenstellung hat bereits zu erheblicher Konzentration auf den europäischen Finanzmärkten geführt, ohne dass dies den VerbraucherInnen zugute gekommen wäre. Die sozialen Sicherungssysteme werden zunehmend den Risiken der Finanzmärkte ausgesetzt, und die Kreditversorgung für Klein- und Mittelunternehmen leidet. Diese Tendenzen untergraben die historischen Errungenschaften der europäischen Entwicklung, bei der die Finanzinstitutionen auch öffentliche Aufgaben wie die Sicherung der Kreditversorgung für alle Schichten der Bevölkerung zu erfüllen hatten.

3. Die Alternative zu dieser neoliberalen Politik ist die Einbindung der Finanzmärkte in eine demokratische Entwicklungsstrategie und ihre Rückführung auf ihre Hauptfunktionen, die Finanzierung von Investitionen und die Bildung langfristigen privaten Vermögens. Dazu gehören eine stärkere Kontrolle der Preise und Leistungen der Banken und Versicherungen, die Beschränkung übermäßiger Risiken

bei der Kreditvergabe und übermäßiger Geschwindigkeit beim Wertpapierhandel, eine ausgewogene Bankenstrukturpolitik, die strikte Trennung des solidarischen Systems der sozialen Sicherheit von den Risiken der Kapitalmärkte, die Beendigung des Steuerwettbewerbs zugunsten einer engen Zusammenarbeit bei der Verhinderung von Steuerhinterziehung und der Besteuerung aller Einkommen einschließlich der Zinsen und Dividenden und schließlich eine europäische Geld- und Haushaltspolitik, die nachhaltiges Wachstum, Stabilität und Beschäftigung fördert.

4. Angesichts eines weltweiten Überschusses an Kapital und vergleichsweise attraktiver Verwertungsbedingungen in Europa ist eine dauerhafte Kapitalflucht gegenüber der gesamten EU eine absurde Vorstellung. Auch das Problem der Offshore-Zentren ist keine Frage der ökonomischen und politischen Möglichkeiten, sondern eine Frage des politischen Willens. Diese wirtschaftlichen Sonderzonen, die der Steuerhinterziehung, der Umgehung der Finanzaufsicht, der Geldwäsche und der Finanzierung krimineller Aktivitäten dienen, sind mit Duldung und gelegentlich auf Betreiben der Regierungen in den Finanzzentren entstanden. Bei entsprechendem politischen Willen der EU können sie ohne große Schwierigkeiten zur Anpassung ihrer Gesetze und Praxis an die europäischen Standards veranlasst oder isoliert werden.

5. Ein einheitlicher europäischer Finanzmarkt muss gegen ruinöse Konkurrenz mächtiger Konzerne und gegen spekulative Attacken verteidigt werden. Hierzu stehen steuerliche und administrative Instrumente zur Verfügung. Im Übrigen sollte in diesem Zusammenhang die Frage der Kapitalverkehrskontrollen enttabuisiert werden, die bei der Entwicklung des ökonomischen Potenzials auch in Europa eine wichtige Rolle gespielt haben und bei der Verteidigung eines Finanzsektors eine wichtige Rolle spielen können, der gesellschaftlichen Anforderungen im Sinne öffentlicher Güter genügt. Ein Erfolg beim Aufbau eines soziale und demokratische Interessen berücksichtigenden Finanzsektors als Alternative zur neoliberalen Unterwerfung der Gesellschaft unter die Gesetze der Finanzmärkte und die Interessen ihrer dominierenden Unternehmen könnte Signal- und Beispielcharakter für andere Regionen der Welt haben.

Globale Finanzmärkte bedürfen globaler Regulierung. Als Perspektive erscheint dies einleuchtend. Als Behauptung, regionale oder nationale Kontrolle könne wegen der Globalität der Finanzmärkte nicht funktionieren, ist der Satz weder theoretisch einleuchtend noch empirisch belegbar. Als Ablehnung lokaler und regionaler Versuche und Bewegungen zur zunächst begrenzten Rückgewinnung von Kontrolle und Regulierung des Finanzsektors ist er irreführend, entmutigend und kontraproduktiv.

Eine globale Neuordnung der Finanzmärkte in Richtung auf mehr Stabilität, Ausgleich und Beschränkung ist selbstverständlich wünschenswert, und wo immer es Ansatzpunkte dafür gibt, sollten sie aufgenommen, verwirklicht und ausgebaut werden. Ihr Kern ist erstens die Kooperation zwischen den Metropolen und zweitens die Einbeziehung der Peripherie in einer Weise, die Finanzkrisen nach dem Muster der letzten Jahre ausschließt und die wirtschaftliche und soziale Entwicklung fördert. Auf der institutionellen Ebene kann diese Kooperation zur Gründung neuer globaler Organisationen führen (vgl. Guttmann 1995, Eatwell/Taylor 1998), oder sie kann sich in einer Reform der bestehenden Organisationen IWF und Weltbank und ihrem Ausbau zu einem »gouvernement politique« niederschlagen, wie es die französische Regierung in ihrem Zwölf-Punkte Programm vom September 1998 vorgeschlagen hatte. Inhaltlich wird eine globale Neuordnung der Finanzmärkte langfristig auf zwei Säulen ruhen.

Die erste ist kooperative Geld-, Kredit- und Währungspolitik, die letztlich in die Steuerung eines gemeinsam geschaffenen Kunstgeldes mündet. Dieses wird an die Stelle einer oder mehrerer nationaler Leitwährungen treten und ein neues »monetäres Völkerrecht« (Wilhelm Hankel) mit sich bringen. Gemeinsames Kunstgeld mit Weltgeltung gibt es in Form von Sonderziehungsrechten heute schon, es spielt aber bisher wegen der Dominanz des Dollars kaum eine Rolle.

Die zweite Säule einer globalen Neuordnung der Finanzmärkte ist eine gemeinsame Finanzaufsicht. Dabei kommt es weniger darauf an, ob sie von einer globalen Institution ausgeübt wird, sondern mehr darauf, ob es gemeinsame und verbindliche Grundsätze für eine solche Finanzaufsicht gibt. Sie müssten sich auf die Kreditpolitik von Banken sowie auf die Anlagepolitik von Finanzinvestoren (Investmentbanken, Versicherungen, Kapitalanlagegesellschaften u.a.) richten und insbesondere die internationale Finanzspekulation einschränken. Wenn es zu einer weltweiten Zusammenarbeit mit dieser Stoßrichtung kommt, können Hedgefonds kaum Schaden anrichten, und Offshore-Zentren können eine solche Politik nicht unterlaufen. Die Arbeiten, die unter dem Titel Basel 2 gegenwärtig für ein neues globales Regelwerk laufen, gehen allerdings, wie oben gezeigt, in die falsche Richtung.

Die Aussichten auf globale Kooperation sind jedoch für die absehbare Zeit sehr gering. Das liegt vor allem am Mangel an Interesse auf Seiten der USA. Die amerikanische Regierung hat innerhalb der letzten Jahre mehrfach alle Versuche unmissverständlich zurückgewiesen, zu einer verbindlichen währungspolitischen Zusammenarbeit zu kommen. Die Aussichten für ein gemeinsames Weltgeld sind mit der Ankunft des Euro auf der monetären Weltbühne ohnehin schlechter geworden. Die Zeichen stehen währungspolitisch mehr auf intensivere Konkurrenz zwischen Dollar und Euro (was zur Ausschaltung des Yen als Weltwährung führen könnte). Für die Einrichtung einer globalen Finanzaufsicht, die wirksam gegen die Spekulation vorgeht, gibt es zur Zeit ebenfalls keine Hinweise. Auch dies ist nicht verwunderlich: Gut die Hälfte aller Hedgefonds sind in den USA beheimatet (die andere Hälfte in Offshore-Zentren), und Finanzinstitute aus den USA verfügen über mehr als die Hälfte des von institutionellen Anlegern verwalteten Finanzvermögens. Es ist daher nicht sinnvoll, die notwendige Neuordnung der Finanzmärkte unter die Bedingung zu stellen, dass es sich von vornherein um ein globales Projekt handeln müsse.

Eine in der territorialen Reichweite bescheidenere, aber inhaltlich eher erfolgversprechende Perspektive liegt in einer europäischen Initiative für eine regionale Re-Regulierung der Finanzmärkte. Alle Schritte, die im vorhergehenden Kapitel als wesentliche Orientierungen für eine mittelfristige Reform der Finanzmärkte vorgeschlagen wurden – mit Ausnahme der Reform des IWF – lassen sich weitgehend zunächst auf europäischer Ebene umsetzen. Inzwischen ist die Spekulation zwischen den Währungen von 12 der 15 Mitgliedsländern endgültig durch die Gründung der Europäischen Währungsunion unmöglich geworden. Mit den anderen EU-Mitgliedsländern besteht das EWS weiter, in das die neuen Mitglieder schnell integriert werden können. Der europäische Binnenmarkt hat einen starken Integrationsdruck auch für die Finanzmärkte erzeugt. Für die EU ist die Herstellung eines einheitlichen europäischen Finanzraumes ein Projekt mit hoher Priorität, das 1999 im Aktionsplan für Finanzdienstleistungen konkretisiert worden ist und 2005 abgeschlossen sein soll.

Die Stoßrichtung und der Inhalt der aktuellen europäischen Politik müssen jedoch kritisiert und verändert werden. Sie folgen der neoliberalen Konzeption von deregulierender Marktöffnung bei minimaler Gestaltung. Dabei geht die in Europa historisch verankerte Konzeption weitgehend verloren, dass die Funktionsfähigkeit des Finanzsektors ein öffentliches Gut ist, das allen Schichten der Bevölkerung zugänglich sein und Nutzen bringen soll. Diese Umwälzung der europäischen Finanzmärkte muss kritisiert und gestoppt werden. Die Alternative dazu kann nicht in der Beibehaltung national fragmentierter Systeme liegen, denn diese sind nicht stark genug, um sich gegenüber der amerikanischen Konkurrenz zu behaupten. Die Alternative liegt vielmehr in der eigenständigen Gestaltung eines großen europäischen Finanzmarktes, die in eine demokratische europäische Entwicklungsstrategie eingebettet ist und die historischen Errungenschaften europäischer Sozialmodelle ausbaut, entbürokratisiert und demokratisiert, statt die wirtschaftliche Entwicklung, die Beschäftigung und die soziale Sicherheit den Regeln und Risiken weitgehend liberalisierter Finanzmärkte zu unterwerfen.

1. Entwicklungstendenzen der europäischen Finanzmärkte[*]

Der Finanzsektor in Europa besteht zur Zeit noch aus vielen nationalen Finanzsektoren, die unter erheblichem Konkurrenzdruck stehen. Dieser ist einerseits innereuropäischer Integrationsdruck, der von dem einheitlichen europäischen Binnenmarkt und der Währungsunion zwischen zwölf Mitgliedern der EU ausgeht. Andererseits hat die volle Öffnung der europäischen Kapitalmärkte auch zu erhöhtem weltweiten, faktisch allerdings vor allem von den USA ausgehenden, Konkurrenzdruck gegenüber Europa geführt.

Die bereits erhebliche – wenn auch keineswegs vollständige – Verflechtung europäischer Finanzsektoren mit denen der USA hat dazu geführt, dass die Geschäftsentwicklung in Europa fast überall der amerikanischen gefolgt ist: rasantes Wachstum in der ersten, spekulative Überhitzung in der zweiten Hälfte der 90er Jahre und drastischer Einbruch ab Mitte 2000. Beim Aktienhandel, insbesondere auf den vielen sog. Neuen Märkten, sowie beim Derivathandel sind die Ausschläge nach oben und unten in Europa sogar deutlich schärfer gewesen als in den USA.

Gleichzeitig hat in Europa (vor allem in der Eurozone) ein allmählicher Strukturwandel vom europäischen bankgetragenen (bank-based) zum angelsächsischen marktgetragenen (market-based) Modell des Finanzsektors begonnen. Dieser ist durch einen relativen Bedeutungsverlust der Kreditfinanzierung und eine relative Bedeutungszunahme der Finanzierung von Unternehmen über den Kapitalmarkt, also durch die Ausgabe von Aktien und die Auflage von Anleihen und anderen (vielfach kurzfristigen) Finanzierungsinstrumenten gekennzeichnet, deren wesentliches Kennzeichen darin besteht, dass sie anders als Kredite an Börsen oder auch freihändig handelbar sind. Dies vermindert einerseits die Abhängigkeit der sich so finanzierenden Unternehmen von den kreditgebenden Banken und ist in der Regel billiger als ein Bankkredit, schafft aber andererseits neue Abhängigkeiten von den Finanzinvestoren. Letztere verfügen vielfach als institutionelle Investoren über außerordentliche Macht, ihre Interessen richten sich in der Regel sehr viel stärker auf kurzfristige Rendite- und Kurssteigerungen als auf langfristige Entwicklungsperspektiven.

Dieser Strukturwandel ist aber bei weitem noch nicht abgeschlossen – nach wie vor ist der Kredit die Hauptform der externen Finanzierung für Unternehmen in der Eurozone. Soweit eine Verschiebung zur Wertpapierfinanzierung statt-

---

[*] Bei diesem und den beiden folgenden Abschnitten dieses Kapitels handelt es sich um eine leicht überarbeitete Fassung meines Papiers: »Der europäische Finanzmarkt – Tendenzen, Fehlentwicklungen und Gestaltungsempfehlungen«, das ich für die Arbeitsgruppe Finanzmärkte der Enquête-Kommission des Deutschen Bundestages »Globalisierung der Weltwirtschaft – Herausforderungen und Antworten« verfasst habe. Vgl. auch John Grahl, Jörg Huffschmid, Dominique Plihon 2002.

findet, betrifft sie im Übrigen überwiegend nur eine begrenzte Zahl großer Unternehmen (und die öffentliche Hand) und nicht die große Mehrheit kleiner und mittlerer Unternehmen, die nach wie vor so gut wie ausschließlich auf Bankkredite angewiesen sind. Ohne Gegensteuerung würde sich die ohnehin schon beobachtbare Tendenz zur Polarisierung der Finanzierungsbedingungen zwischen kleinen und mittleren Unternehmen (KMU) und großen Konzernen weiter verschärfen.

Dem härteren Konkurrenzdruck begegnen die europäischen Banken in erster Linie durch stärkere Rationalisierung, Diversifizierung und vor allem Konzentration (vgl. Kapitel 2). Dabei fällt auf, dass die große Mehrzahl nicht nur aller, sondern – trotz einiger Ausnahmen – auch der spektakulären Großfusionen nationale Vorgänge sind, die den Auf- und Ausbau nationaler Führungspositionen bewirken. Internationale Engagements der Finanzinstitute beschränken sich demgegenüber auf die Übernahme kleiner und sehr kleiner Kapitalanteile und das Eingehen strategischer Allianzen. Dem mit der Öffnung des europäischen Binnenmarktes erklärtermaßen beabsichtigten Aufbrechen traditioneller Oligopolstrukturen im Finanzsektor und der beabsichtigten Verschärfung innereuropäischer Konkurrenz steuern die alten Marktführer bislang erfolgreich durch die Verstärkung ihrer nationalen Marktstellungen und durch kartellartige Allianzen auf europäischer Ebene entgegen. Dies erklärt auch, weshalb fast zehn Jahre nach der offiziellen Vollendung des europäischen Binnenmarktes trotz Niederlassungs- und Dienstleistungsfreiheit der Anteil ausländischer an allen Banken – gemessen am Kapital oder an der Bilanzsumme – ebenso wie der Anteil aller Verbindlichkeiten inländischer Schuldner gegenüber ausländischen Gläubigern – gemessen an allen Verbindlichkeiten inländischer Schuldner – sehr gering (überwiegend in der Größenordnung von unter 10%) geblieben ist – entgegen allen theoretischen Glaubenssätzen und politischen Versicherungen.

Eine ähnlich starke Segmentierung wie bei den Banken ist auch an den Wertpapiermärkten in der EU zu beobachten, an denen nach wie vor – mit London und Luxemburg als wesentlichen Ausnahmen – im Wesentlichen nationale Papiere gehandelt werden und die – bei noch sehr viel geringeren gemeinsamen Vorschriften als bei den Banken – fast ausschließlich nationaler Aufsicht unterliegen. Hier hat in den letzten Jahren ein doppelter Strukturwandel eingesetzt. Zum einen haben die großen Börsen in Europa sich von Vereinen zu Kapitalgesellschaften umgewandelt, deren Kapitalanteile selbst an den Börsen gehandelt werden. Zum anderen hat auch hier ein Konzentrationsprozess begonnen, der bereits dazu geführt hat, dass schon heute mehr als drei Viertel des Wertpapierhandels an den drei führenden Finanzplätzen Europas stattfindet. Dieser Prozess wird weitergehen und sich auch auf die Abwicklungs- und Zahlungssysteme erstrecken.

Trotz Binnenmarkt und Währungsunion ist der Finanzsektor in der EU nicht nur ökonomisch, sondern auch hinsichtlich der politischen Aufsicht und Kontrolle stark fragmentiert. Das betrifft zum einen die Finanzaufsicht, bei der es zwar einige Mindestharmonisierungen, aber keine gemeinsame europäische Politik gibt.

Es betrifft zum anderen die Steuerpolitik, die nicht von steuerpolitischer Kooperation oder gar Harmonisierung, sondern vor allem von Steuerwettbewerb gekennzeichnet ist. Der Europäischen Kommission ist insofern durchaus zuzustimmen, wenn sie hier erheblichen Handlungsbedarf feststellt. Denn einheitlicher Binnenmarkt und einheitliche Geldpolitik sind auf die Dauer nicht ohne großen Schaden durchhaltbar, wenn sie nicht durch eine einheitliche oder zumindest eng und verbindlich aufeinander abgestimmte Aufsichts- und Finanzpolitik ergänzt und gestützt werden. Die Art und Weise allerdings, wie die Kommission die inhaltliche Ausrichtung dieser Kooperation oder Vereinheitlichung betreibt, muss kritisiert und korrigiert werden.

2. Politische Fehlentwicklungen

Preisentwicklung im Finanzsektor. Die Politik der EU hat der wachsenden Vermachtung des europäischen Finanzsektors und der damit verbundenen Ausnutzung von Preis- und Gebührenmacht nichts entgegengesetzt. Der von der Kommission behauptete Automatismus, demzufolge die Öffnung der Grenzen und schärfere Konkurrenz zu Preissenkungen zugunsten der NutzerInnen von Finanzdienstleistungen führen würden, hat nicht gegriffen. Nach wie vor ist die Streuung der Bankgebühren und Kommissionen fast genau so hoch wie Mitte der 70er Jahre, Überweisungen ins Ausland dauern genau solange und kosten vielfach mehr als früher. Die Kommission scheint aber nicht bereit, schärfere Instrumente des Wettbewerbsrechts gegenüber dem Missbrauch marktbeherrschender Positionen und faktischen Kartellen, wie etwa die Kosten- und Preiskontrolle, anzuwenden. Statt dessen wendet sie die Bestimmungen des Wettbewerbsrechts primär und mit besonderer Intensität auf staatliche Subventionen und öffentlichen Schutz bestimmter Unternehmen wie der Sparkassen an.

Bankenaufsicht. In den Konsultationen über Basel 2 hat die Kommission bislang im Wesentlichen die Position des Baseler Ausschusses vertreten. Die hier vorgesehenen internen und individuellen Kreditrisikomodelle haben aber vier ganz gravierende Nachteile.

■ Zum einen werden sie auf der Seite der Kreditnehmer zu einer *deutlichen Schlechterstellung kleinerer und mittlerer Unternehmen* beim Zugang zum Kreditmarkt und bei den Kreditkonditionen führen. Die bislang durch einfache Standardkoeffizienten für bestimmte Schuldnerklassen erfolgte stillschweigende Quersubventionierung von (etwas) schlechteren durch die (etwas) besseren Risiken wird abgeschafft. Das liegt zwar im Trend neoliberaler Argumentation, der zufolge jedes Risiko voll individuell zuzurechnen ist, widerspricht aber dem Postulat, dass zur Gewährleistung eines stabilen Finanzsystems als öffentlichem Gut ein gewisser Risikoausgleich sinnvoll ist.

■ Zweitens werden die kleinen Banken, insbesondere die *Sparkassen und Genossenschaftsbanken zunehmend verdrängt*, weil die Einführung und Umsetzung interner und individualisierter Risikomodelle für sie zu teuer ist. Damit wird die Geld- und Kreditversorgung insbesondere auf dem Land und in kleineren Städten deutlich verschlechtert.

■ Drittens wird dies den ohnehin schon laufenden *Konzentrations- und Vermachtungsprozess* bei den Banken weiter beschleunigen und verschärfen.

■ Viertens bewirkt der Übergang zu bankinternen Risikomodellen *prozyklisches Verhalten* bei der Kreditvergabe der Banken und wird daher Rezessionen und Überhitzungen verstärken.

Wertpapierhandel. Die Kritik an der starken nationalen *Fragmentierung* und – in europäischer Perspektive – *Unübersichtlichkeit* der europäischen Wertpapiermärkte und ihrer Regulierung (oder an der Nichtexistenz eines europäischen Wertpapiermarktes) ist zwar berechtigt. Die Korrektur, die im Lamfalussy-Bericht vom November 2000 und vom Februar 2001 vorgeschlagen, von der Kommission in Richtlinien- und Verordnungsentwürfe umgesetzt und verabschiedet und mittlerweile auch vom europäischen Parlament akzeptiert worden ist, geht allerdings wesentlich in die falsche Richtung. Konzeptionell stellt sie ausschließlich darauf ab, erstens einen möglichst schnellen und reibungslosen Wertpapierhandel zu ermöglichen und zweitens die Finanzinvestoren vor Betrug zu schützen. Organisatorisch überlassen sie die Umsetzung dieser Stoßrichtungen im Wesentlichen einer Kommission, die keiner weiteren Aufsicht und Kontrolle unterliegt. Hieran ist zweierlei falsch:

■ Zum einen müssen bei dem Teil des Wertpapierhandels, der Unternehmen betrifft, also *Fusionen und Übernahmen* von oder Beteiligungen an Unternehmen, nicht nur die Anleger, sondern auch die Beschäftigten geschützt werden, die in derartigen Unternehmen arbeiten und für die derartige Eigentümerwechsel in der Regel mit erheblichen Unsicherheiten und Gefahren verbunden sind. Hierüber schweigen sich sowohl der Lamfalussy-Bericht, die entsprechenden Richtlinien- und Verordnungsformulierungen als auch das seinerzeit geplante und dann gescheiterte Übernahmegesetz aus – letzteres mit der Ausnahme einer rechtlich unverbindlichen Erklärung des übernehmenden Unternehmens über die für die Beschäftigung relevanten Pläne.

■ Zum anderen wird die *Schnelligkeit des Wertpapierhandels* selbst unhinterfragt als ein hohes Gut hingestellt. Dies ist in vielen Fällen aber nicht der Fall. Es ist nicht nur empirisch unbestritten, dass Finanzmärkte mit zunehmender Liberalisierung instabiler geworden sind, sondern dies wird zunehmend auch in der Finanzmarkttheorie akzeptiert. Die Theorie effizienter Finanzmärkte wird durch eine Verhaltenstheorie (behavioral finance) ersetzt, in der Irrationalität, Herdenverhalten, systemische Instabilität und Krisentendenzen als wesentliche Faktoren der Finanzmärkte anerkannt werden (vgl. Shiller 2000). Im Lichte dieser Theorie erscheinen sehr kurzfristige Finanztransaktionen, die im Wesentlichen nur zu schnellen Arbitrage- und Spekulationsgeschäften genutzt werden (wobei die Grenze zwischen beiden in vielen Bereichen verschwimmt) in einem sehr viel kritischeren Licht. Die allokationstheoretische Effizienz, die ihnen in der Effizienzmarktthese automatisch zugesprochen wird (»sonst würden derartige Bewegungen ja nicht stattfinden«) bedarf jetzt einer eigenständigen Begründung, die vielfach nicht möglich ist, weil es keine Allokationseffizienz gibt. Diese Kritik ist die Grundlage für politische Eingriffe zur Entschleunigung von Finanzmarktprozessen. Die Umsetzung der Konzeption der EU dagegen wird zur weiteren Destabilisierung der Finanzmärkte beitragen, der Entstehung von Krisen nicht vorbeugen und sie, wenn sie ausgebrochen sind, verstärken.

Soziale Sicherheit und Kapitalmärkte. Die EU-Kommission betreibt mit großer Energie unter dem Titel »Modernisierung« die *Umstellung wesentlicher Teile der Alterssicherung auf das Kapitaldeckungsverfahren.* Als wichtigstes Argument für die Notwendigkeit einer solchen Umstellung wird vor allem die zunehmende Überalterung der Bevölkerung, d.h. die Spreizung des Verhältnisses zwischen LeistungsempfängerInnen und BeitragszahlerInnen angeführt. Diese mache die Fortführung der in der Mehrheit der Mitgliedsländer überwiegend im Umlageverfahren finanzierten Versicherungssysteme nicht möglich und erfordere zusätzliche Versicherungsanteile, die nur durch private Kapitalfonds zu erbringen sind. Bei diesen Argumenten handelt es sich um einen schlichten, wenn auch äußerst gravierenden Denkfehler, der zwar vielfach kritisiert, jedoch weder auf EU- noch auf nationaler Ebene korrigiert wurde. Wenn das Verhältnis der inaktiven zur aktiven Bevölkerung steigt und das bisherige Versorgungsniveau des inaktiven Teils beibehalten werden soll, erfordert das den Transfer eines größeren Teils des Güter- und Dienstleistungskorbes (den das Sozialprodukt repräsentiert) an die Inaktiven – völlig unabhängig davon, ob dies durch Umlage- oder durch Kapitaldeckungsverfahren organisiert wird. Wenn die Umstellung der Sozialversicherungen so gelänge, wie die EU-Kommission beabsichtigt, würde die Aufteilung des Volkseinkommens zwischen aktiver und nicht aktiver Bevölkerung in 20 Jahren exakt die gleiche sein wie ohne Umstellung.

Die (schrittweise) Umstellung der Sozialversicherung auf Kapitaldeckungsverfahren in Europa bringt allerdings drei Veränderungen mit sich, die nicht wünschenswert, sondern schädlich sind: *Erstens* verändert sich die Verteilung der Finanzierung der Sozialsysteme zuungunsten der AbeitnehmerInnen und zugunsten der Unternehmen. *Zweitens* tragen die Versicherten jetzt zusätzlich das Kapitalmarktrisiko, das, wie die letzten Monate zeigen, erheblich sein kann. Die Kapitalmarktkrise in den USA hat die Rentenbezüge der dortigen Pensionäre wesentlich verringert, und die Enron-Pleite hat einen erheblichen Teil derer, die ihre Versicherungsbeiträge in die Enron-Betriebsrente eingezahlt hatten, in Armut geworfen. Die Erfahrung zeigt auch, dass derartige Risiken trotz aller Vorsorge nicht auszuschließen sind. *Drittens* erhalten die großen institutionellen Investoren Riesensummen zur Disposition an den nationalen und internationalen Kapitalmärkten. Dies wird den Umfang der europäischen Finanzmärkte und das Potenzial der europäischen institutionellen Anleger als global players vergrößern, und gleichzeitig die »Macht der Finanzmärkte«, d.h. der großen institutionellen Investoren in den Unternehmen, und gegenüber der Politik stärken. Weiterer Sozial- und Demokratieabbau werden die Folge sein.

Steuerpolitik und Kapitalflüsse. Die Formierung eines stabilen und im Wesentlichen der Finanzierung von Investitionen und der längerfristigen privaten Vermögensbildung dienenden Finanzmarktes wird durch das Fehlen einer rationalen und solidarischen Steuerpolitik in der EU erschwert bzw. verhindert. Dies betrifft vor allem die Unternehmens(gewinn)steuer und die Zins- und Dividendenbesteuerung. Statt gemeinsamer Abstimmung herrscht ein *Steuerwettbewerb*, durch den die Mitgliedsländer Direkt- und Portfolioinvestitionen auf Kosten anderer Mitgliedsländer ins Land holen wollen. Die Verallgemeinerung eines solchen Steuerwettbewerbs führt zu einem »race to the bottom«, als dessen Folge die Steuereinnahmen auf Unternehmensgewinne und Kapitalerträge zurückgehen, der Druck auf die öffentlichen Finanzen steigt, als Reaktion öffentliche Ausgaben vorwiegend im unproduktiven, d.h. sozialen Bereich gekürzt und die Steuerbelastung zu Lasten der ArbeitnehmerInnen und VerbraucherInnen verschoben werden – ohne dass sich die Wettbewerbsverhältnisse ändern. Die europäische Kommission hat das Problem des Steuerwettbewerbs zwar thematisiert, beschränkt sich allerdings auf den Bereich des »schädlichen« Steuerwettbewerbs, worunter sie eine ausländische Unternehmen oder Finanzinvestoren gegenüber inländischen begünstigende Steuerpolitik versteht. Für die Zinsbesteuerung hat sie gegen diesen diskriminierenden Steuerwettbewerb den – sinnvollen – Beschluss gefasst, ab 2010 allgemeine Kontrollmitteilungen über Kapitalerträge in der EU einzuführen, die Umsetzung dieses Beschlusses allerdings von der Kooperation anderer Finanzplätze außerhalb der EU (Schweiz, USA) abhängig gemacht. Diese Bedingung lässt es fraglich erscheinen, ob es jemals zu einer wirksamen Zinsbesteuerung in der EU kommen wird. Bei der Unternehmensbesteuerung plädiert die EU für größere Transparenz und eine Harmonisierung der Bemessungsgrundlagen. Das ist zwar sinnvoll, aber bei weitem nicht ausreichend. Im Übrigen ist die Zins- und Gewinnsteuerpolitik grundsätzlich falsch angelegt, solange sie sich auf diskriminierenden Steuerwettbewerb beschränkt und nicht gleichzeitig den allgemeinen Steuerwettbewerb unterbindet. Das Fehlen einer gemeinschaftlichen Politik in diesen Bereichen führt dazu, dass es immer wieder zu Finanzflüssen kommt, deren allokationspolitische Effizienz und Sinnhaftigkeit nicht gegeben ist und die allein aus steuerpolitischen Gründen erfolgen.

Makropolitik und europäische Finanzmärkte. Auch die gesamtwirtschaftliche Orientierung, die sich in der EU seit Beginn der 90er Jahre durchsetzte und sie seit Mitte der 90er Jahre dominiert, ist nicht ohne schädliche Folgen für die Stabilität und Funktionsfähigkeit der Finanzmärkte in der EU geblieben. Das betrifft sowohl die Haushaltspolitik als auch die Geldpolitik.

Haushaltspolitik. Die seit 1991 verstärkte und seit 1997 (Stabilitäts- und Wachstumspakt) fast ausschließliche Konzentration der Haushaltspolitik der EU auf die Verminderung der öffentlichen Defizite hat nicht nur schädliche Wirkungen für Wachstum und Beschäftigung in Europa, sondern auch unerwartete und unerfreuliche Konsequenzen für die europäischen Finanzmärkte gehabt. Sie hat nämlich bewirkt, dass Staatsschuldentitel als die wichtigsten Absorptionskanäle für SparerInnen und anlagesuchendes Kapital nur noch in abnehmendem Maße zur Verfügung standen, während andererseits die Masse dieses Kapitals absolut und relativ stieg. Dies war Europas Beitrag zu der hohen Überschussliquidität, deren Aufbau von der Bank für internationalen Zahlungsausgleich seit Mitte der 90er Jahre beobachtet und kritisch kommentiert wurde, und die zur weltweiten Instabilität der Finanzmärkte und zu den Finanzkrisen in verschiedenen Entwicklungsländern seit Mitte der 90er Jahre wesentlich beigetragen hat.

Geldpolitik. Es gibt nicht nur eine große Diskrepanz zwischen dem völlig vereinheitlichten und zentralisierten Charakter der europäischen Geldpolitik und der ökonomischen und aufsichtsrechtlichen Zersplitterung der Finanzmärkte in Europa. Zu den für die Finanzmärkte folgenreichen Fehlentwicklungen europäischer Politik gehört auch die außerordentlich restriktive Ausrichtung der Geldpolitik der nationalen Zentralbanken seit Maastricht und später der EZB. Sie hat dadurch, dass sie das Zinsniveau trotz abnehmender Inflationsgefahren vergleichsweise hoch gehalten hat, dazu geführt, dass das Wachstum in Europa in den 90er Jahren außergewöhnlich schwach und die Arbeitslosigkeit hoch blieben. Die gleichzeitig stattfindende Umverteilung zugunsten der Gewinne wurde jedoch nicht steuerlich abgeschöpft. Sie hat vielmehr zu einem Aufbau überschüssiger Liquidität geführt, der mangels attraktiver güterwirtschaftlicher Nachfrageperspektiven auf die Finanzmärkte gelenkt wurde, von wo er als Direktinvestitionen, Portfolioinvestitionen und (meist kurzfristige) Bankkredite ins Ausland ging oder zur Überhitzung der europäischen Aktienmärkte beitrug.

3. Vorschläge zur Gestaltung des europäischen Finanzmarktes

Grundsätze. Aufgaben eines funktionsfähigen europäischen Finanzmarktes sind es, erstens die reibungslose Abwicklung des nationalen und internationalen Zahlungsverkehr zu gewährleisten, zweitens die Finanzierung privater und öffentlicher Investitionen und drittens die Bildung langfristiger privater Vermögen zu erleichtern. Die Stabilität des Finanzsektors ist ein öffentliches Gut, das politisch gesichert werden sollte. Die Integration der nationalen Finanzmärkte zu einem europäischen Finanzmarkt ist aus Effizienzgründen sinnvoll, und die dabei entstehende große Liquidität erlaubt gestalterische Eingriffe, ohne dass darunter die Funktionsfähigkeit leidet. Ein funktionsfähiger europäischer Finanzmarkt sollte allerdings nicht mit der Herrschaft der Finanzmärkte verwechselt werden. Er sollte weder die Richtlinien von Regierungspolitiken oder des Managements von Unternehmen bestimmen noch die Grundlage für die soziale Sicherheit der Menschen sein. Ein funktionsfähiger europäischer Finanzmarkt bleibt eingebunden in die Hauptorientierungen einer Wirtschaftspolitik, deren Eckpunkte sinnvolle Beschäftigung, soziale Sicherheit, Gerechtigkeit und ökologische Nachhaltigkeit sowie mehr Demokratie auch in der Wirtschaft sein sollten.

Wettbewerbsrecht. Ein größerer europäischer Finanzmarkt bietet für die international tätigen Großbanken die Möglichkeiten zur Realisierung von Größenvorteilen durch Fusionen und internationale Zusammenarbeit. Europäische Politik sollte dafür sorgen, dass diese Größenvorteile sich auch in besseren Konditionen und niedrigeren Preisen für die NutzerInnen und KundInnen niederschlagen. Hierzu gibt es eine Reihe wettbewerbsrechtlicher Möglichkeiten, wie zum Beispiel die Untersagung missbräuchlicher Ausnutzung von Marktmacht, das Verbot wettbewerbsbeschränkender Absprachen und die Preis- und Gewinnkontrolle.

Finanzaufsicht. Die EU sollte die Stabilität des europäischen Finanzsektors durch schärfere Risikoaufsicht und Beschränkung riskanter Geschäfte von Banken und anderen Finanzunternehmen gewährleisten.

Dazu gehört im Rahmen der *Bankenaufsicht* die Überprüfung der Eigenkapitalvorschriften im Lichte der Entwicklung in den letzten Jahren. Da der Ansatz bankinterner Risikomodelle eine Reihe prinzipieller Nachteile (s.o.) hat, sollte er nicht weiter verfolgt, sondern durch eine Weiterentwicklung und Korrektur der nach Schuldnergruppen standardisierten Eigenkapitalanforderungen ersetzt werden. Dabei ist insbesondere dem hohen Risikogehalt kurzfristiger Kredite (Ausfallrisiko) und Wertpapiere (Marktrisiko) stärker als in den Plänen für Basel 2 Rechnung zu tragen.

Darüber hinaus sind besonders riskante Geschäfte – etwa mit Offshorezentren oder Spekulationsfonds – nicht nur durch besonders hohe Eigenkapitalanforderungen, sondern auch administrativ zu diskriminieren, etwa durch quantitative Beschränkungen oder Verbote derartiger Geschäfte gegenüber den der eigenen Jurisdiktion unterliegenden Instituten.

Bankenstrukturpolitik. Zur Erhaltung der strukturpolitischen Handlungsfähigkeit und zur Gewährleistung der sicheren Geld- und Kreditversorgung in der gesamten EU sollten auf allen Ebenen – Union, Mitgliedsländer, Regionen und Kommunen – entsprechende öffentliche Institutionen zur Verfügung stehen und erhalten werden. Dazu gehören die Europäische Investitionsbank (EIB), auf nationaler Ebene die verschiedenen *nationalen und regionalspezifischen Entwicklungsbanken* und auf kommunaler Ebene *öffentliche Sparkassen* oder ähnliche kleinere Institutionen. Es ist insbesondere nicht zu vertreten, das in verschiedenen Ländern vorhandene Segment der öffentlichen oder öffentlich geförderten Sparkassen, Depot- und Kreditbanken oder den genossenschaftlichen Sektor, soweit diese Institute sich auf die regionale oder lokale Kreditversorgung konzentrieren, einem internationalen Wettbewerb auszusetzen, in dem sie keine Chancen haben und untergehen werden, mit der Folge, dass über kurz oder lang die Geld- und Kreditversorgung in der Fläche sich verschlechtert, wie es beispielsweise in Großbritannien der Fall ist. Eine Politik, die darauf besteht, dass eine stabile Geld- und Kreditversorgung auch auf dem Lande ein wichtiges öffentliches Gut ist, kann und sollte sich auf die im Sommer 2000 von der EU – als seltener Gegenpol zur vorherrschenden Privatisierungs- und Konkurrenzideologie – verabschiedete Richtlinie zur allgemeinen Daseinsfürsorge (general interest) stützen.

Wertpapierhandel. Bei der Gestaltung der Rahmenbedingungen für den Wertpapierhandel geht es einerseits um die Fusion oder Übernahme von Kapitalgesellschaften, andererseits um die Beschränkung kurzfristiger destabilisierender Kapitalbewegungen.

Stakeholdermodell bei Übernahmen. Hinsichtlich der Übernahme von Kapitalgesellschaften sollte eine europäische Richtlinie nicht nur den Schutz der (Klein-) Anleger, sondern in besonderer Weise auch den der Beschäftigten und der von eventuellen Verlagerungen betroffenen Regionen vorsehen. ArbeitnehmervertreterInnen und VertreterInnen der Regionen sollten frühzeitig über Fusions- und Übernahmeabsichten informiert und dazu angehört werden. In für die Beschäftigten und die Region wesentlichen Belangen sollten sie ein Mitentscheidungsrecht, zumindest aber ein Vetorecht mit aufschiebender Wirkung haben. Im Falle von Verlagerungen von Betrieben oder Unternehmen sollten die Muttergesellschaften einen finanziellen Ausgleich für die Regionen bereitstellen, von deren Infrastruktur sie profitiert haben. Für die Beschäftigten sollte ein (befristetes) Verbot von Entlassungen gelten. Derartige Regelungen stehen zwar im Widerspruch zur amerikanischen Tradition der Shareholder-Orientierung, die aktuell auch in Europa um sich greift. Sie würden vermutlich auch das Tempo der Umstrukturierungen auf Unternehmensseite drosseln und sich insofern dem Vorwurf aussetzen, an veralteten Strukturen festzuhalten. Auf der anderen Seite hat die Erfahrung des letzten Jahrzehnts aber auch die Voreiligkeit, Unausgereiftheit und Misserfolge vieler Fusionen und Übernahmen demonstriert, die oft unter einem selbstgemachten Handlungsdruck zustande gekommen sind oder auf eingebildete Zwänge, den Druck von Finanzinvestoren, Machtbesessenheit oder Größenwahn von Konzernvorständen zurückzuführen waren. Demgegenüber erscheint das europäische Stakeholder-Modell zwar schwerfälliger, aber insgesamt nicht nur solider zu sein und mehr den Interessen auch der Nichteigentümergruppen zu entsprechen. Auch hinsichtlich der längerfristigen Effizienz braucht das europäische Managementmodell einen Vergleich mit dem angelsächsischen Shareholdermodell nicht zu scheuen.

Wertpapierumsatzsteuer. Kurzfristige Kapitalbewegungen ohne allokationspolitische Effizienz sollten wegen ihres Destabilisierungspotenzials beschränkt, der Kapitalverkehr insgesamt also entschleunigt werden. Dies kann am besten dadurch geschehen, dass *Wertpapiertransaktionen auf den Sekundärmärkten* (also nicht beim Ersterwerb neu ausgegebener Finanztitel) *besteuert werden.* Dabei sollte die Höhe der Besteuerung umgekehrt proportional zur Laufzeit der Wertpapiere und zur Haltungsdauer gestaltet werden. Hierdurch wird vermutlich der Gesamtumfang des Sekundärmarkthandels zurückgehen. Mit einer Austrocknung der Märkte ist dennoch nicht zu rechnen, weil mit fortschreitender Integration die bislang vorherrschende Segmentierung der Wertpapiermärkte aufgehoben wird und dadurch die Liquidität des neuen Gesamtmarktes erheblich steigt. Ein großer und liquider europäischer Finanzmarkt mit gebremstem Handel ist ein Konzept, das zwar nicht den Interessen derer entspricht, die an jedem Umsatz verdienen, das aber dem Konzept eines stabilen Finanzmarktes als öffentlichen Gutes nahekommt.

Devisentransaktionssteuer (Tobinsteuer). Ein wesentliches Segment der Wertpapiermärkte sind die Devisenmärkte, auf denen der Umsatz besonders groß ist – auch wenn die Einführung des Euro, die Fortschritte des elektronischen Handels sowie die zunehmende Konzentration bei den beteiligten Banken schon zu einem gewissen Rückgang geführt haben. Zur weiteren Beruhigung der Devisenmärkte und zum Schutz gegen den Aufbau spekulativer Wellen ist auch hier die *Besteuerung aller Devisenumsätze* zu empfehlen. Sie sollte – dem neuesten Stand der Diskussion über die *Tobinsteuer* entsprechend – so ausgestaltet werden, dass der Steuersatz in ruhigen Zeiten relativ niedrig (etwa zwischen 0,1% und 0,5%) liegen, jedoch in Zeiten zunehmender Turbulenzen entsprechend den Wechselkursausschlägen steigen sollte, notfalls auf prohibitive Höhen, die dann als eine Art Wellenbrecher gegenüber der Spekulation wirken würden. In diesen Fällen sollten der Waren- und Dienstleistungshandel und die Direktinvestitionen durch entsprechende Ermäßigungen der Einfuhrumsatzsteuer und der Gewinnsteuern geschützt werden.

Auch die Wertpapierumsatzsteuer und die Tobinsteuer werden zu Umsatzrückgängen auf den einzelnen europäischen Finanzmärkten führen. Das ist im Falle einer Finanzkrise der explizite Zweck. In Normalzeiten ist jedoch wegen der Integration der einzelnen nationalen Märkte kein Mangel an Liquidität zu befürchten, sondern eine Beruhigung und Stabilisierung des Marktes zu erwarten.

Im Übrigen ist darauf zu verweisen, dass die EU nach Art. 59 EG-Vertrag über die Möglichkeit verfügt, zumindest befristet (dies aber nicht nur einmal) alle geeigneten Maßnahmen zu ergreifen, die eine aktuelle oder drohende Störung des Funktionierens der Wirtschafts- und Währungsunion durch Kapitalzu- oder -abflüsse abwehren. Hierzu gehören je nach Beurteilung der Lage und Interpretation nicht nur Steuern oder Bardepotpflichten, sondern u.U. auch administrative Kapitalverkehrskontrollen und -beschränkungen. Diese Bestimmung bleibt in der Regel unerwähnt, stellt aber eine wichtige Grundlage für den wirksamen Schutz des europäischen Finanzmarktes gegenüber Turbulenzen der internationalen Finanzmärkte und spekulativen Attacken dar.

Trennung von Finanzmärkten und sozialer Sicherung. Auch bei einer weitgehenden Stabilisierung kann es nicht die Aufgabe des europäischen Finanzmarktes sein, die Systeme der Sozialversicherung über das Kapitaldeckungsverfahren zu finanzieren. Zum einen lassen sich Finanzmarktrisiken letztlich nie ganz ausschalten. Zum anderen führt die Organisation der Alterssicherung über die Kapitalmärkte zwar insgesamt nicht zu einer anderen Verteilung des Sozialproduktes zwischen Aktiven und Inaktiven, wohl aber zu mehr Ungleichheit unter den RentenbezieherInnen je nach der Höhe ihrer privaten Rentenversicherungsbeiträge und der unterschiedlichen Entwicklung ihrer jeweiligen Fonds. Hierdurch wird drittens das Prinzip der gesellschaftlichen Solidarität zerstört und durch das des individuellen Eigennutzens als Hauptverhaltensmaxime ersetzt.

Die in den meisten Ländern der EU nach wie vor überwiegenden und gegenwärtig von Seiten der großen institutionellen Investoren und der EU stark attackierten Systeme der gesetzlichen und umlagefinanzierten – d.h. durch Steuern oder Pflichtbeiträge finanzierten – Alterssicherung und Gesundheitsfürsorge sollten also nicht weiter abgebaut und den Finanzmärkten übertragen, sondern im Gegenteil als ein wesentlicher Grundbestandteil des europäischen Sozialmodells gefestigt und weiter ausgebaut werden. Letzteres kann beispielsweise durch europäische Vereinbarungen und schließlich auch Richtlinien geschehen, die eine öffentlich finanzierte Mindestversorgung sichern und zur Finanzierung alle Einkommen, also auch Kapital- und Vermögenseinkommen, heranziehen.

Besteuerung von Kapitalerträgen und Unternehmensgewinnen. Ein stabiler europäischer Finanzmarkt erfordert eine abgestimmte, Steuerkonkurrenz und Steuererosion vermeidende europäische Steuerpolitik gegenüber Kapitalerträgen (Zinsen und Dividenden) und Unternehmensgewinnen.

Bei der *Zinsbesteuerung* wären eine europäische Harmonisierung der Besteuerung und die Abführung an den EU-Haushalt im Zuge einer Reform des Eigenmittelsystems die beste Lösung. Solange dies nicht durchgesetzt werden kann, sollte die EU zumindest verbindlich verabreden, erstens die Inländer diskriminierende Steuerbefreiung ausländischer Kapitalanleger zu beenden und zweitens auf eine schnelle Einführung von Kontrollmitteilungen gegenüber den Finanzämtern hinzuarbeiten, diese Einführung also nicht von der Kooperation dritter Staaten abhängig zu machen. Eine einheitliche europäische Regelung, bei der die Mitgliedsländer nicht gegeneinander ausgespielt werden können, wird die Funktionsfähigkeit des europäischen Kapitalmarktes deshalb nicht beeinträchtigen, weil die Liquidität auf diesem Markt groß ist (und daher eine gewisse Abwanderung nicht nur verkraftet werden kann, sondern möglicherweise zur Stabilisierung günstig ist), und weil die EU auch nach Durchsetzung der Zinsbesteuerung einer der wenigen Wirtschaftsräume mit stabilen Anlageperspektiven für langfristig orientierte Investoren bleiben wird.

Die *Besteuerung von Unternehmensgewinnen* kann auf absehbare Zeit nicht harmonisiert, sie kann und sollte aber so gestaltet werden, dass allein steuerlich bedingte Kapitalflüsse vermieden werden. Als Schritte dazu sind die Harmonisierung der Bemessungsgrundlage für die Unternehmensbesteuerung sowie die Einführung des Sitzlandsprinzips mit Anrechnung von im Ausland gezahlten Steuern anzusehen. Erstere dient der Verbesserung der Transparenz über die tatsächliche Belastung von Unternehmensgewinnen, letztere der Vermeidung von Verlagerungen von Tochtergesellschaften ins Ausland aus steuerlichen Gründen. Bei Einführung des Sitzlandprinzips würde der gesamte Gewinn eines Konzerns, wo auch immer er ausgewiesen wird, im Mutterland mit dem Steuersatz des Mutterlandes versteuert, wobei von der Steuerschuld im Mutterland bereits im Ausland gezahlte Gewinnsteuern abgezogen werden. Durch eine solche Regelung wird es ökonomisch uninteressant, Gewinne in eigens zu diesem Zweck gegründeten Tochtergesellschaften in Niedrigsteuerländern auszuweisen, weil dadurch eine Steuerminderung nicht möglich ist. Eine Verlagerung von Unternehmenshauptsitzen in Niedrigsteuerländer wird dadurch allerdings nicht verhindert. Hiergegen sind weitergehende Kooperationsmaßnahmen wie z.B die Einführung von Mindestsätzen bei der Körperschaftssteuer erforderlich. Eine sehr langfristige Perspektive ist die Harmonisierung der Körperschaftsteuer.

Makropolitik zur Stabilisierung des europäischen Finanzmarktes. Instabilitäten, Krisen und spekulative Turbulenzen an den Finanzmärkten sind teilweise auch durch verfehlte Makropolitiken in der EU verursacht, zumindest aber verstärkt worden. Die fundamentalistischen Bestimmungen hinsichtlich der Haushaltspolitiken der Mitgliedsländer und der Geldpolitik der nationalen Notenbanken und dann der Europäischen Zentralbank haben das Wachstum gebremst und den Aufbau von nicht real investierbaren Liquiditätsüberschüssen gefördert. Deren Ausweichen auf die Finanzmärkte hat einen Beitrag zur spekulativen Überhitzung geleistet, dem die Krise folgte.

Eine vernünftigere Makropolitik sollte demgegenüber auch die Bedingungen für einen stabilen europäischen Finanzmarkt verbessern, der weniger durch güterwirtschaftlich funktionslose Überschüsse und mehr durch reale Investitionsperspektiven und solide Chancen zur langfristigen privaten Vermögensbildung gekennzeichnet ist. Makropolitik zur Förderung einer stetigen Entwicklung sowie eines Umbaus in Richtung auf ökologisch verträgliche Produktions- und Konsumstrukturen führt zu auch für Finanzmärkte stabilen Rahmenbedingungen. Eine Korrektur der Geldpolitik der EZB und der Haushaltspolitiken der EU und der Mitgliedsländer, die Übernahme von Verantwortung für Wachstum, Beschäftigung und sozialen Zusammenhalt durch die EU würde nicht nur der Beschäftigung und dem sozialen Zusammenhalt unmittelbar zugute kommen, sondern auch wesentliche Ursachen für die Instabilität der Finanzmärkte beseitigen. Sie würde das angelsächsische Modell der »Herrschaft der Finanzmärkte« zurückdrängen und die Finanzmärkte ihrerseits in ein eigenständiges europäisches Entwicklungsmodell einbinden, dessen demokratische, soziale und ökologische Eckpfeiler allerdings noch erheblich gestärkt werden müssen.

4. Gefahr der Kapitalflucht?

Gegen regional begrenzte Steuerungskonzeptionen für Finanzmärkte wird immer wieder eingewandt, dass sie nicht machbar seien, weil das Kapital sich ihnen bei offenen Kapitalmärkten entziehen könne. Wesentliche Geschäfte würden schon heute ohnehin über die Offshore-Zentren laufen. Derartige Behauptungen sind teils Drohgebärden, denen keine realen Möglichkeiten des Kapitals entsprechen. Wo sie ernsthafte Drohungen darstellen, gibt es realistische Chancen für politische Gegenmaßnahmen, die verhindern, dass die Einbindung der Finanzmärkte in eine demokratische Entwicklungsstrategie sabotiert wird.

Die EU ist kein wirtschaftlich uninteressanter und politisch ohnmächtiger Kleinstaat, sondern eine der stärksten Wirtschaftsregionen der Welt. Dass sich *produzierendes Kapital* massenhaft freiwillig aus diesem Teil der Welt zurückzieht, ist äußerst unwahrscheinlich. In Europa ist nicht nur ein enormes produktionstechnisches Know-how vorhanden, sondern auch die Kaufkraft, die die Produkte kaufen kann. Es fragt sich auch, wo die Unternehmen sich denn alternativ niederlassen wollen. Angesichts der Krisen und Erschütterungen der Weltwirtschaft ist Europa eine Insel der Stabilität, deren Attraktivität mittelfristig vermutlich noch zunehmen wird.

Dass Banken, Versicherungen und Börsen in relevantem Umfang aus Europa abziehen werden, wenn die Finanzmärkte neu geordnet und Spekulationsgeschäfte behindert werden, ist ebenfalls unwahrscheinlich. Ein sehr großer Teil des Bank- und Versicherungsgeschäftes ist nach wie vor das Massegeschäft mit Kunden, zu denen in der Regel ein direkter Kontakt besteht. Dass Industriefinanzierung für Europa, Anlage- und Fusionsberatung und andere Dienstleistungen des Investmentbanking für europäische Unternehmen wirklich mit Aussicht auf Erfolg von außerhalb Europas betrieben werden können, muss stark bezweifelt werden. Wahrscheinlich hätten Institute, die in Europa angesiedelt sind und die Verhältnisse kennen, Wettbewerbsvorteile vor überseeischen Unternehmen.

Die Entschleunigung der Finanzmärkte hätte allerdings negative Konsequenzen für die Profite der Spekulanten. Diese Wirkung ist beabsichtigt. Ebenfalls im Sinne der Reform des Finanzsektors ist eine Verminderung des Umsatzvolumens an den Börsen, insbesondere an den Sekundärmärkten. Beides hätte keine negativen Folgen für die Versorgung der Wirtschaft mit Kapital als Finanzierungsmittel für Akkumulation und Produktion. Die Situation der reifen kapitalistischen Länder ist nicht die des Kapitalmangels, sondern die des Überflusses an Geldkapital, das rentable Anlagemöglichkeiten sucht und sie im kurzfristigen Finanzinvestment und der Spekulation findet.

Wenn diese Anlagemöglichkeiten weniger attraktiv gemacht und die produktive Investition begünstigt wird, ist ein Mangel an Finanzierungsmöglichkeiten nicht zu befürchten, ganz abgesehen davon, dass der Kreditsektor jederzeit mit großer Elastizität Kredite bereitstellen kann. Die Verteuerung und Behinderung kurzfristiger Umsätze auf den Wertpapiermärkten würde das Umsatzvolumen vermindern, nicht aber die insgesamt zur Verfügung stehende Kapitalmasse. Sie würde die Umschlagshäufigkeit von Wertpapieren senken und ihre Verweildauer bei den Käufern steigern. Das wäre ein wichtiger Schritt zur Wiederannäherung des Tempos von Finanzströmen an das Tempo von realer Investition und Produktion.

Der Hinweis auf die Offshore-Zentren, deren Existenz eine Neuordnung der Finanzmärkte unmöglich mache, ist weitgehend irreführend. Investmentfonds, Banken und Spekulanten verlegen ihren juristischen Sitz deshalb in Offshore-Zentren, weil sie dort keine oder kaum Steuern zahlen müssen und machen können, was sie wollen, ohne sich an Regeln halten oder Überprüfungen befürchten zu müssen (vgl. Financial Stability Forum 2000b). Der Zweck von Offshore-Zentren liegt im Verstoß gegen Gebote und Umgangsregeln der zivilisierten Welt. Diese Freizonen sind jedoch von PolitikerInnen der zivilisierten Welt geschaffen worden und werden von ihnen toleriert und unterhalten. Es handelt sich in der Mehrzahl um – vielfach von England – abhängige Gebiete, in denen für die meisten Bereiche das Recht des Mutterlandes gilt und für den Steuer- und Finanzbereich andere Gesetze eingeführt wurden – mit Duldung oder sogar auf Betreiben des Mutterlandes.

Der mit der Geste andächtiger Ohnmacht vorgetragene Verweis auf die Existenz und Konkurrenz der Offshore-Zentren ist daher sachlich unzutreffend und politisch irreführend. Die Bewohner der British Virgin Islands oder der Niederländischen Antillen haben sich ebenso wenig in einem Akt revolutionärer Befreiung zum Offshore-Zentrum erklärt wie die Bewohner Langeoogs oder Helgolands. Ihre Inseln sind von der englischen bzw. der niederländischen Regierung zu Sonderzonen erklärt worden – das Gleiche hätte Langeoog oder Helgoland passieren können.

Mittlerweile erkennen jedoch mehr und mehr europäische Regierungen, dass es in ihrem Interesse liegt, die Sonderstellung der Offshore-Zentren zu beenden. Denn durch deren Existenz gehen ihnen viele Milliarden Euro an Steuereinnahmen verloren, was ihre Haushaltslage drastisch verschlechtert und ihre politischen Handlungsmöglichkeiten erheblich einschränkt. Auch die Rolle der Offshore-Zentren bei der Geldwäsche und als Gelegenheit zur Verschleierung der Finanzierung von Verbrechen ist seit längeren bekannt und Gegenstand spezieller Untersuchungsgruppen im Rahmen der EU und der OECD. Nach den Terroranschlägen in New York am 11. September 2001 ist auch die Haltung der USA gegenüber den finanziellen Sonderzonen härter geworden. Die englische Regierung hat bereits 1999 ihre Absicht erklärt, gegen die Offshore-Zentren vorgehen zu wollen (Weser-Kurier vom 11.4.1999, S. 2). Rechtlich ist dies nicht schwierig. Die jeweiligen Gebiete können in die Jurisdiktion der Mutterländer einbezogen werden. Das würde die Zahl der Offshore-Zentren schon drastisch vermindern. Es blieben dann nur noch wenige Zentren mit nationaler Souveränität übrig, wie z.B. die Bahamas im Atlantik, Liechtenstein in der Schweiz oder Luxemburg in der EU.

Eine andere Möglichkeit, die Offshore-Zentren – insbesondere die mit nationaler Souveränität – zu neutralisieren, besteht darin, Geschäfte von Banken in der EU mit Offshore-Zentren zu sanktionieren, sei es durch besondere Veröffentlichung, besondere Aufsicht oder überdurchschnittliche Eigenkapitalanforderungen. Damit ließe sich auch das Problem der Bahamas lösen, und es entspricht im Übrigen auch dem erklärten Interesse aller Regierungen, schärfer gegen die internationale Geldwäsche vorzugehen. Noch einfacher ist es, eine rote Liste der Gesellschaften zu veröffentlichen, die in Offshore-Zentren registriert sind und Geschäfte mit ihnen und mit verbundenen Unternehmen zu untersagen. Das liefe auf eine Art Embargo hinaus. Wie bei allen Embargos gibt es dann noch immer Möglichkeiten der Umgehung durch indirekte Verbindungen über Unternehmen in Drittländern. Das ist in diesem Zusammenhang aber nicht das Wichtigste. Es kommt vor allem darauf an, das politische Klima so zu verändern, dass

Offshore-Zentren tatsächlich diskriminiert und Geschäfte über sie auch öffentlich in den Ruf der Unseriösität, der Gier und des Schmarotzertums geraten. Faktisch ist allerdings sehr wenig geschehen. Der jüngste Bericht des Financial Stability Forum vom März 2002 über die laufenden Arbeiten zur Stabilisierung des Finanzsystems erwähnt unter Offshore-Zentren nur, dass der IWF diese Ländern dahingehend überprüft, wieweit sie internationale Standards erfüllen oder Maßnahmen zu ihrer Erfüllung ergriffen haben (vgl. Financial Stability Forum 2002:21). Zu tatsächlichen Sanktionen gegen »nicht-kooperative« Offshore-Zentren oder gegen ihre Geschäftspartner in den Finanzzentren ist es noch nicht gekommen.

Die Frage sollte nicht lauten, ob es politische und rechtliche Möglichkeiten gibt, eine fortschrittliche Neuordnung der Finanzmärkte zunächst auf europäischer Ebene durchzusetzen und gegen Kapitalflucht und sonstige Attacken zu schützen. Dass diese Möglichkeiten bestehen, ist bei ExpertInnen – übrigens auch in den Banken und anderen Finanzunternehmen – kaum umstritten und wurde vom Financial Stability Forum (vgl. FSF 2000c) ja auch bereits im Frühjahr 2000 ausdrücklich und konkret betont. Die Frage muss lauten, ob der politische Wille und die Energie bestehen, diese Neuordnung auch gegen den Widerstand der großen Finanzinstitute und Spitzenverbände durchzusetzen.

5. Anhang: Kapitalverkehrskontrollen in Europa

Kapitalverkehrskontrollen (KVK) sind politische Maßnahmen zur Regulierung grenzüberschreitender monetärer Transaktionen. Der Begriff der Kontrolle ist hierbei missverständlich, weil er ausschließlich auf administrative Eingriffe abzustellen scheint. Der englische Ausdruck control entspricht eher den deutschen Begriffen »Steuerung« oder »Regulierung« und umfasst auch nicht-administrative Maßnahmen wie ökonomische Anreize. Grenzüberschreitende monetäre Transaktionen sind alle internationalen Geschäfte zur Finanzierung von Handel oder Investitionen, die Auflage von oder der Handel mit Wertpapieren (Anleihen, Aktien, allen Arten von Derivaten) und Währungen ungeachtet ihrer Fristigkeit, also kurz- und langfristige Kredite und Geldmarkt- ebenso wie Kapitalmarkttransaktionen.

In systematischer Hinsicht ist es sinnvoll, zwei Unterscheidungen zu treffen, ohne dass es sich um völlig trennscharfe Abgrenzungen handelt:

a) Administrative versus marktkonforme Kapitalverkehrskontrollen
Administrative KVK sind staatliche Verbote, Beschränkungen oder Genehmigungsvorbehalte bei Kapitaltransfers. Dazu gehören beispielsweise Verbote für Ausländer, mehr als einen bestimmten Anteil (etwa 25% oder 50%) an inländischen Unternehmen zu übernehmen oder Ferienhäuser in Dänemark oder Spa-

nien oder kurzfristige inländische Wertpapiere (Geldmarktpapiere) zu kaufen, die Genehmigungspflicht für Zinszahlungen an Ausländer etc. Die Entscheidung, ob und in welchem Umfang eine Transaktion stattfindet, wird letztlich von den politischen Instanzen getroffen.

Marktkonforme KVK bestehen demgegenüber darin, dass die Kosten für eine Transaktion politisch beeinflusst werden, beispielsweise durch die Einführung oder Variation von Umsatzsteuern für internationale Finanztransaktionen, durch Steuern zum Ausgleich internationaler Zinsdifferenzen oder durch Mindestreserven- oder Hinterlegungspflichten in bestimmter Höhe bei der Kapitalein- oder -ausfuhr. Hierbei bleibt die Entscheidung über die Aus- oder Einfuhr letztlich den betreffenden Unternehmen oder Individuen überlassen. Faktisch kann die politische Festsetzung des Preises (der Steuersätze bzw. der Höhe der Hinterlegungspflicht o.ä.) aber wirken wie eine administrative Maßnahme.

b) Leistungsbilanz- oder kapitalbilanzbezogene KVK

Leistungsbilanzbezogene KVK sind Maßnahmen, die Transaktionen zur Finanzierung des Außenhandels mit Waren und Dienstleistungen betreffen, also zur Bezahlung von Importen oder Auslandsaufenthalten etc. Hier gibt es bereits seit 1958/59 eine umfassende Liberalisierung.

Demgegenüber zielen *kapitalbilanzbezogene* KVK auf monetäre Geld- und Kapitalflüsse, denen kein unmittelbarer güterwirtschaftlicher Transfer in entgegengesetzter Richtung entspricht. Dabei handelt es sich z.B. um Direktinvestitionen im Ausland, den Kauf von ausländischen Aktien oder anderen Wertpapieren, die Kreditvergabe an Unternehmen, Individuen und Regierungen im Ausland sowie den reinen Devisenhandel. In der Praxis sind kurzfristige Kapitaltransfers, etwa zu dem Zweck, Zinsdifferenzen auszunutzen, schwierig von handelsbezogenen Transfers zu unterscheiden – was ihre selektive Kontrolle erschwert.

Entwicklung der KVK. Die Geschichte der KVK umfasst nur einen kurzen Abschnitt – rund 60 Jahre – in der bisherigen Geschichte des Kapitalismus. Andererseits umfassen diese 60 Jahre über die Hälfte des 20. Jahrhunderts, nämlich die Zeit vom Ersten Weltkrieg bis Mitte der 70er Jahre. Heute sind – unter dem Ansturm neoliberaler Ideologie und Politik und unter dem Druck der Interessen der Finanzkonzerne – Kapitalverkehrskontrollen in den Industrieländern der OECD so gut wie vollständig abgeschafft. In den meisten Entwicklungs- und Schwellenländern spielen sie allerdings immer noch eine gewisse Rolle.

Natürlich haben die politisch Herrschenden immer auf das Geld und Vermögen der Untertanen zugegriffen und in diesem Zusammenhang auch Maßnahmen gegen Kapitalflucht ins Ausland ergriffen. Während der Entwicklung und der Blütezeit des Kapitalismus gab es jedoch kaum Beschränkungen des internationalen Kapitalverkehrs: Gestützt auf den Goldstandard konnten private Unternehmen uneingeschränkt im Ausland investieren, den Bau von Eisenbahnen oder Telegrafenleitungen durch eigene Aktiengesellschaften, Kredite an ausländische Unternehmen oder Anleihen für fremde Regierungen finanzieren. Der Kapitalexport der führenden imperialistischen Länder (England, Frankreich, Deutschland und die Niederlande) war daher, gemessen als Prozentsatz des jeweiligen Sozialproduktes, in den zwei Jahrzehnten vor dem Zweiten Weltkrieg doppelt so hoch wie in den 80er und 90er Jahren des 20. Jahrhunderts (vgl. IMF 1997: 113f.). Aktien und Anleihen wurden international gehandelt.

Beschränkungen des internationalen Kapitalverkehrs kamen erst als Folge von Krieg und Krise auf. Mit dem Ausbruch des Ersten Weltkriegs hob England den Goldstandard auf, der damit als internationales Währungssystem zusammenbrach, und führte Devisen- und Kapitalverkehrsbeschränkungen ein. Versuche zur Wiederherstellung des Vorkriegssystems in den 1920er Jahren scheiterten, weil die unumstrittene englische Führungsposition erschüttert war und die internationale Konkurrenz schärfer wurde. Mit dem Beginn der großen Weltwirtschaftskrise führten alle Länder zunehmend schärfere Kapitalverkehrskontrollen und -beschränkungen ein. Internationale Kapitalbewegungen, insbesondere der massenhafte Abzug kurzfristiger Kredite, sowie die Aktien- und Währungsspekulation wurden als wesentliche Ursachen ökonomischer und dann auch politischer Instabilität angesehen. Beschränkungen des internationalen Kapitalverkehrs sollten auch – und womöglich in erster Linie – dazu dienen, die eigenen Gold- und Devisenreserven zu schützen und massenhafte Kapitalflucht zu vermeiden. Als Folge kam der internationale Kapitalverkehr in den 30er Jahren fast vollständig zum Erliegen (vgl. ebenda: 115).

Bei der Konferenz in Bretton Woods im Jahre 1944 standen der Wiederaufbau der überall – mit Ausnahme der USA – stark zerstörten Wirtschaft sowie die Wiederbelebung des Welthandels an erster Stelle auf der internationalen Tagesordnung. Es bestand Einigkeit darüber, dass es, um diese Ziele zu fördern, vor allem erforderlich sei, erstens ein stabiles internationales Zahlungs- und Wechselkurssystem zu etablieren und zu diesem Zweck Maßnahmen zur baldigen Wiederherstellung der leistungsbilanzbezogenen Konvertibilität zu ergreifen. Gleichzeitig gab es jedoch einen unumstrittenen Konsens darüber, dass die politische Steuerung und Beschränkung aller anderen Kapitalbewegungen »ein Schlüsselelement« des Systems fester und anpassungsfähiger Wechselkurse sein müssten. Kapitalverkehrskontrollen sollten durch geeignete politische Maßnahmen der Nationalstaaten etabliert werden, allerdings ohne dass dadurch die monetären Geldströme zur Finanzierung des Welthandels beeinträchtigt würden. Die Bestimmungen des Internationalen Währungsfonds sahen daher – und sehen heute noch! – vor, dass »members may exercise such controls as are necessary to regulate international capital movements, but no member may exercise these controls in a manner which will restrict payments for current transactions...« (Artikel VI, Absatz 3, der Articles of Agreement des IWF)

Diese ausdrückliche Erlaubnis von KVK in der »Verfassung« des IMF kann angesichts der seit mehr als 20 Jahren andauernden neoliberalen Wende des Fonds erstaunen – und ist gegenwärtig ein besonderer Stein des Anstoßes und Gegenstand von Versuchen, diese Bestimmung abzuschaffen. Zur damaligen Zeit drückte sie jedoch das weitgehend unumstrittene Verständnis aus, dass internationale Finanzflüsse die Durchführung nationaler Wirtschaftspolitik stören können und dies nicht sollten. Alle Länder der OECD (mit Ausnahme der USA, die als ökonomische und finanzielle Supermacht keine störenden Einflüsse von Seiten ausländischer Kapitalbewegungen zu fürchten hatte) behielten daher nach dem Krieg die zuvor eingeführten KVK bei oder führten neue ein.

Die ersten drei Jahrzehnte nach dem Zweiten Weltkrieg waren die Jahrzehnte der dichtesten Kapitalverkehrsbeschränkungen in der bisherigen Geschichte des internationalen Kapitalismus. Sie waren zugleich die Zeiten außerordentlich hohen Wachstums, der annähernden Vollbeschäftigung, hoher Realeinkommenssteigerungen und gesellschaftlichen Fortschritts. Diese positive Bilanz lässt sich zwar nicht einfach auf die Existenz und den Einsatz von KVK zurückführen. Umgekehrt können aber erst recht nicht die gegenwärtig vielfach vorgebrachten Behauptungen überzeugen, KVK seien ökonomisch wachstumshemmend und schädlich. Plausibel scheint es vielmehr, dass KVK dazu beigetragen haben, den Nachkriegswiederaufbau in den einzelnen Ländern vor störenden Kapitalbewegungen zu schützen.

Nachdem dieser nationale Aufbau in den meisten Ländern gut vorangekommen war und auch der internationale Handel wieder erheblich zugenommen hatte, hoben die westeuropäischen Länder zum 1.1.1958 die Beschränkungen für den Teil des Devisenverkehrs auf, der sich auf den Außenhandel bezog. Japan folgte sechs Jahre später. Alle Länder bis auf Deutschland, das darüber hinaus die Beschränkungen für alle anderen Arten von Transaktionen aufhob, behielten jedoch die politische Kontrolle des internationalen Kapitalverkehrs bei.

Dies änderte sich zunächst auch nicht dadurch, dass die 1960 gegründete OECD in ihren Statuten nicht nur die Liberalisierung des Zahlungsverkehrs vorsah, sondern auch die Beseitigung von Kapitalverkehrskontrollen auf die Tagesordnung setzte. (Artikel 2: »...pursue their efforts to reduce or abolish obstacles to the exchange of goods and services and current payments and maintain the liberalization of capital movements.«) Im Gegenteil, in den 60er und 70er Jahren führten auch die USA und Deutschland befristete KVK zur Abwehr unerwünschter Kapitalabflüsse (USA) bzw. Kapitalzuflüsse (Deutschland) ein.

Die *USA* erhoben im Jahre 1996 eine *Zinsausgleichssteuer* in Höhe von 1% auf Kapitalanlagen von Amerikanern im Ausland, um den Gewinn aus den dortigen höheren Zinsen zu neutralisieren und die Anleger vom Kapitalexport abzuhalten. In dem darauf folgenden Jahrzehnt »a range of controls was imposed by U.S. authorities on both short- and long-term capital flows involving banks, portfolio investors, and multinationals« (Shafer: 123).

Deutschland nahm schon 1959, ein Jahr nach ihrer Verkündung, die volle Liberalisierung des Kapitalverkehrs teilweise zurück und erließ bis Ende der 70er Jahre eine Fülle von Maßnahmen, deren Zweck vor allem darin lag, den Zufluss ausländischen Kapitals immer dann zu beschränken, wenn er drohte, die binnenwirtschaftliche Preisstabilität und die Kontrolle der Bundesbank über die monetäre Entwicklung zu gefährden (vgl. Tabelle 26). Insgesamt gab es Mitte der 70er Jahre »the most extensive use by OECD countries of controls on both inflows and outflows of capital of any time after the early 1960s« (Shafer: 125).

Auch der 1961 von den dreizehn Gründungsmitgliedern der OECD verabschiedete Kodex zur Liberalisierung von Kapitalbewegungen ist eher ein eindrucksvolles Dokument wirtschaftspolitischer Rhetorik als ein wirksames Instrument zur Beseitigung von KVK. Er enthält zwar die Selbstverpflichtung der Mitgliedsländer, »to abolish between one another ... restrictions on movements of capital«, schränkt dies aber unmittelbar darauf durch den Zusatz ein: »to the extent necessary for effective econmic co-operation.« (Art. 1) Überdies gibt Art. 7 den Mitgliedsländern weitgehende Rechte, bestimmte Liberalisierungen nicht anzuwenden oder zu widerrufen. Der Kodex enthält in Anhang D in einer »Allgemeinen Liste internationaler Kapitalbewegungen und bestimmter damit zusammenhängender Operationen«, eine Definition und Auflistung von 16 Gruppen von Tatbeständen dessen, was unter internationalen Kapitalbewegungen zu verstehen ist. Er enthält ferner in Anhang A zwei Listen A und B, der alle Tatbestände der Liste D alternativ zugeordnet werden. Hinsichtlich der Liste A können die Mitglieder unter bestimmten Bedingungen, hinsichtlich der Liste B jederzeit uneingeschränkt Vorbehalte geltend machen. Diese Vorbehalte, die faktisch Ausnahmen von der Liberalisierungsverpflichtung darstellen, werden in einem Anhang B (»Reservations to the Code of Liberalisations of Capital Movements«) aufgeführt und jeweils ergänzt. Während der Text des Kodex in der Fassung von 1997 in der offiziellen OECD-Publikation 21 Seiten umfasst, sind die Ausnahmen – mehr als ein Vierteljahrhundert nach der Verabschiedung des Kodex – auf 114 Seiten niedergelegt. Außer Luxemburg machen alle Länder von dem Ausnahmerecht Gebrauch, in besonderem Umfang die Länder, die in den letzten Jahren Mitglieder der OECD geworden sind: Mexiko (1994), Tschechien (1995), Ungarn, Polen und Korea (alle 1996). Milde ausgedrückt »the Code has not been a very powerful liberalization instrument«. (Bakker: 52)

KVK in der EU. Auch die Europäischen Gemeinschaften sind anfänglich sehr zögernd in Sachen Kapitalliberalisierung gewesen, mittlerweile aber einen entscheidenden Schritt weitergegangen. Zunächst war im EWG-Vertrag von 1957 in Art. 67 die Liberalisierung nur insoweit vorgesehen, »soweit sie für das Funktionieren des Gemeinsamen Marktes erforderlich ist«. Der Ministerrat verab-

Tabelle 26: Kapitalverkehrskontrollen in der Bundesrepublik Deutschland

Jahr	Datum	E/L[1]	Maßnahme
bis 1958			**Kontolle aller grenzüberschreitenden Kapitalbewegungen**
1958	16.1.	L	Inländer dürfen Auslandskonten in Auslandswährung halten
	1.7.	L	Freigabe inländischer Direktinvestitionen durch Ausländer
1959	1.5	L	Freigabe aller Beschränkungen für Kapitalimport
1960	4.6.	E	Verbot der Zinszahlung für DM-Konten von Ausländern im Inland
			Verbot des Verkaufs von Geldmarktpapieren an Ausländer
1961	1.9.	L	Das Außenwirtschaftsgesetz tritt in Kraft
			Aufhebung von Devisenbeschränkungen
1965	25.3.	E	Einführung einer Quellensteuer für Zinseinkommen von Ausländern
1968	1.12.	E	Einführung einer Mindestreservepflicht für die Zunahme von Bankverbindlichkeiten gegenüber dem Ausland (Auslandseinlagen)
1969	31.10.	L	Abschaffung der am 1.12.1968 eingeführten Mindestreservepflicht
1970	1.4.	E	Wiedereinführung der am 31.10.99 abgeschafften Mindestreservepflicht
1971	10.5.	E	Verbot der Zinszahlung auf Bankguthaben von Ausländern
			Verbot des Kaufs von Geldmarktpapieren durch Ausländer
1972	1.3.	E	Einführung einer Bardepotpflicht für Verbindlichkeiten gegenüber Ausländern
	1.7.	E	Verbot des Verkaufs festverzinslicher Wertpapiere an Ausländer
			Verschärfung der Bardepotpflicht
1973	1.2.	E	Verbot der Kreditvergabe an Ausländer
	22.6.	E	weitere Verschärfung der Bardepotpflicht
1974	1.1.	L	Abschaffung der Mindestreservepflicht auf Auslandseinlagen (1.4.70)
	1.4.	L	Verminderung der Bardepotpflicht
			Abschaffung der Genehmigungspflicht für die Kreditvergabe an Ausländer (mit Ausnahme festverzinslicher Wertpapiere mit einer Restlaufzeit von unter 4 Jahren)
	15.9.	L	Abschaffung der Bardepotpflicht
1975	1.9.	L	Abschaffung des Verbots der Zinszahlung für DM-Einlagen von Ausländern
			Abschaffung der Genehmigungspflicht für den Verkauf festverz. WP mit einer Restlaufzeit von unter 4 Jahren an Ausländer
1977	15.12.	E	Wiedereinführung der am 1.9.1975 abgeschafften Genehmigungspflicht
1978	1.1.	E	Wiedereinführung einer Mindestreservepflicht für die Zunahme von Auslandseinlagen
	1.6.	L	Wiederabschaffung der am 1.1.1978 eingeführten Mindestreservepflicht
1980	17.3.	L	Lockerung der Beschränkungen für den Verkauf kurzfristiger Wertpapiere an Ausländer
1981	12.3.	L	Abschaffung aller Beschränkungen des Verkaufs von kurzfristigen DM-Papieren an Ausländer.
ab 1981	**12.3.**		**Es gibt keine Kapitalverkehrsbeschränkungen mehr**

[1] E = Einführung von KVK, L = Liberalisierung oder Aufhebung von KVK.
Zusammengestellt nach: Age F.P. Bakker, The Liberalization of Capital Movements in Europe.
The Monetary Committee and Financial Integration 1958-1994, Dordrecht u.a. 1996, S. 264-278

schiedete zwar im Mai 1960 eine Richtlinie zur Liberalisierung des Kapitalverkehrs, die aber ähnlich wie ein Jahr später der OECD-Kodex mit vier verschiedenen Listen operierte und keine echten Verpflichtungen enthielt. Die Zeit Ende der 60er, Anfang der 70er Jahre stand ganz im Zeichen verstärkter KVK durch die einzelnen Mitgliedsländer. »For some time the *regulation of capital flows* became even one of the proclaimed aims of monetary policy.« (Bakker: 250) Im Jahre 1972 erließ der Ministerrat sogar eine Richtlinie, die die Mitgliedsländer verpflichtete, geeignete Instrumente *für* den Einsatz von KVK bereitzustellen. (RL 72/156/EEC v. 21.3.1992). Kurz: »Capital liberalization in a Community framework was deadlocked for nearly twenty years« (ebenda).

Erst mit dem 1985 gestarteten Projekt der Vollendung des einheitlichen europäischen Binnenmarktes kam neue Bewegung in das Thema: Die Beseitigung aller Kapitalverkehrsbeschränkungen wird als eine der vier grundlegenden Freiheiten des Binnenmarktes in der 1986 verabschiedeten und 1987 in Kraft getretenen »Einheitlichen Europäischen Akte« angeführt. 1986 gibt es dann eine Richtlinie zur Liberalisierung mit Ausnahmen (RL86/566/EEC vom 17.11.1996) und 1988 den Durchbruch mit einer Richtlinie (RL88/361/EECvom 17.11.1986), in der die vollständige Liberalisierung aller Kapitalbewegungen zwischen den Mitgliedsländern der EG bis zum 1.7.1990 vorgesehen ist (mit längeren Übergangsfristen bis 1994 für Portugal, Spanien und Griechenland). Dieses Datum gilt als der Beginn der ersten von drei Stufen der Europäischen Wirtschafts- und Währungsunion.

Der *Vertrag von Maastricht* (beschlossen im Dezember 1991, unterzeichnet im Februar 1992 und in Kraft getreten am 1.11.1993) enthält in Art. 56, Abs.1 die Vorschrift, dass ab 1.1.1994 »alle Beschränkungen des Kapitalverkehrs zwischen den Mitgliedsstaaten sowie zwischen den Mitgliedsstaaten und dritten Ländern verboten« sind und das gleiche Verbot in Art. 56, Abs. 2 für Beschränkungen des Zahlungsverkehrs.

Auch diese Verbote sind jedoch nicht bedingungslos. In den nachfolgenden Artikeln gibt es vielmehr fünf Gruppen von Ausnahmebestimmungen. *Erstens* (Art. 57, Abs. 1) berührt das Verbot nicht die am 31.12. 1993 bereits bestehenden Regelungen über den Kapitalverkehr mit dritten Ländern. *Zweitens* (Art. 57, Abs. 2) kann der Rat »mit qualifizierter Mehrheit Maßnahmen für den Kapitalverkehr mit dritten Ländern im Zusammenhang mit Direktinvestitionen einschließlich Anlagen in Immobilien, mit der Niederlassung, der Erbringung von Finanzdienstleistungen oder der Zulassung von Wertpapieren zu den Kapitalmärkten beschließen« (wobei er, wenn diese Maßnahmen einen Rückschritt gegenüber dem erreichten Stand der Liberalisierung bedeuten, einstimmig beschließen muss). *Drittens* (Art. 58) sind die Mitgliedsländer berechtigt, »die unerlässlichen Maßnahmen zu treffen, um Zuwiderhandlungen gegen innerstaatliche Rechts- und Verwaltungsvorschriften, insbesondere auf dem Gebiet des Steuerrechts und der Aufsicht über Finanzinstitute, zu verhindern, sowie Meldeverfahren über den Kapitalverkehr zwecks administrativer oder statistischer Information vorzusehen oder Maßnahmen zu ergreifen, die aus Gründen der öffentlichen Ordnung oder Sicherheit gerechtfertigt sind.« Mit anderen Worten: Zum Zwecke etwa der Verhinderung von Steuerflucht können, wenn es anders nicht geht, auch Kapitalverkehrsbeschränkungen eingeführt werden. *Viertens* (Art. 59) kann der Rat »(f)alls Kapitalbewegungen nach oder aus dritten Ländern unter außergewöhnlichen Umständen das Funktionieren der Wirtschafts- und Währungsunion stören oder zu stören drohen, ... mit qualifizierter Mehrheit auf Vorschlag der Kommission und nach Anhörung der EZB gegenüber dritten Ländern Schutzmaßnahmen mit einer Geltungsdauer von höchstens sechs Monaten treffen, wenn dies unbedingt erforderlich ist.« Wiederholungen dieser Maßnahmen werden nicht ausgeschlossen, sind also möglich. Die Anwendung dieser Bestimmung kann ein wirksamer Schutz gegen Spekulationswellen sein. *Fünftens* schließlich (Art. 60) kann der Rat »die notwendigen Sofortmaßnahmen auf dem Gebiet des Kapital- und Zahlungsverkehrs« gegenüber dritten Ländern als Instrument der *Wirtschaftssanktion* einsetzen, die durch den Art. 228a als politisches Instrument der EU neu in den EG-Vertrag eingeführt wurde. Auch die EU hat sich also zahlreiche Möglichkeiten geschaffen, letztlich doch Zuflucht zu Kapitalverkehrsbeschränkungen zu nehmen.

Dennoch kam es ab Mitte der 70er Jahre zu einer Welle der Liberalisierung des Kapitalverkehrs in den OECD-Ländern, die mittlerweile weitgehend abgeschlossen ist (vgl. Tabelle 27). Sie kann nicht auf die verbindlichen Verpflichtungen des OECD-Regelwerkes zurückgeführt werden, denn derartige Verbindlichkeiten gab und gibt es nicht. Sie ergibt sich auch nicht zwingend aus den Rechtsvorschriften der EU, die im Übrigen erst erlassen wurden, nachdem die Liberalisierung in den großen Ländern bereits beendet war.

Die Ursachen und Hintergründe für die tatsächliche Beseitigung der Schranken für den zwischenstaatlichen Geld- und Kapitalverkehr dürften vielmehr in drei Faktoren liegen:

Erstens zwingt der Übergang von einem Regime fester zu einem Regime schwankender Wechselkurse, d.h. eine Privatisierung des Wechselkursrisikos, international tätige Unternehmen dazu, sich gegen diese Risiken durch private Geschäfte abzusichern. Dies geschieht unter anderem durch das Halten und die flexible Umschichtung diversifizierter Währungsportfolios. Deren Zusammenstellung und Anpassung wird durch die Befreiung internationaler Geld- und Kapitalbewegungen von politischen Beschränkungen erleichtert. Insofern liegt Kapitalliberalisierung im Interesse international operierender Unternehmen.

Zweitens liegt die Beseitigung aller Beschränkungen für den internationalen Geld- und Kapitalverkehr im besonderen Interesse der großen Finanzmarktakteure, der führenden Geschäfts- und vor allem Investmentbanken, der Investment- und Pensionsfonds sowie der Versicherungen als institutionelle Anleger.

Tabelle 27: Liberalisierung des Kapitalverkehrs in den Mitgliedsländern der OECD

Jahr	Land	Bemerkungen
1958	Deutschland	Liberalisierung des Zahlungsverkehrs in allen westeuropäischen Ländern, in D auch des Kapitalverkehrs
1964	Japan	Liberalisierung des Zahlungsverkehrs
1974	USA	Abschaffung aller seit 1963 eingeführten KVK; vor 1963 gab es keine KVK
	Schweiz	Vollständige Abschaffung
1979	Großbritannien	Vollständige Abschaffung
1980	Japan	Teilliberalisierung (Liberalisierung, wenn nicht anders bestimmt)
1981	Deutschland	Abschaffung aller zwischenzeitlich eingeführten KVK
1983	Australien	Weitgehende Abschaffung aller KVK
1984	Neuseeland	Weitgehende Abschaffung
1986	Niederlande	Vollständige Abschaffung
1988	Dänemark	Vollständige Abschaffung
1989	Frankreich	Vollständige Abschaffung
1990	Italien	Vollständige Abschaffung
	Belgien/Luxemburg	Vollständige Abschaffung
1992	Spanien	Vollständige Abschaffung
	Portugal	Vollständige Abschaffung
1994	Griechenland	Vollständige Abschaffung

Quelle: Age F.P. Bakker: 264-275, Shafer:120-132

Da der Finanzsektor in den USA in den 1960er und 1970er Jahren weit besser entwickelt war als in Europa, war die Perspektive realistisch, durch Liberalisierung des Kapitalverkehrs erhebliche Marktanteile im ausländischen Finanzgeschäft erobern zu können. Die USA gehörten daher von Anfang an zu den stärksten Befürwortern einer Liberalisierung der Kapitalmärkte.

Drittens aber spielte auch Deutschland eine entscheidende Rolle, und dies nicht nur aus allgemeinen marktradikalen und ideologischen Gründen. Für Deutschland und insbesondere die Deutsche Bundesbank war die Liberalisierung des Kapitalverkehrs ein Instrument der Disziplinierung gegenüber den europäischen Nachbarn und zugleich ein Hebel, um eine symmetrische Verteilung der Anpassungslasten bei innereuropäischen Ungleichgewichten im Rahmen von Festkurssystemen – erst Bretton Woods und dann ab 1979 das Europäische Währungssystem (EWS) – abzuwehren. Denn, so die Überlegung (vgl. dazu Bakker: 252-255), bei national segmentierten Kapitalmärkten und festen Wechselkursen würde sich eine expansive Wirtschaftspolitik eines Landes, die mit im Vergleich zu den deutschen höheren Preissteigerungsraten verbunden wäre, in einer (im Vergleich zur DM) Überbewertung der Währung dieses Landes und – infolge seiner höheren Importe aus der Bundesrepublik – zu einem Aufwertungsdruck der DM führen. Die dann im Rahmen des EWS fälligen Interventionen der Bundesbank – Kauf der ausländischen Währung für DM – würden aber zu steigenden Preisen auch in Deutschland führen. Bei offenen Kapitalmärkten dagegen würden höhere Inflationsraten im Ausland dort zu Kapitalflucht führen und dadurch einerseits einen Abwertungsdruck erzeugen und andererseits die betroffenen Länder dazu zwingen, die Zinsen zu erhöhen, um Kapital im Land zu halten. Dies würde über eine Drosselung der Investitionen und der Produktion (und eine Steigerung der Arbeitslosigkeit) die Inflationsrate senken und so die Anpassungslast auf das Land beschränken, das vom Stabilitätskurs nach deutschem Vorbild abweicht. Schließlich würde dies alles das betreffende Land über kurz oder lang zwingen, sich dem deutschen Konzept anzupassen und es in seiner Wirtschaftspolitik zu übernehmen. Die Liberalisierung des Kapitalverkehrs war also ein wesentliches Instrument bei der Durchsetzung der deutschen wirtschaftspolitischen Konzeption in Westeuropa.

Bei alledem ist es jedoch bemerkenswert, dass weder die einzelnen Länder noch die EU als supranationale Institution die Möglichkeit aus der Hand gegeben haben, im Not- oder auch nur im Bedarfsfall auf Kapitalverkehrsbeschränkungen aller Art zurückzugreifen. Zu erklären ist dies wohl einerseits mit dem bei aller Marktrhetorik unterschwelligen Misstrauen der politischen Akteure in die Effizienz der internationalen Kapitalmärkte. Andererseits spielt wohl die härtere internationale Konkurrenz und die Überlegung eine Rolle, im Notfall auch Kapitalverkehrsbeschränkungen als Mittel des Konkurrenzkampfes einzusetzen, wie es im Bereich des internationalen Handels trotz der Existenz eines offiziellen Freihandelsregimes und der Tätigkeit der WTO ebenfalls der Fall ist.

Dass die vielen Ausnahmen und noch zahlreicheren Ausnahmemöglichkeiten in den Bestimmungen zur Freiheit des internationalen Kapitalverkehrs, die aus neoliberaler und marktradikaler Perspektive als kritikwürdige Inkonsequenz und Halbherzigkeit erscheinen muss, in der – weitgehend von neoliberaler Ideologie beherrschten – Öffentlichkeit nicht etwa gegeißelt, sondern überwiegend schlicht verschwiegen werden, dürfte auch mit der Befürchtung zu tun haben, dass eine öffentliche Diskussion über diese angeblichen Versäumnisse schlafende Hunde wecken könnte. Es könnte in einer solchen Diskussion ja die Erkenntnis wachsen, dass Kapitalverkehrskontrollen nicht nur ein eigentlich sinnvolles und wirksames Instrument der Wirtschaftspolitik, sondern dass sie auch rechtlich zulässig sind. Daraus könnte wiederum die Absicht wachsen, dieses Instrument nicht nur als Waffe in der internationalen Konkurrenz, sondern zur Absicherung einer Wirtschaftspolitik für mehr Beschäftigung, sozialen Ausgleich und Gerechtigkeit gegenüber den Attacken der Finanzmärkte einzusetzen.

Literatur

Abelshauser, Werner, 1987, Die langen fünfziger Jahre. Wirtschaft und Gesellschaft der Bundesrepublik Deutschland 1945-1966, Düsseldorf (suhrkamp)

Aglietta, Michel, 1976, Régulation et crises du capitalisme. L'experience des Etats Unis, Paris

Aglietta, Michel, 1991, Le risque de système, in: Revue d'économie financière, Nr. 18, S. 61-87

Aglietta, Michel, 1996, Défaillances des marchés financiers et risque systémique, in: Revue d'économie financière, Nr. 37, S. 113-143

Aglietta, Michel, 1995, Macroéconomie financière, Paris

Altvater, Elmar, Birgit Mahnkopf, 1996 (4., überarb. und erweiterte Aufl. 1999), Grenzen der Globalisierung. Ökonomie, Ökologie und Politik in der Weltgesellschaft, Münster

Altvater, Elmar, Jürgen Hoffmann, Willi Semmler, 1979, Vom Wirtschaftswunder zur Wirtschaftskrise. Politik und Ökonomie in der Bundesrepublik, Berlin

Appel des économistes pour sortir de la pensée unique, 1997, La monnaie unique en débat. Nouvelles perspectives, Paris

Arbeitsgruppe Alternative Wirtschaftspolitik, 1998, Bewegung in Europa, Blockade in Deutschland – Kurswechsel für Beschäftigung, Memorandum '98, Köln

Arestis, Philip, Malcolm Sawyer, 1997, How many cheers for the Tobin transactions tax? in: Cambridge Journal of Economics, 21, S.753-768

Artis, M.J., 1992, British banking legislation, 1992, in: Newman/Milgate/Eatwell, Bd. 1, S. 238f.

Bakker, Age F.P., 1996, The Liberalization of Capital Movements in Europe. The Monetary Committee and Financial Integration 1958-1994, Dordrecht u.a. (Kluwer Academic Publishers)

The Banker, 30th anniversary listing, July 1999, S.85-163

Barro, Robert J., 1997, Determinants of economic growth: a cross-country empirical study, Cambridge

Basel Committee on Banking Supervision, 1999, Banks interaction with highly leveraged institutions, 28.1.1999 (www.bis.org.publ/bcbs45/htm)

Basel Committee on Banking Supervision, 1999a, A New Capital Adequacy Framework. Consultative Paper issued by the Basel Committee on Banking Supervision, Basel

Beike, Rolf, Johannes Schlütz, 2001, Finanznachrichten lesen – verstehen – nutzen: ein Wegweiser durch Kursnotierungen und Marktberichte, 3. Auflage, Stuttgart

Belaisch, Agnès, Laura Kodres, Joaquin Levy and Angel Ubide, 2001, Euro-Area Banking at the Crossroads. IMF Working Paper WP/01/28, Washington D.C.

Bernstein, Jared, Irwin Garfinkel, 1994, Welfare Reform. Fixing the System from Inside and Out. In: Lawrence Mishel, Jared Bernstein (Hrsg.) 1994, The State of

Working America, Washington, S. 173-190

Beveridge, William H., 1946, Vollbeschäftigung in einer freien Gesellschaft. Eine Zusammenfassung, (1944), Hamburg

Bhagwati, Jagdish, 1998, The Capital Myth. The Difference between Trade in Widgets and Dollars, in: Foreign Affairs, H. 3, S. 7-12

BIS 1998: Bank for International Settlements, 1998, The Global OTC Derivatives Market at end-June 1998, Basel December, www.bis.org/publ/otc_hy9812.htm

BIS 2001: Bank for International Settlements, 2001, Central bank survey of foreign exchange and derivatives market activity in April 2001: preliminary data

BIS 2001a: Bank for International Settlements, 2001a, The Global OTC Derivatives Market at end-June 2001. Second part of the triennial Central Bank Survey of Foreign Exchange and Derivatives Market Activity

BIZ 1998, Bank für internationalen Zahlungsausgleich, 1998, 68. Jahresbericht, 1. April 1997-31. März 1998, Basel

BIZ, Bank für internationalen Zahlungsausgleich, diverse Jahresberichte, Basel

Boissieu, Christian de, 1992, France: monetary and financial system, in: Newman/Milgate/Eatwell, Bd. 2, S. 185-190

Boris, Dieter, Ingo Malcher, 2001, Argentinien am Ende der neoliberalen Sackgasse, in: Z. Zeitschrift Marxistische Erneuerung, Nr. 48, Dezember, S. 47-59

Bowles, Samuel, David M. Gordon, Thomas E. Weisskopf, 1984, Beyond the Waste Land. A Democratic Alternative to Economic Decline, Garden City

Bowles, Samuel, David M. Gordon, Thomas E. Weisskopf, 1990, After the Waste Land. A Democratic Economics for the Year 2000, Armonk, London

Boyer, Robert, 1986, La théorie de la régulation: une analyse critique, Paris

Boyer, Robert, Daniel Drache (Hrsg.), States against Markets. The limits of globalisation, London und New York 1996 (Routledge)

Butterwegge, Christoph, 1978, Markt, Plan, Profit. Zur politischen Ökonomie der Investitionslenkung, in: Marxistische Studien. Jahrbuch des IMSF 1/1978, S. 58-81

BVI, Bundesverband Deutscher Investment- und Vermögensanlagegesellschaften, Investment 2002, Daten, Fakten, Entwicklungen, Frankfurt/M.

Capie, Forrest, 1992, European Payments Union, in: Newman/Milgate/Eatwell, Bd. 1, S. 806f.

CEPS 1998, Centre for European Policy Studies, Capital Markets and EMU, Brussels

Chadha, Bankin, Anne Jansen, 1998, The Hedge Fund Industry: Structure, Size and Performance, in: Eichengreen/Mathieson (ed.), Hedge Funds,...a.a.O., S. 27-41

Chavagneux, Christian, 2001, Prudential Control: Private Rule in the Regulation of Global Finance, in: Révue d'économie financière, No 60, S. 47-58

Chesnais, François, 1996, La mondialisation financière. Genèse, coût et enjeux, Paris

Chesnais, François, 1997, La mondialisation du capital, Paris

Cross, Rod (Hrsg.), 1995, The Natural Rate of Unemployment. Reflections on 25 Years of the Hypothesis, Cambridge (Cambridge University Press)

Crotty, James, Gerald Epstein, 1996, In Defense of Capital Controls, in: Are there Alternatives? Socialist Register, S. 118-149

Davis, E.P., 1992, euromarkets, in: Newman/Milgate/Eatwell, Bd. 1, S. 783-785

De la Torre, Augusto, Eduardo Levy Yeyati, Sergio L. Schmukler, 2002, Argentina's Financial Crisis: Floating Money, Sinking Banking, Manuskript, 3. Juni 2002

Deloitte Touche Tohmatsu-Publications, 2000, Privatizations in Argentina, www.deloitte.com.ar/ingles/pblications/privatization.asp (6.7.2002)

Deppe, Frank, 1985, Arbeiterbewegung in Westeuropa 1945-1985. Von der Bewegung zur Stagnation? in: Marxistische Studien. Jahrbuch des IMSF 8, S. 58-91

Deutsche Bundesbank, 2001, Die internationale Integration der deutschen Wertpapiermärkte, in: Monatsbericht, Dezember, S. 15-28

Deutsche Bundesbank, 1999, Hedge-Fonds und ihre Rolle auf den Finanzmärkten, in: Monatsberichte, März, S. 31-44

Deutsche Bundesbank, 1998b, Bankinterne Risikosteuerungsmodelle und deren bankaufsichtliche Eignung, in: Monatsbericht 10/98, S. 69-84

Deutsche Bundesbank,1998, Ergebnisse der gesamtwirtschaftlichen Finanzierungsrechnung für Deutschland 1990 bis 1997, Frankfurt/M.

Deutsche Bundesbank, 1994, Ergebnisse der gesamtwirtschaftlichen Finanzierungsrechnung 1960-1992, Frankfurt/M.

Deutsche Bundesbank, 1994, Geldpolitische Implikationen der zunehmenden Verwendung derivativer Finanzinstrumente, in: Monatsbericht November S. 41-57

Deutscher Bundestag, 2001, Zwischenbericht der Enquete-Kommission »Globalisierung der Weltwirtschaft – Herausforderungen und Antworten«, Berlin, BT-Drucksache 14/6910

Deutscher Bundestag, 2002, Schlussbericht der Enquete-Kommission »Globalisierung der Weltwirtschaft – Herausforderungen und Antworten«, Berlin, BT-Drucksache 14/9200

Deutscher Bundestag, Enquete-Kommission »Globalisierung der Weltwirtschaft – Herausforderungen und Antworten«, 2002a, Kurzfassung des Abschlussberichtes, Berlin, 24. Juni 2002

Dieter, Heribert, 2002, Nach den Finanzkrisen. Die ordnungspolitische Gestaltung der Globalisierung. Stiftung Wissenschaft und Politik, Deutsches Institut für Internationale Politik und Sicherheit, SWP-Studie S16, Berlin

Dieter, Heribert, 2000, Monetary Regionalism: Regional Integration without Financial Crises. Centre for the Study of Globalisation and Regionalisation, University of Warwick, CSGR Working Paper No. 52/00

Dieter, Heribert, 1998, Die Asienkrise. Ursachen, Konsequenzen und die Rolle des Internationalen Währungsfonds, Marburg

DIW 1999, Deutsches Institut für Wirtschaftsforschung, Grundlinien der Wirtschaftsentwicklung 1999. Weltwirtschaft im Schatten der Finanz- und Währungskrisen, in: Wochenbericht 1/99

Eatwell, John, Lance Taylor, 1998, International Capital Markets and the Future of Economic Policy, CEPA Working Papers Series III, New York (Centre for Economic Policy Analysis, New School for Social Research)

277

Eatwell, John, 2002, Basel II: The regulators strike back, in: Guardian vom 9. Juni 2002

Eatwell, John (Hrsg.), 1996, Global Unemployment. Loss of Jobs in the 90s, New York, London

ECB 2001, European Central Bank, 2001, The European Equity Markets, Frankfurt, August

ECB 2000, European Central Bank, 2000, Mergers and Acquisitions Involving the EU Banking Industry – Facts and Implications, December

Economic Report of the President, 1996,Washington D.C.

Economic Report of the President, 1992, Washington D.C.

Edey, Malcolm, Ketil Hviding, 1995, An Assessment of Financial reform in OECD Countries, OECD, Economics Department, Working Papers No.154

Eichengreen, Barry, 1999, Toward a New International Financial Architecture. A Practical Post-Asia Agenda, Washington

Eichengreen, Barry, 1996, Globalizing Capital. A History of the International Monetary System, Princeton

Eichengreen, Barry, Peter B. Kenen, 1994, Managing the World Economy under the Bretton Woods System: An Overview, in: Peter B. Kenen (Ed.), Managing the World Economy Fifty Years after Bretton Woods, Washington (Institute for International Economics), S. 3-74

Eichengreen, Barry, Donald Mathieson, 1998, Hedge Funds and Financial Market Dynamics, Washington (IMF)

Emminger, Otmar, 1986, DM, Dollar, Währungskrisen. Erinnerungen eines ehemaligen Bundesbankpräsidenten, Stuttgart

Europäische Wirtschaftswisssenschaftlerinnen und Wirtschaftswissenschaftler, 2000, Vollbeschäftigung und eine starke Sozialverfassung – Alternativen für eine Neue Ökonomie in Europa, in: Memo-Forum Nr. 28, Bremen

Europäische Wirtschaftswisssenschaftlerinnen und Wirtschaftswissenschaftler, 1998, Vollbeschäftigung, Solidarität und nachhaltige Entwicklung – Alte Herausforderungen und neue Möglichkeiten für die Wirtschaftspolitik, in: Memo-Forum Nr. 26, Bremen, S. 1-16

Europäische Wirtschaftswisssenschaftlerinnen und Wirtschaftswissenschaftler, 1997, Vollbeschäftigung, sozialer Zusammenhalt und Gerechtigkeit – Für eine alternative Wirtschaftspolitik in Europa, in: Memo-Forum Nr. 25, Bremen, S. 1-52

Eurostat 2001, European Commission, Eurostat, Special Feature on Banking, 1994-1999, Data, Theme 4: Industry, trade and services

EZB 2002, Europäische Zentralbank, Monatsbericht, März

EZB 2002a, Europäische Zentralbank, Monatsbericht, Februar

EZB, 1999, Europäische Zentralbank, Monatsbericht Juni

EZB 1999a, Europäische Zentralbank, Monatsbericht April

Fama, Eugene F., 1976, Foundations of Finance. Portfolio Decisions and Security Prices, New York

Fama, Eugene F., 1970, Efficient Capital Market – A Review of Theory and Empirical Work, in: Journal of Finance, 25, 1970, 383-417

Felix, David, Ranjit Sau, 1996, On the Revenue Potential and Phasing in of the Tobin Tax, in: Ul Haq, Mahbub, Inge Kaul, Isabelle Grunberg (Hrsg.), 1996, The Tobin Tax. Coping with Financial Volatility, Oxford, New York (OUP), S. 223-254

FIBV, Fédération internationale des bourses de valeurs, diverse Jahresberichte, jetzt unter World Federation of Exchanges

Filc, Wolfgang, 1998, Mehr Wirtschaftswachstum durch gestaltete Finanzmärkte. Nationaler Verhaltenskodex und internationale Kooperation, in: Internationale Politik und Gesellschaft, H. 1, S. 22-38

Financial Stability Forum, 2000a, Report of the Working Group on Highly Leveraged Institutions, Basel, April (www.fsforum.org)

Financial Stability Forum, 2000b, Report of the Working Group on Offshore Financial Centres, Basel, April (www.fsforum.org)

Financial Stability Forum, 2000c, Report of the Working Group on Capital Flows, Basel, April (www.fsforum.org)

Financial Stability Forum, 2002, The FSF Recommendations and Concerns Raised by Highly Leveraged Institutions (HLI's): An Assessment, Basel, März 2002 (www.fsforum.org)

Financial Stability Forum, 2002a, Ongoing and Recent Work Relevant to Sound Financial Systems, Note by the FSF Secretariat (with inputs from various bodies) 25-26 March 2002, FSF Meeting (www.fsforum.org)

Financial Times 1997, Beilage Foreign Exchange, 18. April 1997

Financial Times, 1999, Beilage Stock and Derivatives Exchanges, 23. März 1999

Financial Times, 2002, Beilage Hedge Funds, 30. April 2002

Fisher, Stanley, 1999, On the Need for an International Lender of Last Resort, Paper prepared for delivery at the joint luncheon of the American Economic Association and the American Finance Association, New York, January 3, 1999, www.imf.org/external/np/speeches/1999/010399.htm

Flassbeck, Heiner, 2001, The Exchange Rate: Economic Policy Tool or Market Price? UNCTAD Discussion paper, no. 157, November

Flassbeck, Heiner, Claus Noé, 2001, Abkehr vom Unilateralismus. Worum es weltwirtschaftlich geht. In: Blätter für deutsche und internationale Politik, Nr. 11, November, S. 1359-1369

Friedman, Milton, 1968, The Role of Monetary Policy, in: The American Economic Review, Nr. 1, March, S. 1-17

Fritz, Thomas, Matthis Hahn, Philipp Hersel, 2000, »Kapital auf der Flucht«. Offshore-Zentren und Steueroasen. Über Steuerflucht, Finanzkrisen und Geldwäsche. Einblicke in die Praxis und mögliche Gegenmaßnahmen. Blue 21. Berliner Landesarbeitsgemeinschaft Umwelt und Entwicklung, Berlin

Galati, Gabriele, 2001, Why has global FX turnover declined? Explaining the 2001 triennial survey. In: BIS Quarterly Review, December 2001, S. 39-47

Galbraith, James K., 1998, Created Unequal. The Crisis in American Pay, New York u.a.

Ginsburg, Helen, 1983, Full Employment and Public Policy: The United States and Sweden, Lexington, Toronto

Giovanoli, Mario, 2000, A New Architecture for the Global Financial Market: Legal Aspects of International Financial Standard Setting, in: Mario Giovanoli (Hrsg), 2000, International Monetary Law, Issues for the New Millenium, Oxford, S. 3-59

Glyn, Andrew, Bob Sutcliffe, 1974, Die Profitklemme, Berlin

Goldberg, Jörg, 1980, Neue ökonomische Krisentendenzen im Kapitalismus, in: Marxistische Studien. Jahrbuch des IMSF 3/80, S. 239-257

Goldberg, Jörg, 1986, Die chronische Überakkumulation von Kapital als Krise des staatsmonopolistischen Regulierungstyps, in: Marxistische Studien. Jahrbuch des IMSF 11/1986, S. 9-41

Goodhart, C.A.E., 1995, The Central Bank and the Financial System, London u.a.

Goodhart, C.A.E., 1995, The Regulatory Debate in London (1988), in: Goodhart, C.A.E.,1995, The Central Bank and the Financial System, London u.a., S. 430-439

Goodhart, C.A.E. (with Dirk Schoemaker), 1995, Institutional Separation between Supervisory and Monetary Agencies (1993), in: Goodhart, C.A.E., 1995, The Central Bank and the Financial System, London u.a., S. 333-413

Gordon, David M., 1996a, Fat and Mean. The Corporate Squeeze of Working Americans and the Myth of Managerial »Downsizing«, New York u.a.

Gordon, David M., 1996b, Wageless Recovery, Wageless Growth, Prospects for U.S. Workers in the 1990s, in: John Eatwell (ed.), Global Unemployment. Loss of Jobs in the 90s, Armonk, London, S. 87-108

Grahl, John, 1997, After Maastricht. A Guide to European Monetary Union, London

Grahl, John, Jörg Huffschmid, Dominique Plihon, 2002, Europäische Finanzmärkte. Struktur, Entwicklung, Politik, Probleme und Alternativen. Studie im Auftrag der PDS-Delegation der Konföderalen Fraktion der Vereinigten Europäischen Linken/Nordische Grüne Linke im Europäischen Parlament, Brüssel

Griffith-Jones, Stephany, Jenny Kimmis, 2001, The Reform of Global Financial Governance Arrangements. Report prepared for the Commonwealth Secretariat, Manuskript

Guttmann, Robert, 1994, How Credit-Money Shapes the Economy. The United States in a Global System, Armonk, London

Halimi, Serge, Jonathan Michie, Seumas Milne, 1994, The Mitterand Experience. In: Jonathan Michie, John Grieve Smith (eds.), Unemployment in Europe, London u.a., S. 97-115

Hankel, Wilhelm, 1996, Globalismus, Nationalismus und monetäres Völkerrecht. Plädoyer für ein »Maastricht« der Weltwährungen, in: Blätter für deutsche und internationale Politik, 5/96, S. 544-554

Hankel, Wilhelm, 1992, Dollar und ECU. Leitwährungen im Wettstreit, Frankfurt/M.

Helleiner, Eric, 1994, States and the Re-emergence of Global Finance: from Bretton Woods to the 1990s, Ithaca

Helleiner, Eric, 1995, Explaining the globalization of financial markets: bringing states back, in: Review of International Political Economy, H. 2, S. 315-241

Herden, Raimund W., Jutta Dönges, Mega-Deals im Telekom- und Finanzsektor sorgen für ungebrochenen M&A-Boom, in: M&A Review 7-8/1998, S. 311-314

Herr, Hansjörg, 1991, Der Merkantilismus der Bundesrepublik in der Weltwirtschaft, in: Klaus Voy, Werner Polster, Claus Thomasberger (Hrsg.), Marktwirtschaft und politische Regulierung. Beiträge zur Wirtschafts- und Gesellschaftsgeschichte der Bundesrepublik Deutschland (1949-1989), Marburg, S. 227-261

Herr, Hansjörg, 1992, Geld, Währungswettbewerb und Währungssysteme, Frankfurt/M.

Hickel, Rudolf, Jan Priewe, 1991, Der Preis der Einheit. Bilanz und Perspektiven der deutschen Vereinigung. Frankfurt/M.

Hickel, Rudolf, 2001, Die Risikospirale. Was bleibt von der New Economy ? Frankfurt/M.

Hilferding, Rudolf, 1995, Das Finanzkapital. Eine Studie über die jüngste Entwicklung des Kapitalismus, (1910), Berlin/DDR

Hirsch, Joachim, 1990, Kapitalismus ohne Alternative ?, Hamburg

Hoang-Ngoc, Liêm, 1996, Salaires et emploi. Une critique de la pensée unique. Paris

Hobsbawm, Eric, 1995, Das Zeitalter der Extreme. Weltgeschichte des 20. Jahrhunderts (1994) Düsseldorf (Hanser-Verlag)

Huffschmid, Jörg, 2000, Demokratisierung, Stabilisierung und Entwicklung. Ein Reformszenario für IWF und Weltbank. In: Blätter für deutsche und internationale Politik, November, S. 1345-1454

Huffschmid, Jörg, 1994, Wem gehört Europa? Wirtschaftspolitik und Kapitalstrategien in der EG, 2 Bände, Heilbronn

Huffschmid, Jörg, 1969, Die Politik des Kapitals. Konzentration und Wirtschaftspolitik in der Bundesrepublik, Frankfurt/M.

International Monetary Fund, 2002, World Economic Outlook, Washington D.C., April 2002

International Monetary Fund, 2001, World Economic Outlook. The Information Technology Revolution, Washington D.C.

International Monetary Fund, 1999a, Report of the Managing Director to the Interim Committee on Progress in Strengthening the Architecture of the International Financial System, April 26, 1999 (www.imf.org/external/np/omd/1999/042699.htm)

International Monetary Fund,1999b, World Economic Outlook, Washington, May 1999

International Monetary Fund, 1998, World Economic Outlook, Washington, Oct. 1998

International Monetary Fund, 1998a, International Capital Markets, Developments, Prospects and Key Policy Issues, Washington, September 1998

International Monetary Fund, 1998b, World Economic Outlook and International Capital markets, Washington, December 1998

International Monetary Fund,1998c, World Economic Outlook, Washington, May 1998

International Monetary Fund, 1997, World Economic Outlook, Washington, May 1997

International Monetary Fund, 1997a, International Capital Markets, Developments, Prospects and Key Policy Issues, Washington, November 1997

IWF, 1997, Forschungsabteilung des IWF, Nachhaltige Kapitalströme und spekulative Währungsattacken, in: Finanzierung und Entwicklung, Dezember 1997

Jeanneau, Serge, 2001, Derivatives markets, in: BIS Quarterly Review, December 2001, S. 29-38

Jung, Heinz, 1978, Die privatmonopolistische Entwicklungsvariante des staatsmonopolistischen Kapitalismus der BRD: Voraussetzungen, Inhalt, Perspektiven. Entwicklungstendenzen 1973 bis 1978, in: Marxistische Studien. Jahrbuch des IMSF 1, S. 9-57

Kareken, John H., 1992, regulation of commercial banking in the United States, in: Newman/Milgate/Eatwell, Bd. 3, S. 315-320

Kenen, Peter B., 1995, Economic and Monetary Union in Europe. Moving beyond Maastricht, Cambridge (Cambridge University Press)

Kenen, Peter B. (Hrsg.), 1994, Managing the World Economy Fifty Years after Bretton Woods, Washington (Institute for International Economics)

Keynes, John Maynard, 1964, The General Theory of Employment, Interest and Money, (1936), London

Kindleberger, Charles P., 1996, Manias, Panics and Crashes. A History of Financial Crises, (1978) London u.a.

Kindleberger, Charles P., 1984, A Financial History of Western Europe, London u.a.

Kindleberger, Charles P.,1979, Die Weltwirtschaftskrise 1929-1939, (1973), München

Kindleberger, Charles P., 1970, Power and Money. The economics of International Politics and the Politics of International Money, London

Klein, Dietmar K. R., 1998, Die Banksysteme der EU-Länder (1991), Frankfurt/M.

Köhler, Horst, 2001, Herausforderungen der Globalisierung und Rolle des IWF, Bemerkungen anlässlich einer Diskussionsveranstaltung mit Mitgliedern des Deutschen Bundestages, Berlin, 2. April 2001, Manuskript

Kontroversen zur Krisentheorie. Überakkumulation, Verschuldung, Nachfragepolitik und Alternativen, 1986, Hamburg

Koo, Choon-Kweon, 1996, Besonderheiten der kapitalistischen Entwicklung in Japan und Südkorea, in: Z. Zeitschrift Marxistische Erneuerung, Nr. 27, S. 162-173

Kramer, Jörg E., Friedrich Thiessen, 1999, Knapps Enzyklopädisches Lexikon des Geld-, Bank- und Börsenwesens, Frankfurt/M.

Krueger, Anne, 2001, International Financial Architecture for 2002: A New Approach to Sovereign Debt Restructuring. Address given at the American Enterprise Institute, 26. November 2001, www.imf.org/external/np/speeches/2001/112601.htm

Litan, Robert E., 1992, financial deregulation and reregulation, in: Newman/Milgate/Eatwell, Band 2, S. 54-56

Litan, Robert E., 1992, Savings and loan crisis, in: Newman/Milgate/ Eatwell (Hrsg.),

The New Palgrave Dictionary of Money and Finance, London/New York, Bd. 3,
S. 389-392

Lütz, Susanne, 1999, Zwischen »Regime« und »kooperativem Staat«. Bankenregulierung im internationalen Mehr-Ebenen-System, in: Zeitschrift für internationale Beziehungen, 1/1999, S. 9-40

Lütz, Susanne, 1999a, Finanzmärkte brauchen staatliche Aufsicht, in: E+Z Entwicklung und Zusammenarbeit, 40. Jg. Nr. 3, März, S. 76-79

Lütz, Susanne, 1997, Die Rückkehr des Nationalstaates? Kapitalmarktregulierung im Zeichen der Internationalisierung von Finanzmärkten, in: Politische Vierteljahresschrift, 38. Jg., H. 3, S. 475-497

Marterbauer, Markus, Hannes Schweighofer, Ewald Walterskirchen, 1992, Von der Deregulierung zur Banken- und Wirtschaftskrise in Schweden, in: Wirtschaft und Gesellschaft, H. 4, S. 515 - 537

Mathieson, Donald J., Liliana Rojas-Suárez, Liberalization of the Capital Account. Experiences and Issues, International Monetary Fund, Occasional Paper 103, Washington D.C.

Martin, Hans-Peter, Harald Schumann, Die Globalisierungsfalle. Der Angriff auf Demokratie und Wohlstand, Reinbek 1996

Markowitz, H.M., Portfolio Selection, New York 1970

Mayer, Hans-Jürgen, Manfred Pohl (Hrsg.), 1994, Länderbericht Japan, Geographie – Geschichte – Politik – Wirtschaft – Gesellschaft – Kultur. Bonn (Bundeszentrale für politische Bildung: Studien zur Geschichte und Politik, Bd. 234)

McCracken Paul, u. a., 1977, Towards Full Employment and Price Stability. A report to the OECD by a group of independent experts, Paris (OECD)

Meixner, Rüdiger, 1999, Finanzmarktförderungsgesetz, in: Jörg E. Kramer, Friedrich Thiessen (Hrsg.), a.a.O., S. 672-681

Menkoff, Lukas, Beate Reszat (Hrsg.), 1998, Asian Financial Markets - Structures, Policy Issues and Prospects, Baden-Baden

Michie, Jonathan, John Grieve Smith (Hrsg.), 1994, Unemployment in Europe, London u.a.

Michie, Jonathan, John Grieve Smith (Hrsg.), 1997, Employment and Economic Performance. Jobs, Inflation and Growth, Oxford (Oxford University Press)

Minsky, Hyman P., 1990, John Maynard Keynes. Finanzierungsprozesse, Investition und Instabilität des Kapitalismus, (1975), Marburg

Minsky, Hyman P., 1982, The financial instability hypothesis: capitalist processes and the behavior of the economy, in: Kindleberger, Charles, J.P. Laffargue (Hrsg.), Financial crises, Cambridge, London 1982

Mishel, Lawrence, Jared Bernstein (Hrsg.), 1994, The State of Working America, Washington (Economic Policy Institute)

Newman, Peter, Murray Milgate, John Eatwell (Hrsg.), 1992, The New Palgrave Dictionary of Money and Finance, 3 Bde., London, New York

Noller, Klaus-Jürgen, 2002, US-Bankensystem – Neue Ära für US-amerikanische Finanzinstitutionen, in: Zeitschrift für das gesamte Kreditwesen, Nr. 2/2002, S. 62-69

OECD, 2000, Bank Profitability. Financial statements of Banks, Paris
OECD, 1998, Maintaining Prosperity in an Ageing Society, in: Financial Market Trends, No. 71, S. 51-134
OECD, 1997, Code of Liberalisation of Capital Movements, Paris (OECD)
OECD, 1996, International Capital Markets Statistics 1950-1995, Paris (OECD)
OECD, 1995, The New Financial Landscape. Forces Shaping the Revolution in Banking, Risk Management and Capital markets, Paris (OECD Documents)
Ormerod, Paul, 1994, On Inflation and Unemployment, in: Jonathan Michie, John Grieve Smith (Hrsg.), Unemployment in Europe, London u.a., S. 45-60
Palley, Thomas I., 1996, Full Employment and the Inflation Constraint, in: John Eatwell (ed.), Global Unemployment. Loss of Jobs in the 90s, Armonk, London, S. 137-146
Palley, Thomas I., 1999, NAIRU and the Structural Unemployment Trap, Washington (Manuskript)
Pfeiffer, Hermannus, 1993, Die Macht der Banken. Die personellen Verflechtungen der Commerzbank, der Deutschen Bank und der Dresdner Bank mit Unternehmen, Frankfurt/M.
Pfeiffer, Hermannus, 1995, Sieger der Krise: Der Deutsche-Bank-Report, Köln
Pohl, Manfred, 1994, Wirtschaftsentwicklung in den achtziger Jahren: Strukturwandlung und Strukturanpassung im Hightech-Zeitalter, in: Mayer, Hans-Jürgen, Manfred Pohl (Hrsg.), Länderbericht Japan, Geographie – Geschichte – Politik – Wirtschaft – Gesellschaft – Kultur. Bonn (Bundeszentrale für politische Bildung: Studien zur Geschichte und Politik, Band 234) S. 313-320
Policy Forum: Sand in the Wheels of International Finance, in: Economic Journal 105, 1995, S. 160-192
Pollin, Robert, 1995, Financial Structures and Egalitarian Economic Policy, in: New Left Review, Nr. 214, Nov./Dec.1995, S. 26-61
Pollin, Robert, Elizabeth Zahrt, 1997, Expansionary Policy for Full Employment in the United States: Retrospective on the 1960s and Current Period Prospects, in: Jonathan Michie, John Grieve Smith (Hrsg.), Employment and Economic Performance. Jobs, Inflation and Growth, Oxford, S. 37-75
Raffer, Kunibert, 1990, Applying chapter 9 Insolvency to International debts: An Economically Efficient Solution with a Human Face, in: World Development, No. 18, H. 2, S. 301-311
Reszat, Beate, 1995, Japans Banken in der Krise, HWWA-Report Nr. 155, Hamburg (HWWA)
Roth, Bernhard, 1983, Die Rolle der Xenofinanzmärkte in der internationalen Finanzkrise, in: Marxistische Studien, Jahrbuch des IMSF, Nr. 6, S. 259-284
Rothschild, Kurt W., 1990, Arbeitslose – gibts die? Ausgewählte Beiträge zu den ökonomischen und gesellschaftlichen Aspekten der Arbeitslosigkeit. Marburg
Rothschild, Kurt W., 1994, Theorien der Arbeitslosigkeit – Einführung. München/ Wien
Rottmann, Inga, 1999, Das japanische Finanzsystem. Entwicklung, Struktur und aktuelle Krise, Diplomarbeit am Fachbereich Wirtschaftswissenschaft der Uni-

versität Bremen

Royama, Soichi, 1992, Japan: Monetary and financial system, in: Newman/Milgate/Eatwell (eds.), The New Palgrave Dictionary of Money and Finance, London/ New York, Bd. 2, S. 539-550

Sarel, Michael, 1995, Non-Linear Effects of Inflation on Economic Growth, IMF Working Paper WP/95/65

Schafer, Todd, Jeff Faux, 1996, Reclaiming Prosperity. A Blueprint for Progressive Economic Reform, Armonk, New York

Schulmeister, Stephan, 1998, Der polit-ökonomische Entwicklungszyklus der Nachkriegszeit. Vom Bündnis Realkapital-Arbeit in der Prosperität zum Bündnis Realkapital-Finanzkapital in der Krise, in: Internationale Politik und Gesellschaft, H. 1, S. 5-21

Senti, Richard, 1986, GATT-System der Welthandelsordnung, Zürich

Shafer, Jeffrey R., 1995, Experience with controls on international capital movements in OECD countries: solution or problem for monetary policy ?, in: Sebastian Edwards (Hrsg.) Capital Controls, Exchange Rates and Monetary Policy in the World Economy, Cambridge u.a., S. 119-156

Shiller, Robert J., 2000, Irrationaler Überschwang. Warum eine lange Baisse an der Börse unvermeidlich ist. Frankfurt/New York.

Shonfield, Andrew, 1965, Modern Capitalism. The changing balance of public and private power, London

Spahn, Paul Bernd, 2002, Zur Durchführbarkeit einer Devisentransaktionssteuer. Gutachten im Auftrag des Bundesministeriums für Wirtschaftliche Zusammenarbeit und Entwicklung, Frankfurt, Februar

Stepan, Bettina, 1997, Strukturwandel und Deregulierung des amerikanischen Bankensektors unter dem Aspekt der Änderung gesetzlicher Rahmenbedingungen seit 1933 und das Entstehen von Finanzinnovationen, Diss. Erlangen-Nürnberg

Stiglitz, Joseph, 2002, Die Schatten der Globalisierung, Berlin

Stiglitz, Joseph, 1998, More Instruments and Broader Goals: Moving Toward the Post Washington Consensus, The 1998 WIDER Annual Lecture, www.worldbank. org/

Strange, Susan, 1976, International Monetary Relations, London

Strange, Susan, 1994, States and Markets, London 1994

Suto, Megumi, 1998, Japan's Financial Markets: Structure, Policy Issues and Reforms, in: Lukas Menkoff, Beate Reszat (Eds.), Asian Financial Market - Structures, Policy Issues and Prospects, Baden-Baden, S. 81-102

Tobin, James, 1987, On the Efficiency of the Financial System, in: J. Tobin, Policies for Prosperity. Essays in a Keynesian Mode, Cambridge, 282-296Tobin, James, 1978, A Proposal for International Monetary Reform, in: The Eastern Economic Journal 4 (3-4), S. 153-159

Triffin, Robert, 1960, Gold and the Dollar Crisis. The Future of Convertibility, New Haven, London (Yale University Press)

Ul Haq, Mahbub, Inge Kaul, Isabelle Grunberg (Hrsg.), 1996, The Tobin Tax. Coping with Financial Volatility, Oxford, New York (OUP)

Unctad, United Nations Conference on Trade and development, 2001, World Investment Report. Promoting Linkages, New York and Geneva

Underhill, Geoffrey R.D., 1997, The Making of the European Financial Area: Global Market Integration and the EU Single Market for Financial Services, in: Geoffrey R.D. Underhill (Hrsg.), The new World Order in International Finance, New York (St. Martin's Press), S. 101-123

Underhill, Geoffrey R. D. (Hrsg.), 1997, The new World Order in International Finance, New York (St. Martin's Press)

United States Government Printing Office, 2002, Economic Report of the President, Transmitted to the Congress February 2002, Washington D.C.

United States Government Printing Office, 1996, Economic Report of the President, Transmitted to the Congress February 1996, Washington D.C.

Valdez, Stephen, 1997, An Introduction to Global Financial Markets, London 1997

Wheelock, David, 1992, Regulation Q, in: Newman/Milgate/Eatwell, Bd. 3, S. 326f.

Wheelock, David, 1992, Glass-Steagall Act, in: Newman/Milgate/Eatwell, Bd. 2, S. 243f.

White, William R., 1996, The Coming Transformation of Continental European Banking? BIS Working Papers No. 54, Basel

White, William R., 1996, International Agreements in the Area of Banking and Finance: Accomplishments and Outstanding Issues. Bank for International Settlements. Monetary and Economic Department, Working Paper No. 38, Basle

White, William R., 1998, The Coming Transformation of Continental European Banking? Bank for International Settlements, Monetary and Economic Department, Working Papers No. 54, Basel

Williamson, John, C. Randall Henning, 1994, Managing the Monetary System, in: Peter B. Kenen (Hrsg.), Managing the World Economy Fifty Years after Bretton Woods, Washington (Institute for International Economics), S. 83-111

Wolff, Edward N., 2000, Why has Median Wealth Grown So Slowly in the 1990s?, Manuskript

World Federation of Exchanges, 2002, Annual Report 2001, Paris

World Federation of Exchanges, 2001, Annual Report 2000, Paris

WTO, World Trade Organisation, 2001, International Trade Statistics, Geneva

Die Ohnmacht überwinden...
...eine andere Welt möglich machen!

Attac wird zum Motor einer neuen Bewegung für eine sozial und ökologisch gerechte Globalisierung. Für immer mehr Menschen ist Attac Hoffnungsträger, die vermeintliche Ohnmacht zu überwinden und politische Veränderungen zu erreichen. Eine andere Welt möglich zu machen.

Werden Sie Teil dieser Bewegung und engagieren Sie sich bei Attac. Attac-Gruppen in Ihrer Region laden Sie ein zum aktiv werden. Unterstützen sie uns mit Ihrer Mitgliedschaft oder einer Spende.

Besuchen Sie unsere Internetseite www.attac.de oder schicken Sie den untenstehenden Coupon an uns.

Spendenkonto Attac Deutschland:
Kto.Nr. 10 15 15 0, Ökobank e.G., BLZ 500 901 00
Spenden sind steuerlich absetzbar.

----✂---

Coupon schicken an: Attac Deutschland, Münchener Str. 48, 60329 Frankfurt/M., Tel. 069/900281-10, Fax -99, info@attac.de

Name: _____ Telefon: _____

Straße: _____ Fax: _____

PLZ / Ort: _____ e-mail: _____

❏ Ich möchte weitere **Informationen** über Attac.

❏ Ja, ich möchte **Mitglied** bei Attac werden.

Der Mitgliedsbeitrag für Einzelpersonen beträgt 15 bis 60 €/Jahr oder gerne auch mehr. Für Organisationen bis 100 Mitglieder 25 €/Jahr, bis 500 Mitglieder 50 €/Jahr und ab 500 Mitgliedern 150 €/Jahr.

❏ Ich erkläre mich damit einverstanden, dass Attac jährlich / monatlich meinen Mitgliedsbeitrag in Höhe von jeweils _____ € von meinem Konto abbucht.

InhaberIn: _____ Konto-Nr.: _____

Bank: _____ BLZ: _____

Datum: _____ Unterschrift: _____

❏ Ich überweise meinen Beitrag von _____ € jährlich / monatlich auf das Konto von Attac.

❏ Ich möchte Attac mit einer Spende unterstützen. Ich spende einmalig / monatlich / jährlich _____ € auf das Spendenkonto (s.o.)

VSA: AttacBasisTexte